化同构与族群融合

多元一体格局下中华民族共同体的历史演进

陈思 主编

研究出版社
中国出版集团有限公司

图书在版编目 (CIP) 数据

文化同构与族群融合 : 多元一体格局下中华民族共同体的历史演进 / 陈思主编. -- 北京 : 研究出版社, 2023.3

ISBN 978-7-5199-1379-3

Ⅰ. ①文… Ⅱ. ①陈… Ⅲ. ①中华民族 – 民族意识 – 研究 Ⅳ. ①C955.2

中国版本图书馆CIP数据核字(2022)第215175号

出 品 人：赵卜慧
出版统筹：丁　波
责任编辑：寇颖丹

文化同构与族群融合
WENHUA TONGGOU YU ZUQUN RONGHE
—— 多元一体格局下中华民族共同体的历史演进
陈　思　主编
研究出版社 出版发行
（100006　北京市东城区灯市口大街100号华腾商务楼）
北京云浩印刷有限责任公司　　新华书店经销
2023年3月第1版　2023年3月第1次印刷
开本：710毫米 × 1000毫米　1/16　印张：19.5
字数：295千字
ISBN 978-7-5199-1379-3　定价：75.00元
电话（010）64217619　64217652（发行部）

序

彭　勇

1935年，25岁的费孝通先生从清华大学研究生毕业，不久他便来到广西金秀大瑶山，开始了他的第一次瑶族社会考察。此后的数十年间，他多次来到这里调研。新中国成立后，他还参与和组织了全国性的中国少数民族社会历史大调查，进行系统性的民族历史和社会文化的调查和研究。五十多年后的1988年，78岁的费老在香港参加学术活动期间，完成并发表了著名的《中华民族的多元一体格局》一文。他的“中华民族多元一体”观点，在此后的一段时间里，又有中央民族大学陈连开先生、兰州大学谷苞先生等众多学者，从历史学、考古学和民族学等领域进行的实证研究和整体分析，最终形成了“中华民族多元一体格局理论”。这一理论在人类学、民族学、社会学和历史学等学界引起巨大反响，也为今天铸牢中华民族共同体意识提供了有力的理论支撑，是实现中华民族伟大复兴的思想基础。

作为哲学社会科学工作者，时常要面对“学术研究因何而存在”这样的思考。无论是在学术的追问上，还是在对现实的思考上，费孝通先生从作为中国社会学、人类学的奠基人和新中国著名社会活动家、政治家的双重身份，都给我们做了很好的诠释，那就是哲学社会科学的研究，既要遵行学科研究的基本属性和学术发展的基本规律，又要立足祖国大地，服务国家、服务民族和服务社会，二者相辅相成，并行不悖。

由中共中央党校（国家行政学院）的陈思同志策划、主持编写的本书，基于一个完整的历史脉络、完善的结构体系而组织形成，且邀请了各领域内的专家学者，以“铸牢中华民族共同体意识”为主线，以“中华民族交往交流交融史”为抓手，紧紧围绕“中华民族多元一体格局的历史演进”来谋篇布局，精心设计篇章结构，甄别史料讲好故事，集萃撷英凝练观点。所以每篇论文各有特色，整本书又在内容和逻辑上层层推进，构成一个内容丰富、深刻的有机整体。本书所思考的，就是在新时代铸牢中华民族共同体意识背景下，如何从历史学、民族学、考古学、社会学和法学等多学科角度，深入研究阐释中华文明发展史，深入研究中华民族多元一体格局演进的历史路径，充分挖掘历史时期各民族的交往交流交融历史事实，铸牢中华民族共同体意识，同心共筑中国梦，为实现中华民族的伟大复兴提供理论支持和历史智慧。这是哲学社会科学工作者的新议题和新使命。本人也想就这一问题谈一点自己不成熟的想法，或有助于读者阅读全书。

中华文明是世界上四大原生文明之一，也是其中唯一未曾中断、延续至今的文明，它的遗传密码或基因谱系到底是什么？历经几代学者的持续努力，中华文明探源工程等重大工程取得了突破性的研究成果，陆续给世人梳理出中华文明起源发展历程，展现了早期中国的形成与发展过程，揭示了中华文明更加丰富的内涵，也实证了我国百万年的人类史、一万年的文化史、五千多年的文明史。

2022年5月27日，中共中央政治局就深化中华文明探源工程进行第39次集体学习，习近平总书记主持会议，并指出了中华文明和中华文明探源工程的重大意义。他说，中华文明源远流长、博大精深，是中华民族独特的精神标识，是当代中国文化的根基，是维系全世界华人的精神纽带，也是中国文化创新的宝藏。习近平总书记指出，在五千多年漫长文明发展史中，中国人民创造了璀璨夺目的中华文明，为人类文明进步事业做出了重大贡献。要把中华文明起源研究同中华文明特质和形态等重大问题研究紧密结合起来，深入研究阐释中华文明起源所昭示的中华民族共同体发展路向和中华民族多元一体演进格局，研究阐释中华文明讲仁爱、重民本、守诚信、崇正义、尚和合、求大同的精神特质和发展形态，阐明中国道路深厚的文化底蕴。

作为国家科技攻关重大项目的中华文明探源工程，即“中华文明起源与早期发展综合研究”项目，开始于20年前。据项目首席专家王巍先生介绍，该工程重点对浙江余杭良渚遗址、山西襄汾陶寺遗址、陕西神木石峁遗址和河南偃师二里头遗址等都邑性遗址，以及分布在黄河流域、长江流域、辽河流域的其他中心性遗址及其周边的聚落群实施发掘和大规模考古调查。“探源工程”基于中国考古材料，兼顾其他古老文明的特点，提出了判断人类进入文明社会标准的中国方案，项目取得了许多重大原创性收获。

中华文明探源工程是以考古学、历史学为基础的跨学科综合性研究工程，是一项复杂又漫长的系统工程，也是一项循序渐进的科研活动。“探源工程”坚持历史科学研究的基本理论和方法，坚持辩证唯物主义和历史唯物主义相统一，逐步还原了中华文明从涓涓溪流到江河汇流的发展历程。在“探源工程”之前开展的“夏商周断代工程”，同样是研究中华文明发展史的重大项目。该工程对夏商周时期若干重大历史事实进行了卓有成效的研究，所形成的若干基本共识，既有助于我们深入了解中华文明五千多年的发展史，也揭示了中华民族走过的不同于世界其他文明体的发展历程，把中国文明历史的研究引向深入。

中华文明是世界文明体系的重要组成部分，既具有世界文明普遍存在的共性，也有中华文明所独有的特质。德国哲学家雅斯贝尔斯（Karl Theodor Jaspers，1883—1969）在他的《历史的起源与目标》一书中提出的“轴心时代”命题，就很好地诠释了中华文明与世界文明之间的关系。他认为，全世界范围内，在公元前800年至公元前200年这一时期尤其是公元前500年左右，中国与古代希腊、古代印度等国家都产生了一批伟大的思想家，包括孔子、老子、孟子、庄子、苏格拉底、柏拉图、亚里士多德、释迦牟尼等，他们提出的思想原则塑造了世界上不同的文化传统，是人类文化突破现象，共同影响到人类文明后来的发展，可称为人类文明发展史上的“轴心时代”。习近平总书记在2014年10月15日主持召开文艺工作座谈会上强调中华文化的重要性时，认为雅斯贝尔斯的“轴心时代”命题，“很深刻，很有洞察力”。在五千多年漫长的文明发展史中，中华各民族创造了璀璨夺目的文明，为人类文明进步事业做出了重大贡献。

中华文明探源工程取得的重大突破，为深入研究阐释中华文明起源所昭示的中华民族共同体发展路向和中华民族多元一体演进格局，提供了理论支撑、科学基础和方法实践。关于中华民族历史和中华民族多元一体格局演进的研究，费孝通先生的“中华民族多元一体格局理论”认为，中华民族是一个民族实体，不是把56个民族加在一起的总称，而是56个民族已结合成相互依存的、统一而不能分割的整体。中华民族这种多元一体格局，经历了从分散的多元到合成一体的过程，在此过程中，各个民族所有的归属成分都已具有高层次的民族认同意识，即共休戚、共存亡、共荣辱、共命运的感情和道义。中华文明满天星斗，灿若星河，“探源工程”取得的最新成果，进一步证明了中华民族多元一体格局的属性特征。

中华民族多元一体格局的形成过程，也是中国各民族之间交往交流交融不断加深的过程，是各民族交往交流交融的必然结果。费孝通先生在论述中华民族的形成过程时说，中国作为一个统一多民族国家，许多民族都有悠久的历史，在其历史发展演进过程中，他们不仅分别创造和发展了各具特色的社会文化，而且通过交流、融合、分化，相互依存和相互促进，共同缔造了一个包括各民族在内的整体——中华民族，绵延持续，保持了我国文明的连续性和推陈出新的创造性。的确，一部中国史，就是一部各民族交融汇聚成多元一体的中华民族的历史。各民族之间的交往交流交融，是人类社会发展的必然趋势。古今中外，概莫能外。中华各民族在交往交流交融中，逐步形成了你中有我、我中有你，谁也离不开谁的多元一体格局，构建成一荣俱荣、一损俱损的中华民族命运共同体。可以说，中华民族从远古走来，是由“自在”到“自觉”形成的一个民族实体；再到中华民族共同体的“自为”发展阶段，其发展动因是来自中华民族的伟大复兴，目标凝聚为人民对美好生活的向往，中华民族的共同体形态在多元一体格局基础上进一步凸显。这就是中华民族发展的历史逻辑。

“究天人之际，通古今之变”，在今天就是要进一步发挥历史学科的重要作用，尤其要不断加强各民族交往交流交融历史的研究阐释。充分挖掘、系统整理、大力宣传我国各民族自古以来交往交流交融的历史事实和深刻内涵，讲好民族团结进步的故事，引导各族群众树立正确的中华民族历史观，看到民族的走向和未来，深刻认识到中华民族是命运共同体，构筑中华民族共有精神家园，让中华民族共同体意识根植心灵深处。通过历史研究阐释，促进各民族广泛交往交流交融，促进各民族在理想、信念、情感、文化上的团结统一，守望相助、手足情深。

当前，中华民族交往交流交融史的研究和编纂工作已列入国家“十四五”发展规划和2023年远景目标纲要，正在有条不紊地推进。2022年1月25日，《中华民族交往交流交融史》编纂工作部署会在北京召开，本人也将参与这一伟大的国家重大文化工程当中。编纂《中华民族交往交流交融史》，是在国家层面为整个中华民族著史立传，是赓续盛世修史传统的重要文化工程，是铸牢中华民族共同体意识的凝心聚力工程，是加强历史研究、促进人才培养的强基培元工程，既有深远的历史意义又有重大的政治意义，既有重要的理论意义又有鲜明的时代意义。深入开展中华民族交往交流交融史研究和编纂工作，就要完整准确全面把握贯彻习近平总书记关于加强和改进民族工作的重要思想，站在中华民族共同体的立场上，坚持铸牢中华民族共同体意识这一主线并将其贯穿于整个编纂过程，深入挖掘阐释各民族在政治、经济、文化、社会、军事等方面广泛交往交流交融的历史，深刻体现各民族在文化上的兼收并蓄、经济上的相互依存、情感上的相互亲近，讲清楚中华民族多元一体格局的起源、形成和发展的历史进程，彰显我们辽阔疆域是各民族共同开拓的、悠久历史是各民族共同书写的、灿烂文化是各民族共同创造的、伟大民族精神是各民族共同培育的，进而引导各民族牢固树立休戚与共、荣辱与共、生死与共、命运与共的共同体理念，推进中华民族共同体建设。这是我们在新时代的光荣职责和神圣使命。

历史是最好的老师。我国自古就是一个多民族国家，各民族之间经过长期的交往交流交融，发展成为完整的不可分割的中华民族共同体，这也是中华民族多元一体格局的内涵。让我们深入了解中华文明五千多年发展史，进一步把中华文明探源工程、中华民族交往交流交融史编纂工程等历史研究引向深入，尤其是深入研究阐释中华文明起源所昭示的中华民族共同体发展路向和中华民族多元一体演进过程，从中华优秀传统文化中寻找源头活水，更加完整准确地讲述中国古代历史，讲述中华文化和中华民族历史，更好地发挥以史育人作用，不断增强历史自觉、坚定文化自信，铸牢中华民族共同体意识，坚定不移走中国特色解决民族问题的正确道路，同心共筑中国梦，推动中华民族成为认同度更高、凝聚力更强的命运共同体。

2023年1月1日

于中央民族大学

目　录

历史上的中国和中华民族

顾　春*

中国和中华民族有着光辉灿烂的文明和历久绵长的历史，这个历史（指文明史）计有五千年之久。按照我的理解，我把中国和中华民族的历史分为前后相继的两个阶段，前者为传统社会，后者为现代社会。在有阶级的社会里，当社会中的大多数人都认同等级制度的合理性，当时的社会也是建立于等级观念和等级制度之上的，这样的社会，我称之为传统社会。传统社会之后，就是现代社会。据此，自夏商至清代，就是中国的传统社会，走向共和的民国之后，就是中国的现代社会。本文的内容所及为中国的传统社会。

我们常说，中国是文明古国、礼仪之邦，在我看来，这八个字大有深意。按照流传既久的说法，全世界共有四大古代文明（也有说六大古代文明的）。与其他古代文明相比，中国和中华民族具有自己的特点。这些特点，我认为至少有以下八条。

第一，历史十分悠久。距今已有三千七百年的二里头遗址①，是中外学界所公认的中国古代文明标志。2019年7月，联合国教科文组织又将良渚古城遗址②列入世界遗产名录，这进一步表明，国际社会业已认同中国的古代文明迄今已有五千年。

第二，种族未曾更替。自远古至先秦，先之以诸夏，后之以东夷、西戎、南蛮、北狄（貉），历经周初的封建和制礼作乐、春秋战国的民族融合，形成和发展了华夏族。自华夏族以下，源泉混混，开枝散叶，并在汉代形成了汉族。到了唐代，伴随着更大规模的民族融合，又有了“唐人”之

---

* 顾春，男，1965年出生，山东博兴人。北京师范大学博士，国家清史编纂委员会副主任。著有《陆九渊教育思想研究》《人之为人》《来源·争论·特性——陆九渊教育思想三论》等。主要研究领域为：中华民族史、宋明理学史、明史、清史等。

① 在今河南省洛阳市。

② 在今浙江省杭州市。

称。之后，以汉族为主体，周边民族又接续不断地加入中华民族的大家庭中来，各民族间的交流和融合不断深入，最终形成了多元一体的中华民族。

第三，文字未曾中断。中国的古文字起源于陶刻、彩绘符号和玉器、石器、骨器刻文等，至殷商时期的甲骨文，初步形成了以方块字为特点的较成熟、较完整的文字系统。之后，经金文、小篆及至隶、草、楷、行的书体演变，最终发展为今天的文字体系。以上不同时期的文字虽书型有差、字形分殊，但都与最早的文字一脉相承、绳绳相继，古今文字实为一体。中国文字的古今同源和一贯而下，使我们得以借此认识祖国的悠久历史和灿烂文明。

第四，史载传承有序。按照中国现存的史籍所载，中国有确切纪年的历史始于西周的共和元年。也就是说，从公元前841年开始，中国就有了不间断的、系统的历史记载。《史记》以下，正史、实录、方志、谱牒等粲然在列，中国成为全世界唯一的史学高度发达的古老国度。而自近代以来，随着甲骨出土和新的考古发现，我们对历史编年的认证又提前了两千年。

第五，文化一脉相承。从商人尊神到周公制礼作乐，华夏族实现了由神到人的重大转变，开启了德治之路，并为以孔子为代表的儒家文化所继承。之后，虽历诸代百家争盛，并之以外教东渐，而相推相荡、相克相生，形成了以儒家文化为主体的中华文化。

第六，疆土与日俱宏。早熟和高度发达的华夏文化具有强大的吸引力和向心力，不仅使中国的人口不断增加，疆土也如滚雪球似的越滚越大，到清朝乾隆年间，中国的陆地疆土面积达1300多万平方千米。这个过程不仅是国土的开发和对疆土的有效治理，更重要的是，使中华民族共同体不断发展和巩固，奠定了中国作为世界大国的基础。

第七，统一成为大势。中国的国体先后经历了部落、封建和郡县三个时代。其间，邦国的数量先是从周初相传的约1800个，急剧减少为春秋时期的100余个，到战国后期形成了七雄并峙的局面，并最终由秦统一中国。之后，割据和统一交替上场。到了宋代，中国发生了几个重大变化，即北人南迁促进了南方经济的大发展和南北方交流，科举制度的推行，使大一统的国家观念和忠孝核心价值观成为主流思想，道学的诞生使主流文化更为成熟。这几个重大变化，促进了中华民族共同体的更高水平发展，促进了中华各民族的文化认同、民族认同和国家认同。从此之后，中华各民族大多认为统一是件正常的事情，统一是常态，而割据是变态。因此，自宋以后，中国就没有出现过长期和大规模的地方割据，走向统一成为中国历史发展的必然大势。总之，林立之西周，争雄之战国，对峙之南北（朝），颉颃之宋辽，虽历九曲，数度分合，终成一统之中华。

第八，倡礼义而远宗教。中国人一直相信道德的力量，主张以德治国、以德润身，以仁义之理和等级之礼处理人和事，至于六合之外，则“圣人存而不论”[①]。中国虽长期存续各种宗教，其中既有本土的宗教（道教），也有外来的宗教（如佛教、伊斯兰教等），还有难以胜数的民间宗教，但自西周走上敬德保民之路后，中国人大多以“祭神如神在”“宁可信其有”的态度对待宗教和鬼神等，宗教从未占据主导地位，未曾成为主流文化，更没有统治过中国。中国被称为文明古国和礼仪之邦是当之无愧的。

以上八条，既是中国传统社会的特点，也是中华民族的特点。如果这八条成立，我们可以说，中国和中华民族走过了一条与世界其他国家和民族有所不同的道路。

中国和中华民族之所以具有以上这些特点，原因是极为复杂和多方面的，但我认为，以下五个方面是起决定作用的，它们分别是：一、商周易代的特殊性；二、中华文化的早熟和高度发达；三、秦始皇所确立的皇帝制度和中央集权制度；四、占主导地位的儒家思想；五、科举制度的全面推行。

第一，商周易代的特殊性。

约在公元前11世纪中叶，周武王联合各路诸侯灭商并建立周朝，史称西周。在西周以前，政治中心长期位于黄河中下游流域，也就是在今河南省商丘和安阳一带，而周人则一直生活在今陕西西安以北以西的泾渭地区，因此，在商代的政治格局中，周不仅是小邦，而且地处偏远。到了商末，周人的势力已强大起来，但其灭商仍然具有相当大的偶然性。周之灭商，有两个重要因素，一是商纣王的执政失措和无道使其众叛亲离，二是周联合八百诸侯共同伐商。这两条，决定了周人灭商后的执政思想和统治格局。具体为：

---

① 曹础基：《庄子浅注》，中华书局1982年版，第31页。

第一，从神教向德治转变。在商代，人们普遍相信天命的力量，神是统治一切的，胡适就曾说“殷人的文化是一种宗教的文化”[①]。比如，当西伯侯即后来的周文王攻克距商朝都城朝歌不足200千米的黎国、情况已万分危急时，商纣王竟然说“呜呼！我生不有命在天”[②]。但是，自居天命在身、拥有巨大都城的东方大国大邑商却最终为小邦周所灭而亡国。这一重大事变促使周人重新审视天命，并认为天命可信不可恃，人的作为可以影响天命移易，百姓的意思可以上达天命，只有敬天保民、明德慎罚才能永保天命。这些重要思想表明，西周社会逐步由神本向人本、由神权政治向伦理政治、由祭祀文化向礼乐文化转变。从此，中国告别了神教社会，开启了后来的以德治国之路。第二，商人的宗族组织得以存续。商王军队的临阵倒戈，说明了两个问题，一是商朝的军事力量并未受到根本性打击，二是军队反对纣王。但是，反对纣王不等于拥护周王，因此，西周必须用妥协的办法建立和维持自己的统治。具体表现在：周人在祭祖时，虽然周人的祖先居首，但同时以商人祖先陪祭；笼络商人贵族，保留商人的宗族组织，并以原来的宗族长督率各自宗族；为防止商人造反，让几个大的宗族成建置地搬迁到异地，并派亲信予以监视。之后，这种以血缘关系最近的人群所组成的宗族长期延续至后世。第三，周公制礼作乐。制礼作乐据说是周公所为，有关记载可见于《尚书大传》《左传·文公十八年》《礼记·明堂》《史记·周本纪》。这套礼乐制度被后来的“三礼”[③]作了系统追记。可以想见，在礼乐初成之时，不可能形成如此周详的制度，但是，这些典籍所反映的基本精神是符合周礼的。[④]《左传·隐公十一年》载：“礼，经国家，定社稷，序民人，利后嗣者也。”《左传·昭公二十五年》又载：“夫礼，天之经也，地之义也，民之行也。”[⑤]也就是说，礼是处理天地人三者关系的总规定，是维持社会秩序的总法则。周礼的基本精神是“亲亲尊尊”两个方面：国家和社稷是建立在等级制度之上的，所以要“尊尊”，也就是尊重应该尊重的人，这里的人当然

---

① 胡适：《胡适论学近著》（第一集），商务印书馆，1935年版，第506页。

② 《尚书正义》，载《十三经注疏》，中华书局1980年版，第177页。

③ 指《周礼》《仪礼》《礼记》。

④ 杨伯峻编著：《春秋左传注》，中华书局1981年版，第76页。

⑤ 杨伯峻编著：《春秋左传注》，中华书局1981年版，第1457页。

是指贵族；人民及其后代都依血缘分属各自的宗族，所以要“亲亲”，也就是要亲爱应该亲爱的人，这里的人当然是指血缘亲族之人。而从《礼记·曲礼》等典籍对周礼的描述来看，礼不仅是全社会行为准则的总纲，而且还指各种社会关系的具体规范，包括了制度、礼仪和伦理道德等人类社会生活的各个方面。

殷周之际的这场偶然剧变及其结果，对后世的影响不可低估。首先，西周统治者的天命可信不可恃的思想，既强调了人的有为，又认同天的制约，不仅使中国很早就开始了从神到人这一历史性的大转变，而且使中国人形成了尽人事而听天命、勤劳顽强的民族性格。其次，西周统治者的敬德保民、崇拜祖先、亲亲尊尊等思想和以此建立的礼乐制度都为后世所继承，并发展为礼教，成为中华民族共同遵循的行为准则和规范。而宗族组织较完整的保存延续，则为礼教社会的形成、忠孝核心价值观的建立等提供了条件和可能。总之，商周易代和制礼作乐对后世的影响是全面、广泛和深刻的。

第二，中华文化的早熟和高度发达。

现在看来，中国的古代文明发源地肯定并非一个，但最早兴盛起来的地方却是在黄河中下游流域。居住在这个地方的人被称为诸夏，诸是多的意思，就是多个夏族的人生活在此。早期文明的重要标志是建城，而城就是国。从字形即知，国是个四方块，国就是一个四方的城，国及其周边之外被称为野，国与野合而为邦。所以我们可以说联邦，而不能说联国。由于最初的诸夏居于黄河中下游流域，与周边民族相对而居其中，故称中国。中国一词最早可见于西周时期青铜器上的何尊铭文，到战国时期已普遍使用，并与夷狄相对，如孟子就说“莅中国而抚四夷”[①]。总之，与周边民族相比，诸夏的经济和文化发展最早，代表着文明和先进。由此，先进的诸夏便被称为华，周边的民族便被统称为夷，于是诸夏又称华夏，中国又称中华。

华夏文化大发展的重要标志就是人所周知的百家争鸣。一般认为，百家争鸣起于春秋末期的孔墨之辩，持续到战国时期齐国稷下学宫的消亡。在这长达二百多年的时间里，诸子蜂起、处士横议、各家并出，前后相继，形成

① 杨伯峻：《孟子译注》，中华书局1960年版，第16页。

了著名的百家争鸣。诸子百家的著作在蒙受秦燔之后，又历经长时间的岁月淘洗，现已难窥全豹。但即使从留存下来的《老子》《庄子》《论语》《孟子》《荀子》《韩非子》等典籍看，它们所表现出的恢弘气势、博大规模、华贵气派和深邃思想依然令人低回向往。当我们今天重新读其书、想见其为人时，在心灵受到巨大震撼之余，不得不由衷惊叹：这些登临文化高峰的思想巨子似有神助，简直不可思议。诸子百家不仅围绕着王与霸、礼与法、义与利等治国大道展开激烈争辩，还广泛涉及天道与人道、天命与人事和名与实、志与功等抽象玄远的哲理思辨，不仅为秦统一中国作了相应的理论准备，还大大提高了中华民族的理论思维水平，大大丰富了中华民族的精神生活。

近百年来，殷墟甲骨和大量出土文物的发现，使我们对两千多年前的遥远时代又有了新的更深认识，其源有自的先秦文化及其发展过程和脉络变得更加清晰可信。从先秦出土文献和各种早期典籍的文字表现形式看，其发展脉络正如小孩儿的说话，也经历了由简单到复杂的发展过程，大致是：甲骨文是一个字一个字的，春秋末期《老子》《论语》是一句一句的，战国中期《孟子》是一段一段的，战国中后期《韩非子》是一篇一篇的，随后的著作自然就是一本一本的。更为重要的是，我们可以更有把握地认定：早在先秦时期，作为早期中华文化的最杰出代表，华夏文化就具备了两大重要特点：一是早熟，二是高度发达。早熟的特点预示着之后的中华文化会接续先秦文化并据此发展下去，而不会出现文化中断或改弦更张。而高度发达则对周边民族产生强大的吸引力和向心力。由此，就有了华夷之辨，并以此来分别族类和区别先进与落后。在华夷关系上，华夏族对夷族主张“以夏变夷”，虽有夷夏之防，但并未把夷排斥在外。而周边的夷族，既向往华，又不自甘为夷，纷纷主动学习华夏的礼仪制度，于是这些夷族也就逐渐变成了华。华夏文化的早熟和高度发达，使华夏族像滚雪球似的越滚越大。这种滚动既是地域越变越广的过程，也是人口越聚越多的过程，更是各民族不断加深交流和融合的过程。到了秦统一中国之初，华夏族已大体形成了三个文化圈，即齐鲁三晋的中原文化圈、关中地区的西部文化圈和南方的楚越文化圈。到了汉代，随着民族融合和民族认同的不断演进，生活在这三个文化圈中的人们逐渐形成了更加相近的民族意识、民族性格、民族文化和民族习俗，于是，这三个文化圈逐渐融合为共同的中华文化圈，并随之诞生了中华民族的主体——汉族。

早熟和高度发达的中华文化，对秦汉以后的历史发展进程持续产生着巨大影响。其中，先秦的华夷论又被西汉儒家的公羊学派予以理论化。公羊学派继承孔子的华夷思想，一方面主张严夷夏之防，坚持华夏中心论，反对以夷变夏。另一方面，又主张以华变夷，通过怀柔四方，使之近悦远来。认为凡是赞成并实行中国的典章制度和文化的，夷狄就变成了中国，这是新的中国；而虽居中国而行夷狄之道，也就不再是中国，而是新的夷狄。公羊学派的这些思想为后世的政治家和思想家所继承。比如，唐代的韩愈曾说："诸侯用夷礼，则夷之；（夷）进于中国，则中国之。"[①]这与公羊学派的主张是一致的。

在汉代以后，继华夷论而起的是正统论，之后又有了建立在朝贡体系基础上的宗藩思想，其中存在的民族偏见是可以想见的。但是，它同时说明，作为早熟和高度发达的中华文化，在数以千年计的长期历史过程中，始终保持着文化领先的地位，它也成为中国长期作为东亚地区政治和文化中心的重要原因。

第三，秦始皇所确立的皇帝制度和中央集权制度。

公元前221年，秦始皇统一中国，并建立了皇帝制度和中央集权制度。中央集权是与地方分权相对的，它所针对的是中央和地方的关系，集权的本质是地方服从中央，地方官吏由中央任命和管理。皇帝制度所处理的是皇帝和百官的关系，它的本质是皇权至上和皇位世袭。当皇帝的权力不受约束时，就成为专制制度。在自秦以后的两千多年中，中国的皇帝制度和中央集权制度从未发生根本性改变，到明清时期更发展成为中央集权专制制度。所以，谭嗣同说"两千年来之政，秦政也"[②]。其中，有两个方面对后世影响最大。一是废除分封制，建立郡县制。前面说过，西周以分封制来平衡利益和瓜分权力，通过给自己的亲贵和帮助自己打天下的各路英雄裂土封侯来维持

---

① 《韩昌黎全集》，中国书店1991年版，第174页。

② （清）谭嗣同，吴海兰评注，《仁学》，华夏出版社2002年版，第96页。

和巩固自己的统治。到了春秋时期，有些诸侯国已开始在边疆和新土实行郡县制。秦始皇全面实行郡县制后，就在全国范围内把管理老百姓的官直接控制在自己的手里。二是统一文字和度量衡。统一文字十分重要，意义不言自明。比如，直到现在，在一些山高谷深、交通不便的地区，两县相邻的人们相互说话都难以听懂，没有统一的文字人们怎么交流？共同的民族意识怎么形成？统一度量衡也同样重要。有了统一的度量衡单位，不同地区的人们才有可能做买卖。有了经济交往，有了人口流动，也就有了不同地区的人们之间的其他社会活动，包括婚姻和文化活动等随之而来。不同族类和不同地域的人们在一个锅里吃饭，自然就成了一家人。

到了汉初，刘邦（公元前256—公元前195年）曾在继续实行郡县制的同时，分封了不少同姓和异姓王。为防止谋乱，他又陆续剪除了异姓王，而在他死后，同姓王也开始造反，这就是七国之乱。之后，历代的统治者大多认识到分封制绝非长治久安之策，于是，郡县制成为后世主流，并延至明清。

到了明代的开国皇帝朱元璋时，他不仅全面继承了秦始皇所确立的皇帝制度和中央集权制度的精髓，而且绞尽脑汁地设计了一套更为严密和周详的制度。他所做的事情主要是两件：一是解决了君权和相权之争问题，二是分割中央和地方官吏的权力，并使之相互制约。在中国古代，君权和相权也就是皇上和宰相的矛盾长期存在。朱元璋把宰相胡惟庸杀掉之后，就彻底废除了宰相制度。在朝廷，为了制约各级官员，他在中央六部之上，对应设立六科。六科官员虽官居七品，却品卑位尊，上可封驳皇帝旨意，下可督察六部。之外，又设立督察官员的都察院，分省设立十三道监察御史。在军事上，分设中、左、右、前、后五军都督府，与兵部协同管理军队，其中，五军都督府有统兵权而无调兵权，兵部有调兵权而无统兵权，两者相互节制互不统属。在地方，于各省设立三司，将权力一分为三：布政使司管民政，按察司管刑名并纠察百官，都指挥使司管军事和军队，三司同有相互监督之权。为了统一管理和协调各省事务，从景泰时期（1450—1457年）始，设立巡抚节制三司，后又设总督，督抚之设渐成定制。总的说来，以上这些办法的长期实行带来两个结果：一是皇帝的权力更加集中，使皇帝制度的专制色彩更加明显；二是朝廷对地方的控制不断加强，中央集权制度更加完善，国家的统一水平进一步提高。到了清代，统治阶级又对明代的制度作了进一步损益完善，所以我们常说清承明制、明清一体。

第四，占统治地位的儒家思想。

在西周，周天子通过分封制扩大了自己的统治基础，又通过宗族长来统治各自宗族的人民。周朝统治者按照亲亲尊尊的原则，通过制礼作乐，重新建立起自己的统治秩序。西周的治国思想，被以孔子为代表的儒家所继承。孔子最核心的思想究竟是仁还是礼，学界长期争论不休。我认为，这一争论没有必要。没有仁贯穿于礼，则礼就变为简单的礼仪，成了没有内容的空壳，不能发挥教育人民的作用；而没有礼，则仁无从寄托和表达，等级制度无从建立和维持，也失去了教育人民的有效办法。所以我认为，孔子的核心思想包括了仁和礼，是仁与礼的统一体。

孔子的思想与周公的制礼作乐是一脉相承的。孔子自己说经常梦见周公，并说“周监于二代，郁郁乎文哉！吾从周”[①]。儒家是人学，讲的是如何正确处理人和人的关系。到了孟子（约公元前372至公元前289），他更明确地提炼出了“五伦”，也就是全社会最重要的五种人伦关系，并提出了处理这五种关系的原则，这就是“父子有亲，君臣有义，夫妇有别，长幼有序，朋友有信”[②]。孔孟的思想代表了儒家的基本思想，确立了儒家思想的基本格局和规模，所以从宋元以后，人们常把儒家思想称为孔孟之道。孔孟之道是一套维护社会秩序的思想，而孔孟都生活于群雄争霸的乱世，所以他们的思想久不见用。大凡治国的思想，都必须是道理上讲得好，而现实中又行得通才行，这就是孔孟之道何以不用于当时而又常用于后世的原因所在。

公元前221年，秦始皇建立了统一中国的空前伟业，但是，貌似强大的秦王朝只维持了短短的14年就灰飞烟灭。有鉴于秦亡的惨痛教训，在西汉建立之初，陆贾就向刘邦提出了一个十分严肃的重大问题：“居马上得之（天下），宁可以马上治之（天下）乎？”[③]意思是用武力可以得天下，但并不能以此治天下。而之后的贾谊在《过秦论》中又进一步指出，秦灭亡的根本原

① 杨伯峻：《论语译注》，中华书局1980年版，第28页。

② 杨伯峻：《孟子译注》，中华书局1960年版，第125页。

③ （汉）司马迁：《史记》，中华书局1982年版，第2699页。

因是“仁义不施而攻守之势异也”，意思是秦在统一天下之后，因为不知道国家总的形势发生了由攻向守的根本变化，继续滥用武力而不施仁义，从而导致失败。于是，在经过长达六七十年的休养生息之后，汉武帝终于在公元前134年采用了当时的大儒董仲舒的建议，实行“罢黜百家，独尊儒术”，也就是把儒家思想作为统治思想和全社会的主流思想。汉武帝之所以这样做，董仲舒的以下这段话说得很清楚：“《春秋》大一统者，天地之常经，古今之通谊也。今师异道，人异论，百家殊方，指意不同，是以上亡以持一统；法制数变，下不知所守。臣愚以为诸不在六艺之科、孔子之术者，皆绝其道，勿使并进。邪辟之说灭息，然后统纪可一而法度可明，民知所从矣。”①

儒家讲德治，但“独尊儒术”的意思不是说治国只靠儒术，只讲德政，而是实行恩威并举、德主刑辅，正如一件衣服的表里，外面是王道，里面是霸道，这就是汉宣帝所说的“汉家自有制度，本以霸王道杂之，奈何纯任德教，用周政乎”②。为了更好地贯彻儒术，统治阶级对儒家思想的内容作了更加清晰的厘定。公元79年，汉章帝召诸儒于洛阳的白虎观，并亲自主持诸儒对儒学经义异同的争辩，据此成书的《白虎通义》系统提出了“三纲六纪”的道德伦常，而著名经学家马融又首次将“三纲”与“五常”并称。“三纲五常”理论的系统化，标志着统治者所认可的儒家政治伦理体系的初步形成。

经过董仲舒等汉儒和统治者的改造，汉代的儒家思想还在其他两个方面有了很大发展，一是大一统的思想，二是忠孝的思想。大一统的意思是，一统是天下最大的事，这就论证了皇帝制度和中央集权制度的合理性。而忠孝的思想早在春秋时期即已形成。孝的道德观念是中华民族祖先崇拜的必然反映，它贯穿于传统社会的始终。至于反映君臣关系的忠，则出现在春秋时期，从臣对君的角度讲，忠的意思是臣对君要尽心事上和有死无贰。到了汉代，儒家把忠和孝的思想一并突出出来，其标志是《孝经》的出现和流行。《孝经》分别讲了孝的基本理论、孝的实行办法，并规范了从天子到庶人的五种不同之孝。它的贡献是，十分明确地从天地人的角度论述了孝的根据，

---

① （汉）班固：《汉书》，中华书局1962年版，第2523页。

② （汉）班固：《汉书》，中华书局1962年版，第277页。

反复论证了孝在教化百姓中的重大作用，提出了“以孝治天下”和“移孝作忠”这两个持续而深刻影响中国传统社会的政治、伦理主张。于是，从汉代开始，历代统治者大多声称“本朝以孝治天下”，“移孝作忠”也被后来的统治者不断提倡和论证。总之，以孝为德、以孝齐家、以孝治国和移孝作忠、忠孝一体等思想，都为后来的统治阶级所继承，并逐渐成为自上而下人所共知的道理和价值观念，因而产生了长久而深远的社会影响。直到今天，人们在评论人的品行时，往往还会这样说：他对自己的爹娘都不孝顺，还能对你真好吗?

在历经先秦的滥觞、两汉的沉潜和唐五代的酝酿之后，儒家思想迎来了它的飞跃和大发展，这就是宋代道学[①]的产生及其思想体系的形成。道学是汉唐以来儒学的集大成，它在吸收佛道思想精华的基础上，推陈出新地创造了内容极其丰富、逻辑极为清晰的思想体系，并以其体大思精、影响至巨登上了中国传统社会思想史上的最高峰。道学家认为，天下万物皆有理，这些理应天而生、自然就有，所以叫天理。天理只有一个，它散入万物而成万物之理，万物之理虽有异同，但本质还是这一个天理。一如朗月当空，千河万川皆有月影，虽月影所在有差，却都来自天上的一个月亮。这种现象叫“月印万川”，这个道理叫“理一分殊”。“理一分殊”的天理表现在人身上就是仁义，就是仁义礼智信，在这其中，仁是领头的，是根本。天理于人曰人性，人性根本曰仁义，这就叫作“立天之道，曰阴与阳；立地之道，曰柔与刚；立人之道，曰仁与义”[②]。道学家认为，天有道，故人也有道。人只有把道装在自己的心里，即真信这个道才是真的有道，有道于心故曰德（得）。人如果无道、无德，就与禽兽相差不远，只有有道、有德，才对得起人这个称号，才可以此配天，这就叫天人合一。[③]在道德的内容上，主要还是处理五种人伦关系的各种道德范畴，其核心是处理君臣和父子关系的忠和孝，而衡量人是否道德的关键是看其动机是好的还是坏的，因此，义利、公私之辨最为紧要。在人性上，既主张人性本善，又认为人有欲望，欲望超出其能力便

① 也称理学。

② 黄寿祺、张善文：《周易译注》，上海古籍出版社2001年版，第615页。

③ 此外，还有“天人同一”的说法。

为私和恶，这就是人欲。因此，人生就是一个“存天理、灭人欲”的过程，人应该不断读书明理，一生修养不息。人通过修养而使自己从自私中摆脱出来并成为有道德的人，就有可能进入做人的最高境界，达到这种境界的人就能有一种他人难以体会也难以企及的最高幸福，道学家称为“至乐”“孔颜乐处”。道学的这些思想成果是在不同道学家的迭相争鸣、激烈辩论中不断发展和完善的，其中最著名和对后世影响最大的是南宋朱熹的理学和陆九渊的心学。[①]到了明清时期，朱熹与其之前的北宋程颐的思想并称为程朱理学，陆九渊与明代王守仁的思想并称为陆王心学。统治阶级将道学的这些思想成果通过各种制度和办法予以推广和弘扬，就形成了礼教，使其成为统治阶级维护社会秩序、培养百姓道德行为的工具。

第五，科举制度的全面推行。

科举是通过考试来选拔官吏的制度。在西周，全社会按照亲亲尊尊的原则，实行世卿世禄制度，政治权力是世袭的，这就叫“大人世及以为礼”[②]。在汉代，主要以察举制度选拔官吏，之后就是魏晋诸朝所实行的九品中正制。统治阶级在实行这些制度时，并非否定选贤举能，但政治权力却主要在贵族阶层中分配，人所熟知的“上品无寒门，下品无势族”就是这一情况的具体表现。到了隋炀帝大业元年，也就是公元605年，科举制度开始建立。科举制度的精髓是，面向全体平民选拔官吏，考试面前人人平等。当然，这个人人平等是名义上的，贫寒子弟大多没有金钱和时间读书应举。因此，完全意义上的人人平等是建立在经济平等基础之上的。但总的说来，通过科举制度选拔官吏是空前的历史进步。从此，中国人终于找到了一条最为适合传统社会特点的选拔官吏之路。科举制度历隋唐宋元明清诸朝，止于清末的1905年，整整1300年。科举制度的长期推行，对中国传统社会产生了重大影响，也给中国传统社会带来了重大变化。这些影响和变化至少有四个方面：

第一个方面，选拔了大批优秀人才，逐渐形成精英治国传统。据统计，在1300年间，由科举而选拔的进士有近十万人，次一等的举人达数十万人，秀才则以百万计。到了明清两朝，在544年间，共选拔（文）进士约52000

① 笔者认为陆学为易简之学，非心学。此从众说。

② 《礼记正义》，载《十三经注疏》，中华书局1980年版，第1414页。

人，平均每科[1]250多人，科举走向极盛。能够考中秀才、举人特别是进士者，绝非寻常之辈，都是社会上最聪明的一批人。其中，举人和进士具有做官的资格，他们成为统治阶级官僚队伍中的主要成员，中国也就从以往的贵族政治走向了精英政治。

在传统社会中，哪怕统治阶级想得再好，某种制度执行日久就会逐渐失灵和变坏，古人“有治人无治法”的说法，其意正在于此。比如，朱元璋曾设计了一整套自认为极为完善的统治制度。在地方，他于各省三司并立，其意甚美：布政使司、按察司、都指挥使司三司官员各司其职，平时相互监督，有事相互配合。但事实是，后来的官员们既不相互配合，也不相互监督，而是各贪各的。于是就吏治败坏、民不堪命、动乱纷起。但是，在统治阶级肌体走向腐败之时，那些出身贫寒、懂得民间疾苦的新科进士们就像汩汩清泉，向这个腐败的肌体源源不断地注入新鲜血液，为统治阶级输送着一批又一批的新生干部力量，成为统治集团新陈代谢的不竭来源，延续着统治集团的政治生命。由此，我们就能够从一个方面解释，王朝为什么会不断更替，国祚绵长者也不过二三百年。同时，也能够从另一个方面解释，自秦以后的皇帝制度和中央集权制度何以存续2133年之久，并为世界各国所仅见。

第二个方面，终结了贵族时代，开启了宗族时代。在科举制度实行之前，贵族长期把持着选官任官等政治权力，深刻影响着政局和社会风尚，总的说来，整个社会是贵族社会。贵族并非一无是处，比如，东汉时期形成的士族，大多是饱读诗书的书香门第。在汉代独尊儒术的大力推动下，熟读经书的读书人入朝做官，又和本宗族紧密结合为一体，成为当时的士族阶层。士族世代相传，所以又称世族。这些士族把持政治权力，左右舆论方向，在经济上也十分强大，是当地的名门大族，所以又称门阀、阀阅。总之士族就是伴随独尊儒术而产生的新贵族。士族为了不坠家声，长期保持贵族地位，就要维持良好族风、团结凝聚族人，并能不断培养出读书做官的后代。从东汉以后出现的诫子书和家诫、家训等，都反映了士族对本宗族成员的约束和要求。就此而言，士族并非完全腐朽。但是，士族长期把持政治权力，既不

---

① 明清通常每三年一科。

利于社会公平，也不利于选贤任能，更不利于最高统治者扩大统治基础，因此，科举制度势在必行。

科举制度实行以后，它对贵族阶层的冲击是多方面的。首先，平民阶层特别是寒门子弟通过科举为官，登上政治舞台，产生政治影响，国家的政治权力被更多的社会阶层所占有。宋元强先生曾对清代的部分状元出身做过统计：仕宦家庭出身的占51%，士人、农民、商人等平民家庭出身的占49%。其次，随着科举制度影响日隆，从中晚唐开始，人们的婚姻观念从择门第、重阀阅向重科名转变，富贵之家争相以科举及第者为婿，这便壮大了寒族的势力，此消彼长地动摇着士族的根基。最后，通过科举为官的士族精英必然离开故土，其家庭也要向京都和其他城市迁徙，并与故乡的宗族日见疏远，士族的没落就成了必然。士族的没落经历了一个长期的过程。比如，唐文宗曾想把两个公主嫁给崔卢两家士族大姓，而至少其中一家不愿意，唐文宗就向宰相说“我家二百年天子，顾不及崔、卢耶”[①]，这说明即使到了唐朝后期，部分士族依然保持着它的门第和派头。当然，士族的没落已不可转圜，从宋代开始，除皇族等极少数的社会阶层外，以士族为代表的贵族阶层即彻底告别了历史舞台，而作为普遍存在的民间组织——宗族开始兴起，并逐渐成为最有影响的基层社会力量。

宗族组织最重要的标志是祠堂和族谱。祠堂是祭祀祖先的地方。在唐以前，平民只能“祭于寝”，即在自己住的房子里祭祀自己的祖先，只有官员在经政府批准后方可设立祭祀祖先的家庙。平民也没有族谱，唐以前的族谱是由政府主修并面向贵族的，主要目的是区别门第、选拔官吏。从宋代开始，平民阶层开始以宗族为单位建立祠堂，并以“尊祖、敬宗、收族”为目的编修各自的族谱。其间，北宋的欧阳修和南宋的朱熹等人为宗族制定了各种规制，对宗族的发展影响较大。比如，欧阳修创立的五世族谱体例为后世所遵循，直到今天，老百姓还是以是否出五服来区别亲疏。朱熹提出，三十年不修谱，是谓不孝，所以后世族谱三十年一修成为惯例。伴随着族谱、祠堂的兴盛，宗族内部的管理制度也逐渐形成、完善，族长不仅具有管理宗族

---

① （宋）欧阳修、宋祁撰，陈焕良、文华点校：《新唐书》第4册，岳麓书社1997年版，第3245页。

的族权，而且为政府所支持。另外，族训、族田、义学等也陆续发展起来。到了明清时期，宗族组织发展到了顶峰。

第三个方面，推动形成官绅共治的基层统治格局。在中央集权制度下，统治阶级通过郡县制和编户齐民，把全社会的官和民都管了起来。在编户齐民下，以男耕女织为生产方式的一家一户成为社会细胞，是传统社会的最基本单位。一家一户在组织形式上十分松散，在经济方式上十分简单，不少百姓一生都不出百里之外，这就与中央集权制度所要求的政令畅通、上下一致发生了矛盾。这一矛盾即政治上的中央高度集权与小农经济十分松散的矛盾伴随着整个传统社会。后来，统治阶级逐渐找到了一个解决问题的好办法，这就是利用长期存续的宗族组织和人所共知的祖先崇拜观念，把一家一户组织起来，就好像用一条线把众多的铜钱串起来一样。其中，科举制度发挥了巨大作用。

科举制度是名利之具，它鼓励百姓读书做官，使天下人通过读书习君臣之礼，学治国之道，行忠孝之德。统治阶级给做官者以种种特权，这既符合等级社会的伦理观念，也提高了官员的权威和做官的吸引力。个人做官，宗族荣光且受益，于是各宗族为了光大门庭，就大力提倡子弟读书。这些读书人出仕之前，可以影响族人和乡里，科甲及第后，则受事管理百姓。而久考不中的秀才，则因享有平民所没有的见县官不跪、免除差徭、因公事可禀见县官等特权，往往成为宗族的族长。未考中的读书人和返乡的退休官员逐渐形成了士绅阶层，并在明清时期达到极盛。据研究，明末地方学校生员总数已达60万人以上，是宋代的3倍多，占总人口数的0.4%，到了传统社会终结的民国元年，全国学生总数达到293余万人。这些人数众多的士绅阶层不仅大多掌握着宗族的人权和财权，成为宗族的领导者，而且在地方拥有巨大的号召力，成为影响乡村百姓思想和生活的重要力量。

士绅阶层的长期存续，为县以下的官绅共治提供了可能。从利害上讲，由于统治阶级长期实行官不下县，县以下没有朝廷命官，所以县官就必须要借助士绅并通过宗族组织把百姓管理起来。而士绅及其所代表的宗族更需要依靠县官来提高本人和本宗族的政治地位，获取旌表、奖励等政治荣誉和其他利益，因而必然要服从并维护县官的管理和执政。从思想意识和价值观念上讲，因为官绅同源，都是读书人，读的又都是“四书五经”等儒家经典，都认同大一统和忠孝核心价值观，具有共同的政治和道德观念。有了以上两条，就自然形成官绅共治的基层管理格局。

官绅共治是一种有温度的管理办法。它的基本精神有：主张以德治家，以德润身，以和为贵，人和人有了矛盾要首先商量着办。打击讼师，培养百姓打官司的耻辱感，使百姓不得已才告官到县。赋予族长以管理宗族的权力，使大量的民间纠纷不出族、不出村就能得以解决。处理问题和矛盾按照“天理、国法、人情”三条而折中以断。

第四个方面，推动了文化普及，弘扬了主流道德。

在科举的激励和刺激下，社会上的读书人大量增加。大量增加的读书人，既可应举，也可为师，因而既是文化普及的表现，又会促进文化的进一步普及。从宋代开始的蒙学和书院大兴就是明证。在蒙学方面，一直到明清还在使用的蒙学教材“三百千千”[①]中，有三种就是由宋人编纂的，并在宋代广为流行。最早始于唐代的书院，本是朝廷修书和私人读书讲学的地方，到宋代，发展为聚徒讲学和学术研究的所在，最为著名的有所谓六大书院，其中，闻名于世的白鹿洞书院和岳麓书院一直弦歌至今。到清代，全国的书院达到2000多所，几乎每个县都建有书院。各级各类学校的发展，推动了文化普及，提高了中华民族的文化素质。

科举制度不仅促进了文化普及，还推动了文化繁荣。作为中国文学史上的两颗明珠，唐诗宋词取得的巨大成就，与科举是有关系的。唐人曾有“三十老明经，五十少进士”的谚语，它的意思是说，在所有科举考试科目中，以进士科为最贵，非在诗赋方面有很深造诣者难以考取。直到明代，人们还认为“唐以诗取士，故诗盛”[②]。科举制度还推动了儒家思想的飞跃，促进了道学的诞生和成熟。我们可以看到，道学的主要代表人物大多中过进士，如张载、程颢、王安石、朱熹、陆九渊等，而心学的集大成者、明代的王守仁也是进士。

文化普及和繁荣的过程，同时也是弘扬主流道德的过程。其中，尊师重

① 指《三字经》《百家姓》《千字文》《千家诗》。

② （明）杨慎著，王仲镛笺证：《升庵诗话笺证》，上海古籍出版社1987年版，第127页。

教和重视读书成为中华民族普遍认同的价值观念，耕读传家的思想久传不衰、深入人心，直到今天，我们还能从不少古宅中看到“耕读传家久，诗书继世长”之类的楹联。儒家所倡导的孝顺父母、敬爱老人、以和为贵、勤俭持家、读书明理等内容，被宗族组织自觉纳入族约、族规、族训之中，并逐渐被百姓所接受和认同，成为人人应该遵守的人间正道，成为中华民族家风家教和良好社会风尚的重要组成部分。

一部中国传统社会史表明，自远古而来的中华民族披荆斩棘、筚路蓝缕，走过了一条极为艰难曲折的漫漫长路。我们的先人在极为落后的条件下，战胜了难以胜数的洪灾、旱灾、虫灾、瘟疫、地震等自然灾害，抵御了难以胜数的外敌入侵和残酷压迫，并无可阻挡地沿着自己的道路生生不息、薪火相传，在保国保种的同时，不断走向进步和光明，体现了强大的民族生命力。中华民族诞生了一批又一批思想敏锐、明体达用的政治家和气象宏大、目光深邃的思想家，他们与广大人民一起，创造了符合民族特点、适应传统社会要求的社会制度和体大思精、夺人眼目的灿烂文化，走出了一条与世界各国有所不同的独特道路。中华民族并非没有缺点，在我们的传统社会中，既有落后的东西，也有腐朽的东西。作为中华民族的后来之人，我们应该承前启后、扬弃既往，开辟出更加美好的未来。

中华文明的起源、形成及其长存之道

韩建业*

中华文明以其伟大、古老延续至今而著名于世。她起源、形成于何时何地，有何特征特质和长存之道，是值得永远追问的重大问题。

中华文明就是中华民族所拥有的高度发达、长期延续的物质、精神和制度创造的综合实体。距今8000多年有了文化上早期中国的萌芽，进入中华文明起源的第一阶段。约距今6000年正式形成文化上的早期中国，进入中华文明起源的第二阶段。约距今5100年中华文明形成，进入“古国文明”阶段。约距今4100年进入夏代和“王国文明”阶段。中华文明具有“一元”宇宙观和“多支一体”格局，是一种独特的“天下文明”模式。“天下文明”模式，连同敬天法祖、诚信仁爱、和合大同等文化基因，是中华文明连续发展至今的根本原因。

一、文明、文明社会、中华文明

周代文献中的“文明”，指“人类以修养文德而彰明，而社会则得有制度的建设和礼仪的完善而彰明”[①]。如《尚书·舜典》中的“浚哲文明”，《周易·大有·象》中的“其德刚健而文明”，《易·乾·文言》中的“见

* 韩建业，1967年出生，中国人民大学历史学院考古文博系教授、博士研究生导师。2005年入选教育部新世纪优秀人才计划，2007年获得首都劳动奖章，2010年获得北京市先进工作者和北京市级教学名师称号。2020年为国务院学位委员会第八届学科评议组成员（考古学科组）、教育部“长江学者奖励计划”特聘教授。2014年赴德国考古研究院（GAI）任访问学者，2015年赴美国盖蒂研究院（GRI）任客座学者。2013年开始兼任中国考古学会理事，兼任中国考古学会夏商考古学专业指导委员会副主任、中国考古学会环境考古学专业指导委员会副主任、中国地理学会环境变化与环境考古专业指导委员会副主任、中国历史研究院中华文明与世界古文明比较研究中心特邀研究员。

本文系国家社会科学基金重大项目“欧亚视野下的早期中国文明化进程研究”（项目编号：18ZDA172）、郑州中华之源与嵩山文明研究会重大课题“早期中国文明起源的区域模式研究”阶段性成果。

① 冯时：《文明以止：上古的天文、思想与制度》，中国社会科学出版社2018年版，《自序》第2—7页。

龙在田，天下文明”，都是如此。而现在中文使用的“文明”一词，多指对西文词汇“Civilization”等的意译，有广义和狭义之分①，广义上或将其理解为一整套长久传承下来的伟大文化传统②，或理解为人类所创造的物质财富和精神财富的总和③，狭义上一般将其解释为与“野蛮”相对的高级社会阶段或国家阶段。也有综合性的理解，认为文明是“在国家管理下创造出的物质财富、精神财富的总和”。④

有必要对“文明”“文明社会”“国家”几个概念加以区分。恩格斯说“国家是文明社会的概括”⑤，是将“国家”基本对等于“文明社会”而非“文明”。中华文明、两河文明、埃及文明，都是延续3000年以上的原生文明，而非三个狭义的“国家”或者“文明社会”。严文明指出：“中国古代文明的内容非常丰富，包括物质文明、制度文明和精神文明等诸多方面。”⑥我们不妨将“文明”定义为高度发达、长期延续的物质、精神和制度创造的综合实体：人类的物质、精神和制度创造虽有长期的孕育和成长过程，但至国家阶段才够得上高度发达；高度发达的综合实体，理当拥有足够的文化传承和社会长治的智慧经验，更有可能长期延续。而中华文明，就是以华人为核心的中华民族所创造的文明，或者中华民族所拥有的高度发达、长期延续的物质、精神和制度创造的综合实体，一定程度上对应于进入国家阶段的“中国文化圈”或者“文化上的中国”⑦。

中华文明源自“三皇五帝”，基于中华大地，这是中国古代的基本认识。但近几百年以来，情势大变，先是西方学者杜撰出“中国文化西来说”，后有中国学者发起疑古运动，内外夹击，中国传统的古史体系一度摇摇欲坠。探索中华文明起源，或者实证复原中国古史的重任，就这样历史性地落在了中国近现代考古学者的身上。从文化源头角度溯源中华文明的尝

① 童恩正：《有关文明起源的几个问题——与安志敏先生商榷》，《考古》1989年第1期，第51—59页。

② ［法］费尔南·布罗代尔：《文明史：人类五千年文明的传承与交流》，中信出版社2014年版，第68页；［美］萨缪尔·亨廷顿：《文明的冲突与世界秩序的重建》，新华出版社2010年版，第21页。

③ 林剑鸣：《如何理解“文明”这个概念》，《人文杂志》1984年第4期，第98—101页。

④ 王巍：《对中华文明起源研究有关概念的理解》，《史学月刊》2008年第1期，第10—13页。

⑤ ［德］弗里德里希·恩格斯：《家庭、私有制和国家的起源》，人民出版社1999年版，第183页。

⑥ 严文明：《文明起源研究的回顾与思考》，《文物》1999年第10期，第27—34页。

⑦ 韩建业：《早期中国——中国文化圈的形成和发展》，上海古籍出版社2015年版，第45—46页。

试，自1921年中国近现代考古学诞生之日就已开始[①]，20世纪80年代以后，已能明确认识到中华文明是土生土长的文明[②]，有着遥远坚实的史前基础[③]。从国家起源角度探索中华文明，则始于对殷墟的发掘，20世纪70年代末期以后形成了起源于4000年前[④]、5000年前[⑤]、5500年前[⑥]、5800年前[⑦]、6000年前[⑧]、8000年前[⑨]等不同观点。甚至有学者认为“中国有着至少八千年未曾中断的文明史”[⑩]。

实际上不少人混淆了文明化进程中“起源”和“形成”这样两个阶段。从中华大地上最早出现早期国家实体开始，中华文明就正式形成，而之前还当有长期的起源过程。本文拟主要从考古学角度，简略梳理中华文明的起源、形成和早期发展过程，并论及中华文明的特征和模式问题。

二、中华文明起源的第一阶段

中华大地上最早的人类已有大约200万年的历史，后来不断演化并最终与西来的尼安德特人和早期现代人相融合，形成中华民族的先祖[⑪]。距今2万年左右末次盛冰期的极端干冷气候，造成严重的食物匮乏，促进了食物攫取的

---

① 安特生著，袁复礼译：《中华远古之文化》，《地质汇报》第五号，第1册，北京京华印书局1923年版。

② 夏鼐：《中国文明的起源》，《夏鼐文集》（上册），社会科学文献出版社2000年版，第413页。

③ 严文明：《中国史前文化的统一性与多样性》，《文物》1987年第3期，第38—50页；张光直：《中国相互作用圈与文明的形成》，《庆祝苏秉琦考古五十五年论文集》，文物出版社1989年版，第1—23页。

④ 夏鼐：《中国文明的起源》，文物出版社1985年版，第80页。

⑤ 苏秉琦：《辽西古文化古城古国——兼谈当前田野考古工作的重点或大课题》，《文物》1986年第8期，第41—44页。

⑥ 严文明：《中国新石器时代聚落形态的考察》，《庆祝苏秉琦考古五十五年论文集》，文物出版社1989年版，第24—37页；严文明：《略论中国文明的起源》，《文物》1992年第1期，第40—49页。

⑦ 这是2018年发布的“中华文明探源工程”的研究结论。《中华文明起源图谱初现》，《人民日报（海外版）》2018年5月29日第7版。

⑧ 苏秉琦：《迎接中国考古学的新世纪》，《华人·龙的传人·中国人——考古寻根记》，辽宁大学出版社1994年版，第238页。

⑨ 苏秉琦：《文明发端 玉龙故乡——谈查海遗址》，《华人·龙的传人·中国人——考古寻根记》，辽宁大学出版社1994年版，第127页。

⑩ 冯时：《文明以止：上古的天文、思想与制度》，中国社会科学出版社2018年版，《自序》第1页。

⑪ 吴新智：《从中国晚期智人颅牙特征看中国现代人起源》，《人类学学报》第17卷4期，1998年版，第276—282页；高星：《中国地区现代人起源研究的考古学进展》，《早期中国研究》第4辑，上海古籍出版社2021年版，第1—11页。

多样化趋势，禾本科植物的种子被人们采集食用，最早的作物栽培在此背景下逐渐登场，炊煮谷物等的陶器最早在中国应时而生。距今 1 万多年以后的新石器时代早期，稻作和粟作农业在南、北方分别起源，距今8000年前后的新石器时代中期“南稻北粟”二元农业体系初步形成，距今6000年前后的新石器时代晚期南、北方都已是典型的农业社会，农业在生业经济中开始占据主体[①]。中国有着广大的适合发展农业的地理空间和自然环境，加上其特有的二元农业体系，能够最大限度保障食物供给的稳定性，奠定了中华文明起源和形成的坚实基础。

距今8000多年前中国大部地区的考古学遗存，可根据陶器等物质文化的差异性分为四个文化系统，黄河、长江和西辽河流域的重要地位已经初次凸显出来。其中黄河中游地区属于“深腹罐—双耳壶—钵文化系统”的裴李岗文化，位置居中、实力强劲，和周围地区发生交流并对外施加影响，将四大文化系统初步联结为一个雏形的“早期中国文化圈”，从而有了文化上“早期中国”的萌芽[②]。

在浙江义乌桥头、萧山跨湖桥舞阳贾湖、陕西临潼白家、甘肃秦安大地湾等遗址，发现裴李岗时代带有特殊符号的彩陶、龟甲、骨角木器，以及装有石子的龟甲，意味着“八卦”类数卜数理以及原始字符的诞生。贾湖的骨质“规矩”，湖南洪江高庙遗址白陶上的八角星圆形复合纹，可能与观象授时和“天圆地方”宇宙观的形成有关[③]。高庙遗址的“天梯”或“通天神庙”遗迹，白陶上的“天梯”、飞龙、飞凤图案，显示当时已出现祀天行为和敬天观念[④]。更为重要的是，在和高庙相距遥远的西辽河流域，同时出现了大口獠牙的“见首不见尾”的龙形象[⑤]，暗示早在七八千年前中国大江南北已出现

① 赵志军：《新石器时代植物考古与农业起源研究》，《中国农史》2020年第3期，第3—11页；赵志军：《新石器时代植物考古与农业起源研究（续）》，《中国农史》2020年第4期，第3—9页。

② 韩建业：《裴李岗文化的迁徙影响与早期中国文化圈的雏形》，《中原文物》2009年第2期，第11—15页。

③ 贺刚：《湘西史前遗存与中国古史传说》，岳麓书社2013年版，第342—344页；韩建业：《裴李岗时代与中国文明起源》，《江汉考古》2021年第1期，第50—55页。

④ 贺刚：《湘西史前遗存与中国古史传说》，岳麓书社2013年版，第345—350页；韩建业：《中国新石器时代的祀天遗存和敬天观念——以高庙、牛河梁、凌家滩遗址为中心》，《江汉考古》2021年第6期，第90—98页。

⑤ 刘勇：《辽宁阜新查海遗址发现七千五百年前石雕神人面像》，《光明日报》2019年9月29日第11版。

"一元"信仰或宇宙观。

黄河流域的裴李岗文化、白家文化、后李文化等已出现"族葬"墓地，这在同时期的欧亚大陆其他地区罕见。这些墓葬土葬深埋、装殓齐整、存在墓祭，体现出对死者特别的关爱和敬重，已出现显著的祖先崇拜观念。同一墓地或分区分群，或成排成列，有一定空间秩序，可以体现同一氏族（宗族）的人群在亲疏关系、辈分大小等方面的秩序。同一墓地延续一二百年甚至数百年之久，说明族人对远祖的栖息地有着长久的记忆和坚守，可能也为后世子孙在这块地方长期耕种生活提供了正当理由和"合法性"。贾湖墓葬已有明显分化，大墓随葬骨、龟甲、骨笛（骨律管）等"圣物"，而且墓主人基本都是成年男性，推测当时已出现祭祀首领和普通人之间的分化，可能已经进入父系氏族社会[①]。

总之，8000年前在黄河中游和西辽河流域出现了秩序井然的社会和一定程度的社会分化，在中国大部地区产生了较为先进复杂的思想观念和知识系统，包括宇宙观、宗教观、伦理观、历史观，以及天文、数学、符号、音乐知识等。这些思想观念和知识系统传承至今，构成中华文明的核心内涵。因此，有理由将中华文明起源提前到距今8000年以前，将其作为中华文明起源的第一阶段。

三、中华文明起源的第二阶段

约距今7000年进入新石器时代晚期，中国大部地区整合为三大文化系统。此时出现的许多符号、图案、雕塑，包括仰韶文化半坡类型黑彩带钵上的刻画字符、后岗类型的蚌塑龙虎[②]，马家浜文化骨角器上的数字卦象符号[③]，河姆渡文化器物上的双凤托日、双凤托举神面形象[④]，表明已有的宇宙

---

① 韩建业：《裴李岗时代的"族葬"与祖先崇拜》，《华夏考古》2021年第2期，第53—57页。
② 冯时：《河南濮阳西水坡45号墓的天文学研究》，《文物》1990年3期，第52—60页。
③ 南京博物院：《江苏海安青墩遗址》，《考古学报》1983年第2期，第147—190页；张政烺：《试释周初青铜器铭文中的易卦》，《考古学报》1980年第4期，第403—415页。
④ 浙江省文物考古研究所：《河姆渡——新石器时代遗址考古发掘报告》，文物出版社2003年版，第47、285页。

观和知识系统得到继承发展。从仰韶文化半坡类型等凝聚向心的环壕聚落来看，社会秩序更加严整[①]。约距今6200年以后，仰韶文化东庄—庙底沟类型在晋、陕、豫交界区迅猛崛起并对外强力影响，导致中国大部地区文化交融联系形成以中原为核心的三层次的文化共同体，“早期中国文化圈”或者“文化上的早期中国”正式形成[②]。

庙底沟类型的对外影响基于其社会变革所迸发的强大实力。约距今6000年，作为核心区的晋南、豫西和关中东部，聚落遗址数量激增三四倍，出现了明显的聚落分化，涌现出数十甚至超百万平方米的大型聚落。房屋建筑也有显著分化，有一种“五边形”的礼仪性建筑，在核心区的灵宝西坡等地面积达200—500平方米[③]，已属殿堂式建筑，在周围地区则渐次缩小，体现出明显的等级差异。约距今5300年，在西坡出现随葬玉钺的大墓[④]，钺当为军权的象征。在汝州阎村出现“鹳鱼钺图”，可能是一幅鹳（凤）部族战胜鱼（龙）部族的纪念碑性图画[⑤]，很可能对应庙底沟类型西向扩展而对陕甘地区半坡类型产生深刻影响的事件。同时在中原和黄土高原地区还分别出现100多万平方米的巩义双槐树[⑥]和秦安大地湾中心聚落[⑦]，两者都有三门带前厅的殿堂式建筑。

庙底沟时代其他地区也加快了社会变革的步伐。长江下游的凌家滩文化出现100多万平方米的凌家滩中心聚落，有大规模的祭祀遗存和高等级墓葬，最高级别的墓葬有随葬品330件，仅玉器就达200件[⑧]，富奢程度在同时期无与伦比。随葬品中的“洛书玉版”[⑨]，被认为蕴含天圆地方、四方五位、八方

---

① 巩启明、严文明：《从姜寨早期村落布局探讨其居民的社会组织结构》，《考古与文物》1981年第1期，第63—71页。

② 韩建业：《庙底沟时代与“早期中国”》，《考古》2012年第3期，第59—69页。

③ 河南省文物考古研究所、中国社会科学院考古研究所河南一队等：《河南灵宝西坡遗址105号仰韶文化房址》，《文物》2003年第8期，第4—17页；中国社会科学院考古研究所河南一队、河南省文物考古研究所等：《河南灵宝市西坡遗址发现一座仰韶文化中期特大房址》，《考古》2005年第3期，第3—6页。

④ 中国社会科学院考古研究所、河南省文物考古研究所：《灵宝西坡墓地》，文物出版社2010年版。

⑤ 严文明：《〈鹳鱼石斧图〉跋》，《文物》1981年第12期，第79—82页。

⑥ 郑州市文物考古研究院：《河南巩义市双槐树新石器时代遗址》，《考古》2021年第7期，第27—48页。

⑦ 甘肃省文物考古研究所：《秦安大地湾——新石器时代遗址发掘报告》，文物出版社2006年版。

⑧ 安徽省文物考古研究所：《安徽含山县凌家滩遗址第五次发掘的新发现》，《考古》2008年第3期，第7—17页。

⑨ 陈久金、张敬国：《含山出土玉片图形试考》，《文物》1989年第4期，第14—17页。

九宫的宇宙观[①]，和高庙八角星纹一脉相承，加上托举八角星纹和玉鹰（玉凤）、玉龙、玉石璧，显示凌家滩也存在祀天行为。同时或更早时期，在崧泽文化早期、大汶口文化早期都出现大墓，长江中游的油子岭文化则出现多座古城。此外，凌家滩文化、崧泽文化、大汶口文化等的精美玉石器，油子岭文化和大汶口文化的精美轮制黑陶，都需要专业工匠才能制作完成。

西辽河流域的红山文化，出现了800多万平方米的超大型祭祀中心——牛河梁遗址，有着规模宏大的“庙、坛、冢”，其中最大的一座圆形三层大坛（圜丘），外层（圈）直径22米，内层（圈）直径11米[②]，和《周髀算经》里《七衡图》所示的外、内衡比值完全相同，被认为是“迄今所见史前时期最完整的盖天宇宙论图解”[③]。牛河梁的大石冢随葬品有数件到20余件祭祀色彩浓厚的玉器，璧、龙、凤、勾云形器等都应该与祀天仪式有关，这些大墓可能是主持祭祀的大巫觋之墓。红山文化精美玉器的制作也当存在专业化。

我们看到，庙底沟时代的黄河、长江和西辽河流域，出现大型聚落、大型祭祀中心，有了大墓、城垣、宫殿式建筑以及大量美玉、美陶等，其建造或者制造需要较为强大的社会组织能力，需要较高的技术水准，显示已出现掌握一定公共权力的首领和贵族，社会开始了加速复杂化的进程，先前已有的天圆地方、敬天法祖等观念得以延续发展，进入了中华文明起源的第二个阶段。

四、中华文明的形成

如何才算进入文明时代、文明社会或者国家阶段，有着怎样的标准或者标志？历来争论不已。学术界曾流行过将文字、青铜器、城市等作为文明社会起源的“三要素”或者几要素的认识，但这些物质层面的特征因时因地而

---

① 冯时：《中国天文考古学》，社会科学文献出版社2001年版，第370—394页。

② 辽宁省文物考古研究所：《牛河梁——红山文化遗址发掘报告（1983—2003年度）》附图一，文物出版社2012年版。

③ 冯时：《红山文化三环石坛的天文学研究——兼论中国最早的圜丘与方丘》，《北方文物》1993年第1期，第9—17页。

异，难以普遍适用。恩格斯则提出国家有两个标志，一是“按地区来划分它的国民”，二是凌驾于所有居民之上的“公共权力的设立”。这样的“软性”标志可通过对各地考古材料的深入分析加以判断，可能更具有普适性。以地区划分国民，就是以地缘关系代替血缘关系；凌驾于社会之上的公共权力，也就是“王权”，建立在阶级分化的基础之上。以上述两个标志来衡量，在距今5100年左右的铜石并用时代之初，长江下游和黄河中游地区至少已经达到了早期国家或文明社会的标准。

长江下游的良渚文化以余杭良渚遗址为中心。良渚遗址有近300万平方米的内城、630万平方米的外城，有水坝、长堤、沟壕等大规模水利设施。内城中部有30万平方米的人工堆筑的“台城”，上有大型宫殿式建筑①。城内有级别很高的反山墓地，发现了随葬600多件玉器的豪华无比的大墓②。在良渚古城周围约50平方千米的区域内，分布着300多处祭坛、墓地、居址、作坊等，可以分成三四个明显的级别③。良渚诸多超大规模工程的建造、大量玉器等高规格物品的制造、大量粮食的生产储备，都需调动广大空间范围内的大量人力物力，神徽、鸟纹、龙首形纹的普遍发现可能意味着整个太湖周围良渚文化区已出现统一的权力④和高度一致的原始宗教信仰体系，存在一种对整个社会的控制网络⑤。良渚古国无疑存在区域性的“王权”。

黄河中游地区的仰韶文化有不止一个中心，其中黄土高原地区以庆阳南佐遗址为中心。南佐遗址发现有多重环壕，外环壕面积至少600万平方米，遗址中部是由两重内环壕和九座夯土台围成的面积30多万平方米的核心区，再中间为有围墙的“宫城”区，中央的夯土墙主殿建筑面积800多平方米、室内面积630平方米，其规模在同时期无出其右。长方形的夯土“九台”每个底面积都有上千平方米，外侧还有宽大峻深且夯筑底壁的环壕。宫城附近出土了和祭祀相关的精美白陶、黑陶、彩陶以及大量水稻。南佐环壕、宫殿

① 浙江省文物考古研究所：《良渚古城综合研究报告》，文物出版社2019年版。

② 浙江省文物考古研究所：《反山》，文物出版社2003年版。

③ 张忠培：《良渚文化墓地与其表述的文明社会》，《考古学报》2012年第4期，第401—422页。

④ 张驰：《良渚文化大墓试析》，《考古学研究》（三），科学出版社1997年版，第57—67页。

⑤ 赵辉：《良渚文化的若干特殊性——论一处中国史前文明的衰落原因》，《良渚文化研究——纪念良渚文化发现60周年国际学术讨论会文集》，科学出版社1999年版，第109—117页。

式建筑、“九台”的建造工程浩大，白陶等高规格物品的生产存在专业化分工[①]。调查显示，在南佐遗址周围还存在多个出土白陶等高规格物品的较大聚落，当时在黄土高原可能存在一个以南佐为核心的、拥有区域王权的“陇山古国”。此外，上述双槐树中心聚落依然发达，在郑州地区可能存在一个“河洛古国”。

良渚遗址群所在区域之前仅有少量小型的崧泽文化遗址，南佐遗址区之前也仅发现个别小型的庙底沟遗址，距今5100年左右，两地突然涌现出超大型聚落，显然都不是在原有聚落（社会）的基础上自然发展而来。这样大规模的聚落营建，可能需要调动较大空间范围的人力物力，已经打破了原有各氏族社会的局限，一定程度上凸显了地缘关系，意味着早期国家的出现。不过这个时期的地缘关系组织或者早期国家，还主要限制在太湖周围或者黄土高原这样的局部地区，当时的国家形式可称为“古国”或“邦国”[②]。当然，地缘关系的出现并非意味着血缘关系或族群的消失，实际上各族群只是经历了一番“成建制”的整合，血缘和宗族关系一直是中国社会的基础。

距今5000年左右，除西辽河流域的红山文化在达到发展顶峰之后突然衰落外，黄河中、下游和长江中游地区社会也都有进一步的发展，已经初步进入文明社会或者站在了文明社会的门槛。海岱地区大汶口文化墓葬规模更大、分化程度更甚[③]。长江中游的屈家岭文化涌现出大约20座古城，其中最大的石家河古城面积至少有120万平方米[④]，中心位置为宫殿式建筑区，其他还有专门的祭祀区、墓葬区、陶器作坊区等。石家河古城有可能是整个江汉古国的中心。

---

① 韩建业、李小龙、张小宁、徐紫瑾：《甘肃庆阳市南佐遗址》，《考古中国重大项目成果（2021）》，文物出版社，2022年，第136—141页。

② 苏秉琦：《迎接中国考古学的新世纪》，《华人·龙的传人·中国人——考古寻根记》，辽宁大学出版社1994年版，第236—251页；严文明：《黄河流域文明的发祥与发展》，《华夏考古》1997年第1期，第49—54页；王震中：《邦国、王国与帝国：先秦国家形态的演进》，《河南大学学报（社会科学版）》2003年第4期，第28—32页。

③ 山东省文物管理处、济南市博物馆：《大汶口——新石器时代墓葬发掘报告》，文物出版社1974年版。

④ 刘辉：《长江中游史前城址的聚落结构与社会形态》，《江汉考古》2017年第5期，第41—51页。

五、中华文明的早期发展

中华文明的早期发展有大约距今4700年和距今4100年两个关键节点。

距今4700多年进入庙底沟二期或者广义的龙山时代以后，黄土高原尤其是陕北地区遗址急剧增多，北方长城沿线突然涌现出许多军事性质突出的石城，同时在黄土高原文化的强烈影响下，内蒙古中南部、河北大部和河南中部等地的文化格局发生突变。这一系列现象应当是以黄土高原人群为胜利方的大规模战争事件的结果，很可能与文献记载中轩辕黄帝击杀蚩尤的涿鹿之战有关①。

约距今4500年，在晋南出现面积约280万平方米的襄汾陶寺古城，拥有宫城、宫殿建筑②、高等级墓地、“天文台”或祭天遗迹③，以及仓储区、手工业区等。大墓随葬玉钺、玉琮、玉璧、鼍鼓、石磬、彩绘蟠龙纹陶盘等成套礼乐器，存在一定的礼制④，墓主人当兼有军权和神权。与陶寺古城大体同时的陕北延安芦山峁遗址，仅核心区面积就达200万平方米，发现多处大型夯土台基，上面有中轴对称的多进四合院式宫殿建筑⑤。约距今4300年，在陕北出现面积约400万平方米的神木石峁石城，其核心的皇城台雄伟高大，外有壮观的石砌护坡，内有宫庙区及精美石雕，外城门有内外瓮城、巨大墩台⑥。出土

---

① 韩建业：《中国北方早期石城兴起的历史背景——涿鹿之战再探索》，《考古与文物》2022年第2期，第94—101页。

② 中国社会科学院考古研究所山西队、山西省考古研究所等：《山西襄汾县陶寺城址发现陶寺文化中期大型夯土建筑基址》，《考古》2008年第3期，第3—6页。

③ 中国社会科学院考古研究所山西队、山西省考古研究所等：《山西襄汾县陶寺城址祭祀区大型建筑基址2003年发掘简报》，《考古》2004年第7期，第7—24页；《山西襄汾县陶寺中期城址大型建筑ⅡFJT1基址2004—2005年发掘简报》，《考古》2007年第4期，第3—25页。

④ 高炜：《龙山时代的礼制》，《庆祝苏秉琦考古五十五年论文集》，文物出版社1989年版，第235—244页；中国社会科学院考古研究所、山西省临汾市文物局：《襄汾陶寺——1978—1985年考古发掘报告》，文物出版社2015年版；中国社会科学院考古研究所山西队、山西省考古研究所等：《陶寺城址发现陶寺文化中期墓葬》，《考古》2003年第9期，第3—6页。

⑤ 陕西省考古研究院、西北大学文化遗产学院、延安市文物研究所、延安大学历史学院：《陕西延安市芦山峁新石器时代遗址》，《考古》2019年第7期，第29—45页。

⑥ 陕西省考古研究院等：《陕西神木县石峁遗址》，《考古》2013年第7期，第15—24页；陕西省考古研究院等：《发现石峁古城》，文物出版社2016年版；陕西省考古研究院等：《陕西神木县石峁城址皇城台地点》，《考古》2017年第7期，第46—56页；陕西省考古研究院、榆林市文物考古勘探工作队、神木市石峁遗址管理处：《石峁遗址皇城台地点2016—2019年度考古新发现》，《考古与文物》2020年第4期，第3—11页。

大量精美的玉器、几十万头羊的骨头等，显示出存在强大的社会组织能力和一定的社会分工。和石峁同属老虎山文化的还有约138万平方米的内蒙古清水河后城咀石城、约70万平方米的山西兴县碧村石城等。黄河以南的王湾三期文化则有禹州瓦店、登封王城岗、新密古城寨和新砦等中心聚落或者古城遗址，发现大型建筑基址和精致黑陶等。

这一时期黄河中游地区属于中原龙山文化范畴，有可能形成了一个以黄土高原为重心的大型社会或者早期国家。芦山峁、石峁都是山城，前者祭祀性质突出，后者军事色彩浓厚；而位于汾河谷地的陶寺古城最有可能是这个大型社会或者早期国家的都邑所在地。如果这样，其区域王权的范围比以往任何时候都要大。不少学者认为陶寺古城为唐尧之都①，但也不排除颛顼以后诸帝早在此建都的可能性。陶寺也是突然涌现出的超大型聚落，在黄土高原当地文化基础上融合了大量大汶口文化、良渚文化等东部文化因素，人群构成不会单纯。假设中的黄河中游古国包括陶寺文化、老虎山文化、王湾三期文化等不同的考古学文化，人群成分就会更加复杂，理应是基于血缘关系的地缘组织。

距今4500年前以后良渚古国渐趋衰落，黄河下游和长江中上游地区进一步发展，应该存在其他一些古国。黄河下游地区先是在大汶口文化晚期出现随葬品更为丰富的大墓，距今4500年前以后有了棺椁成套、随葬品成套的临朐西朱封大墓②。长江中游的石家河文化在屈家岭文化基础上继续发展，诸多古城继续沿用，出土了颇具特色的数以十万计的红陶杯、红陶塑等祭祀物品。四川盆地的宝墩文化也出现面积近300万平方米的古城。

约距今4100年的龙山晚期，中原龙山文化大规模南下豫南和江汉两湖地区，很可能对应古史上的“禹伐三苗”事件③，随即夏王朝诞生。通过“禹伐三苗”，至少已将长江中游纳入夏朝版图，稍早的时候中原龙山文化还曾南下江淮等地。因此，《尚书·禹贡》等记载的夏禹划分的“九州”很可能有

---

① 李民：《尧舜时代与陶寺遗址》，《史前研究》1985年第4期，第34—38页；邹衡：《关于探讨夏文化的条件问题》，《华夏文明》（第一集），北京大学出版社1987版，第162—179页。

② 中国社会科学院考古研究所、山东省文物考古研究院、山东临朐山旺古生物化石博物馆：《临朐西朱封——山东龙山文化墓葬的发掘与研究》，文物出版社2018年版。

③ 杨新改、韩建业：《禹征三苗探索》，《中原文物》1995年第2期，第46—55页。

真实历史背景[①]。从这个意义上来说，夏朝初年夏王已经初步具有“王天下”的“大一统”政治王权[②]。此时陶寺晚期出土朱书文字、青铜容器等，不排除夏初都城仍在此地或附近的可能性。文献记载夏朝统治集团除夏后氏外还有许多其他族氏，是一个“建立在血缘组织基础之上的政治组织”[③]。夏朝“九州”疆域更是统一天下“万国”的结果，中华文明从此进入成熟的“王国文明”阶段。

约距今3800年前以后进入以偃师二里头为都城的晚期夏王朝阶段。二里头都邑面积300多万平方米，中央有10多万平方米的宫城，内有10余座大型宫殿，其规模在二里头文化甚至当时的整个中国都首屈一指，具有唯我独尊的王者气象。二里头的日常陶器主要源于河南中东部，复合范铸青铜礼器技术源自中原当地并可能接受了来自西北地区青铜技术的影响，玉礼器主要源自陶寺和石峁，爵、斝、鬶、玉璋等礼器则辐射流播到中国大部地区[④]。之后的商、周是更加成熟发达的文明社会。

需要指出的是，中西方之间从距今5000多年就开始了文化交流，中国的绵羊、黄牛、小麦、青铜器技术等新因素就是文化交流的产物，距今4000多年这些新因素汇聚于黄河中游地区，一定程度上促进了夏王朝的崛起和商、周王朝的发展[⑤]。

六、结语

概括而言，黄河、长江和西辽河流域等地距今8000多年已经出现较为复杂先进的思想观念和知识系统，成为中国历史上最伟大的一次原创思想爆发期，社会秩序井然，至少部分地区出现基于祭祀权力的社会分化并可能已

① 韩建业：《龙山时代的文化巨变和传说时代的部族战争》，《社会科学》2020年第1期，第152—163页；韩建业：《从考古发现看夏朝初年的疆域》，《中华读书报》2021年6月30日，第542期。

② 王震中所说夏商周时期的“复合制王朝国家”，实质就是“大一统”政治中国的早期阶段。王震中：《夏代“复合型”国家形态简论》，《文史哲》2010年第1期，第87—91页。

③ 沈长云：《夏朝的建立与其早期国家形态》，《齐鲁学刊》2022年第1期，第38—42页。

④ 赵海涛、许宏：《中华文明总进程的核心与引领者：二里头文化的历史位置》，《南方文物》2019年第2期，第57—67页；许宏：《二里头与中原中心的形成》，《历史研究》2020年第5期，第4—11页。

⑤ 李水城：《西北与中原早期冶铜业的区域特征及交互作用》，《考古学报》2005年第3期；韩建业：《早期东西文化交流的三个阶段》，《考古学报》2021年第3期，第317—338页。

经是父系氏族社会，进入中华文明起源的第一阶段。距今6000年出现聚落之间、墓葬之间的显著分化，有了宫殿式建筑和高规格物品，显示已存在掌握一定程度公共权力的首领和贵族，社会开始了加速复杂化的进程，进入了中华文明起源的第二个阶段。距今5100年左右出现超级中心聚落、原初宫城和宫殿建筑，有了大型工程和豪华大墓，已出现区域王权和建立在血缘关系基础上的地缘组织，中华文明正式形成，是为“古国文明”阶段。距今4100年左右初步形成“大一统”政治格局，进入拥有“天下”王权的夏代和比较成熟的“王国文明”阶段，距今3800年的夏代晚期和商周时期，“王国文明”进一步发展。中华文明是土生土长的文明，早期的中西文化交流为中华文明的形成和早期发展提供了新鲜血液。

中华文明早期最鲜明的特征，就是具有“一元”宇宙观和“有中心多支一体”的格局[①]。“元”是根本源头之意，距今8000多年，中国大部分地区有着“天圆地方”“天人合一”的“一元”宇宙观，这是文化上的中国能够融为“一体”、政治上的中国“分裂时向往统一、统一时维护统一”的根源所在。中国地理环境广大多样，因此文化上的早期中国具有“多支”结构或多种样貌，中华文明起源也有不同的区域子模式[②]。中华文明诚然是各区域文明社会互相融合、各地文明要素互动汇聚的结果，但黄河中游地区文化和社会发展连续性最强，多数时候都具有中心位置，起到过主导作用，黄河中游地区是中华文明之花的“花心”[③]。这样一个“一元”宇宙观和“有中心多支一体”格局的早期中华文明，既不同于西亚、希腊式的“城邦文明”模式，也不同于社会文化高度同质的“埃及文明”模式，而是将具有共同基础的多个支系的区域文明社会统一起来形成的特殊文明，可称为“天下文明”模式。“天下文明”模式，以及敬天法祖、诚信仁爱、和合大同等文化基因，是中华文明跌宕起伏而仍能连续发展的根本原因，也是中华文明伟大复兴的根基所在。

---

① 石兴邦曾提出过中国文化“一元多支”或“一元多系”的观点。石兴邦：《炎黄文化研究及有关问题》，《炎帝与民族复兴》，陕西人民出版社2006年版，第1—6页。

② 韩建业：《略论中国铜石并用时代社会发展的一般趋势和不同模式》，《古代文明》第2卷，文物出版社2003年版，第84—96页；李伯谦：《中国古代文明演进的两种模式——红山、良渚、仰韶大墓随葬玉器观察随想》，《文物》2009年第3期，第47—56页。

③ 严文明：《中国史前文化的统一性与多样性》，《文物》1987年第3期，第38—50页。

商周易代及其特殊历史意义

顾　春[*]　侯　浩[**]

公元前11世纪中叶，武王伐纣，商周易代。按照传统史家的认识，商周易代与唐宋改朝、明清鼎革一样，只是改朝换代的寻常故事。至民国初，王国维先生在其名著《殷周制度论》中首次提出，“中国政治与文化之变革，莫剧于殷、周之际”[①]，“自其里言之，则旧制度废而新制度兴，旧文化废而新文化兴”[②]。王国维先生的这些认识和论断，对后世影响极大。经过近百年的不断探索和研究，学界普遍认为，商周易代确实是对中国和中华民族历史产生重大影响的大事变。

一、商人的神教政治

在约公元前17世纪至公元前11世纪中叶的五六百年里，商人因其力量强大、文化先进而成为当时的统治者，被称为“大邑商”。其间，商人的都城曾多次在黄河的下游迁徙，以至有前八后五之说，但自盘庚迁殷[③]之后直至商亡的二百七十多年里，一直再未移居，所以，商又称殷商、“大邦殷”。

商人的统治格局实际上是一个方国联合体。当时，在今山东、河南、河北等中原地区，数以千计的氏族部落和方国呈据点式地自然散布在这一带。这种据点式的分布，到了西周时期都没有改变。这些据点不断发展，就会逐渐相互接壤连成一片，所以战国时的孟子才有“以邻为壑”的说法。在这些

---

* 顾春简介见本书第1页注。

** 侯浩，男，1991年出生，四川简阳人。四川省委党校研究生，四川省图书馆馆员。主要研究领域为中国古代文化。

① 王国维：《观堂集林》，中华书局1959年版，第451页。

② 王国维：《观堂集林》，中华书局1959年版，第453页。

③ 位于今河南省安阳市西北。

据点中，商人居于中心的位置，它周围的方国和氏族部落被称为四方、四土。商与四方、四土常有对举，如小屯南地甲骨[①]载："南方，西方，北方，东方，商。"卜辞中还有中商、天邑商、大邑商的说法，反映出商居中央的观念。至于方国的数量，丁山的《殷商氏族方国志》一文中，举出了四十多个方国，《尚书大传》《逸周书·殷祝解》《战国策·齐策》和《吕氏春秋·用民》中都说商汤时有诸侯三千。三千并非确数，而是极言其多，而从《史记·殷本纪》所说的"诸侯叛殷，会周者八百"[②]来看，商有数量上千的方国和氏族部落应没有问题。在商与方国的关系上，商王对臣下和妻妾子女常用"令""呼"等词，而对四方、四土也常用"令""呼"等词，可见商与四方、四土这些方国不是平等关系，而是上下和臣属关系。具体表现在：商王可以在方国内生产、田猎和巡游，可以在方国内占卜和祭祀；方国要为商王戍边，随商王征伐和向商王纳贡。对此问题，王国维先生认为："自殷以前，天子、诸侯君臣之分未定也。……盖诸侯之于天子，犹后世诸侯之于盟主，未有君臣之分也。周初亦然。"[③]总之，商与方国的关系为，商是各方国的盟主，而非后世意义上的君臣关系，这是早期朝廷和地方关系的雏形。

在各方国的内部组织形式上，商和四方、四土内部的民众皆分属于各自不同的氏族，各方国和氏族部落内部基本由同一血缘亲族的人所组成，而可能存在的外人，大致是抓来的俘虏和奴隶。丁山的《甲骨文所见氏族及其制度》一文列举出来的商代氏族即有200多个，丁山还认为"殷商后末期的国家组织，确以氏族为基础"[④]。仅就甲骨文所载，商代的氏族即有子族、多子族、王族、三族、五族等。在《库、方二氏所藏甲骨集》中，甚至有"家谱刻辞"，载有儿氏家族的十三世的谱系，这应该算是中国最早的家谱了。宗族内分为大宗和小宗。大宗就是嫡长子之族，小宗就是嫡长子之外的宗族。在商王王权和各氏族权力的传袭上，先之以兄终弟及，后之以兄终弟及与传子交替进行，弟死之后又大多回传于其兄之子之手，而总的发展趋势是逐步

---

① 甲骨批名。1973年，中国社会科学院考古研究所安阳工作队在河南安阳小屯村南地的考古发掘中，出土了一批带卜辞的甲骨，称为"小屯南地甲骨"，为新中国"考古十大发现"之一。

② （汉）司马迁：《史记》，中华书局1999年版，第78页。

③ 王国维：《观堂集林》，中华书局1959年版，466—467页。

④ 何兹全：《中国古代社会及其向中世社会的过渡》，商务印书馆2013年版，第33页。

确立嫡长子的传袭制度。

在统治办法上，商王是通过神化王权和强化族权来维护自己统治的。在神化王权方面，商王宣称自己的祖先出自天神。按照古籍的记载，商的先祖为玄鸟。《诗经·商颂·玄鸟》中说："天命玄鸟，降而生商。"《史记·殷本纪》说："殷契，母曰简狄，有娀氏之女，为帝喾次妃。三人行浴，见玄鸟坠其卵，简狄取而吞之，因孕生契。"[①]玄鸟是什么？古有燕子、凤凰等说法，不确。王大有先生认为玄鸟应该是指鹰之类的猛禽[②]。李泽厚先生也指出，殷商青铜器上诸如饕餮等动物的纹样都具有神秘、恐惧、凶狠和狰狞的特点[③]，这与猛禽的特点是一致的，更与商恐惧神灵、迷信武力的特点相一致。正因为如此，认定玄鸟为猛禽，对于认识商朝社会是有意义的。商王正是通过垄断图腾玄鸟的所有权来证明自己的祖先受自天命，使自己的血统与天神联系起来，把自己的王权和神权统一起来。

比如，《尚书·汤誓》的内容并见于《史记·殷本纪》，是商汤灭夏时对众军发布的临战誓词。誓词中说："有夏多罪，天命殛之。今尔有众，汝曰：'我后不恤我众，舍我穑事，而割正夏？'予惟闻汝众言，夏氏有罪，予畏上帝，不敢不正。"[④]这句话的大意是：因为夏王犯了太多的罪行，所以上天命我前去讨伐他。你们大家中的某些人可能会责怪我说，我们的君王太不体恤大家了，为什么要大家荒废农事而去征伐夏王呢？但是，夏王有罪，我畏惧上帝，不敢不去征伐他。在这里，商王正是凭借"天命"，动员众军去讨伐夏王。

在最能说明商代社会的《尚书·盘庚》中，也屡屡出现天命的说法，如"恪谨天命"[⑤]——恭敬地顺从天的命令，"罔知天之断命"[⑥]——不知道上天的决意，"予迓续乃命于天"[⑦]——我请求上天使你们能生存下去，"肆上帝将复我高祖之德"[⑧]——今上帝将恢复我高祖成汤的大业……到了商亡

① （汉）司马迁：《史记》，中华书局1999年版，第67页。

② 王大有：《龙凤文化源流》，北京工艺美术出版社1988年版，第68页。

③ 李泽厚：《美的历程》，文物出版社1982年版，第36、39页。

④ （汉）司马迁：《史记》，中华书局1999年版，第70页。

⑤⑥ 陈戍国校注：《尚书》，岳麓书社2019年版，第56页。

⑦ 陈戍国校注：《尚书》，岳麓书社2019年版，第62页。

⑧ 陈戍国校注：《尚书》，岳麓书社2019年版，第64页。

的前夕，在西伯侯即周文王已近逼今山西长治并灭掉饥国的危急时刻，“纣之臣祖伊闻之而咎周，恐，奔告纣王曰：‘天既讫命我殷命，假人元龟，无敢知吉，非先王不相我后人，唯王淫虐用自绝，故天弃我，不有安食，不虞知天性，不迪率典。今我民罔不欲丧，曰‘天曷不降威，大命胡不至？今王其奈何？’纣曰：‘我生不有命在天乎！’”[①]这句话的大意是，祖伊认为西伯侯灭饥做得太过分，这样下去太可怕，就跑去报告纣王说：“上天好像已经终止了我们商人的国运，你看那会告诉人吉凶的大乌龟版，现在都不灵验了。这不是先王们不帮助我们后人，而是大王你沉湎于酒乐而自绝于先王，所以上天也抛弃了我们，使我们没有饭吃。这都是因为我们没有体会上天的意思，不去遵守常法所致。现在的人民没有不盼着王早点死的，他们说：‘老天为什么不给他惩罚呢？天命为什么不早日到来？’大王您听了这些话怎么办？”纣王说：“我生下来不就是有命在天，受天保佑的吗？！”这说明，在整个商代，商人都是信奉天命的，而《史记·殷本纪》中周武王也对归顺的八百诸侯说“尔未知天命”[②]，可见就是到了商代后期，周人、八百诸侯和商人一样，也都是信奉天命的。

和世界上其他民族一样，在远古时代，中国的先民们相信，在宇宙间有至高无上的神主宰着人的命运，商王把神称为帝或上帝。天意如何知？人间与神如何交通？商王宣称，只有让专门祀神的“巫”或“祝”通过卜的方式获得神的旨意，其他人是没有资格与神对话的。按照《尚书·吕刑》的说法，这叫作“绝地天通”[③]，也就是“绝地（民）与天（神）相通之道”[④]。这样，能与神相通的权利就仅限于巫或祝这样的祀神之人，而商王就是“巫”“祝”之首。因为商王是上帝的子孙，所谓“帝立子生商”[⑤]，于是王便被称为天子。这样，商王的特权就是与生俱来的，是受到上帝庇护的，而且代表了上帝的意思。商王卜后所得的上帝之意，各诸侯国和治下的民人必须服从，不服从就是违反上帝意志，就要受到惩罚甚至武力征服。总之，

①② （汉）司马迁：《史记》，中华书局1999年版，第78页。
③ 陈戍国校注：《尚书》，岳麓书社2019年版，第190页。
④ 上海师范学院古籍整理组校点：《国语》，上海古籍出版社，1978年版，第559页。
⑤ 袁梅：《诗经译注（雅、颂部分）》，齐鲁书社1982年版，第642页。

在整个商朝，神权影响了殷商统治的全过程，商王正是通过神道来统治社会的。

与天神崇拜相对应的是商人对祖先的崇拜。在殷墟卜辞中，充斥着大量的关于商人神灵崇拜的记载，其中，祭祀祖先神的记载最多。据晁福林统计，在殷墟卜辞中，祭祀祖先的上甲有1100多条，祭祀成汤的有800多条，祭祀祖乙的有900多条，祭祀武丁的有600多条。而能确认为祭祀祖先的卜辞共有15000多条。[①]龚书铎也认为："在殷人的神灵世界里，祖先神占有主导的最重要地位。"[②]可以说，商人祭祀的主要活动是祭祀祖先。同时，在进行政治活动时，商王也往往以祖先的名义发号施令。《尚书·盘庚》记载了在迁殷前盘庚对贵族和平民的训话："古我先王暨乃祖乃父胥及逸勤，予敢动用非罚？世选尔劳，予不掩尔善。兹予大享于先王，尔祖其从与享之。作福作灾，予亦不敢动用非德。"[③]"古我先后既劳乃祖乃父，汝共作我畜民。汝有戕则在乃心。我先后绥乃祖乃父，乃祖乃父乃断弃汝，不救乃死。"[④]上面第一段引文的大意是说：从前我的先王和你们的祖先父辈相互劳逸共享，我怎么敢对你们动用不适当的惩罚？世代都记得你们的辛劳，不掩埋你们所做的好事。现在我在宗庙里祭祀先王，你们的祖先也随同配享。你们作善得福，作恶受灾，全由先王和你们的祖先来处置，我也不敢动用不适当的惩罚和赏赐。第二段引文的大意是：从前我的先王既然有劳过你们的祖先和父辈，你们就都是我蓄养的民众，而你们却心存邪恶。我的先王将把这些告知你们的祖先父辈，你们的祖先和父辈就会抛弃你们，不会把你们从死罪中救出来。

也就是说，在商人的思想中，神灵崇拜是最根本的思想观念。《礼记·表记》中的一段话，高度概括了商代的特点："殷人尊神，率民以事神，先鬼而后礼，先罚而后赏，尊而不亲。其民之敝，荡而不静，胜而无耻。"[⑤]这段话内容十分丰富，需要进一步做出说明。

---

① 晁福林：《先秦社会形态研究》，北京师范大学出版社2003年版，第165页。

② 龚书铎：《中国社会通史》先秦卷，山西教育出版社1996年版，第327页。

③ 陈戍国校注：《尚书》，岳麓书社2019年版，第58—59页。

④ 陈戍国校注：《尚书》，岳麓书社2019年版，第62页。

⑤ 钱玄、徐克谦、张采民等注译：《礼记》（下），岳麓书社2001年版，第729页。

首先，商人尊神。商人把神作为最高主宰，认为神以其超人的异己力量决定着人世间的一切，因而对神充满了依赖和恐惧。于是，通神祈求神灵的旨意就成为一件大事。通神的办法有二，一是占卜，二是祭祀。通过占卜卜知神意，通过祭祀祈求保佑。占卜要用龟甲兽骨，于是就有了甲骨文。从占卜次数上看，西周时大致是一事三卜，春秋以后则是一事一卜，而在商人那里，则是一事多至十几次卜。现存已注录的多达15万片的甲骨即是商人狂热占卜的历史见证。

尊神来自恐惧，所以商人生活在“荡而不静，胜而无耻”①的社会氛围之中。荡就是心理动荡而与静相对，往往某些偶然的自然现象就会引起很大的心理恐慌。比如，《尚书·高宗肜日》记载：祖庚祭祀武丁的时候，一只野鸡突然飞到鼎耳上，就使祖庚感觉恐惧。②胜而无耻，指的是专尚攻伐而无所谓道义与否。所以《左传·成公十三年》中才说，“国之大事，在祀与戎”③。

其次，先鬼而后礼。鬼是指人的亡灵，实际上也是神，是指的祖先神，这里的“先鬼”与历来所谓的“商尚鬼”的说法是一致的，也说明商人心中最主要的神是祖先神，即鬼。而“后礼”中的礼字指的是不是政治上的礼仪制度，或者伦理上的礼仪法则？如果参之卜辞，可以发现，卜辞中已出现礼字，其义为祭器，也就是祭祀活动中的一种工具，并不具有政治和伦理的意义。所以，先鬼而后礼，指的是商人把祖先神放在首要的位置，然后以祭器礼之，从而祈求保佑。

最后，尊而不亲。尊讲的是政治等级，亲讲的是血缘亲疏。商人之尊，指的是尊上帝神、尊祖先神，指的是各个氏族的贵族要服从商王的统治，而在各氏族内部还没有严密而系统的等级制度。尊所表达的是各诸侯国对商王、平民对诸侯王的服从关系。而商人不亲，指的是商人对不同世辈的祖先，并没有按照血缘关系的远近区别亲疏。这一点可以从卜辞中得到印证。在商王的祭祀活动中，经常是遍祀众多祖先，或者轮番祭祀自己的先公

---

① 钱玄、徐克谦、张采民等注译：《礼记》（下），岳麓书社2001年版，第729页。

② 慕平译注：《尚书》，中华书局2012年版，第108页。

③ 李梦生撰：《左传译注》（上），上海古籍出版社2016年版，第716页。

先王。

总之，在商人的社会中，神是统治一切的。胡适也曾说："看殷墟出土的遗物与文字，可以明白殷人的文化是一种宗教的文化。这个宗教根本上是一种祖先教。"[①]如果按照当时商人这样的社会形态延续下去，从逻辑上讲，古代中国就会成为神教社会。但从商之后的具体历史进程看，商代的神教特点却被继之而起的西周所打断，古代中国也走上了敬德保民的另一条新道路。

二、武王伐纣与商周易代的偶然和曲折

公元前11世纪中叶，武王伐纣，随之商周易代，于是历史揭开新的一页。

与商人相比，周人一直生活于西部偏远的渭水地区。至少从武王的父亲季历开始，周人由方国成为商的诸侯国，并在商文化的影响下快速发展起来。即使如此，与殷商相比，周人也十分弱小，自称为"小邦周"[②]，甚至到了春秋早期，当时的人还都知道"商，周之不敌"[③]。在周人的发展史上，文王、武王和周公是三个最关键的人物。《史记·周本纪》中说，文王"礼下贤者，日中不暇食以待士，士以此多归之"[④]，周公也是"一沐三捉发，一饭三吐哺"[⑤]地善待来归之士。这里的士，其实都是武士，也称甲士，是作战时冲锋陷阵的主力军。即使这样，在周武王联合各路诸侯灭商时，也不过战车三百乘，而帮助周人伐商的诸侯却计有四千乘之众。这说明，此时，商周双方的军事力量对比悬殊。

商纣王的败亡，主要是因内部矛盾激化而致。而矛盾激化的主要原因为纣王收容逃人，即商纣王为壮大自己的势力而收容其他部族和方国的逃人，并让他们为官去管理商人，这就既得罪了商人以外的部族，也得罪了广

① 胡适：《胡适论学近著》，商务印书馆1935年版，第506页。

② 陈戍国校注：《尚书》，岳麓书社2019年版，第119页。

③ 李梦生撰：《左传译注》（上），上海古籍出版社2016年版，第104页。这里所指是纣王时期的周。

④ （汉）司马迁：《史记》，中华书局1999年版，第84页。

⑤ （汉）司马迁：《史记》，中华书局1999年版，第1271页。

大的商人。故此，《尚书·泰誓》中说："受（纣）有亿兆夷人[①]，离心离德。"[②]《左传》也引用过这句话，说："纣有亿兆夷人，亦有离德。"[③]至于周武王所宣布的纣王听信妇言、不敬祖宗等，既非确为事实，也难动员各路诸侯共同伐商。而通过细读史料，我们会发现，周人对伐商一事极为谨慎和小心。文王九年时，武王曾观兵于盟津。在观兵时，"为文王木主，载以车，中军。武王自称太子发，言奉文王以伐，不敢自专"[④]。"武王渡河，中流，白鱼跃入王舟中，武王俯取以祭。既渡，有火自上复于下，至于王屋，流为乌，其色赤，其声魄云"[⑤]。其中，周武王先以父亲文王名义出征，准备伐商之事，又制造白鱼乌火祥瑞以动人心，还动员了八百诸侯共同参战，所以，这里的观兵，实际就是准备伐商。但是，当周武王发现伐商尚无胜算时，虽八百诸侯皆认为"纣可伐矣"[⑥]时，武王说："女未知天命，未可也。"[⑦]于是还师。又二年，当纣王杀王子比干、囚箕子，内部矛盾进一步激化时，周武王遂于"文主受命十二年"联合诸侯共同伐商，并与商人战于牧野。

牧野之战系小邦周挑战大邑商的首战，而且纣王发兵七十万众迎战，想来必有一场恶战。但是，事实却是"纣师虽众，皆无战之心，心欲武王亟入。纣师皆倒兵以战，以开武王。武王驰之，纣兵皆崩畔纣"[⑧]。纣王自杀后，商人的统治随之终结，周人作为统治者登上历史舞台。

由此看来，商周易代具有历史的偶然性，而伴随偶然而来的，就是周人确立和巩固统治过程的曲折和艰难。牧野之战后，周人表面上成为统治者，实际上却危险重重：首先，在纣王所发的七十万士兵中，应该既有商人，也有殷属诸侯的人。临阵倒戈的史实，说明了商人的军事力量，比如"三百六十夫"并未得以消灭，其他殷属诸侯的军事力量依然存在。其次，许多殷属诸侯虽然反对纣王，却并不认同周人的统治，所谓"汤武革命深得

---

① 文中十万为亿，十亿为兆，夷人，可解为兵士。

② 陈戍国校注：《尚书》，岳麓书社2019年版，第84页。

③ 杨伯峻编著：《春秋左传注》，中华书局1981年版，第1450页。

④ （汉）司马迁：《史记》，中华书局1999年版，第87页。

⑤⑥⑦ （汉）司马迁：《史记》，中华书局1999年版，第88页。

⑧ （汉）司马迁：《史记》，中华书局1999年版，第90页。

人心”云云，只是后世的美化。据《逸周书·世俘解》载，在牧野之战后的两年内，周武王与殷属诸侯进行了十分激烈的争斗，共伐国九十个，得馘首十七万七千多，俘虏三十多万。另外，还降伏了六百五十二个国。这些数字或有夸大，却很说明问题。再次，武王去世后，周王室内乱，商人乘机起事，谋求恢复，遂有周公三年东征，天下重定。为巩固统治，周王室不得不在成王、康王两代广封诸侯、分割利益。最后，在对付商人的态度上，纣王死后，其子武庚仍得继位称王，而且还在商都，周武王所能做的是将商都王畿一分为三，分别派管叔、蔡叔、霍叔为三监，以监视商人。武王死后，武庚造反被杀，但成王和周公依然令纣王庶兄微子继承殷祀，是为后来的宋国。总之，周人的偶然取胜，使周人自然明白，必须与包括商人在内的各方妥协和分割利益，不然，不仅不能维持和巩固统治，而且有可能重被打回西土。

三、分封立国

武王死后，商人伙同三监造反，周公经过三年的艰苦东征才得以重新安定天下。之后，周王朝不得不在成王、康王两朝大规模地分封立国，以扩大统治基础。分封立国，就是周王把大批的宗室和姻亲、功臣等贵族分封到全国各地去建立诸侯国，具体办法就是授疆土、授民。

授疆土，就是在全国各地划定各个不同的点分封给各个诸侯，由其在此立国。甲骨文中没有“国”字，立国是在周初才有的新鲜事。在当时，国即是城，即是邑，建城即是立国之始，城周边的土地，并归诸侯所有。

授民，就是周王授予诸侯民众以供其统治。民众的来源主要有二，一是被征服的商人，二是立国当地的土著。如前所言，中国社会的基本细胞，一直是建立在自然血缘关系上而形成的宗族。因此，授民的过程就是以宗族为单位通过整建制的形式来进行的。受封诸侯所得的授民既包括了诸侯所在的宗族，也有被授的商人，而商人也是以宗族的形式被分派到各个诸侯国的。这个办法十分成功。一方面，周人将商人分而治之，并将其置于各诸侯的监督统治之下，实现了政权的稳定和巩固；另一方面，以宗族迁移的形式进行，可以最大限度地减少商人的反抗。

通过分封，各个民族开始以宗族的形式分散到各地，并逐渐形成了大分散（民族）和小聚居（宗族）的分布格局。分封即立国，立国之后，人便居住在城的内外。城内为国，城外为郊，郊外为野。作为统治者，周人和各方诸侯及其族人住在城中和城郊，故称国人，商人和土著则居住在郊外之野，故称野人。这种不同宗族聚族而居的格局至少持续到战国时期。比如孔子曾说："先进于礼乐，野人也；后进于礼乐，君子也。"[①]君子指的是统治者，野人指的是被统治者。商人虽居野外，但文化上比周人先进，所以孔子才说先懂得礼乐文化的是商人。后来的孟子又说："无君子，莫治野人；无野人，莫养君子。请野九一而助，国中什一使自赋。"[②]这段话不仅证明了当时的君子、野人的统治与被统治者的政治关系，而且从他建议在国和野中实行不同的收税比例[③]等情况看，似能表明当时的族群居住情况依然是周人居城郊、商人居野外。

在周初，周的诸侯国有200多个。其中，周王分封的诸侯国有71个，其余的100多个大多应该是跟随周王反商的小诸侯国。通过分封立国，使各诸侯国在周王朝的外围像藩篱一样拱卫着周王。这样，周王朝就在全国范围内确立了新的统治关系，那就是周王不再如商王一样，只是各诸侯之长，而成为各诸侯之君。不仅与各诸侯形成君臣关系，而且所有的土地和人民也都归周王所有，《诗·小雅·北山》中的"溥天之下，莫非王土；率土之滨，莫非王臣"[④]说的就是这种情况。在这样的政治格局下，西周最强盛的时期，其势力范围曾南及长江，北及今辽宁省，东及今山东省，西及今甘肃省。

四、建立宗法

与分封立国相对应的，便是影响深远的礼乐制度。制礼作乐，据说系周

---

① 杨伯峻：《论语译注》，中华书局1980年版，第109页。

② 杨伯峻：《孟子译注》，中华书局1960年版，第118—119页。

③ 野为九取一，国为十取一。

④ 王秀梅译注：《诗经》，中华书局2006年版，第299页。

公所为，可惜其原始的具体内容并未流传下来。但是，可以确定的是，礼乐制度是规范周天子与各诸侯国及其内部关系和行为准则的制度，其中，宗法制是整个礼乐制度的核心。

周人的统治是以少临多，所以加强周人内部的团结，提高周人的凝聚力和战斗力十分重要，而建立宗法制度就是实现这一目标的重要办法。宗法的主要内容是处理宗族内部人与人关系的准则和制度，其核心是确立嫡长子制。商人的王位继承之法主要是兄终弟及，到后期也出现了传子之制，而全面实行嫡长子继承制则是在周初确立的，宗法也由此而生。周初的宗法已难知其详，但在《礼记》的《丧服小记》和《大传》中有大略的记载。其基本内容为：共同的祖先为祖，祖下分宗，立祖分宗的原则是"别子为祖，继别为宗"①。其中，嫡长子被称世子，为大宗，其余众子被称别子，为小宗。具体言之：周天子的嫡长子为大宗，别子相对于嫡长子即为小宗，嫡长子继承王位，别子通过分封而为列国诸侯。别子立国，在其诸侯国中即为祖，这就叫"别子为祖"②。各诸侯国中的嫡长子可继承父位而为该国的大宗，这就叫"继别为宗"③。相对于嫡长子，别子又为小宗，被封为诸侯国的卿大夫。卿大夫的嫡长子又可继承父位，为其大宗（继别为宗），别子为小宗，并各有食邑。在大宗和小宗的关系上，因为大宗继承着祖先的主脉，尊祖就要尊敬大宗，也就是尊敬嫡长子，这就叫作"尊祖故敬（大）宗，敬（大）宗，尊祖之义也"④。

宗法制的建立，明确了宗族内部的秩序和人伦原则，不仅增强了以嫡长子为中心的宗族凝聚力，更大大加强了周天子与各诸侯的政治关系。自上而下的分封制和宗法制相互联系、互为表里，各族的大宗既是建立在血缘基础上的各宗族的族长，同时在政治上又分别是天子、诸侯和卿大夫。周王集天子的君统和大宗的宗统于一身，使君权和族权空前统一起来，由此真正形成了家国一体的家天下。西周家天下的政治格局，对中国以后的传统社会产生了极为深刻的影响。

---

①②③ 钱玄、徐克谦、张采民等注译：《礼记》（下），岳麓书社2001年版，第442页。

④ 钱玄、徐克谦、张采民等注译：《礼记》（下），岳麓书社2001年版，第460页。

五、从神教向德治的历史转变

纣王的速亡，标志着自称天命在身且“有典有册”的大邑商轻而易举地就被小邦周推翻了，这给周人巨大的震撼是可以想见的。于是，我们看到，武王在胜利后竟然心事重重、夜不能寐——周人必须在道理上和政治上回答天命何以由商易周。按照周人的新解释，周人代商是应天而起、来自神授，是接受了新的天命，而这个新天命是由商人那里转移而来。天命是否移易，关键在于膺受天命者是否有德。商王无道而周王有德，所以上天才弃商人而眷周人。也就是说虽然有命在天，但天命并非恒常，而是依德而变。正因为天命无常，要想保享天命并使之以垂永久，就要恪守天德，这就是《尚书·吕刑》中所说的“惟克天德，自作元命，配享在下”[①]，大意是：遵从上天所赐的美德，完成上天授予的使命，就能在人间配享禄位。德的本义是直视，引申为正直的品行。从西周金文来看，有早期的“正德”、中期的“孚德”[②]、晚期的“政德”记载。《尚书》的《洪范》《吕刑》篇中又有三德的说法，即刚、柔、正直，而刚柔相济取其中。可以推知，德的大致意思是中正和诚信。这个德，连接天人。统治者只有敬德、明德，使自己的行为符合天意，才能以德配天，永保天命，这就叫“皇天无亲，惟德是辅”[③]，大意是：上天对人不分亲近远疏，只会亲近那些有德行的人。天命何以知之？“天视自我民视，天听自我民听”[④]，大意是：上天所看到的来自我的百姓所看到的，上天所听到的来自我的百姓所听到的。这就是说，从百姓那里，就可以体会出天意。而“民心无常，惟惠之怀”[⑤]，大意是：百姓不会永远忠于一个君王，他们只归附对自己有恩惠的人。所以，作为统治者，敬德、明德的具体表现就是保民和慎罚，也就是用德治的办法来统治百姓。

周人的这些思想表达了下面这些新的意思，即天命是可以被认识的，人

---

① 陈戍国校注：《尚书》，岳麓书社2019年版，第191页。

② “孚”为信服之意。

③⑤ 陈戍国校注：《尚书》，岳麓书社2019年版，第160页。

④ 陈戍国校注：《尚书》，岳麓书社2019年版，第84页。

的作为可以影响天命的移易，百姓的意思可以表达天命，只有顺天应民才能永保天命。由此，西周的社会政治逐步由神本向人本、由神权政治向伦理政治、由祭祀文化向礼乐文化转变，而从其对后世所产生的巨大影响来看，这显然是一次历史性的大转变。

六、有关认识

商周易代的偶然性对中国的历史发展影响极大。周人以小博大、偶然取胜，必须采取妥协和分割利益的方式来处理问题和维持统治。由此给中国社会带来一系列深远的影响。

氏族组织得以存续。商周易代后，数量众多的建立在血缘亲族基础上的商人氏族组织并未受到破坏，哪怕是对后来参与造反的殷顽民也是如此。如《左传·定公四年》的一段记载，里面用子鱼的话说：周武王克商后分封时，把殷民六族即条氏、徐氏、萧氏、索氏、长勺氏、尾勺氏分给伯禽，把殷民七族即陶氏、施氏、繁氏、氏、樊氏、饥氏、终葵氏分给康叔，把怀姓九宗分给唐叔。所以何兹全认为："直到商亡，商的社会基层组织仍是氏族组织，因之，才能一族族的分出去。"[①]而在上面分封伯禽的记载中，又要求殷民六族"使帅其宗氏，辑其分族，将其类丑，以法则周公"[②]，即让商的贵族率领本宗族的大宗，集合小宗，统治好自己的民众，来服从周公的法制。氏族和宗族的长期存在和发展，是祖先崇拜存在和沿袭的前提，这就为后来中华民族忠孝核心价值观的培养和形成提供了血缘基础。

由血缘民族向文化民族的转变。在殷商时期，各氏族部落自不必说，即使各方国的组成也基本是单一血缘人群，国外学者称为自然民族。而自从西周分封立国后，每一个诸侯国可有三部分人组成：一是受封的诸侯及其宗族；二是受赐的异姓宗族，主要是商人；三是立国当时的土著人群。这三部分人，在礼乐制度的规范下逐渐走向融合，共同成为华夏族的组成部分。这说明，作为汉族的前身，华夏族从来就不是一个单纯的种族名词，而是文化

① 何兹全：《中国古代社会及其向中世社会的过渡》，商务印书馆2013年版，第33页。

② [清]阮元校刻：《十三经注疏》，中华书局1980年版，第432页。

和先进的符号。后来的华夷之辨及其又后来的正统论，都是沿着文化是否先进而展开的。

德治思想的确立和特殊鬼神观的形成。人所公认，自周公制礼作乐后，中国就开始走上了以德治国之路，随后便是孔子承接周公，儒学后分孟荀，汉用荀式儒术，宋代发明理学，元称孔孟之道，明清家弦户诵。德治思想的确立和长期实行，是与中国人特殊的鬼神观紧密联系在一起的，而这两点又来自商周易代的特殊性。周人的偶然胜利，使周人开始怀疑天命，提出天命可信不可恃，敬天保民、敬德保民才可长享天命。而有关"天听自民听""天命即民主"等说法，实际已是半神论，如再前进半步，中国就会走上无神论的道路。而后来的历史事实却是，中国人一直止步于此，再未向前迈出这半步。原因是，自商周以来，中国人的心中本有两个神，一个是自然神，如上天、上帝等，一个是祖先神。半神论，实际上是对自然神持亦信亦疑的依违态度。直到今天，民间还有"宁可信其有，不可信其无""平时不烧香，临时抱佛脚"等说法。如果由半神论完全走向无神论，那么祖先神也自然难以相信，如此，则祭祀制度又如何能够成立呢？由此，我们就能理解，何以孔子说"祭神如神在""未知生，焉知死"云云了。

大一统观念的萌芽。大一统的名词虽出自汉初的《公羊传》，但作为一种自在的意识观念，却是在分封制和宗法制的催化下产生的。"溥天之下，莫非王土；率土之滨，莫非王臣"开始表达出天下一统的意识，但当时的事实是，在星罗棋布的诸侯国之间，尚存在着大量的戎狄蛮夷，而到了春秋后期，便有了四夷的说法，即中原的夷人已被同化为华夏族。这一现象充分地说明，政治的统一，促进了不同民族间的文化交流和互通，并逐渐道一风同，也就是文化认同和民族认同，而这又反过来成为维护和促进政治统一的强大精神力量。

总之，商周易代，是中国历史上的多民族统一格局形成的开始，是中国告别神教社会的第一次转型和定型，是对中华民族的第一次重大塑造。

先秦文化礼义核心与夷夏共同体重组

陈　煜*

中华文明，就像马克思笔下“早熟的儿童”，早在先秦时期，就已经摆脱了野蛮蒙昧的状态，进入了先进发达之境。我们常常说中华民族是多元一体的民族共同体，这个共同体由多元走向一体，并且在一体的基础上保留精彩纷呈的多元形态的最重要的时期，恰恰就是先秦。至战国末期，遂形成齐鲁、三晋、楚越这三大核心文化圈，它们齐头并进，彼此交融，最终形塑了灿烂的中华文化。故我们说先秦文化，其潜德幽光，乃大兴于后世。

一、先秦文化蕴藏着中华文化的“基因密码”

要破解中华文化的基因密码，或者对传统文化进行创造性转化，我们就必须对此文化进行追根溯源。先秦时期创造的灿烂文化，无论是在思想传承上还是在社会实践上，都给后世留下了可资借鉴和利用的资源，且能常用常新。而且，先秦文化，具有十分强烈的超越色彩，具有方法论上的意义。

我们考察先秦文化，不仅是追根溯源、考辨历史，而且是寻求方法，获得史识，所谓在史识中求智慧。先秦时期思想家就有将上古作为方法的做法，他们往往将自黄帝至周文王、武王的各位“圣人”，作为他们讨论的逻辑假定前提，如此，形成了作为方法的“古代”，来论证所讨论事物的合法性和正当性。这种做法深刻影响了后世，如明末清初大思想家黄宗羲在《明夷待访录》之《原法》一文中开篇就说：“三代以上有法，三代以下无

---

* 陈煜，法学博士，中国政法大学法律史学研究院副教授，著有《清末新政中的修订法律馆——中国法律近代化的一段往事》《先秦司法文明史》等，译有《传统中国法的精神》等著作，主持国家社科基金课题项目一项，教育部人文社会科学重点研究基地重大课题项目一项。目前研究方向为中国法律史学，中国法文化史。

法。”[①]他何以能言之凿凿地讲“二帝三王”[②]之法？显然“三代”在这里，并非是他研究的目的，而是作为方法来提出的，这一方法贯穿在《明夷待访录》的其他篇章中。无独有偶，历史上许多“托古改制”者，其理论依据，亦大多来自先秦尤其是“三代”。可见，先秦时代已经超越出“历史”的范畴，而进入了一种“民族文化心理”之域。故不谈先秦，无以谈中国，绝非是夸张之语。许多关于先秦时的书籍，古今之人明知其伪，却始终不曾抛却。大量材料，凭常理推断显然并非先秦制度之实，但作为民族文化心理或思想观念，其体现出的中华文化程度之高，是我们现代人所不能漠然视之的。

我们可以说，中国思想文化核心精神，基本都奠定于先秦之时。举其要者有以下四个方面：

首先，礼教中心。中国一向被视为“礼仪之邦”，最重礼教。礼的发达也被视为中华文明的标志。先秦时期，时人对礼的认识已经达到相当的高度，这个思想早在西周之前即现端倪，如《尚书·皋陶谟》提到：“天秩有礼，自我五礼有庸哉！”[③]即表示礼是则天而行的秩序，是第一位的，人世间的规则首先就表现出礼的形态。礼是人区别于禽兽的首要表现，所谓“身之干也”[④]，无礼无以立。在将人与禽兽区别开来之后，礼接着是区别于人我，形成社会秩序的基础，也就是由人而国，所谓“礼，国之干也……礼不行，则上下昏，何以长世”[⑤]。礼当然有广狭之分，广义的礼包括一切仪节规范，但狭义的礼，则指为人之大本和具体制度而言。这在先秦时期，亦有典型的论述。如鲁昭公二十五年（前517年），郑国的子大叔与晋国执政赵简子论礼时谈道：“礼，上下之纪，天地之经纬，民之所以生也，是以先王尚之。故人之能自曲直以赴礼者，谓之成人。”[⑥]礼被视为立国和成人之本，已经成为当时人们普遍接受的准则。

---

① （明）黄宗羲：《明夷待访录》，中华书局2011年版，第21页。

② 二帝指尧舜，三王指夏商周三代的创始人即禹、汤、姬发。

③ （清）孙星衍：《尚书今古文注疏》，《尚书·皋陶谟》，中华书局2004年版，第85页。

④ 李维琦等注：《左传》，《左传·成公十三年》，岳麓书社2001年版，第317页。

⑤ 李维琦等注：《左传》，《左传·僖公十一年》，岳麓书社2001年版，第131页。

⑥ 李维琦等注：《左传》，《左传·昭公二十五年》，岳麓书社2001年版，第623页。

其次，义务本位。无论是礼还是由其派生出来的刑，都是要求人们承担一定的义务或责任，只不过前者要求实践道德上义所当为的任务，而后者以强制性力量来逼迫人们实现任务。而逼迫人们实现任务，实际上又是倡导人们自觉履行道德上义所当为的任务。《尚书》对这一层即说得很明白："士制百姓于刑之中，以教祗德。穆穆在上，明明在下，灼于四方，罔不惟德之勤，故乃明于刑之中，率乂于民棐彝。"[①]礼和刑实际上是一事之两面，出于礼则入于刑，刑乃在敦促人们守礼。两者都是以义务为本位。所谓义务本位，是相对于权利本位而言的。后者是西方文化的根本特征，强调个性，强调自由，强调自我的价值。这些西方价值，中华文化并不反对，只是相比较而言，中华文化更注重这些价值发挥的前提，就是义务的履行。如同哲学家楼宇烈在介绍中国文化的品格时谈到的那样，"人人按其身份、地位履行各自的职责，社会才能正常运转。礼的规范根植于人性和人类社会的本性。个人价值的实现，一定要得到他人和社会的认同，必要对他人和社会做出贡献。因此，做人就要尽伦尽职，按自己的身份地位做好自己该做的事情。礼是社会所必需的，也是公民素质的体现。从这一角度上讲，中国的品格也就是建立'礼仪之邦'"[②]。可见，所谓的"尽伦尽职""礼仪之邦"都是针对"义务而言"的，这恰恰就是"中国品格"的主干。这一文化特性，无疑仍是肇始于先秦。当然这个义务或责任，既是法律上的，更是广义的道义上的。义务本位，就是中国文化中，十分强调个人对他人及社会和国家的责任感。所谓"天下兴亡，匹夫有责"，就是这个义务本位的最高体现。

再次，家族主义。传统中国的生活以家族为基本单位，国是家的放大，由家而国，家国一体。而独立于家族的个人和独立于国家的社会，均非法律关注的重点。[③]在传统司法处理上，也是"家长制"式的，从基层的州县官员一直到最高统治者，前者被视为"父母官"，后者则被称为"君父"，遵循

① （清）孙星衍：《尚书今古文注疏》，《尚书·吕刑》，中华书局2004年版，第526页。

② 楼宇烈：《中国的品格》，四川人民出版社2018年版，第2—3页。

③ 关于对传统中国法的家族主义或家族本位的学术史简评以及概括的分析，参见张中秋：《中西法律文化比较研究》（第五版），法律出版社2019年版，第38—60页。

的都是这一家族主义的逻辑。在这个逻辑的影响下，传统的定罪量刑之前，先得看诉讼当事人的身份：是官是民？是良是贱？原被两造有无关系，若有关系，是否为亲属是否在“五服”之内？这实际上都是按照“家族”的方式来处理“国家”的法度的表现。而在对犯罪的处罚上，破坏家族稳定和谐（在国家层面则是侵犯以皇帝为代表的朝廷利益）的犯罪，向来被视为最严重的犯罪，如后来的“十恶”①，较之于普通危害社会的犯罪，要受到严苛得多的刑罚惩罚。这些司法思想和制度，同样都在先秦时代启其端。如《尚书》里周公代表王向康叔封发出的诰文中写道：

> 王曰：“封，元恶大憝，矧惟不孝不友。子弗祗服厥父事，大伤厥考心；于父不能字厥子，乃疾厥子。于弟弗念天显，乃弗克恭厥兄，兄亦不念鞠子哀，大不友于弟。惟吊兹，不于我政人得罪，天惟与我民彝大泯乱。曰：乃其速由文王作罚，刑兹无赦。……”②

这直接将“不孝不友”这样的家族伦理，提到“元恶大憝”这样的法律定性上了，由此可见家族在法律中的地位。中华文化的家族主义特色，早在先秦即奠定，并且在制度和思想上已经得到了充分的展示。

最后，民本对待。“民本”一词有多重意蕴③，但大体不脱“民为邦本，本固邦宁”这句《尚书·五子之歌》名言的范畴。即使《五子之歌》作为古文尚书中篇目，其文献年代不好厘清，但将之作为先秦思想，是不用怀疑的。而《左传》中有一段对话，则真切地反映出至少在春秋时期，时人已经引民本的古训，来回答神人、君臣、士庶等关系问题。此为鲁襄公十四年

---

① 十恶俗称“十恶不赦”。中国古代十种重大犯罪，不能赦免。一为谋反，二为谋大逆，三为谋叛，四为恶逆，五为不道，六为大不敬，七为不孝，八为不睦，九为不义，十为内乱。自秦及以后逐渐形成，北齐时始定重罪十条：一反逆，二谋大逆，三叛，四降，五恶逆，六不道，七不敬，八不孝，九不义，十内乱。隋代始以“十恶”之名，定入法典。经唐至清，除元代改名为诸恶外，相沿不改。《唐律疏议》称：“五刑之中，十恶尤切，亏损名教，毁裂冠冕，特标篇首，以为明诫。”参见刘俊文点校：《唐律疏议》，法律出版社1999年版，第6—17页。

② （清）孙星衍：《尚书今古文注疏》，《尚书·康诰》，中华书局2004年版，第367—368页。

③ 关于民本的含义简要学术史评述及概括分析，参见梁治平：《为政：古代中国的政治理念》，生活·读书·新知三联书店2020年版，第138—208页。

（前559），晋国贤臣师旷回答晋侯关于卫国人驱逐其君的看法时的对话。

> 师旷侍于晋侯。
>
> 晋侯曰："卫人出其君，不亦甚乎？"
>
> 对曰："或者其君实甚。良君将赏善而刑淫，养民如子，盖之如天，容之如地。民奉其君，爱之如父母，仰之如日月，敬之如神明，畏之如雷霆，其可出乎？夫君，神之主而民之望也。若困民之主，匮神乏祀，百姓绝望，社稷无主，将安用之？弗去何为？天生民而立之君，使司牧之，勿使失性。有君而为之贰，使师保之，勿使过度。是故天子有公，诸侯有卿，卿置侧室，大夫有贰宗，士有朋友，庶人、工、商、皂、隶、牧、圉皆有亲昵，以相辅佐也。善则赏之，过则匡之，患则救之，失则革之。自王以下，各有父兄子弟，以补察其政。史为书，瞽为诗，工诵箴谏，大夫规诲，士传言，庶人谤，商旅于市，百工献艺。故《夏书》曰：遒人以木铎徇于路。官师相规，工执艺事以谏。正月孟春，于是乎有之，谏失常也。天之爱民甚矣，岂其使一人肆于民上，以从其淫，而弃天地之性？必不然矣。"①

这实际上已经揭示了"立君为民""民为国本""政在养民"等民本思想核心要义。尤其是最后一句，更是凸显出意同后来孟子所谓"民贵君轻"以及黄宗羲说的"不以一己之利为利，而使天下人受其利；不以一己之害为害，而使天下人释其害"②。直接奏出了传统民本思想的最强音。

以上四者，不过略举大端，它们已经深深渗透到中华民族的精神命脉当中，至今不绝。而这些思想，都是发端或者成型于先秦之时。因此我们可以说，发达的先秦文化，蕴藏着中华文化的"基因密码"，要想理解中华文化，必得上溯到先秦。

---

① 李维琦等注：《左传》，《左传·襄公十四年》，岳麓书社2001年版，第391页。

② （明）黄宗羲：《明夷待访录》，中华书局2011年版，第6页。

二、先秦文化奠定了中华文化区系"条块"融合基础

当代中国著名考古学家苏秉琦先生提出了中国考古学文化的"条块说"，将全国考古学文化分为"六大区系"，分别为以燕山南北长城为重心的北方，以山东为中心的东方，以关中、晋南、豫西为中心的中原，以环太湖为中心的东南部，以环洞庭湖与四川盆地为中心的西南部，以鄱阳湖—珠江三角洲一线为中轴的南方。它们共同构成了整个中华文化圈，而在各自的区系中，又有核心文化区和边缘文化区。

不同的生态环境，不同内容的生产活动，不同的文化传统，是形成不同文化区系的根本原因。而每个文化区系自身发展所形成的文化特征决定了每种文化的性质。不同文化区系的边缘地区，是文化的过渡区。过渡区的文化受相邻地区的文化影响，较之于核心区要大得多。文化的融合，首先就是从这个过渡区开始，逐渐进入各个核心区的。诚如苏秉琦先生所云："各大区系不仅各有渊源、各具特点和各有自己发展的道路，而且区系间的关系也是相互影响的。中原地区是六大区系之一，中原影响各地，各地也影响中原。"①若将一个"点"状的考古学文化视为一颗星，那么自新石器时代至夏商周三代，整个中国文化就呈现出"满天星斗"的情景。

这种情形也能解释了先秦古籍中何以出现了大量异民族集团的名字。如今天的青州地区当时有"隅夷"，徐州地区有"徐夷"，淮河中下游地区有"淮夷"，扬州地区有"岛夷"，烟台地区有"莱夷"等，此外还有如獫狁、蛮、荆、貊、戎狄、荆舒、南夷、氐、羌等大量名称。这些称呼的特性和用法并没有一个统一的规范，它们不一定是特定地区或者特定民族族类的代名词，有的是华夏诸国对其的称呼，而有的则是自称。出现这种区别，并不意味着居于文化中心区的华夏对文化边缘区的傲慢与歧视。这恰恰表明，当时的华夏族已经有这样的初步观念，即"中国"不等于"天下"，诚如王柯先生所认为的那样："周天子之所以将'中国'周边那些不受自己统治的

---

① 苏秉琦：《中国文明起源新探》，三联书店2019年版，第34页。

集团称为蛮、夷、戎、狄，其原因也主要是在于这些集团具有与构成周王朝的集团不同的文化，而并不仅仅是因为周王朝对它们不拥有主权。”[①]正因为先天地理的阻隔和后天人群的活动，文化上出现了各个“条块”，这构成了中华文化“多元”的特色，同时也促使文化融合乃至产生“一体”的可能性和必要性。这是文化发展的自然规律，同时也是先秦时代各个条块的人群对中华民族和中华文化所做的伟大贡献。

我们知道，先秦时代，各文化区系发展并不平衡，中原、东方和北方率先发展起来，随后东南部、西南部和南部渐次跟上。而“中国”的形成过程，就是各文化区系不断交流和融合的过程。最初居于中原的区系将自身视为“中华”或“华夏”，而将四周的其他区系视为“四夷”或“夷狄”，于是有了空间上的“华夷之辨”。其后随着各区系交往的频繁和文明程度的提高，“中华”的范围日益扩展，乃至超越了地域和族类的范畴，成为一个文化上的概念。至西周时期，夷夏之别，已经转化为文明和野蛮的区别。也就是说，无论在哪个区系，无论属于哪个部族，若能恪守中华普遍奉行的礼义，重视对天下对国家的责任，维护家族和谐，对他人秉持人道主义对待等，那么这类人，就可以称为“中国”或者“华夏”。反之，即便身处中原地区，为华夏正统传人，但若不讲礼义，无视对家国的责任，残虐害民，则会沦为“新夷狄”。所以“孔子之作《春秋》也，诸侯用夷礼则夷之，进于中国则中国之”。[②]孔子视保存中国文化为第一要义，所以他虽然不赞赏管仲用霸道治国，但依然承认管子“尊王攘夷”的贡献，原因在于“微管仲，吾其被发左衽矣”[③]。同时他又有感于向来被视为后进不足的夷狄，倒还能守礼担责，而中原诸国，却礼崩乐坏，于是他沉痛地感叹：“夷狄之有君，不如诸夏之亡也。”[④]孔子此处说的“王”“夷”，都不是实指人或者部族，而是以礼义为核心的中国文化。

孔子的感慨是有道理的。事实上，先秦后期，不仅仅是原先被视为蛮夷

① 王柯：《从“天下”国家到民族国家——历史中国的认识与实践》，上海人民出版社2020年版，第41页。

② （唐）韩愈：《原道》，（清）张伯行选评《唐宋八大家文钞》，中华书局2010年版，第30页。

③ （清）刘宝楠：《论语正义》（下），《论语·宪问》，中华书局2016年版，第578页。

④ （清）刘宝楠：《论语正义》（下），《论语·八佾》，中华书局2016年版，第84页。

的秦、楚文明程度大大提高，呈现出后来居上的特色，连一直徘徊在中原文化之外的夷狄之国，其文化因受中原影响，也大为发达，乃至可以与中华文化圈内的国家，在同一语境下进行文化上的交锋。从狭隘的华夏民族主义的眼光来看，这实在是“礼崩乐坏”，是华夏族堕落的体现；但是如果放宽历史的视界，这实在是先秦文化的魅力和中华文明的力量所在。也就是说先秦文化最终成功地将各文化区系“条块”融合在了一起，形成一个“一体”的文化圈，具有了共同的民族精神和思想价值观念。同时中华文明也因为有此强大的文化渗透力，逐渐使得自身的圈子得以扩展，形成了更稳固更广阔的“天下”。其中西戎使者由余和秦穆公的交锋，可视为夷狄接受先秦文化乃至于融入中华文化的典型。《史记》记载：

> 戎王使由余于秦。……秦缪公示以宫室积聚。由余曰：“使鬼为之，则劳神矣；使人为之，亦苦民矣。”缪公怪之，问曰：“中国以诗书礼乐法度为政，然尚时乱，今戎夷无此，何以为治，不亦难乎？”由余笑曰：“此乃中国所以乱也。夫自上圣黄帝作为礼乐法度，身以先之，仅以小治。及其后世，日以骄淫。阻法度之威，以责督于下，下罢极，则以仁义怨望于上，上下交争怨而相篡弑，至于灭宗，皆以此类也。夫戎夷不然，上含淳德以遇其下，下怀忠信以事其上，一国之政犹一身之治，不知所以治，此真圣人之治也。”①

这个故事很是有趣。秦缪公（即穆公）本来是想借富足的物质条件来自炫，借以凸显“中国”的优越感，没想到由余以民本思想为武器批评穆公劳民伤财。穆公转而以中国诗书礼乐法度自矜，讥笑戎狄不懂礼乐。没想到由余又以礼乐之实驳斥虚有其表的礼乐，强调礼乐贵在实践，强调义务和责任。我们可以看出，由余所有的论据，均来自前述我们提到的先秦文化核心观念。实际上恰恰是由余这个戎狄之人，却能娴熟地运用先秦文化，较之自诩居于礼仪之邦的秦穆公，无疑更胜一筹。所以通过以上孔子感叹“夷狄之

① （汉）司马迁：《史记·秦本纪》，《史记》（第一册），中华书局1982年版，第192—193页。

有君”和由余穆公的交锋，我们可知，到孔子所处的春秋末期之世，在虞夏时期被视为东夷部落的北方、东方文化，早已经进入儒学昌明的齐鲁文化之境，为两周礼乐文化的经典代表；而且这个文化，呈涟漪状不断向外扩散辐射，不断影响着周围的蛮夷戎狄，乃至于出现了后者后来居上的情形。

总之，正是以礼义为核心的先秦文化，承担起了融合各文化区系条块的重任。各文化区系互相影响，亦存在后进文化赶超先进文化的情形。古籍所谓“蛮夷猾夏”，即指此义。文化发展伴随着夷夏之辨，最初互为消长，但是最终的发展趋势，则是先进的文化逐渐占据上风，影响和改造了后进的文化，继而将小的文化区系融成大的文化区系，在“夷狄进至于爵”的同时，“中国”也日益扩大并巩固。

三、“以夏变夷”——三大文化圈的形成和融合

梁启超先生在讨论先秦学术时，曾经说，中国文明，产生于大平原。其民族器度伟大，有广纳众流之概。故极平实与极诡异之学说，同时并起，能并育而不相害。其人又极富于弹力性，许多表面上不相容之理论及制度，能巧于运用，调和焉以冶诸一炉。此种国民所产生之思想及其思想所陶铸而成之国民意识，无论其长短得失如何，要之在全人类文化中，自有其不朽之位置，可断言也。①这段话非常重要，且透露出了大量的信息。首先，它交代了中国文明起源于大平原，而大平原，最初就是华夏所居之“中国”。其次，它交代了中国文明的包容性极强，能够融多种文化于一体。这多种文化，就是多种区系各自有代表性的文化。最后，它提到了因为先秦将这种文化冶铸成一炉，于是形成了国民的思想或者说陶铸了国民的意识。这实际上就告诉我们，先秦是一个思想整合的时代，先秦文化是原先并峙的三大文化圈融合的基础。

前已述及，各区系文化发展既不相同，发展水平差异也较大。如果我们以文明程度来分辨华夷，并以此为视角来观察，则三大文化圈的形成和融

① 梁启超：《先秦政治思想史》，岳麓书社2010年版，第7页。

合，乃是一个“以夏变夷”或者说是“中国化”的过程。三大文化圈在战国时期最终形成，至末世，则融合成为一体的中华文化。所谓三大文化圈：一是齐鲁文化，如上所述，是由六大区系中的东方和北方文化融合发展而来，直承西周礼乐文明，以儒家文化为最盛行；二是三晋文化，是由六大区系中的中原文化发展而来，中原文化发达最早，源远流长，于治政理刑经验最富，故以法家文化为最盛行；三是荆楚（楚越）文化，是由六大区系中的东南部、西南部、南方文化发展融合而来，此地文化迥异于北方，最初巫谶文化盛行，后因与北方地区长期交往之故，巫谶文化中逐渐增入人文理性内容，最终以道家文化最为盛行。

这三大文化圈，并不是同时达到其最高文化成就巅峰的，而是有先有后。整体而言，先秦诸子以儒、道、墨三家为最早，而法家接踵其后，三家共同助成了法家的兴起。是以三晋法家得一时之盛。如同严耕望先生所云：“三晋有名、法、纵横三家，除名家外，大抵即以三晋为局限，他国人士较少。其中法家始萌于郑。郑国商人与政府以盟誓相结合共同创建国家，此即立法之先声。春秋之末，子产铸刑书以颁之，邓析私作竹刑，而为政府所遵用，法家之兴于是乎始，加之儒道之来传，助长法家之兴盛。其活动范围极广，用于秦而秦强，影响汉代政治至为深远，然论其国籍，除李斯为楚北上蔡人外，其余籍贯皆在三晋之核心地带，大河南北，纵横范围不逾三百公里，此亦一异也。”①这就是三晋文化的形成和三大文化圈融合的典型实例。

但是我们知道，文化是具有惯性的，即便法家自战国中期之后风头一时无两，仍无法独霸天下的学术，儒墨两家在齐鲁之地依旧兴盛不衰，而道家则在荆楚之地发扬光大。处于三大文化圈中间的过渡地带或者三大文化圈之外的地域，其文化则呈现出某种杂糅的色彩。《史记》记载：“商君者，卫之诸庶孽公子也，名鞅，姓公孙氏，其祖本姬姓也。鞅少好刑名之学，事魏相公叔痤为中庶子。”②从这段话中，我们也可以看出文化圈文化惯性的保留情形。商鞅乃卫国公族。卫国位于齐鲁文化圈和三晋文化圈的过渡地带，

① 严耕望：《战国学术地理与人才分布》，《严耕望史学论文选集》（上），中华书局2006年版，第52页。
② （汉）司马迁：《史记》（第七册），《商君列传》，中华书局1982年版，第2227页。

在三晋法家文化尚未兴起之前，卫国传统上盛行儒家文化。卫国为姬姓诸侯国，位于今天的濮阳一带，历时838年，自康叔封立国，到秦始皇时代才最后灭亡。早在春秋时代，吴国的著名贤人季札就曾经预言："卫多君子，其国无故。"[①]季札能盛赞卫国多君子，孔子能够在卫国一待10年，足以证明卫国儒学氛围之浓。但是到商鞅出生的公元前390年前后，其时三晋法家已经形成了气候，然而好像这股风潮并未蔓延到卫国。否则以商鞅作为卫国贵族，且年幼就好刑名之学，他完全可以在卫国研习法家学术，而没有必要出国去魏国跟随公叔痤学习刑名之学。这只能说明当时魏国的法家文化高度发达，而卫国虽然国小力弱，但其儒学传统依旧牢固。这就反映了一个文化交流中出现的普遍现象，一方面，文化先进地区极容易影响乃至渗透到文化后进地区，引起后进者对先进者的学习和效仿；另一方面，一旦某个地区形成了某种文化传统，则会天然抵制别种文化传统。法家文化和儒家文化自然难分高下，但就实用性而言，当时的法家显然更胜一筹。这一点从秦孝公接见商鞅，听闻商鞅不同治国理念所做出的不同反应就可见端倪。但如果卫国的儒学传统本就到达了一个发达且自洽的程度，即便我们说它"落后"于时代，它依旧有底气与三晋法家抗争。总之，同化与抗争，构成了文化交流的主要形态。

但不管如何同化抗争，即便道路再曲折，最终的结果，就是人类的文化依旧是向着更高形态的文化迈进的，先进的终将取代后进的，这就是中国历史上"以夏变夷"的历史进化论所强调的。无论在上述三大文化圈内部还是之间，"以夏变夷"无疑是最为普遍的文化演进方式。在春秋时代，尚存在着"尊王攘夷"的呼声，但是到了战国时代，"夷夏"高下之分，已经不足辨。孟子就直截了当地指出："吾闻用夏变夷者，未闻变于夷者也。"可见先进文化取代后进文化，已经是一种不可逆的趋势。先秦儒墨道法诸家，皆是有理论有担当的思想体系，对自然与社会、人生和人心都进行了体系化的思索，无一例外皆博大精深。它代表着"华夏"文化的精华，皆是先秦文化关于礼义、责任、家族、人民诸核心命题的进一步深化。其面临的社会情势

---

① （汉）司马迁：《史记》（第七册），《卫康叔世家》，中华书局1982年版，第1597页。

和要解决的问题是一样的，就是社会该如何由乱到治，人心该如何安放才至妥帖。只是在不同的文化圈内，各自的侧重点或者方法论不一样。齐鲁文化圈，主要是主张通过礼义教化实现由乱返治；三晋文化圈，主要是主张通过政刑法制来达到富国强兵的目的；至于荆楚文化圈，既不主张礼义教化，也不主张政刑法制，而采取一种相对消极的“与民自化”的措施，实现社会的自然进化。但不管是哪一种，都具备人文和理性的光芒，这三大文化圈也各自向四周扩张其影响力。

以夏变夷，固然是一个先进文化影响后进文化的过程，同时也可视为同等程度文化相互吸收借鉴的过程。这个过程，就体现了文化的融合。事实上，以上三大文化圈中任何一个，皆不是单一纯粹的文化圈，而是你中有我、我中有你，融合交流从未间断。夷夏之分，也是相对而言的。夷夏始终处于动态平衡中。夷如果文化进步，则一变为夏；反之夏如果裹足不前，为夷超越，则夏也会变为夷。所以用夏变夷，最终的结果，就是融合夷夏，天下一家。诚如严耕望先生所云：“儒、墨、道、兵各即其地位中心向外传播，墨学西北传入三晋，影响名家之兴起，南传而为别墨，亦与名家为近。儒、道西传三晋，助成法家之兴盛；东传至齐，道衍为黄老，儒则颇与阴阳合流……”[①]法家在未能吸收儒、道精华之前，可目之为“夷”，儒、道西传三晋，则可视为“用夏变夷”，最终使得法家学术更上层楼，再次体现了文化圈或者文明的融合。

总之，如苏秉琦先生所云：“到战国末世，夷夏共同体重组的历史使命已大体完成，由此奠定了中华民族多元一体格局的社会基础。”[②]三大文化圈的形成与融合，亦可视为夷夏共同体重组的大体完成，这得拜以讲求礼义、倡导责任、注重家族、强调民本为主要特征的先秦文化所赐。如果不经过这样的“文化”过程，则无论是三大文化圈，还是多元一体的民族共同体的形成，都是不可想象的。

① 严耕望：《战国学术地理与人才分布》，《严耕望史学论文选集》（上），中华书局2006年版，第53页。

② 苏秉琦：《中国文明起源新探》，三联书店2019年版，第34页。

四、结论

瑞士著名心理学家荣格提出了“集体无意识”模型，有助于我们说明，何以“寻根”或找“遗传密码”是如此重要。所谓集体无意识，是一种代代相传的无数同类经验在某一族群全体成员心理上的沉淀物，而之所以能代代相传，是因为有着相应的社会结构作为这种集体无意识的支柱。集体无意识理论，可以解释何以一个族群始终带有某些祖先的行为特征和原始心智，即便环境发生了翻天覆地的变化。[①]而我们今天的思想和行为，无意识中就受到我们远古祖先的“规约”，从而使中华儿女与世界别的民族有所区别。

按照这样的理论模型，毫无疑问，中华民族和中国文化的基因密码，是藏在先秦文化中的。换言之，先秦文化，就是我们固有文化的“集体无意识”。先秦文化本身，同样并非是一蹴而就的，它经历了一个漫长的发展过程。就像一条河流一样，最初也不过是涓涓细流，但是在它的奔流之中，伴随着各条支流的汇入，终究聚成波澜壮阔的江河。在这个过程中，作为各个支流的若干地域文化，在汇入中华文化主流时，诚然会保留自身的很多特色，但是融为一体，始终是不可阻挡的趋势。这个趋势是拜中华各族儿女的“合力”所赐。先秦文化的形成以及它的融合力量之强，和我国多民族国家形成的过程是一致的。诚如王柯先生所论：“如果细究多民族国家形成的过程，可以说它是一部‘华夏’文化与蛮、夷、戎、狄的文化不断融合，‘华夏’文化不断消化吸收蛮、夷、戎、狄，使蛮、夷、戎、狄不断进入‘华夏’集团，从而使‘中国’和‘中国民族’从小到大不断发展的历史。”[②]

同时，也因为有了作为“一体”的先秦文化的形成，从而奠定了不同文化圈融合的基础。先秦文化与此后的文化一个非常显著的区别，就是它是一种土生土长的原创型文化，并未如后来那样掺入佛教或者其他异域文化，是以最为纯正、最能体现中华儿女的文化原创力。在长期的生产生活实践中，

---

① 参见［美］霍尔等著，冯川译：《荣格心理学入门》，生活·读书·新知三联书店1987年版，第40—41页。

② 王柯：《从“天下”国家到民族国家——历史中国的认识与实践》，上海人民出版社2020年版，第68页。

先秦形成了以讲求礼义、倡导责任、注重家族、强调民本为主要特征的文化形态。这样的文化形态规范指明了其他各文化圈文化发展的方向，同时也在各文化圈的反馈中不断加以修正和完善，从而最终凝成了多元一体的强大力量。先秦之后，中华内部分裂的局面常有，但是中华文化分裂的情形绝无。且即便出现分裂局面，许多地方与中央隔绝多年，不通音讯，但是始终没有从中华版图分裂出去。究其根本，还是在于中华文化的凝聚力强盛，而追根溯源，则应该归于先秦文化的良好基础。事实上先秦文化融合三大文化圈，与中华文化塑造中国民族，两者的原理及其意义都是相同的。

春秋战国时期三晋、齐鲁和楚越三大文化圈的融合

包振宇*

中华文化源远流长，多元一体，在始终保持其统一性的同时，也具有多样性的地域特色。三晋、齐鲁和楚越三大文化圈在春秋战国时期就已经基本形成，千百年来在保持鲜明地域特色的同时，不断融合发展，充分体现了中华文化的亲和力、向心力和凝聚力。

一、地隔千里，血脉相牵

三晋文化圈核心区域位于黄河以北。齐鲁文化圈的核心区域是山东半岛。楚越文化圈的核心区域在长江以南的两湖和江浙地区。三个文化圈分处天南地北，远隔千里，即便在今天看来，其地域文化也迥然有别。但血浓于水，三个文化圈的核心都是周王室分封姬姓和功臣的诸侯国，血脉上的联系和宗法上的地位使得三大文化圈从产生之初就存在相互融合的亲和力。而频繁的政治联姻活动，又强化了各诸侯国之间的血脉联系。

三晋文化圈的晋国出自周成王的弟弟叔虞。叔虞的儿子名燮，改国名为晋，是为晋侯。叔虞的母亲邑姜据传是齐太公姜子牙的女儿，周武王的妻子。齐鲁文化圈中的鲁国也是姬姓诸侯国，出自周武王的弟弟周公旦。齐国则出自太公吕尚姜子牙，是叔虞的外祖。楚越文化圈中的吴国虽然远在长江以南，但也是姬姓诸侯。根据《史记·吴太伯世家》记载，吴太伯和他的弟弟仲雍，都是周太王的儿子。二人为了避位以让贤给自己的弟弟、周文王的

* 包振宇，男，中共党员，1979年6月11日出生，江苏扬州人，南京大学法学博士、华东政法大学经济法学院博士后，现任扬州大学法学院副教授、硕士研究生导师，江苏高效区域法治发展研究中心研究员，中国法治现代化研究院法治社会研究所特邀研究员，先后在《中国法学（英文版）》《东方法学》《中国翻译》《美国研究》《城市问题》《人文地理》等学术期刊发表论文70余篇，独立或以第一作者出版专著2部，参编著作和教材6部，参与或主持国家、教育部和省社科基金等科研项目多项。

父亲季历，远避荆蛮之地，自称句吴，得到当地部落的支持，建立吴国。后武王将太伯、仲雍后人周章封于吴国。又封周章的弟弟虞仲于周北边的虞国。[①]楚国初代国君熊绎是周成王的大臣，芈姓，封于楚蛮。其先祖出自黄帝之孙，帝颛顼高阳，也是源自姬姓。而越国的先祖是大禹的后裔，夏后帝少康的庶子，同是华夏苗裔。而吴越与三晋、齐鲁文化圈各诸侯国之间的联姻也很密切。《左传·襄公二十三年》曾经记载晋国和齐国曾经共同与吴国联姻的史实："晋将嫁女于吴，齐侯使析归父媵之，以藩载栾盈及其士，纳诸曲沃。"[②]《孟子·离娄上》中也记载齐景公曾经"涕而出女于吴"[③]。

太史公司马迁曾感叹："余读《春秋》古文，乃知中国之虞与荆蛮句吴兄弟也。"[④]血缘相近并没有阻止春秋战国时代各诸侯国间为了各自利益相互攻伐，甚至不乏兄弟阋墙和父子相杀的例子。同是姬姓诸侯的虞国就是被晋国所灭。但是，共同的血脉和密切的联姻关系确实拉近了在地理上山水阻隔的各个文化圈之间的心理距离，使得文化间的交流和融合成为可能。中华文化自古讲究夷夏之辨，以华夏文化为先进，鄙视四边之蛮夷。《尚书·禹贡》根据距离黄河流域文化和政治中心的距离远近将天下分为"五服"：五百里"甸服"，即王畿；五百里"侯服"，即诸侯领地；五百里"绥服"，指已绥靖地区，即中华文化所及的边境地区；五百里"要服"，即结盟的外族地区；五百里"荒服"，即未开化地区。[⑤]在地理上，三晋处于五服的核心地带，而齐鲁位于东夷，楚越更是地居南蛮已经处于五服的边缘，受到地理和民族习俗的影响，发展出各具特色的地域文化。但齐鲁吴楚等诸侯国在血缘和宗法上的联系，让齐鲁文化、楚越文化和三晋文化等多元地域文化都共享华夏文化的身份认同，从而具备了彼此交流融合的对等地位。如果说在齐鲁夹谷之会上，孔丘以演奏夷人莱国的音乐不合礼制而斩莱人，体现了在文化上"鄙夷"的态度，《左传·襄公二十九年》中吴国公子季札鲁国观乐的记载则表明"荆蛮句吴"已经有和近服诸侯在文化上平等交流的资格。

---

①④ （汉）司马迁著，韩兆琦译注：《史记》，《吴太伯世家》，中华书局2010年版第2427页。

② （清）阮元：《十三经注疏·春秋左传正义》，中华书局1980年版，第4290页。

③ （清）阮元：《十三经注疏·孟子注疏》，中华书局1980年版，第5913页。

⑤ （清）阮元：《十三经注疏·尚书正义》，中华书局1980年版，第153页。

二、位居诸侯，胸怀天下

三大文化圈在春秋战国时期的形成、发展和融合还和圈内各诸侯国的政治军事活动有着密不可分的联系。齐鲁晋楚越吴等国虽然都是周王朝分封的诸侯国，但都不满足于封建割据、偏安一方，而是胸怀争霸天下的雄心，积极地开展政治、军事和外交活动，先后成为霸主。如果以完成诸侯会盟作为称霸的标志，齐桓公、晋文公、晋襄公、楚庄王、晋景公、晋悼公、晋定公、吴王夫差、越王勾践等来自三大文化圈的诸侯都曾成为一时的霸主。他们的霸业奠定了三大文化圈在中华文化版图中的地位和势力范围。

三晋文化圈中的晋国在春秋时期称霸时间最长，维持了百年之久的霸业。公元前633年，楚成王围攻宋国都城，晋文公与齐国和秦国结盟，在城濮之战中打败楚军，在践土会盟中被周襄王册封为侯伯。晋国在文公称霸后又先后经历了襄公续霸、景公复霸，其霸业在悼公（前573—558年在位）时达到顶峰，独霸中原，成为绝对的天下霸主。晋国称霸在文化上影响十分深远。虽然晋国最终被三分，但三晋之名却沿用千古，足见其在文化史上的地位。

齐鲁文化圈中的齐国是周王室肱骨大臣太公吕尚封国，周成王时被赋予征伐之权。齐桓公（前685—前643年在位）任用管仲为相，首倡尊王攘夷，九合诸侯，一匡天下，成为春秋第一个霸主。鲁国是周公封国，“周之最亲莫如鲁，而鲁所宜翼戴者莫如周”。其在诸侯中地位很高，有“鲁之班长”之说。虽然鲁国未曾称霸，但也积极参加诸侯国间的争霸活动。

楚越文化圈中的楚国先后与齐国和晋国争霸。公元前597年，楚庄王在邲（今郑州）大败晋军，成为霸主，一度问鼎中原。吴国，虽然僻居荆蛮之地，但自诩周室之长，常怀霸中国以全周室的志向。吴王夫差在艾陵之战中击败齐国后，于公元前482年在黄池会盟诸侯，完成霸业。楚越文化圈中的越国，其俗断发纹身，也积极参加诸侯争霸。越王勾践在被吴国击败后，卧薪尝胆，灭吴后乘势北进，与齐晋诸侯在徐州会盟，成为春秋末年最后一位霸主。

在孟子看来，春秋无义战。不可否认，连年的争霸战争给当时的各诸侯国人民的生活带来了巨大的灾难和痛苦，但战争在客观上也促进了不同文化圈之间的文化交融。正如张正明教授在其《楚文化史》一书中指出的："军事冲突与文化交流是对立的，又是统一的，在当时的形势下，文化交流往往需要军事冲突作为先导。"[①]但诸侯的争霸活动大都以尊勤王室，攘斥外夷为名。注重夷夏观念的民族意识和追求统一的政治传统强化了华夏文化的向心力。而诸侯在争霸过程中频繁的外交、战争和会盟活动，也让地域文化在激烈的碰撞中实现了跨圈的交流和融合。

三、货殖之利，贸易有无

春秋战国时期商品经济的发展促进了不同文化圈之间的跨区域贸易，为地域文化的交流融合提供了重要的经济基础，增强了中华文化的凝聚力。在完全自给自足的农业经济条件下，"鸡犬之声相闻，民各甘其食，美其服，安其俗，乐其业，至老死不相往来"，地域间的文化交流根本没有丝毫的必要和可能。司马迁在《史记·货殖列传》中批判了老子小国寡民的思想，指出"必用此为务，挽近世涂民耳目，则几无行矣"。

春秋战国各诸侯国为了富国强兵，纷纷推行重商政策，鼓励贸易，以其所有易其所无，满足本地区人民生产生活的需要。公元前651年，齐桓公与诸侯在葵丘会盟，五条盟约中有两条关乎跨国贸易："敬老慈幼，无忘宾旅"，"无曲防，无遏籴，无有封而不告"，提出要保护往来客商和不得限制粮食贸易。在此后的会盟中还提出降低商业税、关税，建设和维护道路以及统一度量衡等的贸易促进政策。

三大文化圈之间的贸易往来十分频繁。《左传·襄公二十九年》曰："如杞、梓、皮革，自楚往也。虽楚有材，晋实用之。"[②]所谓楚材晋用，往往用以借喻楚国人才为晋国所用，但也说明三晋和楚越两大文化圈之间有着悠久的贸易传统。晋姜鼎和戎生编钟两件青铜器的铭文就记载了晋昭侯

① 张正明：《楚文化史》，上海人民出版社1987年版，1996年重印，第132页。
② 杨伯峻：《春秋左传注》（修订本），中华书局2000年版，第408页。

六年即公元前740年晋楚两国间的一次大规模贸易活动。根据李学勤先生的论释，晋姜鼎铭文“嘉遣我锡卤积千辆”，是说派出晋国所赐予的盐一千大车，戎生编钟铭文“嘉遣卤积”，也是指用盐进行贸易。贸易的地点在“繁汤”，即河南新蔡以北的繁阳。这次贸易的目的是“取厥吉金”，也就是用盐交换铜。晋姜鼎和戎生编钟都是以这次贸易所得的铜铸造的。[①]《管子·轻重戊》记载了齐楚间的一次贸易：齐桓公听取管仲的建议“为百里之城，使人之楚买生鹿。楚生鹿当一而八万……楚民即释其耕农而田鹿”。[②]虽然齐人买鹿是贸易战的计谋，但也充分表明楚越文化圈和齐鲁文化圈间密切的贸易关系。越王勾践灭亡吴国后，大功臣范蠡功成身退，改名为朱公，在陶（今山东省菏泽市定陶区）经商。《史记·货殖列传》载：“朱公以为陶天下之中，诸侯四通，货物所交易也。乃治产积居。……故言富者皆称陶朱公。”[③]

源自于中国人民生产生活物资需要的贸易往来具有自生自发的动力，“若水之趋下，日夜无休时，不召而自来”。它不仅为春秋战国时期文化发展提供了必要的经济基础，也极大地促进了城市和交通的发展，大大加强了不同文化圈之间的交流。

四、河之大者，运通南北

中国地域广大，山川险要。不同文化圈之间山水相隔，形成了特色鲜明的地域文化，但也成为不同地区文化交流的障碍。三晋、齐鲁和楚越三大文化圈纵贯我国黄河、淮河、长江和钱塘江四大流域。这些河流又都是东西走向。这就使得南北交通不仅无法享受舟楫之利，反而受制于江河天堑，仅凭陆路无法通达。人工开凿的运河就成为重要的交通孔道。

《左传·哀公九年》载：“秋，吴城邗，沟通江淮。”[④]公元前486年，

---

① 李学勤：《戎生编钟论释》，《文物》1999年第9期，第75—82页。

② （清）戴望：《管子校正》，《诸子集成》（第五卷），团结出版社1978年版，第885页。

③ （汉）司马迁著，韩兆琦译注：《史记》，《货殖列传》，中华书局2010年版，第7551页。

④ （清）阮元：《十三经注疏·春秋左传正义》，中华书局1980年版，第2165页。

吴王夫差为了北上与齐国争霸，修筑邗城（今江苏扬州蜀岗附近），又在邗城之下开凿邗沟，并利用射阳湖等天然湖泊，沟通了长江、淮河。这是我国最早见于明确文献记载的运河。鲁哀公十三年，即公元前482年，吴王夫差为了乘舟到黄池与晋国会盟，又在商、鲁之间开凿了一条运河。据《国语·吴语》："吴王夫差既杀申胥，不稔于岁，乃起师北征，阙为深沟，通于商鲁之间，北属之沂，西属之济，以会晋公午于黄池。"[①]战国时期，魏国又重新修凿深沟。商鲁之间的这条深沟接通济水和泗水，泗水的下游又连通淮河，淮河又连接邗沟，从此从吴国坐船，可以直达中原。两段运河贯通了江淮河济四渎，成为春秋战国时代南北交通的干线。[②]运河的开凿便利了交通往来，促进了沿线区域的经济和文化发展。范蠡经商的陶就位于深沟和济水的交汇处，成为战国时期的一大经济中心。

春秋战国时期开凿的运河很多。《史记·河渠书》中记载了鸿沟、楚运河、吴运河、齐运河、蜀运河："荥阳下引河东南为鸿沟，以通宋、郑、陈、蔡、曹、卫，与济、汝、淮、泗会。于楚，西方则通渠汉川、云梦之际，东方则通沟江、淮之间。于吴，则通渠三江、五湖。于齐，则通淄、济之间。于蜀，蜀守李冰凿离碓，辟沫水之害，穿二江成都中。此渠皆可行舟，有余则用溉，百姓飨其利。"这些人工运河形成了春秋战国时期重要的水路网络，为不同地区的文化交流提供了交通便利。[③]

关于邗沟是不是中国最早的运河，学术界不乏争议。有学者提出在邗沟开挖之前，鸿沟、楚运河、吴运河、齐运河等各地运河已经相继开挖并投入使用，因此认为邗沟是中国最早的运河是不准确的。[④]应当承认在各个区域内部，确实有可能存在开凿年代早于邗沟的城市运河和地方运河。但正如史念海先生所言："春秋末年，交通方面有了突飞猛进的发展，运河的开凿就是划时代的壮举。最早开凿运河的为楚吴两国，而楚国较吴国更早，不过最初所开凿的运河还是较小的规模，因此所发生的影响也不十分巨大。"[⑤]而大运

① 徐元诰：《国语集解》，王树民、沈长云点校，中华书局2006年版，第545页。
② 陈正祥著：《中国文化地理》，生活·读书·新知三联出版社1983年版，第172页。
③ （汉）司马迁著，韩兆琦译注：《史记》，《河渠书》，中华书局2010年版，第2308页。
④ 张强：《江苏运河文化遗存调查与研究》，江苏人民出版社2016年版，第8页。
⑤ 史念海：《河山集·春秋时代的交通道路》，生活·读书·新知三联书店1963年版，第83页。

河，所以称为大者，正在于其推动了中国南北不同文化圈之间跨区域的交通和文化交流，从而促进了多元文化的碰撞与融合。就此而论，邗沟有沟通江淮之功，是联通三大文化圈的重要通道，可谓名副其实的大运河原点。

秦的政治统一、文化整合与制度延续

黄　海*

公元前221年，秦始皇消灭六国，一统天下，中国历史正式进入第一个中央集权制王朝——秦朝。秦代的建立，并不只是简单的改朝换代，其对于中国历史而言具有特殊的意义。

秦以前社会的基本单位是以血缘为纽带的宗族，即所谓的宗族社会。[①]在宗族社会中，国家只能管理到宗族，而无法直接管理到每一个人。[②]自秦代开始，社会的基本单位变为具体的个人，通过编户齐民的政策，国家可以直接管理领土内的所有人。这一变化便是著名的“周秦之变”。

“周秦之变”的产生是历史多方互动的结果，对中国历史演进产生了深远的影响，其对中华民族多元一体格局的形成自然也具有极为重要的意义。以下将从秦统一天下的历史进程讲起，从几个方面出发，对秦的统一进行简要分析。

一、“奋六世之余烈”——秦统一天下的历史进程

秦作为周王朝的诸侯国，立国较晚，大概至两周之际方始确定诸侯的地位。在立国以后，秦一直以边鄙之国的形象示人，未被其余诸侯国重视。其统一天下的进程，当始自秦孝公。

在秦孝公之父秦献公之前，秦历经数代之乱，及至孝公时期，整个国家

---

* 黄海，男，1989年4月生，华东政法大学、东京大学联合培养法学博士，现为中国社会科学院法学研究所助理研究员。主要研究方向为先秦、秦汉法制史，于核心期刊发表论文数篇，并主持、参与多项国家社科基金项目。

① 商周宗族社会的具体形态可参见朱凤瀚：《商周家族形态研究》，天津古籍出版社1990年版。

② 对于这一问题，可参见李峰：《中国古代国家形态的变迁和成文法律形成的社会基础》，《华东政法大学学报》2016年第4期。

已经非常困敝，不为关东诸国所礼遇。《史记·秦本纪》记载，孝公元年的秦国面临的对外局势是“河山以东强国六，与齐威、楚宣、魏惠、燕悼、韩哀、赵成侯并。淮泗之间小国十余。楚、魏与秦接界。魏筑长城，自郑滨洛以北，有上郡。楚自汉中，南有巴、黔中。周室微，诸侯力政，争相并”。[①]而秦国本身则“僻在雍州，不与中国诸侯之会盟，夷翟遇之”。[②]正是在这种“国家内忧，未遑外事，三晋攻夺我先君河西地，诸侯卑秦，丑莫大焉”[③]的恶劣情况下，秦孝公欲重振秦国，所以选择了商鞅主持变法。

商鞅变法彻底改变了秦国积贫积弱的情况，正如贾谊《过秦论》所言：“当是时，商君佐之，内立法度，务耕织，修守战之备，外连衡而斗诸侯。于是秦人拱手而取西河之外。”[④]孝公之时的秦国对内对外均取得了极大的发展，使得秦国弱势的局面得到扭转，并最终“据崤函之固，拥雍州之地，君臣固守而窥周室，有席卷天下，包举宇内，囊括四海之意，并吞八荒之心”[⑤]，奠定了秦人一统天下的基础。

通过商君之法，秦几乎完全重组了国家机器，许多旧有的传统被彻底打破，而在此基础之上孕育而出的，便是依托于律令体系的集权国家。在商君之前，虽然列国之中已有李悝、吴起等人尝试变法，建立集权体系，但这些尝试均未彻底打破旧有的传统。秦国之所以能够打破一切传统，顺利建立集权体系，一方面是因为秦本身处于边鄙，虽然自新中国成立以来一直受到中原文化的影响，但与此同时，其周围异族也有很多，故而其旧传统不似中原各国那样根深蒂固。另一方面，孝公时期国家面临的严峻局势，使得秦国为了生存与强大，不得不尝试这种崭新的体制。

这一尝试无疑是成功的，孝公在位时期，秦国改变了“诸侯卑秦”的局面，逐渐成为一方强国。商鞅所确立的体制，可以最大限度地动员与组织整个国家，保证国家的每一个人均可以在耕战中发挥作用。这种组织上的优势无疑是宗族势力尚存的关东诸国所不具备的。

---

①② （汉）司马迁：《史记》，中华书局2014年版，第255页。

③ （汉）司马迁：《史记》，中华书局2014年版，第256页。

④⑤ 《史记·秦始皇本纪》“太史公曰”引《过秦论》。（汉）司马迁：《史记》，中华书局2014年版，第351页。

虽然秦国相比于关东诸国，有更成熟的条件完成“周秦之变”这一历史使命，但这一转变过程仍然极为波折，受到了旧有传统的强烈反弹。商鞅变法在刚开始时，便受到了旧贵族的极力反对。之后，虽然在秦孝公的大力支持下，商君之法得以执行，但在执行的过程当中，仍然存在极大的阻力。①最终，在孝公去世之后不久，商鞅便被新君处死，这一反弹也由此达到了极致。

商君之死，在极大的程度上抵消了打破旧有传统所带来的怨气。在商君被处死之后，孝公之子惠文王继续坚持实行新的体制，便已不再有太大的阻碍。最终，因为律令制度下的集权社会无与伦比的组织力，秦人在几代君主之后，便由始皇帝“奋六世之余烈”，消灭六国，一统天下。而“周秦之变”这一历史剧变也宣告完成。

二、“端平法度”“同书文字”——政治统一与文化整合

秦始皇在一统天下以后，对当时的社会从政治与文化两方面进行了全面的整合。在政治方面，这种整合主要表现为郡县制与律令体系的推广；在文化方面，则主要表现为度量衡和文字的统一。

所谓郡县制，便是在地方设置郡、县二级行政区划，由中央派遣官员治理。与之前的分封制相比，郡县制大大加强了中央政府对地方的控制力度，是秦自商鞅变法以来的重要政治制度之一。在始皇帝一统天下之初，对于六国故地是否应继续推行郡县制，曾经有过一番讨论：

> 丞相绾等言：“诸侯初破，燕、齐、荆地远，不为置王，毋以填之。请立诸子，唯上幸许。”始皇下其议于群臣，群臣皆以为便。廷尉李斯议曰：“周文武所封子弟同姓甚众，然后属疏远，相攻击如仇雠，诸侯更相诛伐，周天子弗能禁止。今海内赖陛下神灵一统，皆为郡县，诸子功臣以公赋税重赏赐之，甚足易制。天下无异意，则安宁之

① 参见《史记·商君列传》相关记载。（汉）司马迁：《史记》，中华书局2014年版，第2709—2712页。

> 术也。置诸侯不便。”始皇曰：“天下共苦战斗不休，以有侯王。赖宗庙，天下初定，又复立国，是树兵也，而求其宁息，岂不难哉！廷尉议是。”[①]

丞相绾等人认为，六国故地广大且远离中央，应当采用分封制以方便治理：“不为置王，毋以填之”。而李斯则坚决反对，认为分封制会造成地方对中央的离心力，不利于中央集权，“然后属疏远，相攻击如仇雠，诸侯更相诛伐，周天子弗能禁止”。秦始皇最终采纳了李斯的建议，并在之后将天下分为三十六郡。通过郡县制在全国的推行，秦代中央政府实现了对地方的强力管控，使得分封制造成的地方离心力不复存在，并让整个天下对中央产生了极强的向心力，从而真正实现了海内一统。

在郡县制的基础之上，秦人进一步通过律令体系治国。律令体系的思想基础是商鞅变法带来的法家思想，主张凡事皆依照法令，《史记·秦始皇本纪》载始皇帝“刚毅戾深，事皆决于法”[②]，正反映了这一点。在律令体系之下，所有国民的一切行动均需依照法令而行，否则便会被处罚，这便是琅琊刻石所谓的“除疑定法，咸知所辟”[③]。由此，我们可以想见，秦朝的律令数量一定极为庞大，立法工作一定极为频繁，正如汉朝人所言：“秦法繁于秋荼，而网密于凝脂。”[④]

通过出土文献，我们对于秦人这种庞杂的律令系统可以有一个直观的了解，而这也是近几十年来秦汉史研究的热点之一。[⑤]1975年，湖北省云梦县出

---

① （汉）司马迁：《史记》，中华书局2014年版，第307页。

② （汉）司马迁：《史记》，中华书局2014年版，第306页。

③ （汉）司马迁：《史记》，中华书局2014年版，第314页。

④ 《盐铁论·刑德》，参见王利器：《盐铁论校注》，中华书局1992年版，第565页。

⑤ 关于秦汉法律史的既往研究，可参见徐世虹：《秦汉法律研究百年（一）——以辑佚考证为特征的清末民国时期的汉律研究》，中国政法大学法律古籍整理研究所编：《中国古代法律文献研究》（第五辑），社会科学文献出版社2012年版，第1—22页；徐世虹：《秦汉法律研究百年（二）——1920—1970年代中期：律令体系研究的发展时期》，中国政法大学法律古籍整理研究所编：《中国古代法律文献研究》（第六辑），社会科学文献出版社2012年版，第75—94页；徐世虹、支强：《秦汉法律研究百年（三）——1970年代中期至今：研究的繁荣期》，中国政法大学法律古籍整理研究所编：《中国古代法律文献研究》（第六辑），社会科学文献出版社2012年版，第95—170页。

土了天下闻名的睡虎地秦墓竹简，其中包含大量的秦人律令，[①]例如《秦律十八种》《秦律杂抄》等，另有解释法律的《法律答问》《封诊式》等。[②]近年以来，岳麓书院藏秦简之中亦包含有大量的秦人律令，使得我们对于当时的法律制度有了进一步的了解。[③]除此之外，尚有里耶秦简[④]、龙岗秦简[⑤]等出土材料亦包含为数不少的秦人律令与文书。以上材料中的律令及文书涉及经济、文化、军事、司法等社会生活的方方面面，让我们不得不感慨秦法数

---

① 睡虎地秦简所载法律规定的时代应该贯穿秦人统一天下前后。刘海年先生认为睡虎地秦简“应是商鞅变法后至秦始皇执政时逐步制定和执行的”。参见刘海年：《云梦秦简的发现和秦律研究》，《法学研究》1982年第1期。

② 关于睡虎地秦简，参见睡虎地秦墓竹简整理小组：《睡虎地秦墓竹简》，文物出版社1990年版。对于睡虎地秦简中与法律相关简牍的详细释读，可参见中国政法大学中国法制史基础史料研读会：《睡虎地秦简法律文书集释（一）：〈语书〉(上)》，中国政法大学法律古籍整理研究所编《中国古代法律文献研究》（第六辑），社会科学文献出版社2012年版，第171—193页；中国政法大学中国法制史基础史料研读会：《睡虎地秦简法律文书集释（一）：〈语书〉（下）》，中国政法大学法律古籍整理研究所编《中国古代法律文献研究》（第七辑），社会科学文献出版社2013年版，第66—81页；中国政法大学中国法制史基础史料研读会：《睡虎地秦简法律文书集释（二）：〈秦律十八种〉（〈田律〉〈厩苑律〉）》，中国政法大学法律古籍整理研究所编《中国古代法律文献研究》（第七辑），社会科学文献出版社2013年版，第82—102页；中国政法大学中国法制史基础史料研读会：《睡虎地秦简法律文书集释(三)：〈秦律十八种〉（〈仓律〉）》，中国政法大学法律古籍整理研究所编《中国古代法律文献研究》（第八辑），社会科学文献出版社2014年版，第55—88页；中国政法大学中国法制史基础史料研读会：《睡虎地秦简法律文书集释（四）：〈秦律十八种〉（〈金布律〉—〈置吏律〉）》，中国政法大学法律古籍整理研究所编《中国古代法律文献研究》（第九辑），社会科学文献出版社2015年版，第22—109页；中国政法大学中国法制史基础史料研读会：《睡虎地秦简法律文书集释（五）：〈秦律十八种〉（〈效〉—〈属邦〉）、〈效〉》，中国政法大学法律古籍整理研究所编《中国古代法律文献研究》（第十辑），社会科学文献出版社2016年版，第36—118页；中国政法大学中国法制史基础史料研读会：《睡虎地秦简法律文书集释（六）：〈秦律杂抄〉》，中国政法大学法律古籍整理研究所编《中国古代法律文献研究》（第十一辑），社会科学文献出版社2017年版，第1—62页；中国政法大学中国法制史基础史料研读会：《睡虎地秦简法律文书集释（七）：〈法律答问〉1—60简》，中国政法大学法律古籍整理研究所编《中国古代法律文献研究》（第十二辑），社会科学文献出版社2018年版，第49—119页；中国政法大学中国法制史基础史料研读会：《睡虎地秦简法律文书集释（八）：〈法律答问〉61—110简》，中国政法大学法律古籍整理研究所编《中国古代法律文献研究》（第十三辑），社会科学文献出版社2019年版，第1—76页；中国政法大学中国法制史基础史料研读会：《睡虎地秦简法律文书集释（九）：〈法律答问〉111—135简》，中国政法大学法律古籍整理研究所编《中国古代法律文献研究》（第十四辑），社会科学文献出版社2020年版，第23—61页。

③ 岳麓书院藏秦简之中与法律相关的内容，主要可参见朱汉民、陈松长主编：《岳麓书院藏秦简（贰）》，上海辞书出版社2011年版；朱汉民、陈松长主编：《岳麓书院藏秦简（叁）》，上海辞书出版社2013年版；陈松长主编：《岳麓书院藏秦简（肆）》，上海辞书出版社2015年版；陈松长主编：《岳麓书院藏秦简（伍）》，上海辞书出版社2017年版；陈松长主编：《岳麓书院藏秦简（陆）》，上海辞书出版社2020年版。

④ 里耶秦简可参见湖南省文物考古研究所编：《里耶秦简（壹）》，文物出版社2012年版；湖南省文物考古研究所编：《里耶秦简（贰）》，文物出版社2017年版；陈伟主编：《里耶秦简牍校释》（第一卷），武汉大学出版社2012年版；陈伟主编：《里耶秦简牍校释》（第二卷），武汉大学出版社2018年版。

⑤ 龙岗秦简可参见中国文物研究所、湖北省文物研究所编：《龙岗秦简》，中华书局2001年版。

量之众。

在文化方面，秦始皇在统一天下伊始便“一法度衡石丈尺。车同轨。书同文字”。[①]统一了度量衡与文字，改变了自春秋战国以来诸国异制的情况。就始皇帝本心而言，其统一度量衡与文字或许更多考虑的是政治统治的需要，[②]但这一举措实际上深深影响了秦代及其之后的思想观念。战国时期，诸国交争，造成了各国文化的极大差异。以文字为例，就目前所见，战国文字写法多种多样，如楚文字的写法飘逸潇洒，与秦文字的朴实无华形成了鲜明的对比。这种文化差异带来的后果，便是大一统观念的弱化。秦始皇通过统一度量衡与文字，最大限度地消除了这种文化差异，并通过郡县制使得大一统观念遍及全国，再次成为整个中国思想观念的主流，这对于后世中国多元而不分裂的一体化格局形成无疑产生了很大的作用。

三、“百代都行秦政法”——秦代对后世中国的深远影响

秦在统一之后仅仅存在了15年，二世而亡，但其对于中国历史的影响极为深远，以至于有“百代都行秦政法”之说。概括而言，秦代对于后世的影响主要有二，即治国制度与向心观念。

在治国制度方面，以上已有言及，主要是郡县制与律令体系。秦始皇在六国故地强力推行郡县制，意欲彻底打破之前延续千年的分封制传统，实现中央政府对地方的强力管控，这一精神被后世历代王朝所继承。虽然在一些特殊的历史时期，这一政策的实行有所反动，例如汉初实行郡国制、西晋大封诸王等，但是总体看来，由中央直接派遣官员治理地方，实行中央集权是一种为历代王朝所默认的政治规则，并成为古代中国政治制度的基本特点之一。

在律令体系方面，虽然汉代对于秦法多有批判，但其对于秦法的改变主要是针对法令的具体内容，在制度上则仍然沿袭了秦人的律令体系。这一点

① （汉）司马迁：《史记》，中华书局2014年版，第308页。

② 关于始皇帝统一文字的政治思想史考察，可参见臧知非：《秦思想与政治研究》，西北大学出版社2021年版，第123—144页。

在张家山汉简等出土文献当中可以得到很好的证明。[①]律令体系在秦代之后，历经两汉与魏晋南北朝的发展，最终在唐代达到巅峰，从而形成了闻名于世的中华法系，对东亚诸国均产生了重要的影响。[②]

秦代制度的延续与发展带来的直接后果，便是深入社会各个阶层的对于国家的向心观念。秦代从制度和文化上彻底改变了春秋战国以来诸国纷争带来的文化分裂苗头，使得大一统的观念重新深入人心，并依托整个国家体制得到空前的加强。在秦代以后，无论是在治世还是乱世，社会各个阶层均保持着“统一”的观念，并对中央具有极强的向心力。这也正是古代中国数经乱世而未分裂的根本原因，也是中华民族多元一体格局得以形成的重要思想基础。

① 关于张家山汉简，可参见张家山247号汉墓竹简整理小组：《张家山汉墓竹简（247号墓）》，文物出版社2006年版；彭浩、陈伟、工藤元男主编：《二年律令与奏谳书》，上海古籍出版社2007年版。

② 关于秦汉法律体系的后世演进，可参见孟彦弘：《秦汉法典体系的演变》，《历史研究》2005年第3期；王沛：《刑名学与中国古代法典的形成——以清华简、〈黄帝书〉资料为线索》，《历史研究》2013年第4期。

从黄老之术到独尊儒术：汉代的思想变迁与文化统一

顾 春 侯 浩*

公元前202年，在历经五年的楚汉战争后，刘邦建立西汉王朝。西汉前期在治国理念方面发生了一件对后世有着深远影响的大事，这就是从实行黄老之术到独尊儒术的历史性转变。那么，在汉初为什么要遵黄老之术、行“无为而治”？既然无为之治带来了之后的“文景之治”，那么为什么不继续遵行故道，而要改弦更张？改弦更张又为何会选择独尊儒术而非其他？

一、黄老之学与黄老之术

在汉代，学与术含义有所不同。其中，学是指学问、学说，也指学人；术则是指的方法或措施，即学的应用。学重说理，术重实用。显然，黄老之术既是黄老之学的重要组成部分，也是黄老之学在政治上的应用。黄老之学产生于战国。黄指黄帝，为当时传说中会养生的成仙帝王，老是指的道家的老子。在历经春秋战国二三百年的百家争鸣之后，汉初的各个思想流派已在吸收其他诸家的基础上各自有了新面目。汉初的黄老之学虽祖述黄老、号称道家，却充分吸收了法家的刑名思想，从而本于养生之学，终于治国之道，所以黄老之学又称黄老刑名之学。其基本意思为：人的生命在于精气，人寡欲无为则精气自足，由此自然长生久视，此为保身养生之道。而“人莫不自为”①，自为就是替自己打算。统治者所要做的，就是根据人趋利避害、为自己打算的私心，用刑和赏两手，把他们组织起来，让他们为自己做事，这就叫“用人之自为”，由此，统治者就可以自己无为而天下治，此为治国理政

---

* 顾春、侯浩简介分别见本书第1页、第31页注。

① 许富宏：《慎子集校集注》，中华书局2013年版，第24页。

之道。其术大致有三：一曰以静制动。黄老之学认为，人身有心也有九窍，如同一国有国君和百官。心为窍之帅，君为官之主。心应安静，不可胡思乱想，不然则“目不见色，耳不闻声”①。为君之道也要安静无为，这就叫“心术者，无为而制窍者也”②。二曰以虚制实。虚就是君主心中不带偏见、不带感情地去客观观察和监视百官为其办事。三曰以名制实。名是指臣下所任职务及其职责，任某职必要尽某责，尽责则名实相符。君主所为即是以其名去考察其履职是否尽责，这便是循名责实、以名制实。其中，人性自私和驭下之术都系法家思想或法术，所以，我们可以说，汉初的黄老之术，实际是道家和法家思想的结合及其在治国上的应用。

二、汉初的无为而治

汉朝的开国是建立在楚汉之争的废墟之上的。当时的情况是，在历经多年战乱之后，社会经济几近崩溃，“自天子不能具醇驷，而将相或乘牛车”③，连皇帝的马车都配不上同一样毛色的四匹马，百姓更是家无余藏，生活在死亡的边缘。在这种历史条件下，统治者吸取了秦亡的教训，遵从黄老之术，实行无为而治。无为的意思并不是什么都不做，而是指在废除秦朝苛政和严酷刑律的基础上，制定出一套简而易行的制度，然后就一直守着它，不轻易去改变它。作为统治者，要清静寡欲，不好大喜功，慎取民利、慎用民力，这就叫作“清静而民自定”④。作为皇帝，在制定制度后，就垂拱无为。作为百官，只要百姓在这套制度所划的圈子内活动，就不要管他。作为百姓，则在这套制度内，依其趋利避害的本性，发展生产、积累财富，做自己想做的事，这就是司马迁所说的“善者因之”⑤。因此，无为就是无不为，就是在上无为，在下有为。在这种统治思想下，西汉经过四五十年的休养生息，社会逐渐发展和繁荣起来，出现了“文景之治”的盛世局面。

---

① 陈志坚主编：《诸子集成》第3册，北京燕山出版社2008年版，第826页。
② （唐）房玄龄注，（明）刘绩补注，刘晓艺校点：《管子》，上海古籍出版社2015版，第265页。
③ （汉）司马迁：《史记》，中华书局1999年版，第1203页。
④ （汉）司马迁：《史记》，中华书局1999年版，第1622页。
⑤ （汉）司马迁：《史记》，中华书局1999年版，第2461页。

三、从黄老之术到独尊儒术

黄老之术大兴于文景之时，这一情况到汉武帝时发生了根本变化。在好的方面，汉朝经过六十年的休养生息，经济发展、国力大增，百姓生活也有了较大改善。同时，当时的社会也出现了几个事关国计民生的尖锐问题。主要有三：一是因“郡国并行制”而致同姓诸侯王坐大，并最终酿成七国之乱；二是因任人自为而致土地兼并和贫富分化，贫苦的百姓“常衣牛马之衣，而食犬彘之食”①，甚至出现“亡逃山林，转为盗贼”②的严峻形势；三是利己思想流行于世。其中的典型例子是卜式贡献之事。卜式在闻知国家欲攻打匈奴之时，即上书提出愿把一半家财捐出。汉武帝派使者问他是想做官吗，他说不是，问他家有冤屈吗，他说没有，他的想法是“天子诛匈奴，愚以为贤者宜死节，有财者宜输之，如此匈奴可灭也”③。他的这些话虽出自肺腑，却并非当时的常人所想，所以连丞相公孙弘都不信，说“此非人情，愿陛下勿许”④。多年后，卜式又持钱二十万与河南太守资助贫民，这时的汉武帝才最终相信卜式的真诚所为。

以上三个问题的出现逐渐让统治者认识到，黄老之术不可久行，无为而治不可持续，改弦更张势在必然。汉武帝于公元前141年继位后，为巩固中央集权，外击匈奴，内削王权，打击豪强，重农抑商，并在治国大道上实现了从推崇黄老之术到独尊儒术的历史性转变。公元前135年，也即在推崇黄老之术而极力反对儒学的窦太后死后次年，汉武帝“欲闻大道之要，至论之极”⑤，围绕着天人关系和有为无为等古今治道，先后三次请贤良方正们提出意见。大儒董仲舒就此写了三篇影响巨大的对策，史称“天人三策”。在天人三策中，董仲舒的最大贡献是在第三策的最后一段提出了“罢黜百家，独尊儒术”的主张，并被统治者所采纳。他说：“《春秋》大一统者，天地之常经，古今之通谊也。今师异道，人异论，百家殊方，指意

---

①② （汉）班固：《汉书》，中华书局1999年版，第957页。

③④ （汉）班固：《汉书》，中华书局1999年版，第1993页。

⑤ （汉）班固：《汉书》，中华书局1999年版，第1899页。

不同，是以上亡以持一统；法制数变，下不知所守。臣愚以为诸不在六艺之科、孔子之术者，皆绝其道，勿使并进。邪僻之说灭息，然后统纪可一而法度可明，民之所从矣。”①

四、独尊儒术的含义

西汉所独尊的儒术，是以董仲舒为代表的儒家公羊学派的政治主张。公羊派的思想，集中反映在《春秋公羊传》中。“传”是对“经”的解释，《公羊传》就是对《春秋》经的解释。《公羊传》在政治上的主张主要为：天下是个同心圆，天授皇权管理天下，王居诸夏之中，外则夷狄。诸夏和夷狄是可变的，夷狄行礼乐，即可进为“新中国”，而诸夏弃礼乐，“中国亦新夷狄”②。天下从乱到治必由近及远，这就叫“内其国而外诸夏，内诸夏而外夷狄”③。当夷狄也变为中国后，整个天下便六合同风、九州共贯，这时，人类社会就由据乱世进步到太平世，整个天下在政治制度和礼义教化等方面都是一样的，这就是一统，一统和《礼记》中所说的大同是一回事。一统被视为人类的奋斗目标，是天下最大的事，所以叫大一统。《公羊传》的这些思想可以概括为皇权天授、华夷之辨、一统为大。

《公羊传》的这些思想，被董仲舒作了进一步发挥。他认为，天是最高主宰，天人感应，皇权天授。在天之下，“天地之气，合而为一，分为阴阳，判为四时，列为五行”④。从阴阳角度上看，人性有善恶二重，因为阳主阴，所以善为主。为抑恶扬善，就要对百姓推行教化。治民有德刑，德为阳，故德主刑辅。在人的社会关系中，最重要的是君臣、父子、夫妻三对关系，因为阳尊阴卑，所以君为臣纲、父为子纲、夫为妻纲，是为三纲。从五行的角度上看，以木火土金水配仁义礼智信，是为五常。常就是普遍和不变的意思。所谓普遍，就是指五常适用于三纲等所有社会关系。所谓不变，就

---

① （汉）班固：《汉书》，中华书局1999年版，第1918页。
② 梅桐生译注：《春秋公羊传全译》，贵州人民出版社1998版，第450页。
③ 梅桐生译注：《春秋公羊传全译》，贵州人民出版社1998版，第5页。
④ （汉）董仲舒著，曾振宇注：《春秋繁露》，河南大学出版社2009年版，第316页。

是五常和三纲都是大道，在任何地方、任何时间都不会改变；之所以不变，是因为天人合一，“道之大原出于天，天不变，道亦不变”[①]。

五、独尊儒术的历史影响

汉代独尊儒术对后世的影响是显而易见的。汉代儒术讲皇权天授，于是后世的皇帝都宣扬自己的皇位乃应天而生，自称天子而非神子，都是奉天承运而非奉神承运，这便远离了神教社会，使中国社会重新沿着自西周所开创的敬天保民的道路继续前进。汉代儒术讲大一统，这成为后来维护国家统一的精神力量。汉代儒术讲以夏变夷，这为中国传统社会的民族融合提供了理论依据。汉代儒术讲德主刑辅、礼乐教化，这是后世中国坚持以德治国、成为礼仪之邦的文化基因。汉代儒术讲三纲五常，这成为后世传统礼教的重要内容。总之，独尊儒术对中国和中华民族的影响是巨大和深远的。

① （汉）班固：《汉书》，中华书局1999年版，第1915页。

十六国北朝诸政权的华夏化变迁

吴天宇*

中国自古以来就是一个多民族国家，中华民族作为自在的民族实体，是数千年来历史发展的结果。在中国的历史长河中，夹在两汉与隋唐之间将近四个世纪的魏晋南北朝，既是政权林立、战乱不断的乱世，也是继春秋战国之后，又一次民族大迁徙、大交流、大融合的重要时期，具有承前启后的地位与意义。

西晋末年，匈奴、羯、氐、羌、鲜卑等族群纷纷登上历史舞台，建立国家或割据政权（见第76页表1），中国北方（包括蜀地）进入了“五胡十六国”的新时期。① 与中国历史上的汉人政权不同，十六国时期的胡族国家自建立之初就面临着如下两个问题：第一，“五胡”的社会组织、部族风习与华夏有着较大差异，在汉地建立政权后，胡族国家应如何在农耕区实行有效的统治，又应如何处理自身部族传统与汉晋成熟的帝国政治文化遗产之间的关系？第二，尽管十六国北朝中大多数国家是在“五胡”中的某一少数族的主导下建立的，但其中没有任何一个国家政权是由单一民族组成的，各胡族国家的统治集团内部大多存在着多元的族属②，其疆域内还生活着大量被统

* 吴天宇，男，1991年生，黑龙江大庆人，中共党员，清华大学历史学博士，现为中央民族大学历史文化学院讲师。主要从事秦汉魏晋南北朝史、中国古代思想史等领域的教学与研究。曾在《中国史研究》《文史》《史学月刊》《史林》等期刊发表学术论文多篇；整理出版古籍一部（孙德谦著、吴天宇点校：《太史公书义法》，中国社会科学出版社2020年）；参与编写《中华民族史》丛书，负责第一卷魏晋南北朝部分的撰写；参与多项国家级、省部级课题并担任核心作者，包括国家重大课题“中华民族交往交流交融史”、北京市重大课题“北京地区三交史文献的整理与研究”等。

① 所谓十六国时期，一般指自永嘉之乱（311年）算起，到北魏统一北方（439年）为止的这段历史，这期间中国北方与巴蜀地区先后出现了大大小小约二十个国家或割据政权，绝大多数是由少数族裔建立的。北魏崔鸿曾编撰《十六国春秋》一书，故后世将这一时期称为十六国时期。

② 如南匈奴建立的汉赵国中存在着大量的氐、羌，匈奴与氐、羌的联盟，是汉赵国得以立足关中的政治基础；又如前秦之所以会在淝水之战后一蹶不振，主要也是国内羌、慕容、鲜卑等异族势力趁机反叛所导致的；汉赵、后赵、前燕、前秦等政权都设立了单于台系统管理“六夷”，这说明各国都有数量众多的“六夷”需要管理。参见吕一飞：《匈奴汉国的政治与氐、羌》，《历史研究》2001年第1期；胡鸿：《能夏则大与渐慕华风——政体视角下的华夏与华夏化》，北京师范大学出版社2017年版，第202—204页。

治的汉人，因此，如何处理国内的“胡—汉”关系以及“胡—胡”关系，这也是各胡族国不得不面对的问题。

上述两个问题，直接影响了十六国各政权的政治形态。一方面，“五胡”入主中原，必然带来饱含“胡风”的政治因子，在一定程度上造成中国北方的“胡化”局面；但另一方面，在汉地建立起政权后，尤其是吸收了大量汉人士大夫进入政权之后，“五胡”的统治者们往往又会努力学习汉制和汉文化，开启其本民族“汉化”与国家政体“华夏化”的进程。必须承认，胡族国家的汉化与华夏化并不是一帆风顺的一条直线，其间也有波动、摇摆甚至对汉化的反动。不过，胡化与汉化交织、摇摆的过程，其实也就是不同民族的人群结构与政治文化相互冲突、碰撞与融合的过程，伴随着十六国北朝的政治演进，“五胡”与汉族的融合也在不断加深。隋唐以后，匈奴、羯、氐、羌、鲜卑，再也没有作为独立的民族集团出现在中国历史上，可“五胡”与汉族的融合，却使“塞外野蛮精悍之血”注入了“中原文化颓废之躯”[①]，最终形塑了新的“中国”——隋唐国家。

表1　十六国北朝时期主要的胡族国家及其基本情况

政权	创建者	民族	单于制	自立年	自立年号	首都	称帝时间	亡国年
汉赵	刘渊	匈奴	有	304	元熙	平阳——长安	308	329
后赵	石勒	羯	有	319[②]	建平	襄国	330	350
前燕	慕容皝	鲜卑	有	337	燕元	龙城	352	370
前秦	苻健	氐	有	351	皇始	长安	352	394
后燕	慕容垂	鲜卑	无	384	燕元	中山	386	407
后秦	姚苌	羌	有	384	白雀	长安	386	417
西燕	慕容冲	鲜卑	无	385	更始	长子	385	394
后凉	吕光	氐	有	385	大安	姑臧	无	403
西秦	乞伏国仁	鲜卑	有	385	建义	勇士城	无	431
北魏	拓跋珪	拓跋鲜卑	无	386	登国	平城	398	534
北凉	沮渠蒙逊	卢水胡	无	397	神玺	姑臧	无	439
南凉	秃发乌孤	鲜卑	有	397	太初	西平	无	414

① 陈寅恪：《李唐氏族推测之后记》，收入氏著《金明馆丛稿二编》，生活·读书·新知三联书店2001年版，第344页。

② 石勒319年称赵王，330年称帝。

续表

政权	创建者	民族	单于制	自立年	自立年号	首都	称帝时间	亡国年
南燕	慕容德	鲜卑	无	398	建平	广固	400	410
夏	赫连勃勃	铁弗匈奴	有	407	龙升	统万城	无	432

下面，我们就从“五胡”君主对汉文化的接受、十六国政权的华夏化、十六国时期的胡汉交融及其历史意义三个方面，对十六国时期各胡族政权的形态与当时民族融合的基本情况展开论述。

一、“五胡”君主对汉文化的接受

十六国时期，在中国北方建立起国家政权的匈奴、羯、氐、羌、鲜卑等民族，大多于汉末魏晋时期就已经内迁，在汉地生活了相当长一段时间，对汉制、汉文化并不陌生。因此，“五胡”的上层精英们往往具有较强的汉化倾向，一些胡族君主对汉文化的熟悉程度，甚至与汉人士大夫相比也相差无几，这是十六国史上颇为引人注目的现象。

建立汉赵国的匈奴人刘渊，青年时代曾作为质子长期在洛阳居住，与汉族士人交游唱和，系统地接受了汉文化教育。史籍载其“幼好学，师事上党崔游，习《毛诗》《京氏易》《马氏尚书》，尤好《春秋左氏传》《孙吴兵法》，略皆诵之，《史》、《汉》、诸子，无不综览”。刘渊还自称“每观书传，常鄙随陆无武，绛灌无文”，认为“道由人弘，一物之不知者，固君子之所耻也”[①]，也可见其汉文化素养之深。刘渊的长子刘和、第四子刘聪、族子刘曜都曾学习经、史，或擅长书法，或工于文章。这些记载或许存在溢美之词，但南匈奴刘氏一族自西晋时已普遍接受过汉文化教育、熟悉汉人经史典籍，应该是不争的事实。

鲜卑慕容部的统治阶层也较早接受了汉文化。史载前燕的奠基者慕容廆曾受教于当时著名的儒生刘讚，即燕王之位后，他大力推行文教、设立学校，每月都亲自考核学生，将优秀人才拔擢为近侍。前燕的第一任皇帝慕容

① 《晋书·刘元海载记》，中华书局1974年版，第2645页。

儁（皝次子）也“博观图书”“雅好文籍”，他的爱好之一便是处理完政务后与侍臣辨析义理、讲论学术，史称其即位以来一直讲论不倦，一生著述计四十余篇。后来南燕的建立者慕容德（皝幼子）、后燕建立者慕容垂（皝第五子）之子慕容宝，也都是从幼年起便接受汉文化教育，慕容德“博观群书，性清净，多才艺”，慕容宝“敦崇儒学，工谈论，善属文”。可见鲜卑慕容氏的三代统治者也都深受汉文化熏染，有着较高的汉文化水平。

建立前秦的是原居于略阳的氐人苻氏。苻氏一族起初本以武勇著称，但在进入中原后，他们很快便开始学习、接受汉文化。苻坚八岁时想请老师到家中教学，他的祖父苻洪惊叹道：我们氐族本是“戎狄异类，世知饮酒”，没想到今日竟然有求学的人，于是欣然许之。而受到汉文化影响的苻坚也变得“性至孝，博学多才艺”，与其父、祖形成了鲜明的对比。[①]苻坚之弟苻融的汉文化素养较其兄长更加出色，他聪慧明辨，下笔成章，所作《浮图赋》壮丽清赡，为时人所称誉。苻坚之侄苻朗则著有《苻子》数十篇，体现了他对老庄之学的深刻理解。后来前秦能够在政治上较前后赵、前燕又有所发展，进而统一北方，与氐人苻氏迅速且深入地学习、接受汉文化，无疑有着密切的关系。

与氐人苻氏相似，后秦的统治者羌人姚氏一族在进入中原后也迅速接受、学习汉文化。后秦的第二代君主姚兴很重视发展文教，在他统治期间，关陇一带的耆儒硕德皆率领门徒到长安讲学，各地学生前来学习的多达一万余人。姚兴长子姚泓——也就是后来败降给刘裕的后秦末代君主——也博学而善谈论，尤其喜好诗咏。姚泓周围还聚集了王尚、段章、富允文、胡义周、夏侯稚等学者，君臣间时常讲授儒术，品论文章。

入主中原的“五胡”君主中，建立后赵的羯人石勒文化程度较低，他本是部落小率之子，年轻时一度沦为田客与奴隶，境遇悲惨，甚至被用“两胡一枷”的方式贩卖到山东，没有像刘渊、苻坚一样有从师受教的机会与条件。但《世说新语·识鉴篇》记载了一则故事，颇值得注意：

---

① 《晋书·苻坚载记》，中华书局1974年版，第2884、2888页。

> 石勒不知书，使人读《汉书》。闻郦食其劝立六国后，刻印将授之，大惊曰："此法当失，云何得遂有天下？"至留侯谏，乃曰："赖有此耳。"①

《晋书·石勒载记》也引述了这个故事。史家记述此事，本意是想称赞石勒对汉初政治局势的深刻理解和敏锐判断。同时这个故事也提示我们，大字不识、文化程度较低的石勒在进入中原、建立政权后，表现出了对汉文化与中原历史的浓厚兴趣。《晋书》还记载了石勒尊礼儒臣，招引贤良，在中央与地方兴学立校等举动。此外，他为太子石弘取字"大雅"，使其"受经于杜嘏，诵律于续咸"②，这些事例也都体现了石勒主动接受汉文化的意愿。不过，后赵统治者的汉化并没有顺利延续下去，在石勒死后不久，仍保持强烈胡族风格的石虎发动政变，废黜、杀害了石弘，并将石勒子孙屠戮殆尽，羯族石氏的汉化进程也随之减缓。

除匈奴、东部鲜卑、氐、羌等曾在中原地区建立国家政权的民族外，活跃于西北河西走廊一带，并在那里建立地方割据政权的一些胡人贵族，也都有着不同程度的汉化。其中，汉化程度较深的当属北凉的统治者卢水胡沮渠氏，如沮渠蒙逊博涉群史，颇晓天文，尊重并极力保护治下的汉人士族。蒙逊之子沮渠茂虔在位时曾向刘宋进献《周生子》《时务论》《三国总略》《俗问》《十三州志》《文检》《四科传》《敦煌实录》《凉书》《汉皇德传》《古今字》《周髀》《皇帝王历三合纪》《孔子赞》等文献典籍，其中既包括河西汉人学者的著述，也有不少北凉政府所藏的图书，合计一百五十四卷，茂虔又向其求晋、赵《起居注》诸杂书，得到了宋文帝刘义隆的准许，可见沮渠氏对汉文化相当熟悉。西部鲜卑中，建立西秦的乞伏氏与建立南凉的秃发氏接触汉文化的时间、机会有限，文化上较为落后，这两个政权也都在一定程度上保持着游牧式的社会和军事组织。可是在史书记载中，二国国君却谈吐儒雅，动辄引经据典。这虽有史家建构、夸张的一面，但也说明大量流亡进入河西的汉族士人，对胡族统治者产生了很大影响。东

① 余嘉锡：《世说新语笺疏》，中华书局1983年版，第391—392页。

② 《晋书·石弘载记》，中华书局1974年版，第2752页。

晋末年，刘裕讨灭后秦之后，曾向建立夏国的铁弗匈奴赫连勃勃遣使通好，“约为兄弟”。赫连勃勃对汉文化的了解本十分有限，但面对南方的使臣，他让中书侍郎皇甫徽提前代作答语并默默记住，待到接见刘裕使者时便背诵出来，令舍人当场记录封存，交还给刘裕，使刘裕读后自愧不如。这一颇具戏剧意味的故事也体现了赫连勃勃微妙的心理——他希望将自己塑造成一位比汉人更具备汉文化素养的君主，而不仅仅是以征伐武功见称的胡族首领。

根据以上事例，可以看到“五胡”在进入汉地、建立政权后，其上层贵族尤其是统治阶级往往具有较强的汉化倾向，一些胡族君主崇尚儒学、提倡文教的行为，也特别引人注目。清代史学家赵翼的《廿二史劄记》中有“僭伪诸君有文学”一条，根据《晋书》之“载记”所录十六国时期的胡族君主爱好经、史、文学的事迹，指出其“虽非中国人，亦多有文学”，诸君“皆生于戎羌，以用武为急，而仍兼文学如此，人亦何可轻量哉！”[①]这是言之有据的。

二、十六国政权的“华夏化”

“五胡”上层贵族之所以具有强烈的汉化倾向，不能简单地归因于胡族统治者个人对汉文化的热衷，而应将之与胡族国家政权的“华夏化”进程结合起来理解。永嘉之乱后各少数民族相继进入中原，以本民族部众为中心，联合其他少数民族与汉族士庶，建立起大大小小的政治集团，各政治集团间展开军事与政治的竞争，其中一些逐步发展、壮大，而另一些则被吞并、整合。学者指出：中小型的政治体可以部落、军阀等多种形式存在，但最高级的政治体——帝国，其制度与相应的政治文化在当时已经有了成熟的模板，那就是秦汉魏晋一脉相承且大体稳定的华夏帝国。对于“五胡”而言，创立全新的高级政治体需要漫长的时间和苛刻的条件，在狼烟四起、烽火连绵的战争年代，这显然不现实，因此学习、吸收、继承华夏政体，就成为其

① （清）赵翼著，王树民校证：《廿二史劄记校证》，中华书局1984年版，第164—165页。

统治中原、建立国家政权势所必然也是最为理智的选择。[①]从这个角度来看，“五胡”君主对汉文化的接受，与胡族国家政体的华夏化，其实正是一体两面。而文化、政治等方面的汉化，又将在一定程度上淡化族群之间的冲突与界限。

“五胡”国家政权的华夏化，首先体现为各国对皇帝制度与王朝正统观念的接受与继承。西晋末年，内迁五部匈奴的左贤王刘宣等人谋划推举刘渊为大单于，并鼓动刘渊趁西晋内乱之机起兵反晋，当时刘宣等人提出的目标是“兴我邦族，复呼韩邪之业”。刘渊在起兵之初也确实以“大单于”为号，其麾下设有“鹿蠡”“於鹿”“独鹿”等王，显示匈奴传统的首领名号曾一度复活。但在迁都左国城前后，刘渊与其他匈奴贵族的态度发生了转变。刘渊说：“大禹出于西戎，文王生于东夷，顾惟德所授耳”，将“德”而非“族”，作为自身政权正统性的来源与支撑。这时，刘渊等人所追求的已经不是“兴我邦族”、重建匈奴国家，而是建立起华夏式的国家政权，用他本人的话说，就是“上可成汉高之业，下不失为魏氏”。为了能够顺利取代西晋，刘渊又援引西汉初年高祖刘邦与冒顿单于“约为兄弟”的史事，提出“兄亡弟绍，不亦可乎”，试图将自己塑造为汉王朝的继承者。304年，刘渊在左国城南郊立坛，自称“汉王”，并建社稷、宗庙，追尊蜀汉后主刘禅为孝怀皇帝，立汉高祖以下三祖五宗之神主。308年，刘渊正式即皇帝之位，大赦境内，改元为“永凤”。这些史事均说明刘渊并不满足于成为匈奴一族的单于，他的目的是建立继承汉王朝的华夏帝国，做胡汉各族共同尊奉的皇帝。

刘渊称帝并不是个例，以华夏的皇帝制度代替胡族传统政治体制，是在中原建立国家政权的“五胡”君主们的普遍选择：330年，后赵天王羯人石勒于襄国称帝，改元“建平”；352年，前燕国君慕容儁于中山即皇帝位，改元“元玺”；同年，前秦天王苻健于长安称帝，建元“皇始”；385年，慕容冲于长安称帝，建立起西燕政权，年号为“更始”；386年，后燕的建立

① 胡鸿：《能夏则大与渐慕华风——政治体视角下的华夏与华夏化》，北京师范大学出版社2017年版，第204页；王柯：《从“天下”国家到民族国家——历史中国的认知与实践》，上海人民出版社2020年版，第100—118页。

者慕容垂与后秦的建立者羌人姚苌分别于中山、长安即皇帝位，年号分别为“建兴”“建初”；398年，北魏道武帝拓跋珪迁都于平城，即皇帝位，改元“天兴”；400年，南燕国君慕容德在败退至广固后称帝，年号为“建平”。“五胡”君主们纷纷称帝并建立年号，说明他们都将建立华夏帝国作为自己的政治目标。与之相应，多数“五胡”君主也与刘渊一样，试图将其建立的胡族国家政权塑造为汉晋等中原王朝的继承者。在西晋灭亡之后，中国北方陷入多个政权分裂割据的局面，此前刘渊打出的“灭晋绍汉”的旗号已然过时，于是胡族君主们在汉人士大夫的提议下，转而援引“五德终始说”，将自己设定为晋朝的继承者。如刘渊族子刘曜即位后迁都长安，“以水承晋金行”，将汉国的国号改为“赵”；石勒即天王之位时，后赵侍中任播等参议，“以赵承金为水德，旗帜尚玄，牲牡尚白，子社丑腊”，石勒从之。[①]前燕慕容儁在讨平冉闵后，得到了据说是自秦始皇起便为历代皇帝传承的传国玺，因此他在称帝的同时将年号改为“元玺”，也是希望借此机会，显示自己才是汉晋等中原王朝的正统继承者。

“五胡”国家政权华夏化的另一个重要表现，是汉人尤其是汉族士人大量进入其政权中。胡族国家的君主成为皇帝，反映了“五胡”在进入中原后，其政治重心已经开始向汉人社会转移的事实，而在胡汉混住杂居的北方（包括中原、河西与辽东），胡族君主与汉族士人的结合有其必然性，也是对双方都有利的选择。正如罗新先生曾指出的：“为了现实的家族利益，（汉人士族）必须向胡族征服者进行一定程度的妥协，政治上的合作一般表现为到胡族政权中担任官职。对胡族统治者而言，要有效管理扩大了的疆土，特别是要有效管理此疆土上的各族人民（华北主要是汉族），必须借助汉族世家大族的基层组织形式和管理经验。合作是稳定华北秩序的共同需要。”[②]

周伟洲先生曾统计了汉赵国内胡汉官员的数量，他指出在史籍所见的汉赵国共263名官员中，匈奴刘渊一族共有44人，刘氏宗族有30人，其他匈奴族

① 《晋书·石勒载记》，中华书局1974年版，第2736页。

② 罗新：《十六国时期中国北方的民族形势与社会整合》，北京大学1995年博士论文，第71页。

有40人，以上共计114人，而汉人有131人，其他少数族共18人。[①]诚然，国家机要之职大多仍掌握在匈奴人手中，还谈不上“胡汉共治”，但在汉赵政权中为官的汉人数量已经非常之多，是一股举足轻重的力量。

羯族人本来汉化程度较低，西晋末年并州刺史司马腾等人又曾大量贩卖羯人为奴以充军实，导致羯人与汉人的民族矛盾较为尖锐。后来石勒为报被贩为奴之仇，不仅杀了司马腾，还屠杀邺城万余人，掠妇女珍宝而去，可见在他起兵之初，民族仇恨与民族矛盾是影响其决策的主要因素。而当石勒占据冀州、势力稍有发展之后，他逐渐认识到汉人对其政权巩固的重要意义，开始有意识地重视、保护、笼络汉族士人。较为著名的事例就是他将冀州十余万俘虏中的“衣冠人物”集中起来，设立“君子营”，希望这些人能为其所用。312年，在汉族士人张宾的建议下，石勒结束流窜，以襄国为据点初步建立起政权，此后分别击败王浚、刘琨等势力，巩固了对河北的统治，在与汉赵的战争中也逐渐占据主动。随着政权不断壮大，后赵对待汉人的政策也发生了大幅转变。319年，石勒在襄国四门置宣文、宣教、崇儒、崇训十余小学，挑选将佐豪右子弟百余人入学接受汉文化教育，这些学校中也必然有大量汉族士人执教，体现了羯族上层贵族对汉文化的推崇与汉族士人地位的抬升。320年，石勒徙朝臣掾属以上士族者三百户于襄国崇仁里，置公族大夫以领之，此举也体现了后赵对政权内汉人士大夫的尊重。同年，石勒又“清定五品，以张宾领选”，后又续定九品，恢复了魏晋以来的九品中正制，“署张班为左执法郎，孟卓为右执法郎，典定士族，副选举之任。令群僚及州郡岁各举秀才、至孝、廉清、贤良、直言、武勇之士各一人。”[②]在战争年代，石勒任用汉人而非胡人为中正选官，大开汉人入仕之途，这也充分说明后赵政权对汉人支持的重视。敦煌本《晋纪》为我们提供了一份后赵政权中汉族士人的名单：“晋人则程遐、徐光、朱表、韩揽、郭敬、石生、刘徵，旧族见用者，河东裴宪、颍川荀绰、北地傅畅、京兆杜宪、乐安任播、清河崔渊。”[③]这些汉族士人积极协助石勒建立、完善各种典章制度，为巩固后赵在

① 周伟洲：《汉赵国史》，社会科学文献出版社2019年版，第235—250页。

② 《晋书·石勒载记》，中华书局1974年版，第2737页。

③ 吴士鉴：《晋书斠注》，中华书局2008年版，第1722页。

中原的统治立下大功。因此，即便这一政权仍带有很多胡族色彩，但我们绝不能将后赵简单地概括为“羯胡国家”或“羯胡政权”，石勒与刘渊一样，其最终目标是建立一个包含胡汉多民族在内的华夏式帝国。

前燕在慕容廆时代就已吸收了大量从中原战乱中逃亡的汉族士庶进入政权，史载慕容廆立郡以冀阳、成周、营丘、唐国四郡统冀、豫、青、并诸州流人，还将河东裴氏、鲁国孔氏、安定皇甫氏、右北平阳氏、广平游氏、平原宋氏、渤海封氏及高氏等高门士族吸收进入政权，予以足够的礼待。慕容皝即燕王位后，也以封弈为国相，韩寿为司马，裴开、阳骛、王宇、李洪、杜群、宋该、刘瞻、石琮、皇甫真、阳协、宋晃、平熙、张泓等并为列卿将帅，重用汉人士大夫。这些士族大多是东汉魏晋时期的官僚世家，其中不少人本身就担任过西晋的地方官，是汉人中的实力派。前燕之所以能够击败平州刺史崔毖以及鲜卑段部、宇文部，称霸辽东，与这些汉族士人的协助有莫大的关系。到了慕容儁南下中原、即皇帝位时，其所任命的三公及中枢机构官员七人，除了慕容恪其余六人都是汉人，其余中央要职、地方长吏也多由汉人担任。与汉赵、后赵相比，前燕与汉族士人的合作时间更长、范围更广，几乎所有华北士族都有过与慕容鲜卑合作的经历，这种和谐的胡汉关系，不仅稳定了前燕国内的政治秩序，无疑也大大促进了慕容鲜卑与汉族界限的淡化。

前秦苻氏定都长安后也特别善于重用汉人。苻坚当政后立即令各州郡推举孝悌、廉直、文学、政事之士，吸引汉人入仕。而苻坚与王猛的君相关系，更是十六国时期胡族君主与汉族士人相结合的典型。王猛出身于北海剧县（今山东潍坊），幼年贫寒，以贩畚为业，因博学而不拘细节，熟读兵书，后来得到苻坚的赏识，“岁中五迁”。357年苻坚即天王位后，王猛被任命为中书侍郎，进而担任丞相辅政，一直到375年王猛病卒。这期间他一直处于前秦的政治权力中枢，“军国内外万机之务，事无巨细，莫不归之”。《晋书》卷一一四载记第十四“苻坚”下附“王猛”记载了王猛的功绩：

猛宰政公平，流放尸素，拔幽滞，显贤才，外修兵革，内崇儒学，劝课农桑，教以廉耻，无罪而不刑，无才而不任，庶绩咸熙，百揆时叙。于是兵强国富，垂及升平，猛之力也。[①]

在王猛辅政的十余年间，前秦在文化上立起了儒学的大旗，内政上转向了重农主义，恢复了魏晋时代士族的户籍，整备、完善了官僚机构与法制；对外方面，前秦消灭了前燕、前仇池、前凉以及代国，进一步扩大了对北方的统治，并从东晋手中夺取了四川盆地，这些功业都是在以王猛为代表的汉族士人的辅佐下完成的。可以说，正是氐族君主与汉族士人的通力合作，创建了十六国时期最为强盛的前秦帝国。

除了称帝并将自身塑造为华夏王朝正统继承者、吸收大量汉人进入政权外，学习、接受秦汉魏晋的制度文明成果，也是“五胡”国家政权华夏化的又一个重要体现。刘渊称汉王，置百官，以刘宣为丞相，崔游为御史大夫，刘宏为太尉。即皇帝位后，又将丞相、太尉、御史大夫改称为大司徒、大司马、大司空，主动将汉晋三公制纳入政权体系之中。随着汉赵政权的发展与官制的不断完善，其设立的汉官数量也越发丰富，史籍可见的有录尚书事、尚书令、中书监（令）、侍中、散骑常侍、太史令、光禄大夫、大将军、车骑将军、司隶校尉以及各州刺史、郡太守等，不下百余种，涉及中央官、军事官、地方官等多个系统。[②]这些职官的设置，显示了汉赵对汉晋政治制度的依赖。

后赵建立之初，官僚制度较为简陋，胡汉分治的现象也十分突出。石勒即天王位进而正式称帝之后，开始对国家政治制度进行改革，其中最值得注意的是对中枢制度的改革。称帝后，石勒以石虎为太尉，守尚书令；原左长史郭敖为尚书左仆射；右长史程遐为右仆射，领吏部尚书；左司马夔安、右司马郭殷、从事中郎李凤、前郎中令裴宪为尚书。因程遐一人身兼二职，故上述七人共同组成了所谓“尚书八座”，成为后赵国家的中央政务中心。石勒令称：“自今疑难大事，八坐及委丞郎赍诣东堂，铨详平决。其有军国要

① 《晋书》，中华书局1974年版，第2932页。

② 周伟洲先生曾对汉赵国沿袭汉魏以来职官的具体情况进行过详细的统计、分析。参见周氏著：《汉赵国史》，社会科学文献出版社2019年版，第172—204页。

事务须启，有令仆尚书随局入陈，勿避寒暑昏夜也。”[①]可见其职权之重。石虎即位后，以夔安为侍中、太尉、守尚书令，韩晞为左仆射，魏概、冯莫、张崇、曹显等人为尚书，尚书省基本也是完备的。从人员构成来看，后赵的尚书令一般由羯人担任，而仆射、尚书则有羯人也有汉人。在设立尚书八座的同时，后赵也设置了中书、侍中机构的官吏，见于史料记载的，如徐光为中书令、领秘书监，任播、石挺、申锺、郑系、王谟等人曾任侍中，石宏、石邃、卢谌、崔约等人曾任散骑常侍。石虎曾下诏曰："吏部选举，可依晋氏九班选制，永为揆法。选毕，经中书、门下宣示三省，然后行之。其著此诏书于令。"[②]这段史料大致揭示了后赵三省各自在纳奏出令过程中的职能。

与汉赵、后赵一样，前燕、前秦、后秦等政权也都普遍以汉晋政治制度为本，建立起三公（诸公）制度、三省制度、地方郡县制度，以及用于等级身份管理的军号、封爵、散官等制度。西北地区出土的文书还提示我们，不少胡族政权还效仿汉制建立起了文书及户籍制度。此外，汉晋时期面向士人的察举考试制度，也被十六国大多数政权所继承：刘曜时就曾令公卿各举"博识直言之士"，并亲自加以策问；石勒设秀才、至孝、廉清、贤良、直言、武勇及计吏等科目，还对秀才、孝廉加以考试，上第者拜为议郎、中第中郎、下第郎中。前燕、前秦、南燕、北燕、后凉、后秦也都曾以察举考试选官，吐鲁番出土文书中还存在着西凉举秀才的对策文残件[③]。凡此，皆可见汉晋旧制对十六国诸政权官制架构的深刻影响。

三、十六国时期的胡汉交融及其历史意义

如上所述，在进入汉地，建立政权后，"五胡"君主们对皇帝制度一见倾心，对于掌控汉地、统治汉人而言，获取汉人士大夫的帮助以及学习、吸收汉晋以来的官僚政治制度，也都是十六国各胡族政权势在必行的选择。但

---

① 《晋书·石勒载记》，中华书局1974年版，第2746页。

② 《晋书·石季龙载记》，中华书局1974年版，第2764页。

③ 参见李步嘉：《一份研究西凉文化的珍贵资料——建初四年秀才对策文书考释》，《武汉大学学报》1990年第6期，第114—121页。

由于残酷的战争，各胡族政权都没有能够建立起长久、稳固的统治，一方尚未唱罢，另一方已然登场，因而各政权族群文化的汉化与政权的华夏化，都不彻底。我们固然要重视“五胡”进入汉地后的汉化趋势，但同时也要看到，胡族传统的名号、编织方式与政治体制，仍是其部众所习惯、乐于接受的。在积极学习吸收汉制、汉文化的同时，进入中原的少数族也带来了饱含“胡风”的政治文化因子。而且胡族政权受传统束缚较小，守旧意识较淡，在继承汉制、汉文化时往往也杂糅了一些部族传统。从这个角度看，十六国时期胡汉之间的交往、交流与交融，是双向而非单向的，其中孕育了新的可能性，同时也存在历史的局限性。

阎步克先生进一步将“胡汉杂糅”与“胡汉分治”归纳为十六国政权的突出特点。[①]所谓“杂糅”，是指胡制与汉制的交错杂织；而所谓“分治”，则是指对“五胡”和汉人采取不同的行政编制与统治方式。这些政治现象都是“五胡”在进入汉地、建立政权过程中，为适应当时的政治状况、民族状况而采取的措施。

单于名号的复活与单于台的设立，是十六国胡汉杂糅、分治的一个突出标志。“大单于”这一名号，因匈奴曾经称雄草原的历史，对“五胡”各族都很有号召力。刘渊起兵之初就是以“大单于”为号。后来刘渊虽然即位当了皇帝，也大量借鉴、吸收了汉晋官制，但他并未完全放弃单于名号。310年，刘渊病笃，“将为顾托之计”，他进行了一系列政治安排，其中便有以皇子刘聪为大司马、大单于、录尚书事，以及在平阳之西设置单于台这两件密切相关的事。当时既有单于台，又有仿照汉晋设立的三公府、尚书省，刘聪本人的头衔也兼有大司马、大单于、录尚书事，制度上的胡汉杂糅体现得非常明显。刘聪在位时，又“大定百官”，置“左右司隶”与“单于左右辅”。单于台的左右辅（亦称左右贤王）各领“六夷”十万落，每一万落设置一名都尉，共计二十名都尉，如每落以五人计，则所领“六夷”约有一百万人；左右司隶则各领户二十万，每一万户设置一名内史，共计四十三名内史，若每户以五口计，则约有汉人二百一十五万。由此可见，单于台是

① 阎步克：《波峰与波谷——秦汉魏晋南北朝的政治文明》，北京大学出版社2009年版，第195页。

一个少数民族的管理机构，主要职责是管理本民族以及其他胡族。刘曜迁都长安后也在渭城设置了单于台，“左右贤王以下，皆以胡、羯、鲜卑、氐、羌豪杰为之”[①]。由此倒推，则刘聪时单于台的官长大概也是由“六夷”的酋豪担任。相较之下，左右司隶则主管汉人。单于台和左右司隶的分立，为我们清晰地呈现出汉赵政权胡汉分治的二重构造。

汉赵恢复的单于名号与单于台制，被十六国许多胡族政权所继承。如后赵石勒在称帝前就曾“以大单于镇抚百蛮”，“徙洛阳晷影于襄国，列之单于庭”[②]，称天王后，又以其子石弘为大单于。后燕慕容盛曾立燕台于龙城，统诸部杂夷，至慕容熙即位，直接“改北燕台为大单于台，置左右辅，位次尚书”[③]。其他如前燕、前秦、后秦、西秦、南凉、夏等胡族政权，史籍虽未记载他们设置单于台，但其君主或太子都曾称“大单于”，或者有“左右辅”“左右贤王”之号，借以统管胡族。可见这些胡族政权尽管存在着程度的轻重之分，但都或多或少通过双重的统治形式来实行胡汉分治。

应该说，胡汉分治是胡族政权为适应当时的政治现状、为照顾胡汉不同的经济形式与社会组织，而采取的一种因地制宜的统治方式。曾有学者认为胡汉分治意味着对汉人的民族压迫，这是不够准确的。相反，从使用过单于名号的胡族政权中我们可以发现一个共同的现象，就是拥有大单于称号的“五胡”君主，在称帝或即天王位后，往往会将大单于的称号转让给其子弟。如前秦苻健即皇帝位后，苻雄等人特别上言，认为“单于所以统一百蛮，非天子所宜领”，所以将单于号授给太子苻苌。[④]这说明在“五胡”国家政权的二重构造下，单于不仅不高于皇帝，反而是皇帝的臣下与助手。

但即便如此，胡汉分治的本身仍意味着汉化与融合的有限性，这与北魏孝文帝汉化改制后的政权形态是有很大不同的。还需指出，十六国时期民族融合的局限性也不仅体现在胡—汉关系上，匈奴、鲜卑、羯、氐、羌等“五胡”之间也绝非铁板一块，这从前秦淝水之战前后的历史发展中可以看得很

① 《晋书·刘曜载记》，中华书局1974年版，第2698页。

② 《晋书·石勒载记》，中华书局1974年版，第2730、2742页。

③ 《晋书·慕容熙载记》，中华书局1974年版，第3105页。

④ 《资治通鉴》卷99，晋穆帝永和八年，第3172页。

清楚。尽管苻坚出于“黎元应抚，夷狄应和，方将混六合以一家，同有形于赤子”[①]的政治理想，特别优待投降于前秦的“五胡”君长，授予其官爵，试图将其吸收到前秦政权中[②]，但他徙民关中以及徙十五万户氐人出镇关东的政策，也体现了前秦对杂处关东各民族的极度不信任。可见当时关东地区民族分裂的可能性仍然存在，只要有合适的机会，胡族君长们还会卷土重来，恢复其政权。民族间的融合需要漫长的时间和反复曲折的过程，苻坚在位的二十多年，虽然能统一北方、深入益州、囊括西域，取得一系列政治、军事的成就，但这还不足以消弭北方各民族之间的隔阂，所以才有淝水之战后前秦的土崩瓦解，以及后来各政权间的纷乱斗争。这一点，当时王猛、苻融等有识之士都有相当清晰的认识，后来北魏孝文帝说“苻坚瓦解，当缘立政未至”[③]，也是从前秦内部矛盾未平、缺乏和谐的国内民族关系，来解释南北战争的胜负。

总而言之，十六国是一个包括汉族与“五胡”在内的多个民族相互摩擦、相互竞争、相互影响的时期。其间伴随着大规模的人口迁移，伴随着“五胡”族群文化的汉化以及“五胡”国家政权的华夏化，民族融合确实已经进入了新的阶段，孕育了新的可能性。但战祸连绵、政权不稳、统治低效，也限制了十六国时期“五胡”汉化与民族融合的进程。这一局限后来由较晚南下中原的北魏所突破，经过一系列波动、摇摆甚至回潮，到了隋平陈前夕，北方胡—汉、胡—胡之间的隔阂已经大为减少，从汉末开始民族融合终于大体完成。

隋唐时期，自汉末以来先后进入中原、建立政权的匈奴、鲜卑、羯、氐、羌、卢水胡各族，在经济生活、社会组织、文化语言、风俗习惯等多方面，都渐渐同于汉族，史籍中再也没有这些族群独立活动的记载了。建立唐朝的李氏身上，便流有胡族血统。隋唐时期的很多名臣、大将、文豪、诗

---

① 《晋书·苻坚载记》，中华书局1974年版，第2896页。

② 例如，羌酋姚苌投降后被任命为扬武将军；前燕慕容垂投降后被任命为冠军将军，后官至京兆尹；前燕末代皇帝慕容暐被俘后押送至长安，苻坚封其为新兴侯，邑五千户；慕容暐的弟弟慕容冲则被任命为平阳太守；前仇池杨统被任命为平远将军、南秦州刺史；前凉张天赐被任命为归义侯。淝水之战时，姚苌、慕容垂、慕容暐都各自率领军队协助作战，可见这些胡族首领仍都掌握着一定的权力。

③ 《魏书》卷47《卢渊传》，中华书局1974年版，第1048页。

人，虽俨然以汉胄自居，但从其姓氏、郡望中仍能辨认出他们是胡族后裔，如唐初“四大名相”之一的王珪是代郡乌桓王氏之后裔，长孙无忌之祖先可追溯至拓跋部“帝裔十姓”之一的长孙氏，高宗时宰相于志宁之祖先可追溯至北魏“勋臣八姓”之一的勿忸于氏，元载、元稹均是拓跋氏后裔，白居易的祖先很可能是西域龟兹国的王族。从这个角度看，中国历史上空前强盛的隋唐王朝，正是在十六国与南北朝时期民族大融合的基础上形成、发展起来的。

多民族共融的开创与拓展：隋唐大一统格局的定鼎与文化辐射

蒋爱花[*]　郎　朗[**]

天人之际的关系、大一统的思想、华夷之辨、多民族国家的形成与统一等相互关联的话题，是中国古代历史上争论不休的热点话题。研究和总结中华民族历史上的大一统现象，不仅可以如实地反映中国传统的政治智慧，而且可以充分挖掘历史的底蕴与思想内涵。

中国自古以来是一个多民族的国家，嵌入式融合发展的历史从未中断，其中最重要的原因在于政治上有一个强大的推动力存在，这个推动力主导并维护了大一统思想。中华民族在长期的发展过程中，逐渐形成了以“大一统”为核心理念的“华夷一体”的族群观。这一理念可以细化为：天下一统的疆域观、王权一统的政治观、家国一体的文化观。隋唐时期，政治格局上的大一统为经济发展与社会进步提供了稳定的环境，以较强的时代特征融入了中华民族多元一体的格局之中。毋庸置疑，在铸牢中华民族共同体意识方面，隋唐时期的历史经验提供了“鉴往知来”的作用。

* 蒋爱花，女，1980年出生，中共党员，中央民族大学历史文化学院教授、博士生导师、中国古代史教研室主任。研究领域为中国古代史，侧重研究隋唐五代史、民族史、法制史。出版专著《唐代家庭人口辑考》（中央民族大学青年文库）、《唐代和亲往事》（中央电视台《法律讲堂·文史版》冠名书目）、《身份、记忆、反事实书写：隋唐时期幽州墓志研究》（国家社科基金后期资助）。主持2项国家社科基金项目、1项北京市社科基金项目、1项国家民委中青年英才项目。已在《中国史研究》《光明日报》等报刊发表学术论文40余篇，多次被《人大复印报刊资料》《人民周刊》《学习强国》等转载。

** 郎朗，男，1997年生，中央民族大学历史文化学院2020级硕士研究生，研究方向为隋唐五代史。曾获得中央民族大学优秀研究生，作为领队获“挑战杯”首都大学生课外学术科技作品竞赛一等奖。参与国家社科基金后期资助项目《身份、记忆、反事实书写：隋唐时期幽州墓志研究》、国家民委民族研究项目《隋唐多民族交往交流交融研究》。在瑞士A&HCI期刊《Religions》（《宗教》）上发表《The Buddhist Impact on the Last Testaments of Women in Medieval China》（佛教传入对唐代女性遗言遗训的影响）学术论文。

一、疆域与边界

自战国以来，“九州”即成为古代中国的代称[①]。在人们心目中，“九州”所囊括之地均为华夏之土，九州之地是王朝政治影响实际达到的领域，即我们所说的“中国”。这不仅是早期先民的一种地理认知，也是在地理认知基础上的大一统的政治理想。作为官修史书的《汉书·地理志》，首次确立了“地理”的题名，在记录各郡县行政区划、历史沿革的同时，记述了王朝统治疆域内各地山川物产的情况，体现出作者天下一统的观念。至唐代官方修史中，《隋书·经籍志》则是第一次将“地理”作为单独的分类，这是“先王之化民”[②]的政治因素使然，被认作中国地理学的起源。

受政治上空前大一统格局的影响，隋唐时期的史学著作撰述的内容虽有不同，但已自觉地为统治者“总揽天下大势”提供参考。《隋书·地理志》在这方面有较多的探讨，它指出，“体国经野，以为人极，分疆画界”[③]是政治统治的传统。到了中晚唐时期，杜佑在《通典》中鲜明地提出地理的作用在于“撮机要”[④]，而非单纯地“辨区域、征因革、知要害、察风土”[⑤]等记述性工作。同时，杜佑认为政治统治的关键在于“四夷从化，即人为治”，这是儒家思想中的道德理想，简言之，疆域与统治的关系为“患在德不广，不患地不广”[⑥]。

从历史发展全局来看，古代中国的地域辽阔，边界界定多以自然天险为分隔，极易形成一些地理条件较好的区域。这些区域的土壤、气候、物产和

---

① 现今所见“九州”一词最早出现于《尚书·禹贡》中，其中有“九州攸同”等相关记载。见《尚书·禹贡》，顾迁译注，中华书局2016年版，第81页。关于《尚书》成书年代，大体有王国维所持的西周说、郭沫若所持的春秋说、史念海所持的战国说及日本学者内滕湖南所持的战国末至汉初说。相关研究参见于春松、孟彦弘：《王国维学术经典集》（下卷），江西人民出版社1997年版，第126页；郭沫若：《金文所无考》，《金文丛考》，人民出版社1954年版，第34页；史念海：《论〈禹贡〉的著作年代》，《史学史资料》1980第4期；［日］内滕湖南：《禹貢製作の时代》，《東亞經濟研究》1922年第6卷第1号。其后还有诸多学者对此进行过讨论，目前虽未就《禹贡》具体成书时间达成共识，但学者普遍认为《禹贡》最终成书时间在战国时代前后，而底本的出现时间则可能更早，因此，“九州”成为古代中国的代称不会晚于战国时期。

② 《隋书》卷33《经籍二》，中华书局1973年版，第987页。

③ 《隋书》卷29《地理上》，中华书局1973年版，第806页。

④⑤ （唐）杜佑：《通典》卷171《州郡一》，王文锦等点校，中华书局1988年版，第4451页。

⑥ 《通典》卷171《州郡一》，王文锦等点校，中华书局1988年版，第4450页。

地理优势成为优先发展的客观条件，在早期史学著作中得到了相对详细的记载，如司马迁所著《史记·货殖列传》。“货殖”本义是指谋求“滋生资货财利”以致富，而司马迁落笔之处，不只让我们看到了商人的经商谋利行为，还展示了汉朝统一后“海内为一”[①]的华夏大国各个地区的区域环境及经济条件。随着民族融合与此消彼长的历史进程，不同区域、不同民族、不同政权之间的了解与交往也进一步加深。随之而来，崇尚民族纪事的历史记述，其范围自然而然地有了大规模的扩展，新发展起来的少数民族活动得到了“大一统”理念观照下的准确反映。因此，在魏晋南北朝及隋唐之际出现的官方史书和私人修史中，我们看到了乌桓、鲜卑、蠕蠕、氐、突厥、铁勒、芮芮虏（柔然）、吐谷浑、奚等民族的史传类目，这是此前不曾出现的宏大篇幅。

不可否认，在中华民族发展历史上，农耕文明与北方草原上的游牧文明在漫长的时空中充满了冲突、调适与融合。中原王朝与北方游牧民族所产生冲突的分界线，大致位于兴安岭、燕山、阴山、祁连山、昆仑山一线。[②]游牧世界与农耕世界的缓冲地带是半农耕半游牧的地区。集主动防御与被动防御于一体的长城，便是在此分界线上进行修筑。在对待是否修建长城的态度上，唐王朝的做法是一种特例。带有鲜卑族血胤的初唐统治者，在定鼎长安之后，以关中地区为依托，通过十余年的努力消灭了与其对抗的其他地方割据政权，从而取得了国家在政治上的大一统。唐王朝作为一个典型的农耕文明国度，将中原传统农耕地带作为整个国家统治的基础。当这一基础伴随着国家统一而不断趋于稳固后，帝国便以此为依托，逐渐越过了同游牧文明的缓冲地带，跨过长城向周边地带开拓疆域。究其原因，这是唐王朝受传统“天下观”的影响所致。在政治层面，唐朝对一统化王朝盛世以及“汉武故事”不断追寻。有学者认为，其统治集团的北方胡系源脉为此种局面的打开提供了方便。[③]在唐太宗及唐高宗时期，唐朝通过武力、外交等各种手段相继征服了包括东西突厥、西域诸国、高丽等在内的周边政权，直接或间接地将

---

① 《史记》卷129《货殖列传》，中华书局1959年版，第3261页。
② 吴于廑：《世界历史上的游牧世界与农耕世界》，《云南社会科学》1983第1期。
③ 李鸿宾：《唐朝前期的南北兼跨及其限域》，《中国边疆史地研究》2016年第2期。

国家周边诸多的非汉人群体纳入国家的版图之内，唐太宗也因而获得了“天可汗”[①]的称呼。这表明无论是唐人还是周边游牧民族，在当时均开始接受唐王朝皇帝“天下共主”的身份。至高宗时，唐王朝基本完成了对外开拓[②]，同时在新征服地区逐步建立了行政与管理制度，其手段大体为设立羁縻府州，并实行移民屯田，同时辅以汉式教育。这些措施极大地扩展了唐王朝的文化辐射范围，将帝国的统治及文化影响由传统农耕区进一步扩展到更广阔的半农半牧区及游牧区，随之，唐王朝的疆域达到了鼎盛时期。尽管在其后的数十年间，唐王朝越来越无力负担开疆拓土所带来的极大开销，甚至疲于应对游牧文化对农耕文化的排斥，致使唐王朝的疆域不断退缩，但其文化影响却存续了下来，文化辐射达到了曾经同样实现过大一统的秦汉帝国所无法企及的高度。

从政治统治的角度来看，历史发展的进程是由自然到人、由区域到疆域、由统治范围到边界确认的过程。其间发生的变革或微调，是为中间环节的统治理路，或曰政权博弈的结果。这一理路即使在今天看来，也是合乎逻辑的选择，更是势不可当的自然进化过程。

二、政治与正统

在中国古代，各个政权的统治者均把追求国家的大一统作为政治理想，并且不断努力。进入中原的少数民族及其政权建立者，也努力以实现大一统的局面为追求目标。大一统思想中包含着正统观念；正统观念则是能够统一全国的某个政权所具有的承袭于华夏文化的合法性。不可否认的是，中国历史上的不同民族以及所建立的政权都曾努力争取合法性，竭力以“中华正统”自居。

---

① 贞观四年（630年），唐太宗在李靖击败突厥后获得“天可汗”称呼，身兼王朝皇帝与草原可汗于一身：“夏四月丁酉，御顺天门，军吏执颉利以献捷。自是西北诸蕃咸请上尊号为‘天可汗’，于是降玺书册命其君长，则兼称之。”《旧唐书》卷3《太宗纪下》，中华书局1975年版，第39—40页。

② 唐高宗总章二年（669年），此时唐王朝的疆域南至南海，东到朝鲜半岛，北至小海（贝加尔湖），西抵咸海，疆域达到历史最大。据谭其骧主编：《中国历史地图集》（第五册），中国地图出版社1982年版，第32—33页。

西晋覆灭后，传统的华夏帝国政治秩序崩溃，曾代表华夏正统的晋室东渡，虽然偏安一隅，却一直宣称自己继承了中华正统。北方游牧民族统治者在占据中原后大多选择了称帝，身兼部落可汗与皇帝于一身，以华夏正朔自居，同时使用汉晋以来的官爵名号，表现出积极接受华夏政治文化的倾向。[①]这反映出胡人统治者对于统治名号已形成了心照不宣而明确清晰的共识，即只有占据中原的统治者才能自称“皇帝”或“天王”，才有资格自命正统。[②]这为正统观赋予了全新的内涵，即华夷身份并非正统的决定性因素。这一观念的出现既有现实政治因素的制约，也反映出大环境下民族交流、融合态势的不断发展。至南北朝时，南北争统的情况愈演愈烈，南朝沈约所撰《宋书》将北魏政权称为“索虏”，而北朝魏收所著的《魏书》则将南朝宋、梁等称为“岛夷”，双方在史书撰写中往往将对方称为“伪”“僭”“贼”等。南北双方皆有吞并对方的意图而互相征伐不断，这一状况一直持续到隋灭陈，随后隋文帝便在诏书中正式宣称“率土大同”[③]，结束了自十六国以来的纷争局面。其间，来自北方的游牧民族相继在中国的北方建立了多个政权，且在建立政权后进行了不同程度的汉化并筑起长城防御其他游牧民族，这一状况周而复始，直到隋唐时建立大一统政权、帝国再次建立起对北方游牧民族的军事优势才结束，再次实现了大一统。

在魏晋南北朝分裂时期，战争频仍，民族矛盾掺杂着对外征伐与人口移动等问题。由于民族分立的客观事实，再加上受传统观念的影响，一家一姓的皇朝史记载特点决定了史书的编纂难免具有狭隘的民族观。魏晋至隋唐时期民族差异与矛盾仍然存在的现实，使得出现了一些现在看来并不和谐的声音。以江统的《徙戎论》为代表，其观点包含了民族偏见。早有学者指出，“徙戎”论产生的一个重要的理论根据，是对边地少数民族“天性”所具有的偏见，以及对民族关系发展史的总体评价。针对魏晋南北朝数百

① 胡鸿：《能夏则大与渐慕华风——政治体视角下的华夏与华夏化》，北京师范大学出版社2017年版，第280页。除此之外，作者在本书中还从历史书写的角度讨论了十六国统治者对华夏文化的接受，认为在十六国的史学叙述中，史官往往会将君主塑造成具有深厚华夏文化修养并带有种种神意的天命所归式人物，同时在史书的书写方式上又竭力模仿汉魏人物及汉魏故事，将自我历史与汉魏历史融合到一起，以此来实现自我的华夏化。参见该书第202—241页。

② 彭丰文：《试论十六国时期胡人正统观的嬗变》，《民族研究》2010年第6期。

③ 《隋书》卷2《高祖纪下》，中华书局1973年版，第32页。

年动荡的历史研究，目前学术界已经有了清晰的认识，从早期正史中提出的“五胡乱华”，到民族史学者所提出的“五胡治华”，乃至“五胡兴华”。“乱、治、兴”这三个感情色彩逐渐提升的字眼，体现出学术界对于这一时期国家发展的肯定性评价：既孕育出民族融合的萌芽，也悄悄培育出大一统的萌芽。

来自塞内塞外、草原民族与农耕民族的大迁移，在带来关系重组的同时，也不可避免地造成了复杂的族际关系。在多民族中国处于多个政权同时并立的历史时期，正统观念也是统治者和史书编撰者热衷讨论的话题。唐修“五史”较好地贯彻了“华夷一家”的理念。如修于唐初的《晋书》沿用了《汉书》所创立的载记的体裁，分别记述前赵、后赵、前燕、后燕等十四个政权，只称呼为僭伪，而不辨华夷，“既具本纪之纲领，复有列传之委曲”。这样做的巧妙之处在于，既解决了以汉族为正统中心的不可置疑性，也厘清了胡族割据状态下写入同一正史的单向逻辑。[①]这种处理方式便得到了刘知几的认可，这从他撰写的中国史学史的第一部史学理论著作——《史通》中就可看出：“夫战争方殷，雄雌未决，则有不奉正朔，自相君长；必国史为传，宜别立科条……逮《新晋》（即《晋书》）始以十六国主持，载记表名，可谓择善而行，巧于师古者矣。”[②]这种“巧于师古”的处理方式，有效地克服了“不奉正朔”的尴尬，直接将十六国纳入官修正史之中，改变了十六国以来正伪对立的情况，可谓史学的一大进步。

相对来说，隋唐王朝面临的政治局面比魏晋南北朝时期更加复杂多变，具有胡族血统的隋唐皇室被人持以血统论而特别关注。笔者始终认为，在中国这样一个多民族国家提倡血统论，本身就不是研究学问的正道。唐高祖李渊以“胡越一家”[③]为自豪，唐太宗李世民宣称：“自古皆贵中华，贱夷狄，朕独爱之如一，故其种落皆依朕如父母。”[④]华夷平等、胡汉一家的看法，既

① 张大可、彭久松：《晋书》评介；仓修良主编：《中国史学名著评介》第1卷，山东教育出版社1990年版，第413页。

② （唐）刘知几著，（清）浦起龙释：《史通通释》（上册）卷4《题目》，上海古籍出版社1978年版，第92页。

③ 《旧唐书》卷1《高祖纪》，中华书局1975年版，第18页。

④ 《资治通鉴》卷198，唐太宗贞观二十一年五月庚辰，中华书局1956年版，第6247页。

是对当时庞大局面的讴歌，也是自信心态的流露。长期以来，李世民之所以被视为“一代帝范”，除了从谏如流的道德品质以及卓越的个人魅力外，他所开创的民族融合后的盛世局面更是关键性因素。

隋唐统一后，天下一家的观念逐渐成为人们共识。唐初修撰的《隋书》，首次按照方位梳理了东夷、南蛮、西域、北狄，将边疆与中央的关系、民族分立与统一的问题融入了“经略四方”的雄心中。这体现在处理民族关系的两大原则上：一是从早期的“华夷之辨”到“以夏变夷”的主张；二是政府逐步推行的羁縻政策、和亲联姻、纳质宿卫、互市贸易。在必要时候，也不排斥武力征伐。

在中国历史上，统一王朝政权的建立者并非都是汉人，夷狄建立政权后，也渴望实现“天下之主”主导的政治秩序，即正统。“中华”与“夷狄”是可以转变的[①]，刘渊曾以“大丈夫当为汉高、魏武，呼韩邪何足效哉”[②]之语表达出自己的雄心壮志。前举江统关于“非我族类，其心必异”的见解，使民族理论、民族政策上的隔阂甚嚣尘上，乃至影响到以后少数民族政权入主中原后以“理性”的形式固定下来，或者在宋辽金时期表现为扛着“民族大义”的旗帜而被单方面政权所称颂。但总的来说，民族交融和民族认同的趋势始终在发展。

正统观念是中华民族共同体发展的凝聚力之一，客观上有利于中华民族共同体建设、有利于中华民族共同体意识的孕育。如果从中华民族共同体形成的时间脉络来看，隋唐时期在中国历史发展中的地位开始得到极大的重视，包括其民族历史、民族习俗、民族政权等，特别是“华夷之辨”由强调“非我族类，其心必异”演变为“无隔华夷”，展现了中国民族关系在曲折演化中走向深度融合的历史发展趋向。

---

① 关于“中华”与“夷狄”之间的相互转化，在先秦时期中国人的华夷观中便已经出现。王珂提出：“先秦时代的‘中国’人认为，一种民族性的形成，与该民族所处的自然环境和社会环境息息相关，这种后天形成的民族性是可以改变的——‘中国’人失去了‘礼’，就会转换成‘四夷’，‘礼’的秩序内是不排除蛮夷戎狄的。”参见［日］王柯：《从“天下国家”到民族国家：历史中国的认知与实践》，上海人民出版社2020年版，第38—68页。

② 《资治通鉴》卷85，前秦宣昭帝永兴元年八月戊辰，中华书局1956年版，第2701页。

三、文化圈的形成与辐射

“皇帝”作为中原政权元首的名号，得到其他各民族的认可，因为这代表着道统、法统、治统的至高无上；中原人民对“天可汗”的接受，是对游牧民族在心理和思想上的接受。这意味着各民族之间在价值理念上实现了深层次的融合，交往、交流、交融正在走入“深水区”——以海纳百川的情怀兼容华夏大地乃至域外各民族的思想文化，以兄弟之邦的情谊对待戎狄蛮夷。“日出处天子，致书曰没处天子，无恙”[①]，大一统的格局在隋唐时期呈现出前所未有的美丽图景。分为域内和域外：

（一）在域内

唐朝刚刚建立，新成立的吐蕃政权与唐王朝存在互相试探的态度，唐高祖李渊提出了与隋初和亲吐谷浑的同类建议：“抚临四极，悦近来远，追革前弊，要荒藩服，宜与和亲。”[②]唐朝的和亲性质，与汉代迫于匈奴的军事压力而开展的和亲迥然有异，唐王朝的诉求在于推动其与周边民族的和谐共荣。通过和亲，不仅可以加强不同民族间的交流与文化认同，而且可以换来较长时期的和平，可以促进彼此价值理念的同行、同化。松赞干布求娶文成公主的故事，在官方史书新旧《唐书》的《吐蕃传》中，细节记载虽然不多，但体现出吐蕃对大唐繁荣强盛的倾慕。松赞干布曾经不无骄傲地说：“我父祖未有通婚上国者，今我得尚大唐公主，为幸实多。当为公主筑一城，以夸示后代。”[③]松赞干布作为当时实力强大的吐蕃首领，将大唐视为“天朝上国”，说明对于大唐“天下共主”的认可。在文成公主去世后的一段时间内，唐王朝与吐蕃之间的关系曾十分紧张，为继续巩固唐蕃关系，金城公主于景龙四年（710年）作为和亲公主嫁入吐蕃。开元年间，吐蕃的赞普弃隶缩赞曾上表唐玄宗：“外甥是先皇帝舅宿亲，又蒙降金城公主，遂和同

① 《资治通鉴》卷181，隋炀帝大业四年三月壬戌，中华书局1956年版，第5637页。

② （清）董诰等编：《全唐文》卷1《命行人镇抚外藩诏》，中华书局1983年版，第24页。

③ 《旧唐书》卷196上《吐蕃上》，中华书局1975年版，第5221—5222页。

为一家，天下百姓，普皆安乐。”[①]吐蕃赞普对唐玄宗以外甥自称，可见其对和亲政策及对唐王朝地位的认同。类似的和亲还发生在唐朝与周边部族政权之间，据正史记载的和亲总共28次之多，和亲对象涉及突厥、吐谷浑、吐蕃、奚、契丹、宁远国、回纥与南诏。在这些和亲中，既有唐王朝提出也有其他民族政权主动请婚的行为，而且这种请婚行为也并非个案。从结果上来看，和亲加强了唐与周边民族在政治上的联系与经济上的往来，促进了民族间的交融，唐代正可谓中国历史上的和亲高峰期之一。

与和亲的有效性限于皇室不同，移民则成为民间的自发行为。据吴松弟先生统计，仅贞观年间，移民中原地区的突厥、契丹等民族人口即有六七十万，考虑到当时管控、统计等方面的实际情况，漏载不可避免，估计真正移民中原的少数民族人口不会少于百万。此外，中亚、西亚地区的人亦蜂拥而至，使节、商旅、僧人、贵族往来穿梭，在为唐王朝带来新鲜血液的同时，也促进了文化的繁荣，思想的碰撞更加活跃。唐代的饮食文化与前代相比更为繁荣，饮食的种类及烹饪手段均有较大进步，其中胡食更是得到人们的青睐，开元年间“贵人御馔，尽供胡食”[②]。除饮食外，胡服也深受唐人喜爱。天宝初年时，“贵族及士民好为胡服胡帽，妇人则簪步摇钗，衿袖窄小”[③]。盛唐时无论是普通民众还是上层贵族皆喜好穿胡服，吃胡食。对此，元稹曾在诗中写道：“女为胡妇学胡妆，伎进胡音务胡乐。《火凤》声沉多咽绝，《春莺啭》罢长萧索。胡音胡骑与胡妆，五十年来竞纷泊。”[④]这首诗便准确地描绘出汉人妇女模仿胡人装扮及学唱胡音胡曲的情况，这正是唐人在衣食住行等领域深受中亚、西亚文化影响的真实写照。具备开放包容精神的中华文化在接触异质文化后，有甄别地选择吸收、除旧布新，使本土文化兼容并包、大放异彩。

（二）在域外

隋唐时期的人们存在着一种朴素的认知，这种认知是文化自信的表现。

---

① 《旧唐书》卷196上《吐蕃上》，中华书局1975年版，第5231页。
② 《旧唐书》卷45《舆服志》，中华书局1975年版，第1958页。
③ 《新唐书》卷34《五行一》，中华书局1975年版，第879页。
④ （唐）元稹：《法曲》，冀勤点校《元稹集》，中华书局1982年版，第282页。

当然，这种文化自信并非出现于隋唐时，如班彪在东汉初年给光武帝的上书中提到：“汉秉威信，总率万国，日月所照，皆为臣妾。”[①]这种自信在隋唐时表现得更为突出，其具体表现为唐王朝在政治生活中对待非汉民族持完全开放信任的态度，换来的自然是非汉民族对王朝的强烈认同。《旧唐书》卷169《东夷列传·高丽》记载：“中国之于夷狄，犹太阳之对列星。”[②]《旧唐书·李大亮传》：“中国百姓，天下本根；四夷之人，犹于枝叶。”[③]基于对于域外的关系认知，形象地体现出唐人刻到骨子里的自信。这种自信恰恰是从先秦以来逐步发展起来的“大一统”的观念，依托帝王之序，融入了民族国家的治理体系中。

作为统治群体中的精英，官员的来源反映了国家取才用人的态度。据记载，在唐太宗平定突厥后，唐廷将突利可汗等上层贵族任命为州都督，“其余酋长至者，皆拜将军、中郎将，布列朝廷，五品以上百余人，殆与朝士相半，因而入居长安者近万家”[④]。伴随着唐王朝征服突厥，“近万家”突厥人进入长安生活，大量的少数民族族群将领被编入唐廷的武官体系中。其后，在唐王朝较为开明的民族政策下，大量西域胡人亦进入长安朝贡乃至定居。安史之乱时，由于陇右地区的陷落，曾出现了数千西域朝贡人员集于长安的情况：“天宝末，西域朝贡酋长及安西、北庭校吏岁集京师者数千人，陇右既陷，不得归。”[⑤]到唐德宗时，这些外国朝贡使者在长安或洛阳等繁华都市居住数十年而未归，政府让他们自愿选择归国还是留在大唐。正如司马光在《资治通鉴》记载：“今当假道于回纥，或自海道各遣归国，有不愿归者，当于鸿胪自陈，授以职位，给俸禄为唐臣。”[⑥]事实上，“胡客无一人愿归者，泌皆分隶神策两军，王子、使者为散兵马使或押衙，余皆为卒，禁旅益壮。鸿胪（寺）所给胡客才十余人，岁省度支钱五十万缗，市人皆喜”[⑦]。此处，还有一条关键信息值得特别关注，时任宰相的李泌将这些选择留下来

---

① 《后汉书》卷89《南匈奴列传》，中华书局1965年版，第2947页。
② 《旧唐书》卷199上《东夷列传》，中华书局1975年版，第5321页。
③ 《旧唐书》卷62《李大亮传》，中华书局1975年版，第2388页。
④ 《资治通鉴》卷193，唐太宗贞观四年五月丁丑，中华书局1956年版，第6078页。
⑤ 《新唐书》卷170《王锷传》，中华书局1975年版，第5169页。
⑥⑦ 《资治通鉴》卷232，唐德宗贞元三年七月甲子，中华书局1975年版，第7493页。

的部分胡客安排进了当时唐王朝最重要的禁军——神策军，说明唐朝民族融合程度之深以及民族成分观念之淡薄。2004年，陕西省西安市出土的日本遣唐使井真成的墓志，也为这一图景提供了生动的注脚。《井真成墓志》记载，36岁逝于中国的井真成曾于生前“衔命远邦，驰骋上国，蹈礼乐，袭衣冠”①，被授予“尚衣奉御”②这样的接近唐玄宗的关键职位，尽管这只是一个象征荣誉的赠官，依然显示了唐朝对于“非我族类”的充分信任。

边地民族与外国人的到来，使隋唐时期的思想文化呈现出新的面貌。唐律规定：内附各族及外国人与唐人婚配所育子女，均为大唐百姓。那些来自异族和域外的人们乐意与唐人结婚，意味着自愿放弃原有的身份成为大唐的臣民。长时间居住在中国，这些异族与域外人士早已实现了“华夏化”。无论是语言、习惯、观念还是心态，业已融入了大唐，大唐才是他们的精神家园。

陈寅恪指出：“扩大恢张，遂能别创空前之世局。”③从民族共同体建设的角度看，隋唐结束了南北对立割据的局面，由分裂纷争状态下走出来的民族更容易迸发出开放包容的精神，更容易海纳百川，更容易创造出“和而不同”的新局面。隋唐王朝的大一统格局摆脱了魏晋南北朝时期以冲突为主的基调，进入了众族融合的新时代。“和而不同”的理念，不仅促进了多民族共融局面的开创与拓展，也使得“胡汉一家”的思潮得以流行。隋唐时期，族群血缘、文化观念、价值标准等逐步实现了深度融合，不单以政治集团之间的对立、冲突或武力征伐而停滞，这也是中国在经历近四百年的分裂对立之后，依然能够建立规模庞大、人口众多、民族多样的统一王朝的原因。

---

① ［日］东野治之：《井真成の墓誌と天平の遣唐使》（井真成墓志与天平年间的遣唐使），《遣唐使と唐の美術》（遣唐使与唐朝美术），朝日新闻社，2005年7月20日。

② 尚衣奉御为殿中省尚衣局的长官，“掌供天子衣服，详其制度，辨其名数，而供其进御”，主要掌管天子的衣服及宫廷陈设等，为从五品上的职事官。见（唐）李林甫等撰：《唐六典》卷11《殿中省》“尚衣局”条，陈仲夫点校，中华书局1992年版，第326页。据黄正建的研究，以“尚衣奉御”为代表的六尚长官，其人选大体出自皇帝的外戚、功臣或名臣之子以及具有专门技术或技能者，是极为少见的赠官，只赠给非常亲近的人。参见黄正建：《唐六尚长官考》，《魏晋南北朝隋唐史资料》第21辑，武汉大学出版社2004年版，第223—245页；黄正建：《唐六尚长官考补》，《隋唐辽宋金元史论丛》第2辑，上海古籍出版社2012年版，第35—53页。

③ 陈寅恪：《李唐氏族之推测后记》，《金明馆丛稿二编》，生活·读书·新知三联书店2001年版，第344页。

综上所述，强盛如隋唐者，在千余年来形成的民族交融基础上，王朝建立之初将国家的疆域扩展到前所未有的地步，将更多的周边族群纳入了行政版图中，对多民族国家的形成起到了定鼎的作用。在此之后，唐王朝在兼容并蓄的政策指导下，以极强的文化自信，凭借先进的制度、强势的国力、多元的文化，国家治理的格局以别具风采的“大唐气象”辐射到了更远的异域与他乡，勾勒出一幅“九天阊阖开宫殿，万国衣冠拜冕旒”的盛景。

诸族共建：古代丝绸之路上的交往、交流与交融

廖靖靖*

使者相望于道，商旅不绝于途，古代丝绸之路上驼铃悠悠，海中千帆远航，畅行万里。它承载着数千年来东西方物质与文化往来的共同记忆，也为各民族的交往交流交融提供历史舞台。

在丝路发轫之初，突破地理单元的物质交换发生于华夏大地的各民族之间，从零星、偶发的相遇与交往，逐渐发展为杂居共处、经济互补、心理认同。长距离的贩运、多族群参与的贸易在中华民族的大家庭之中日益繁荣。时至先秦，从中原地区向北越过阴山、燕山，穿越蒙古高原、中西亚北部直抵地中海的草原之路，向西南沟通印度与东南亚大陆的蜀身毒道，已经联结起世界古代文明的多个发源地。边疆诸族处于中西交通的前沿，承担互市、转运、向导、输送等环节，满载着丝帛、宝石、香料等商品往来奔忙。秦汉时期的匈奴以及其后的乌孙、鲜卑、突厥、回纥、吐谷浑、沙陀等都曾活跃于北方丝路，滇僰、百越、吐蕃等都不同程度地融入南方丝路的运转。待到唐宋元明时期，沿海诸族的水上健儿们开始随船驶向波斯湾、阿拉伯海、东非沿海。千百年间，丝绸之路的持续通行是历代王朝国家倾力治理的结果，也是中华各民族合力共建的伟大成就。

治史者素来重视丝绸之路与各民族交融的历史，对于两者的关系亦有不同维度的探讨。潘照东、刘俊宝先生曾指出："丝绸之路的形成必须有二大要素。首先是要有相对稳定的大宗商品交换的需求，其次是要有在一定时期

* 廖靖靖，女，1989年出生，北京师范大学历史学博士，中央民族大学历史文化学院讲师。研究领域为隋唐五代史、中华民族"三交"史。主持课题有：国家社科青年项目"隋唐五代环南海区域民族关系及治理经验研究"，国家民委民族研究项目"唐代北都周边民族关系与治理经验研究"等。获得国家民委民族院校教学成果A+类奖励，在国家重大项目"中华民族交往交流交融史"、国家一流课程"隋唐五代史"、教育部首批虚拟教研室、北京市优秀本科课程"中国古代史"等中担任主要成员。曾撰写学术专著《中华民族史·隋唐卷》，在《史学理论研究》《唐史论丛》《史学史研究》《学习时报》《中国社会科学报》《中国军事历史杂志》（*Journal of Chinese Military History*）等中外学术期刊上发表文章十余篇。

相对稳定的贸易通道。”[①]其中的需求如何产生、实现，道路如何开通、维护、运行，与中华民族共同体的生成和发展密切关联。正如《“一带一路”发展中的民族交流与核心价值认同》所述：“各个民族互通有无，取长补短。而另一方面，不同的民族又都有一种期望，从与其他民族的交往中获取利益，这样就构成了丝绸之路上民族间的密切联系。各族人民创造的文化财富是这种联系的重要媒介。……相互尊重，互利合作这些理念在长期的交流、交往、交融中就成了不同民族间共同遵守的价值原则。”[②]并且从实际的操作层面上看，分工、协作、达成共识贯穿于丝绸之路历史的各项环节，跨越朝代与区域展现着中华民族大家庭和合共生的伦理取向，天下一统的政治理念。其中具有的长期性、延续性，在《古代丝绸之路商队的活动特点分析》一文里得到充分讨论与概括：“丝路贸易不是由一个国家或某一个民族单独来完成的，在历史发展的进程中，其他先后兴起的民族都是其中的参与者，即后来兴起的民族对前一民族在发展贸易上具有一种继承性，如匈奴、月氏、乌孙、粟特、鲜卑、嚈哒、突厥、回鹘等北方游牧民族，他们都曾先后参与了丝路贸易，在丝绸之路贸易中发挥过积极的作用。”[③]作为一条民族融合之路，它的根基、保障、推动力都来源于中华民族共同体的发展。史料中保存着古代丝路上诸族共建、各民族交往交流交融的丰富案例，如何鉴往知来，并从中挖掘、还原出可触可及、可亲可感的丝路历史佳话，是当代史学研究者的重要课题与任务。

一、和辑协力：各民族共同开拓丝绸之路

从“点状”贸易到多条商路的“线形”延伸，四通八达、纵横交错的道路勾勒出古代丝绸之路的基本格局。这些交通线路以中原腹地为文化、物质

---

① 潘照东、刘俊宝：《草原丝绸之路探析》，《中国历史上的西部开发——2005年国际学术研讨会论文集》，2005年9月，第70—71页。

② 李伟、姚庐清：《“一带一路”发展中的民族交流与核心价值认同》，《齐鲁学刊》2016年第1期，第69页。

③ 李瑞哲：《古代丝绸之路商队的活动特点分析》，《兰州大学学报（社会科学版）》2009年第3期，第42页。

中心，在各民族互动交往中得到合力开辟。居延路、西域道、青海道、旄牛道、参天可汗道、广州通海夷道等无不缘起于中华民族大家庭的凝聚，伴随边疆诸族的归附打通和开拓——远慕华风而日奔塞下者不可胜计，并在大一统王朝的管辖与巩固下得以长存。

（一）青海道上的勠力同心

以青海道（关中—祁连山南—湟水—青海湖—柴达木盆地—新疆若羌—域外）为例，它在东周的《穆天子传》和《山海经》中已有记载。[①]著名考古学家裴文中先生曾在《史前时期之东西交通》[②]中论证，“湟水两旁地广肥沃，宜于人类居住；况湟河河谷文化发达，由史前至汉，皆为人类活动甚盛的地方，史前遗物，到处皆是，与渭河及洮河流域相类似”，指出“汉以前的东西交通，是以此为重要路线”。大量的考古资料也保留着丝路由肇始至繁忙畅达的历史印记，王炳华先生总结其特点：“它使过去很可能是自发的、民间的、无组织的接力棒似的交通联系，转化成了在西汉王朝自觉努力之下，运用政府的力量，进行强有力组织、建设、保护、管理的交通干线。成为沿线国家、民族进行政治、经济、技术、思想、文化交流更为便捷的桥梁，进一步沟通了亚、欧、非洲各国，各民族之间的联系往来。从这时起，‘丝绸之路’发展到了一个全新的历史阶段，获得了空前的繁荣。”[③]

数千年的时光里，熙熙攘攘的西北各族商贾贩客往返其间。魏晋五胡入华夏之际吐谷浑迁徙至此积极通贸市买、主动肩负起交通线路的经营。据《洛阳伽蓝记》的记载，北魏时期西北及域外的商旅从丝绸之路走来、不同程度地融进中华大家庭：“自葱岭已西，至于大秦，百国千城，莫不款附。”“乐中国土风，因而宅者，不可胜数。是以附化之民，万有余家。”[④]大量边疆诸族在丝路上奔走，他们沿途游历、生活、生产，逐渐深入地了解、学习、认可中华文化，这与整个南北朝时期大混居、大融合的趋势是一

---

① 参考翁经方：《〈山海经〉中的丝绸之路初探》，《上海师范大学学报（哲学社会科学版）》，1981年第2期，第63—69页。

② 裴文中：《史前时期之东西交通》，《边政公论》1948年第4期。

③ 王炳华：《从考古资料看丝路开拓及路线变迁》，《西域研究》1991年第3期，第16页。

④ （北魏）杨衒之撰，周祖谟校：《洛阳伽蓝记校释》卷3，中华书局2010年版，第117页。

致的。至隋唐大一统时代来临，驿站、烽燧、城障、规范化的市场、各级管理机构沿途设立并形成体系。此后，青海道的一部分延展为举世闻名的唐蕃古道（陕西—青海—西宁—吐蕃），文成公主、金城公主从这里入藏和亲。丝路见证了各族人民血脉相融、情谊相连的历史，正如时人苏颋写的应制诗："帝女出天津，和戎转罽轮。川经断肠望，地与析支邻。奏曲风嘶马，衔悲月伴人。旋知偃兵革，长是汉家亲。"[①]唐朝公主为民族交往交流交融而远嫁，带去了文化交流、边疆稳定，更增进了民族间的情感、共识与认可。受此影响的赞普尺带珠丹上书玄宗表达对双方亲密关系的重视："外甥是先皇帝舅宿亲，又蒙降金城公主，遂和同为一家，天下百姓，普皆安乐。"[②]自此汉藏兄弟民族道路相望、欢好不绝，官方、民间不同类型的互动在兼收并蓄、开放进取的时代精神下达到空前频繁。唐代诗人李贺曾在《塞下曲》中吟咏："胡角引北风，蓟门白于水。天含青海道，城头月千里。"[③]可见诸族共建开拓的丝路要道成了民族交往的经典意象。唐宋相继，宋朝的"互市监""市易务"在甘肃、青海的丝路沿途及辐射区域成为各族人民喜闻乐见的互市保障及监督机构。史料记载"人情甚悦"，吐蕃的各部子弟纷纷主动支持朝廷官员的举措，联袂踏歌："自今后无仇杀，有买卖，快乐作得活计。"[④]

（二）西南道的携手开辟

又如五尺道（成都—岷江—乐山—宜宾—昭通—曲靖—楚雄—腾冲—域外）和旄牛道（成都—邛崃—横断山脉—雅安—西昌—大理—腾冲—域外），它们蜿蜒于西南的崇山峻岭之间，以蜀地的中心（今成都）为起点，一东一西南下经云贵高原出缅甸，抵印度。其所代表的中国西南地区的交通联动与对外交流，是古代史学家与近现代以来的学者持续关注的重要的问题。《史记》《汉书》《后汉书》《新唐书》《华阳国志》等经典文献史籍

---

① （清）彭定求等编：《全唐诗》卷73，中华书局1960年版，第800页。

② （后晋）刘昫等：《旧唐书》卷196上，中华书局1975年版，第5231页。

③ 《全唐诗》卷393，第4432页。

④ （宋）李焘：《续资治通鉴长编》卷241，中华书局2004年版，第5886页。

对西南丝绸之路都有详细的描述，梁启超、夏光南、方国瑜、张星烺、岑仲勉、季羡林等学界名家都曾论证西南对外交通系统的建设、运行、作用以及相关的民族关系史，为我们认识和研究该区域民族交往交流交融史奠定了深厚基础。

囿于自然环境，该区域行路曲折、开凿艰难。根据《汉书》《水经注》的描述，沿途有高山巍峨入云不可撼动，脚下是深壑绝壁令人胆寒，所谓“僰道以南，山险高深”①，“高山嵯峨，岩石磊落；倾侧萦回，下临峭壑；行者扳缘，牵援绳索。三蜀之人，及南中诸郡，以为至险”②。虽然修路困难重重，但是交通的畅达对于国家治理、民族团结、区域经济开发至关重要，汉唐以来，朝廷数次派遣官员组织道路的疏通与修筑、维护，动员巴蜀之民共同披荆斩棘、勠力开辟，不仅将原有的民间路径拓展连接，还凿山修路千里开通正式官道，设立郡县、邮亭、馆舍，治道安边。回顾这些工程与治理措施，它们无一不是各族儿女胼手胝足、协力建设而成。汉代唐蒙、司马相如开西南道，“凿山通道千余里，以广巴蜀，巴蜀之民罢焉。……当是时，汉通西南夷道，作者数万人，千里负担馈粮，率十余钟致一石，散币于邛僰以集之”③，后又设郡、都尉、县以逐级管辖，开设驿站投递书信、传达政令。唐代，剑南节度使章仇兼琼“开步头路，筑安宁城”，④西川节度韦皋“遣巡官监察御史马益开石门路，置行馆”⑤，区域治理愈加细化、交通保障日益制度化，其相关经验为宋、元、明、清各朝吸纳。在西南丝路的守护上，中原王朝始终发挥着主体与引领的作用，恰如《西南古道与汉、唐王朝开边》所总结的：“道与开边不可分。没有开道，无所谓开边；没有交通的畅通，也就无法维持王朝在边地的统治。”⑥随着道路的开创与通行，自在发展的僰、滇、嶲、夜郎、濮等西南族群自主地融入华夏文化，学习和接受内地的生产技术、社会习俗。可谓，各族人民因丝路而远行，又因丝路而更加

① （汉）班固撰，（唐）颜师古注：《汉书》卷99，中华书局1962年版，第4145页。
② （北魏）郦道元撰，陈桥驿校：《水经注校证》卷36，中华书局2007年版，第826页。
③ （汉）司马迁撰：《史记》卷30，中华书局1982年版，第1421页。
④ （宋）欧阳修、宋祁：《新唐书》卷222，中华书局1975年版，第6316页。
⑤ （唐）樊绰撰，向达校：《蛮书校注》卷1，中华书局2016年版，第26页。
⑥ 范建华：《西南古道与汉、唐王朝开边》，《思想战线》1991年第6期，第73页。

紧密。《蜀鉴》《华阳国志》《读通鉴论》都称赞当地出现了夷汉歌咏、声息相通、物产相资的良好局面。边疆诸族并非丝绸之路上的“掮客”，而是以中华民族成员的身份寻觅通道、修建线路，天下一家，人心所向。

二、富兼华夷：各民族共生共荣的丝路商贸

繁荣兴盛无疑是丝绸之路沿线各国与各族人民共同的祈盼，而中华民族对于富强的追求自古以来都是以共生共荣为内在共识。这条漫长的商路蕴藏着获取财富的无限可能，但若想要长久、稳定地获得利益，并非单次贸易、单一群体、单对单的互动能够实现，需要多种生产方式的支持、混合式的经营与多族群的合作，须以整体富裕为目标。在古代中国的北方，游牧民族很早接触到域外的世界，他们跃马驰骋于草原、沙漠、绿洲，在西去、东行和南下的过程中传递信息、物资与文化。逐水草而居的各族群在交易得利的吸引下形成规模各异、民族构成复杂的商队，以畜牧业的产品换取生活必需物资与多类型的商品，与农耕文明区域的交往和交流成为他们的发展动力。

（一）草原之路上的凝心聚魂

以回纥（后改称回鹘）为例，作为继匈奴、突厥后崛起的强大草原民族，公元7世纪以来它发展为北方丝路商贸的主要参与者。民族史前贤樊保良先生曾在肯定丝绸之路是回纥发展的命脉、生命线的同时高度评价回纥在丝路贸易中发挥的作用：“回鹘确实是离不了丝绸之路，丝绸之路上的贸迁有无，也同样离不了回鹘商人的辛勤经营。”[①]作为中华民族大家庭的成员，回纥一方面不断吸收丝路传递的华风、中原物产、生产技术，在对域外的贸易中成为中华文化的传承者；另一方面也通过丝路向内凝聚，从人群流动、生活融入、自我认同等层面“和为一家”。史料记载其养羊业、养马业、养驼业兴盛，除去日常所需，每年都预留一部分牲畜进行商品交换。唐朝是其首选的贸易对象，双方频繁往来，民族关系的主流是亲密友好。贞观时期，

① 樊保良：《回鹘与丝绸之路》，《兰州大学学报（社会科学版）》1985年第4期，第22页。

回纥与铁勒等部族以唐太宗为“天可汗”，主动要求开通道路、设置管理机构与驿站——“渠领共言：‘生荒陋地，归身圣化，天至尊赐官爵，与为百姓，依唐若父母然。请于回纥、突厥部治大涂，号‘参天至尊道’，世为唐臣。’乃诏碛南鹈鹕泉之阳置过邮六十八所，具群马、湩、肉待使客，岁内貂皮为赋。”[①]这是唐朝建立以来统治者“天下一家”“不间华夷”“怀柔安抚”的基本民族理念与政策孕育出的成果。

道路的畅通、商贸的繁荣拉近了各民族的关系，纵横交错的道路如同文化、货物、情感的纽带。古今学人都注意到唐朝与回纥的交通与互动。唐朝中期的宰相贾耽曾撰文详述“中受降城入回鹘道”的路径与沿线地理环境，足见当时士大夫群体对此的重视：“中受降城正北如东八十里，有呼延谷，谷南口有呼延栅，谷北口有归唐栅，车道也，入回鹘使所经。又五百里至鹈鹕泉，又十里入碛，经麚鹿山、鹿耳山、错甲山，八百里至山燕子井。又西北经密粟山、达旦泊、野马泊、可汗泉、横岭、绵泉、镜泊，七百里至回鹘衙帐。又别道自鹈鹕泉北经公主城、眉间城、怛罗思山、赤崖、盐泊、浑义河、炉门山、木烛岭，千五百里亦至回鹘衙帐。”[②]这条道路代表着双向乃至多向的物资、文化传播与交流，中原—回纥、中央—四境、中华民族大家庭—世界，随着丝路的延展而相连、靠近、互通。以游牧为业的回纥基于其生产生活方式，自主选择通过持久的迁徙与农业社会主动建立起经济文化的交流。他们持内附之心，策马奔行在草原丝路，积极汲取华夏先进文化，在交往交流交融中共同创造丰富灿烂的中华文明。

至于学术界多有争议和讨论的“绢马贸易”，它主要是指回纥与唐朝之间马匹与丝织品的交换，属于唐代西北地区普遍发生的各民族商品交易类型，曾经持续定期大规模进行。“自乾元之后，屡遣使以马和市缯帛，仍岁来市，以马一匹易绢四十匹，动至数万马。”[③]唐中晚期的知识分子为此陷入深深的焦虑，如白居易、元稹以诗直言绢和马匹的交换随着时间的推移、数额的增多，出现了种种弊端，质量问题凸显。史学家也曾严谨地提出质

① 《新唐书》卷217，中华书局1975年版，第6113页。
② 《新唐书》卷43，中华书局1975年版，第1148页。
③ 《旧唐书》卷145，中华书局1975年版，第5207页。

疑，如陈寅恪先生在《元白诗笺证稿》有“阴山道”一节强调绢马互市是和平时期唐代与边疆民族交往中“最重要之财政问题也”，其中谈到回纥马的价格与唐朝廷绢的质量，探究交易双方的是否公平、对等。但是，唐与回纥绢马贸易能够持续近八十年，并非只靠政令维系，它不仅是双方友好关系的象征，还承载着经济互补的客观需求，并且处于中古时期民族融合、中华民族共同体发展的大趋势之中。从交换物的层面看，回纥的马匹可以装备唐朝的军队，而唐朝富足的物产又成为回纥丝路贩运的宝藏之源，这里有种类繁多的手工艺品，包括广受喜爱的丝绸和茶叶。从贸易双方的角度看，唐廷有“北和回纥，南通云南，西结大食、天竺”的整体考虑，同时军事上需要大量战马，西北和北方游牧族群的马匹就是充实军用的重要来源；对于回纥，直达长安协商采买，前往唐朝在河西地区和边地设立的马市直接交易，既有利于满足本民族生活的需求，又有利于刺激族群中畜牧业的发展，相当于每年都接到一个“大订单”，还可以开展与其他边疆族群丝织品贩卖的活动，获得收益、换取所需物资。再从生产方式与经济史的角度考虑，边疆游牧民族畜牧业发达，饲养着众多的马、牛、驼、羊；中原的农耕历史悠久，汉族生产粮食、布帛、金属工具经验丰富、技术水平较高；各民族货物的交换是出于自身的需求，而互市活动的频繁、深入、联动是中华民族共同体凝聚力不断增强的表征。

史料记录着数百年间回纥以商人、翻译、马夫、工匠、向导等职业活跃于东西方商贸活动，以善于经商、擅长识别珍宝、长居京城开店、撮合胡汉商贾交易，闻名于世，此后逐渐内附。可见，丝路贸易推动了草原诸族与汉族的交往交流，也促进了他们融入中华民族共同体的进程。

（二）海洋丝路上的和合共生

凝结成以商贸为媒介的利益共同体，是古代中国丝绸之路上常见的多民族共生共荣状况。除了草原游牧民族，东北的渔猎族群、西南的山地各族以及东南的沿海诸族等都从本族特征、区域环境出发，在各民族协作、互嵌、交流的同时进入丝路贸易体系，为更广阔的中西交通服务。史书记录下四通八达、连接各族儿女的路线，如《新唐书》有“入四夷之路与关戍走集最要者”的七条常用通道：“一曰营州入安东道；二曰登州海行入高丽渤海道；三曰夏州塞外通大同云中道；四曰中受降城入回鹘道；五曰安西入西域道；六曰安南通天竺道；七曰广州通海夷道。”[①]东、西、南、北四境之地皆能相通，交往交流交融与边疆的治理开发并举。其中，岭南地区颇为典型，它经历了由荒蛮边陲到海运枢纽的转变，见证了民族交融与丝路贸易的浪潮。有史以来，岭南就是多民族聚居的古代中国南疆沃土。由于地理位置远离中原政治核心区，在漫长的时光里它与北方疏离、兀自缓慢发展，一度成为遭遇贬谪南迁之人眼中恐怖且悲苦之地。

岭南在士大夫心目中的印象曾是“岭表山川，盘郁结聚，不易疏泄，故多岚雾作瘴。人感之多病，腹胀成蛊”[②]，“一去一万里，千知千不还。崖州何处在，生度鬼门关”[③]，路途艰险曲折、充满未知。这一观点随着交往沟通的增进、人群迁徙的频繁发生了巨大转变。岭南变成了物产丰富——“不异淮浙，嘉蔬香稻”[④]，风景优美——“桂林无瘴气，柏署有清风。山水衙门外，旌旗艛艓中”[⑤]，成为各族人民安居乐业的宝地。首先，东汉末年原本居住在黄河流域的人群向南移动，带来了知识、生产技术、土地制度、税收制度以及此前的王朝治理经验。孙吴、南朝为了政权的存活与强大，主动向南方各民族靠近，互通杂处、合力开发，钱币与谷帛逐渐流通。史学泰斗何兹全先生对此曾有精彩的论证与总结[⑥]，指出：从整体局势看，东汉至南北朝是中国历史上人口大量流动的时期，北人南迁为长江以南地区注入强大动力，新的统治者为了生存专注于领土开拓、经济发展和劳动力增加，开始推动辖区内各民族的交融；就各个区域而言，三国鼎立格局中，蜀汉的诸葛亮与西南的“羌人”“叟夷”“夷越”有碰撞斗争，也有携手发展，汉人与夷羌“两个民族的来往和文化交流，对于当地人民的社会生产也起到了推进作

① 《新唐书》卷43，中华书局1975年版，第1146页。

② （唐）刘禹锡撰，陶敏、陶红雨校：《刘禹锡全集编年校注》卷4，中华书局2019年版，第412页。

③ 《全唐诗》卷121，中华书局1960年版，第1213页。

④ 吴钢主编：《全唐文补遗》第1辑，三秦出版社1994年版，第387页。

⑤ 《全唐诗》442，中华书局1960年版，第4944页。

⑥ 参考何兹全先生《中国古代社会》（北京师范大学出版社2001年版，第432—437页）与《中国社会史研究导论》（商务印书馆2010年版，第465—512页）。

用”[1]；孙吴的向南开拓，面对江东至交州地区的越族[2]人民，以设置郡县、吸纳各族百姓进入编户、共同承担赋税等方式，大力促进原有农业的进一步开发、开采、发掘与交换，打造勾连各个城市的通道雏形；经过东晋一百年的时间，南方经济持续发展，交通与贸易网络完善、定型，钱的使用范围已经扩大，荆州、酉阳的诸族都用上了钱币，至南朝中后期三吴、荆、湘、梁、江、益、郢、交州等地的荒郡、远乡诸族也能够杂用谷帛进行交易，经济往来更加便利、多样、频繁。在此基础上，唐、宋、元海洋贸易兴起，岭南承接江南、西南、北方丝路带来的货物、人力，并以优良的海港——广州（番禺）、泉州、合浦等，开展对外贸易。海洋丝绸之路自此走向兴盛，开辟出中国与世界交流的崭新篇章。

随着良港与水陆联运的日益频繁、历代王朝治理与各族人民合作共建的日积月累，岭南成为中国海洋丝绸之路的中心之一，绢之路、银之路、瓷器之路、香之路无不与之关联。该区域交换经济的发达、繁荣都是各民族共同创造的。海上贸易波澜壮阔的历史中每一次扬帆都是诸族聚合、交融、协作的产物，从陆路到海路贯穿岭南的商道沿线出现大量僚市、马会，定期举行的交易活动，让当地的黄峒蛮、南平僚、俚等更多地接触和融入华风。两汉，已有从岭南合浦向域外航行的文献记载，“俱入海市明珠、璧流离、奇石异物，赍黄金杂缯而往，所至国皆禀食为耦，蛮夷贾船，转送致之”[3]；魏晋南北朝时期，海上航线输送异邦物产，使南部沿海地区财富聚集，“环宝溢目，商舶远届，委输南州，故交、广富实，牣积王府”[4]。起初，岭南优良港口的所在地多充当枢纽，物产类型有限，“郡不产谷实，而海出珠宝，与交址比境，常通商贩，贸籴粮食”[5]。到了唐代，中央的管理、地方官吏的经营，带来中原地区的先进多样的生产技术，其中丝织品制造业的进步尤为显著，“乃募军中未有室者，厚给货币，密令北地娶织妇以归，岁得数百人，

① 何兹全：《魏晋南北朝史略》，上海人民出版社1958年版，第21页。

② 古称“山越”“百越”“蛮”“俚”“僚”等。

③ 《汉书》卷28，中华书局1962年版，第1671页。

④ （梁）萧子显：《南齐书》卷58，中华书局1972年版，第1018页。

⑤ （南朝宋）范晔撰，（唐）李贤注：《后汉书》卷66，中华书局1965年版，第2473页。

由是越俗大化，竞添花样，绫纱妙称江左矣”[①]。随着物质、文化的极大丰富，宋代民间各阶层共同参与的海运活动频繁，“与乡里数人，相结为贾，自闽粤航海道，直抵山东，往来海中者十数年，资用甚饶”[②]，海中的多民族商贾也得到招徕与认可，移舟行船前来为海洋丝路贸易注入活力。

当地和同共生的氛围下，南方诸族从渐沐华风到归心慕义，向心凝聚力持续增强，主动接受教育，积极学习中华传统文化：“大观、政和之间，天下大治，四夷向风，广州、泉南请建蕃学”[③]，“大修学校，日引诸生讲解，负笈而来者相踵，诸蕃子弟皆愿入学”[④]。整体而言，各民族的共同参与，创造了岭南珍宝辐辏、商贾云集的新模样；富兼华夷，中华民族共同体的凝聚、丝路贸易的繁荣推进了南方诸族的社会快速进步与经济飞跃，“聚合”“交融”的认知已经融入人们日常生活的方方面面。

三、包容互鉴：各民族共同培育的丝路文化与伟大精神

丝绸之路2000余年的历史留给世人的不仅有绵亘万里的古道、跨越东西方的文物及考古遗址，还有宝贵的非物质文化遗产——传统手工艺、音乐、舞蹈、民俗、文学、医学、航行技术等，皆是文明交流互鉴的硕果。受到海内外学者的广泛关注，丝路文化早在20世纪80年代就已经成为全球性的学术焦点，由联合国教科文组织以“丝绸之路——交流之路综合研究”为题进行探讨。时至今日，古代丝路仍然象征古老中国的开放包容，饱含中华各族人民团结交融的情深谊长。

丝绸之路的伟大精神在各民族交往交流交融中孕育和发扬。古代各族人民的“三交”并非模糊的概念，结合文献古籍、石刻史料与历史民族学、民族史的研究成果可知其具体含义和本质：“交往”在杂居共处、互通往来的生产和生活中自然发生，是增进了解、产生共情的基础；“交流”的核心在

---

① （唐）李肇：《唐国史补》卷3，上海古籍出版社1979年版，第65页。
② 曾枣庄、刘琳主编：《全宋文》第120册，上海辞书出版社2006年版，第174页。
③ （宋）蔡绦撰，李国强整理：《铁围山丛谈》卷2，大象出版社2019年版，第53页。
④ （宋）龚明之撰，张剑光整理：《中吴纪闻》卷3，大象出版社2019年版，第69页。

于文化的互鉴融通，是边疆诸族与中原汉族在物质与精神层面的连接纽带；“交融”则是动态的相互接纳、吸收、包容，凝心聚力成为一家人的共同心愿与努力。表现在丝绸之路上，唐代辽阔的疆域、畅达的交通、跨区域的人群流动使各民族的相遇、相知、相识趋于日常，代表着华风的手工艺品、物产、生产技术经由交往而传播；丰足的物质资源、开放进取的时代精神、持续增强的汉文化影响力使各民族的互动、互惠、互融逐渐深入，中华民族同根同源的文化自觉、和合共生的伦理取向、安边利民的基本观念、携手同心的家国情怀随着交流变成共识；大一统的政治环境、富兼华夷的经济模式、多元包容的文化氛围使各民族的共生、共荣、共心愈加稳固，丝路上各族儿女表现出的自我认知、华风情怀、“大家庭”归属感皆是通过交融获取并最终内化。

丝路文化的形成与传播往往伴随商路贸易发生，在人群的流动、聚合、互嵌中实现。它既不是从点到点的直接传递，也不是某一文化的强势输出，而是不同文明因多样性而交流，在交流中互相借鉴，在潜移默化中实现认同和发展。当我们再思考从长安到罗马的海、陆丝路大动脉时，不应忽视古代中国疆域的辽阔，从都城到疆域边界数千里间文化的交流、培育与传承，这是丝绸之路中国段本身积累的文化瑰宝。驼队、羌笛、宝船这些深入人心的丝路象征符号，都是中华民族大家庭文化团结统一的回忆。譬如驼队、驼铃，唐人以之作凉州词、边塞曲，今天的海外汉学者用“骆驼的生死驮载”[①]来概括汉唐丝路贸易，它的艺术形象（俑、壁画、服饰纹样等）与文化表达是复合且动态变化的，产生于中原王朝的主体作用、丝路沿线诸族的协作以及外来文明从西域的传入。骆驼是中国北方提供脚力的常用驮畜之一，《酉阳杂俎》里概述其长途运输的优势：“驼卧，腹不贴地，屈足漏明，则行千里”[②]，唐王朝时期已被列为重点管理的牲畜。我国现存最早的行政法典《唐六典》里详细记载了从中央到地方管理骆驼的各级机构、责任官吏、饲养方式和用途。随着丝绸之路兴起，西北地区的百姓以骆驼为穿越沙漠地区的理想交通工具，边疆游牧民族善于蓄养、驾驭骆驼者大量涌现，他们牵引骆驼

---

① Elfriede Regina Knauer：*The camel's load in life and death*，Akanthus1998.

② （唐）段成式撰，许逸民校：《酉阳杂俎校笺》，中华书局2015年版，第1197页。

的形象被艺术加工为多种形态的唐三彩牵驼俑、墓葬壁画，并在唐诗中被反复描摹，正所谓“东来橐驼满旧都”。考古学者齐东方先生曾对丝路上的骆驼有经典的评论：“‘胡人’与‘骆驼载货’的组合反映出不同国家和地区的商品的交流、信仰观念的传播，不同的文明的碰撞融合，孕育出了以‘胡汉’相融为特色的唐文化。”[①]驼队行走，从大漠到都城，东行的商贾领略着中原的山川人文，因热爱中国风土而留下安居的人不胜枚举；从中原腹地出发，“无数铃声遥过碛，应驮白练到安西”——各民族的参与者昂首阔步、勇于开拓，他们向世界展现华夏之风，传递东方文明的善意与友谊。

深情回望古代丝绸之路史，中华各族先民携手开拓，穿越草原沙漠、惊涛骇浪，建立沟通亚欧的桥梁；团结合作，用驼队、宝船输送物资与文化，所至之处遍开交流融合之花；用实际行动培育和平合作、开放包容、互学互鉴、互利共赢的伟大精神。它是人类文明的宝贵遗产，也是一部中华民族交往交流交融的历史（“三交史”）——丝路为各民族的交往提供通行的渠道，为统一王朝内部不同类型经济（农耕文明、游牧文明、渔猎文明）的日益密切、互补提供贸易的纽带，为文化的交流、思想的认可、精神的弘扬提供广阔的舞台。还原诸族共建的古代丝绸之路史，研究丝路上的“三交史”，归根结底是要自觉铸牢中华民族共同体意识，为新时期“一带一路”建设提供更为丰富的精神内涵。

---

① 齐东方：《丝绸之路的象征符号——骆驼》，《故宫博物院院刊》2004年第6期，第6页。

10至17世纪中叶中国多元人群的交融、重组与新生

丁慧倩*

10至17世纪中叶，中国经历了辽宋夏金的多政权并峙和元明两朝的统一。在南北分立的各政权和边疆地方政权的统治之下，各族裔人群混杂居住。在元朝中国历史疆域不断扩大的过程中，更加多元的人群加入中华民族共同体形成的历史进程之中。明朝重塑汉人中原正统身份的同时，继承了南、北方多政权、多人群的政治、民族遗产和文化遗存，实现了中华民族的高度整合。10世纪以来，中国多元人群在不断交往与交流中，实现了血统与文化的交融、重组和新生。

一、变动中的“汉人”

10至14世纪“汉人”的含义一直处于变动之中，随着政治形势的变化而变化。

契丹政权建立后，有许多汉人在契丹境内生活，他们有的是唐末五代中原战乱时主动投附契丹的，有的是战争中被掠夺的人口。北方汉人向契丹人控制区域自发性质的迁移，早在唐朝末年已经开始。当时河北地区藩镇割据，互相征伐，社会动荡，因此流民自愿投入契丹，如幽州节度使“刘守光暴虐，幽、涿之人多亡入契丹”[①]。

* 丁慧倩，女，1978年出生，历史学博士，供职于中央民族大学历史文化学院，副教授，中国民族史教研室主任，中国民族史学会副秘书长、理事，香港中文大学-中山大学历史人类学研究中心研究员。主要从事北方民族史、明清社会史、回族史的教学与研究工作。北京高校优秀本科育人团队“中国民族史本科育人团队”成员，开设“中国民族史概要”“中国边疆历史地理”“边疆民族史”等本科、研究生课程。主持国家社会基金、北京市社科基金以及国家民委、科技部、北京市社科联青年社科人才资助项目等科研项目。2010年参加香港特别行政区大学教育资助委员会第五轮卓越学科领域计划项目（AoE/H-01/08）“中国社会的历史人类学研究”研究计划，赴香港中文大学做访问学者。发表中英文论文数十篇。

① 《新五代史》卷72《四夷附录》，中华书局1974年版，第886页。

在契丹部落联盟不断壮大的过程中，对河北、河东地区的征伐，俘获、掠夺、强制迁移了大量北方汉人到契丹境内。唐末中原战乱之际，“阿保机乘间入塞，攻陷城邑，俘其人民，依唐州县置城以居之”。[①]耶律阿保机设立了汉儿司，管理汉人兵马之政。燕云地区割让给契丹之后，这里的“汉儿”也受到契丹政权的统治。到10世纪中叶，契丹掠夺的人口约略有七八十万以上，一部分留在了燕云地区，迁入长城以外辽河流域的汉人可能总数在三四十万人[②]。辽宋签订“澶渊之盟”时，东北地区的汉人移民及其后裔不下六七十万人[③]。

建炎二年（1128年），南宋朝廷散发公据给原辽朝统治区域，拉拢降金的原辽民众。宗泽《奏给公据与契丹汉儿及被掳之民疏》提到：“契丹、汉儿自与我宋盟约几百年，实唇齿兄弟之邦”[④]，与宋朝盟约的是辽朝，“汉儿”指的是原辽朝统治下的汉人。

金朝灭辽之后，统治着淮河以北的北宋故地和民众。金人称辽朝境内的汉人为“汉人”，北宋遗民为“南人”。金朝初期的“汉人”概念继承自辽朝，指那些由辽朝入金朝的汉人。金朝南下时虏获的宋朝人，称“南人”。金朝灭亡北宋后，在黄河以南扶植了伪楚、伪齐政权，其治下人群，也称“南人”。在一些文献里，金人还以“南人”称南宋人。随着金朝的发展，“汉人”一词的涵盖面发生变化，金朝境内的“汉人”有时是个非常宽泛的概念，包括了金朝境内说汉语、习汉人风俗的多种人群。比如金世宗说：“又闻有女直人诉事，以女直语问之，汉人诉事，汉语问之”[⑤]，这里的“汉人”泛指金朝境内说汉语的人群，包括“南人”。

可见，辽宋金时期“汉人”内涵的不同和变化是辽、北宋和金、南宋分立对峙政治环境的产物。虽然南北政权对立，但政权统治之下人群多元，语言、风俗、民族心态等相互影响，加上燕云乃至北方地区，统治政权多有变

---

① 《新五代史》卷72《四夷附录》，中华书局1974年版，第886页。

② 邹逸麟：《辽代西辽河流域的农业开发》，陈述主编《辽金史论集》第2辑，书目文献出版社1987年版，第74页。

③ 葛剑雄主编，吴松弟著：《中国移民史·辽宋金元时期》第4卷，福建人民出版社1997年版，第64页。

④ （宋）宗泽：《宗忠简公文集·奏给公据与契丹汉儿及被掳之民疏》卷1，崇祯十三年（1640年）刻本。

⑤ 《金史·世宗本纪》卷8，中华书局1975年版，第191页。

化，于是产生了对特定地域、身份人群的特定称呼。

在元代，多元人群混杂居住的现象加剧，人群也在不断整合。元朝的“汉人”概念一方面来自金朝，一方面又有所扩展。元人陶宗仪在《南村辍耕录》里说元朝的汉人有八种，即契丹、高丽、女直、竹因歹、术里阔歹、竹温、竹赤歹、渤海（女直同）[①]。在这八种里，竹因歹和竹温都是蒙古族对汉人的称谓，术里阔歹和竹赤歹都是“女真”的音译[②]。这八种汉人指的是使用汉文的人群。元朝统治者眼中广义的“汉人”一词包括了北方的汉人，以及不断向汉文化靠拢的契丹、女真、高丽、渤海等人群。元朝称宋人为囊加歹，即南人。

1368年，朱元璋以汉人为主体人群建立了明朝，将辽、金、元以来南北方内涵不尽相同的“汉人”概念统一起来，使10世纪以来的各种人群在“汉人”的名称之下高度统合。同时，明朝“汉人”的内涵也在不断扩大。

宋代以来，历代政权对南方边疆地区的经略和开发引发了当地各原住人群的变化，“化外之地”不断转变为“化内之地”，“化外之民”也转变为“编户齐民”。如南岭山脉的崇山峻岭和江河之上，生活着“猺”“畲”“蛋”[③]等人群，州县体制在这里一直推行。明朝初年收集户口，将他们编入里甲，到明朝末年，大量“猺”“畲”“蛋”化为“土著”[④]。珠江三角洲水域上生活的“蛋人”，“以船为家，以捕鱼为业，通省河路，俱有蛋船。生齿繁多，不可数计”[⑤]。在明朝收编流动人口、登入户籍，以及区域土地开发和商业化的过程中，一些水上人登陆上岸，成为国家编户，其自我认同也逐渐由“蛋”转为“汉”。[⑥]

---

① （元）陶宗仪：《南村辍耕录·氏族》卷1，李梦生校点，上海古籍出版社2012年版，第12页。

② 辽朝因避兴宗的讳，女真写作女直。

③ 亦称为“疍”，清光绪《崖州志》称为疍民：“疍民，世居大疍港、保平应港、望楼港濒海诸处。男女罕事农桑，惟辑麻为网罟，以鱼为生。”

④ 陈春声：《猺人、蜑人、山贼与土人——〈正德兴宁志〉所见之明代韩江中上游族群关系》，《中山大学学报（社会科学版）》，2013年第4期。

⑤ 《清世宗实录》卷81，雍正七年五月壬申，中华书局1985年版，第79页。

⑥ 萧凤霞、刘志伟：《宗族、市场、盗寇与蛋民——明以后珠江三角洲的族群与社会》，《中国社会经济史研究》，2004年第3期。

二、人群的多元成分

经过10至14世纪多个政权的不断经营，不仅是“汉人”，南北方各种人群普遍经历了多元成分交往、交流和交融的过程，一个人群称谓之下囊括了不同的群体。

契丹人经历了从部落联盟到国家的过程，在部落联盟的兴衰之中，地域社会的各种部落和人群被整合进入联盟的政治体制。随着军事征伐的进行和统治区域的扩展，部落和人群被改造和重新整编，以血缘组织为基础的氏族集团转变为国家体制之下新的人群组织，辽朝的部落、宫帐是集行政、军事和人群管理为一身的社会组织。

奚人与契丹人同出于鲜卑宇文部，语言相近①。宇文部被击溃后，奚人与契丹分部并存，奚人居契丹之西。契丹与奚人有时互相掳掠，一些奚人被俘后编入契丹部落。耶律阿保机任夷离堇时，曾将其父亲俘获的奚人7000户置奚迭剌部②，其他契丹贵族治下也有许多奚人。契丹—辽时期，奚人是契丹部落的一部分。辽亡之后，奚人降金，金人将其编入猛安谋克。猛安谋克南徙中原，不少奚人也随之迁移，奚人逐渐融入女真和汉人之中。

7世纪末，粟末靺鞨人大祚荣在今吉林敦化附近建立震国，治下居民以靺鞨人为主体，还包括原来居住于该地的各部靺鞨人，以及一部分高句丽人、汉人、契丹人、奚人等其他族裔。③大祚荣被唐朝封为渤海郡王后专称“渤海”④，不再使用靺鞨的名号，属民则被称为“渤海人”。“渤海人”是渤海国统治下各种人群融合而成的新族称。

契丹在征伐渤海国的过程中，不断将战败的渤海人强迁到辽国腹地西喇木伦河和老哈河流域，充实契丹内地的人口。耶律阿保机灭渤海国之后，改降附的渤海为东丹国，册封太子耶律倍为东丹王，统辖渤海遗民，渤海人成

---

① 《魏书·库莫奚传》卷100，中华书局1974年版，第2222页。

② 《辽史·太祖本纪》卷1，中华书局1974年版，第2页。

③ 魏国忠、朱国忱、郝庆云：《渤海国史》，中国社会科学出版社2006年版，第216页。

④ 《新唐书·渤海传》卷219，中华书局1975年版，第6180页。

为耶律倍的属民。渤海国衰亡引起渤海国人大规模移徙，渤海遗民大部分留在了辽朝境内，一部分逃往朝鲜半岛，还有人进入女真人居住的黑龙江中下游地区以及中原地区。耶律德光即位后东丹国举国迁移至今辽宁辽阳一带[①]。金朝时，渤海大族一直是女真政权的重要合作者[②]，在辽东的渤海人也大多数被编入猛安谋克之中，转战各地，还有一部分渤海人被迁移到中原地区。金亡之后，对渤海人已视同汉人。到了元代，渤海属于“汉人”的范畴，逐渐成为一个消失的名称。

女真这一名称最迟在唐代已经出现，五代时的契丹人称黑水靺鞨为女真。辽朝时，渤海遗民被强迁辽阳后，女真人进入渤海故地，并在迁移发展中不断分化。辽朝统治时期，文献中出现了很多东北地区部落或群体的名称，如曷苏馆女真、回霸部、北女真、南女真、鸭绿江女真、长白山三十部女真、蒲卢毛朵部、完颜部、蒲察部、温都部、五国部、吉里迷等，说明女真人的社会尚处于分散的状态。这些部落中有渤海等其他人群的成分。女真完颜部崛起之后，以完颜部为核心不断整合女真各部，建立了金国，之后完成了对女真的统一，女真人进入了全新的发展阶段。元代，内迁汉地的女真人早已融入当地社会文化之中，蒙古人将这些女真人视为汉人。东北地区的人群在元朝出现很多新名字，除女真外，还有水达达、吾者野人、乞烈迷、骨嵬等，说明各部落仍在不断地分化与重组。

明朝初年，朱元璋一边征伐故元东北余部势力，一边招抚东北各部。《明太祖实录》记载，洪武十七年（1384年）“兀者野人酋长王忽颜哥等十五人自辽东来归”[③]；洪武十八年（1385年）“女直高那日、捌秃、秃鲁不花三人诣辽东都指挥使司来归。自言高那日乃故元奚关总管府水银千户所百户，捌秃、秃鲁不花乃失怜千户之部人也”[④]。东北归附之人不断增加，“初辽东都指挥使司以辽阳高丽、女直来归官民，每五丁以一丁编为军，

① 《辽史·耶律羽之传》卷75，中华书局1974年版，第1238页。

② 刘浦江：《渤海世家与女真皇室的联姻：兼论金代渤海人的政治地位》，氏著：《辽金史论》，辽宁大学出版社1999年版。

③ 《明太祖实录》卷162，洪武十七年六月辛巳，中国台湾“中研院”历史语言研究所1962年，第2518页。

④ 《明太祖实录》卷175，洪武十八年九月甲申，中国台湾“中研院”历史语言研究所1962年，第2661页。

立东宁、南京、海洋、草河、女直五千户所分隶焉。”[①]洪武十九年（1386年），明朝在辽阳设东宁卫安置归附之人，隶属辽东都司，东宁卫下辖前、后、中、左、右五个所，只有中所为汉军。永乐时期，为安置归附的女真人，于开原设立安乐、自在二州，使其部落自相统属，各安生聚。

明朝自洪武年间开始对辽东都司边外诸部落进行招抚，设立羁縻卫所，永乐时期增加到170余卫，至万历年间共达384卫。[②]永乐七年（1409年），明朝还在黑龙江下游设立了奴儿干都指挥使司，管辖东北地区的羁縻卫所。

明朝在黑龙江、松花江、长白山等地所设羁縻卫所，受到明朝招徕政策的吸引，为寻求更舒适的生存环境，从永乐年间开始举族南迁。在卫所迁移和人群重组的过程中，逐渐形成建州、海西和野人三部分。明朝从朝贡活动的角度对女真人进行了分类，建州女真和海西女真均定期朝贡明朝，野人女真则因路途遥远而朝贡不常[③]。今天中国的部分满族以及赫哲族、达斡尔族、鄂温克族、鄂伦春族的祖先都在明朝野人女真的范围之内。

三、多元人群的交融、重组与新生

“蒙古”最初是一个部落的名字。成吉思汗统一草原各部后，有不少非蒙古部落的人民被吸纳、融合，“蒙古”成为一个势力强大、人民众多的共同体的名称。

14世纪初，伊利汗国宰相拉施特主编《史集》时，将中央亚细亚草原上起源不同的各游牧部落都称为“突厥”。拉施特“通过在西域的蒙古人对成吉思汗及其以前时代的蒙古和中亚草原游牧民的状况作了调查”[④]，将12世纪中叶活跃于草原上部落分成三类：第一类是原被视为“突厥”，后被称为“蒙古”的部落。

---

① 《明太祖实录》卷178，洪武十九年八月戊午，中国台湾“中研院”历史语言研究所1962年，第2699页。

② 王锺翰：《明代女真人的分布》，氏著《清史新考》，辽宁大学出版社1990年版；杨旸、袁闾琨、傅朗云：《明代奴儿干都司及其卫所研究》，中州书画社1982年版。

③ 赵令志：《明代“野人女真”称谓刍论》，《民族研究》2019年第4期。

④ 刘迎胜：《探寻13世纪以前的“蒙古”概念》，《黑河学院学报》2021年第1期，第4页。

> 现今称为蒙古的那些突厥部落，但在古代，这些部落各有［其］特殊名称，各有［其］首长和异密，各曾产生过一些［宗］支和部落。[①]

可见这一类部落原本有自己的名字和君长，在成吉思汗统一草原之前，中亚和波斯认为他们是“突厥”部落。成吉思汗西征及旭烈兀来到西域后，人们才知道这些部落称为“蒙古”[②]。他们包括札剌亦儿、雪你惕、塔塔儿、蔑儿乞惕等十几个部落。这些部落在体质样貌和语言上与蒙古相同。

第二类是突厥部落。

> 各有君长的突厥部落，但这些部落与前编所述突厥诸部以及蒙古诸部均无多大联系和亲属关系，尽管在种族和语言方面与它们相近。[③]

此类部落包括乃蛮、汪古等九部。

第三类是蒙古部落，其中包括了迭儿列勤蒙古和尼伦蒙古。迭儿列勤蒙古也就是一般蒙古人，而尼伦蒙古则是指出自成吉思汗的十一世祖母阿阑豁阿感天光所生三子形成的氏族及其后代子孙。

12世纪，漠北草原分散的各个部落逐渐形成塔塔尔、蒙古、克烈、篾儿乞、乃蛮等大的部落集团，以游牧经济为主体。在成吉思汗统一漠北的过程中，草原说蒙古语和突厥语的部落或主动归附或被征服，在大蒙古国的统治下被整合在一起。《南村辍耕录》列举蒙古72种[④]，虽然多有重复记录，但仍能看出元朝蒙古人群的多元性。

在元朝，一些契丹人、女真人被视为蒙古人。《元史》记载，“若女直、契丹生西北不通汉语者，同蒙古人；女直生长汉地，同汉人”[⑤]。生活于中原的女真人基本融入汉人之中，居于金朝西北边地的女真人、契丹人与蒙古接触较多，较早降服于蒙古，他们中不懂汉语者，被视为蒙古人。可见，

---

① ［波斯］拉施特主编，余大钧、周建奇译：《史集》第1卷第1分册，商务印书馆1983年版，第148页。

② 刘迎胜：《探寻13世纪以前的“蒙古”概念》，《黑河学院学报》2021年第1期，第4页。

③ ［波斯］拉施特主编，余大钧、周建奇译：《史集》第1卷第1分册，商务印书馆1983年版，第206页。

④ （元）陶宗仪：《南村辍耕录·氏族》卷一，李梦生校点，上海古籍出版社2012年版，第11—12页。

⑤ 《元史·世祖本纪》卷一三，中华书局1976年版，第268页。

元朝政权的建立实现了草原区域社会的多元人群统一和融合，诞生了不同以往的新蒙古人。

在元代，亚欧各民族大规模的迁移和流动，使各种人群出现在中原大地。西域人东迁后定居中土，入元朝户籍，为元朝编民，习称“色目”。所谓“色目”即各色名目之义。色目人一词在元朝专指因蒙古人西征从西方迁移进入元朝统辖的人群。《南村辍耕录》记色目人有31种[①]，钱大昕统计有23种[②]。由于各人群的译名存在异写的情况，两种说法中都有人群名称重复的现象。常见于元人记载的色目人主要有回回、唐兀、乃蛮、汪古、畏兀儿、康里、钦察、阿速、哈剌鲁、吐蕃、阿儿浑等。

色目人成为元朝编户定居中原之后，在元朝多元民族交流的社会环境中开始了本土化的过程。陈垣从文化改变的角度提出“西域人华化”的研究命题。“至于华化之意义，则以后天所获，所独有为断。”[③]在儒学、佛老、文学、美术、礼俗和女学六个方面体现出其华化的现象，这是本土文化浸润的结果。

与文化浸润同样重要的民族交流途径是通婚。元朝的多民族性为跨民族婚姻圈的形成提供了条件。在各民族长期共同生活的社会环境中，社会经济文化相互影响，对他者的语言、礼仪、饮食、生活习惯等方面的接受程度提高了，跨族群通婚的现象也越来越多。元朝的法律规定“诸色人同类自相婚姻者，各从本俗法；递相婚姻者，以男为主”[④]。由于蒙古人社会地位最高，无论嫁娶都依蒙古人的习俗。这说明元朝族际通婚普遍存在。萧启庆分析元朝蒙汉通婚的现象，发现蒙古上、中、下层家族分别与汉人对等家族通婚[⑤]。洪金富广泛收集了各族之间的通婚事例，可以看出多民族通婚现象在元朝普遍存在：“许多通婚异族的汉人具有异族化或蒙（古）化的倾向；更多的通

---

① （元）陶宗仪：《南村辍耕录·氏族》卷一，李梦生校点，上海古籍出版社2012年版，第12页。

② （清）钱大昕：《元史氏族表》。

③ 相关研究参见蔡家艺：《关于明朝辖境内的蒙古人》，《蒙古史研究》第4辑，1993年；萧启庆：《元明之际的蒙古、色目遗民》，氏著《元朝史新论》，台北允晨文化实业股份有限公司1999年版。

④ 《元典章·户部·婚姻》卷18，《嫁娶聘财体例》，中国书店1990年版，第280页。

⑤ 萧启庆：《论元代蒙古人之汉化》，萧氏著《蒙元史新研》，台北允晨文化实业公司1994年版，第235页。

婚汉人的蒙古、色目人具有汉化的倾向，或者已经汉化了。”[①]以色目人为主体的通婚圈同样具有多民族属性。如元世祖忽必烈时期的重臣畏兀儿人孟速思及其后裔的通婚圈具有多民族的特点。孟速思的两位妻子分别是畏兀儿人和蒙古弘吉剌部人，其后代的婚姻对象涉及蒙古人、畏兀儿人、汉人、尼泊尔人等[②]。多民族之间结成秦晋之好，说明社会多元开放、兼容并蓄。

明朝继承了元朝多元人群的历史遗产，统治区域内有大量蒙古人、色目人居住。这些人一部分是随着政权更迭由元朝人变为明朝人，如武平伯陈友是回回人，家住元朝的扬州路滁州全椒县，投身于朱元璋的阵营。再如陈埭丁氏的祖先为回回人，于元至正末年迁居陈埭，明朝初年有三人分别加入民籍、军籍和灶籍[③]。另一部分人是由北元、西域、东北等地内附之人。如平章把都帖木儿是蒙古人，原来居住在甘肃塞外塔滩地方，永乐三年（1405年）率妻、子及部属归附，被赐名吴允诚，授予右军都督佥事，后晋封恭顺伯[④]。再如西域鲁密国人[⑤]亦卜剌金、可马鲁丁等人于洪武年间从辽河以北的金山内附明朝，迁居南京[⑥]。

明朝境内的蒙古、色目诸人群被编入户籍，其中内附之人多安插在卫所之中，隶籍军卫。他们逐渐使用汉姓、汉名，并形成多民族的婚姻圈，呈现出民族不断交融的发展趋势。[⑦]

回回人是元代色目人的主体。回回人本身也是一个成分复杂的群体，除了自西域迁入的各族裔移民及其后裔外，还有本土人群的加入。如《荣山李

---

① 洪金富：《元代汉人与非汉人通婚问题初探》（二），《食货》（复刊）第7卷第1期。

② 尚衍斌：《元代多民族交融中的孟速思家族婚姻状况述论》，《民族研究》2020年第5期。

③ 《丁氏谱牒·仁庵府君传》，泉州市泉州历史研究会编：《泉州文献丛刊第三种 泉州回族谱牒资料选编》，1980年，第13页。

④ 《明太宗实录》卷187，永乐十五年四月己卯，中国台湾“中研院”历史语言研究所1962年版，第2000页。

⑤ 鲁密国，《明史·西域传》作“鲁迷”，指奥斯曼帝国。参见张星烺编注：《中西交通史料汇编》第1册，中华书局1977年版，第366页。

⑥ 《敕建净觉、礼拜二寺碑记》，收入（清）刘智：《天方至圣实录年谱》卷20，周燮藩主编《清真大典》第14册，黄山书社2005年版，第352—353页。（清）唐晋徽《清真释疑补辑》一书也收入此碑文，个别字句有差异。参见周燮藩主编：《清真大典》第18册，第93页。碑文注释，可参见冯今源：《三元集》，宗教文化出版社2002年版，第292—295页。

⑦ 参见奇文瑛：《明代卫所归附人研究——以辽东和京畿地区卫所达官为中心》，中央民族大学出版社2011年版。

氏族谱》提到明朝泉州地区有很多色目人，“其间有真色目人者，有伪色目人者，有从妻为色目人者，有从母为色目人者”[①]。这里说的“色目人”实际上指的是“回回人”，说明元代有各种人群通过多种途径改变社会身份成为回回人。到了明代，各种族裔人群汇入“回回人”的进程仍在延续。如荣山李氏的始祖睦斋公（名闾）生活于元明之际，有东湖公（名驽）和直斋公（名端）二子。长子东湖公姓林，即林驽，从事海上贸易，于明朝洪武年间娶色目人为妻，“受戒清净寺教门”，成为回回人；次子睦斋公的后裔姓李[②]。再如戴氏祖先戴诚在明代为军户，明初定居河间府青县。家谱记载了戴诚成为回回人的经过：

> 吾高祖号济贫公，与一缠头僧相契。缠头僧敬佩吾高祖忠爱之志，而劝之，言曰：“公利民之心与古教济贫之意同义也。”希吾高祖退佛门而入古教，称西域回回。[③]

从戴诚开始，青县戴氏成为回回人，并在明清时期发展成为当地的大家族。

明朝中后期，回回人内部出现经堂教育和以儒诠经活动，说明来源多元的回回人在社会文化不断本土化的过程中，形成伊、儒相结合的新文化形式和本土新民族——回族。

10至17世纪中叶，中国经历了从多政权并峙到重新大一统的历史发展过程。这期间，建立政权的主体民族有汉人、契丹、党项、女真、蒙古等，各政权治下人群多元，多民族共同生活，交往、交流频繁。人群身份的变动不居，为社会身份的转变与人群的融合、重组和新生提供了机会，造就了你中有我、我中有你的新局势，推动了中华民族的进一步发展。

---

① 《荣山李氏族谱·垂戒论》，收入泉州市泉州历史研究会编《泉州文献丛刊第三种 泉州回族谱牒资料选编》，1980年，第76页。

② 《清源林李宗谱（择录）》，收入《福建省少数民族古籍丛书·回族卷·家族谱牒》，民族出版社2015年版，第400页；（明）李光缙：《登瀛林氏祠堂记》，《景璧集》上册，曾祥波点校，福建人民出版社2012年版，第401页。

③ 《戴氏宗谱·戴氏谱序》嘉靖十一年（1532年），收入吴丕清、马祥学主编《河北回族家谱选编》，河北人民出版社2006年版，第291页。

文化的同构：从“衣冠南渡”到南北融合

范依畴[*]　贾雨啸[**]

自西晋末年以来，历次“衣冠南渡”，为南方地区输送了大量的人口，与之同去的还有中原的灿烂文化与众多先进的生产技术，南迁汉人与少数民族逐渐融合，共同开发了江淮以及更南区域，使得南方逐渐成为我国的经济与文化的重心所在。与此同时，北方少数民族的纷纷内迁，在百余年间同化于中原汉族，共同致力于中原地区经济与文化的恢复。西晋末年以来的民族大迁徙与大融合，打破了各民族所固有的聚居状态，使我国的人口的地理分布趋于平衡，促进了各族之间经济与文化的交流和边疆地区的开发与建设，推动了我国南北方在文明上的同构和民族之间的融合，对我国统一多民族国家的形成、巩固与发展和中华民族多元一体格局的大中华版图形成具有重要的意义。

一、历史上的“衣冠南渡”

“衣冠南渡”语出唐史学家刘知几《史通》：“异哉，晋氏之有天下也！自雒阳荡覆，衣冠南渡，江左侨立州县，不存桑梓。”[①]“衣冠”本指衣服帽子等用以遮体之物。魏晋时期，朝廷官员以及文人雅士多以“峨冠博带”[②]为装束，以凸显自己的学识与地位。因此，“衣冠”也被赋予特殊的

---

* 范依畴，男，1986年生，民盟盟员，中央民族大学法学院副教授。研究领域为中国法律史、传统法律文化等。在《法学》《政法论坛》《法律适用》《学习与探索》《国家行政学院学报》《暨南学报》《中国社会科学报》等期刊报纸发表论文20余篇，多篇次被人大复印报刊资料《法理学、法史学》全文转载。主持国家社会科学基金青年项目一项，参与国家社会科学基金重点项目、教育部重点研究基地项目若干。曾获首届“中华法学硕博英才奖”三等奖、第五届“中国法律文化研究成果奖”三等奖，并入选“中国法学会研究会青年人才”。

** 贾雨啸，男，1997年生，中央民族大学法学院硕士研究生。

① （唐）刘知几著，浦起龙释：《史通通释》，上海古籍出版社1978年版，144页。

② 指高帽阔衣。

含义，用以代称汉族及汉族所建立的政权。由此“衣冠南渡”泛指中原汉族、汉政权或者说汉文明之南迁。而这样的迁徙，多发生于北方少数民族的入侵或国家政权动乱之际。

（一）西晋末年的人口南迁

西晋末年，结束汉末三国近百年分裂的晋武帝司马炎驾崩，继位者晋惠帝司马衷痴傻不事朝政，贾后弄权乱政终致皇族内乱。八王之乱历时一十六年，中原实力消耗殆尽，北方少数民族趁势而起。永嘉五年（311年），匈奴首领刘聪率军攻陷都城洛阳，焚毁宫室、盗掘陵墓，掳怀帝以还，史称“永嘉之乱”。“雍州以东，人多饥乏，更相鬻卖，奔迸流移，不可胜数。幽、并、司、冀、秦、雍六州大蝗，草木及牛马毛皆尽。又大疾疫，兼以饥馑。百姓又为寇贼所杀，流尸满河，白骨蔽野。刘曜之逼，朝廷议欲迁都仓垣。人多相食，饥疫总至，百官流亡者十八九。”[①]建兴四年（316年），匈奴刘曜攻陷长安，晋愍帝投降，国祚仅五十余年的西晋王朝就此而亡。次年琅琊王司马睿于建康登基称帝，史称“东晋”。匈奴、羌、羯、羝等北方少数民占据中原，开启了“五胡十六国”近百年的动乱时代。

动乱中土崩瓦解的西晋王朝，形成了“晋家天子作降虏，公卿奔走如牛羊”[②]的局面。“时二京倾覆，幽冀沦陷”[③]，大批胡人迁入中原，中原汉人异地而徙。上自皇室贵胄、世家大族，下至黎庶、士民“既南向而泣者，日夜以觊；北顾而辞者，江淮相属”[④]。“衣冠坠涂炭，舆辂染腥膻。国势多危厄，宗人苦播迁。”[⑤]汉民如潮水般越淮渡江，众多“中州士女”如过江之鲫

① （唐）房玄龄等：《晋书·食货志》，中华书局1974年版，第791页。

② （唐）张籍《永嘉行》：“黄头鲜卑入洛阳，胡儿执戟升明堂。晋家天子作降虏，公卿奔走如牛羊。紫陌旌幡暗相触，家家鸡犬惊上屋。妇人出门随乱兵，夫死眼前不敢哭。九州诸侯自顾土，无人领兵来护主。北人避胡多在南，南人至今能晋语。”参见（宋）郭茂倩：《乐府诗集》，余冠英等点校，中华书局1979年版，第1311页。

③ （唐）房玄龄等：《晋书·慕容廆传》，中华书局1974年版，第2806页。

④ （齐）萧子显：《南齐书·王融传》，中华书局1972年版，第818—819页。

⑤ （唐）詹琲《永嘉乱，衣冠南渡，流落南泉，作忆昔吟》：“忆昔永嘉际，中原板荡年。衣冠坠涂炭，舆辂染腥膻。国势多危厄，宗人苦播迁。南来频洒泪，渴骥每思泉。”参见（清）彭定求等编：《全唐诗》，中华书局1960年版，第8643页。

南下，造成江左“百郡千城，流寓比室”[①]的局面。

（二）唐中后期的人口南迁

自隋结束南北分裂之局面，历二世而亡。传承至唐，历经贞观治世，至唐玄宗天宝年间，经济持续发展，社会趋于稳定，唐朝国力达到鼎盛，史称“开元盛世”。但玄宗后期，承平日久，宠幸贵妃，荒废国事。开元十年（722年）朝廷在边地设置兵镇制度，其长官节度使“既有其土地，又有其人民，又有其甲兵，又有其财赋”[②]，遂日渐雄踞一方，尾大不掉。天宝十四年（755年）十一月，身兼范阳、平卢、河东三镇节度使的安禄山，纠集同罗、奚、契丹、室韦等少数民族军队，以“忧国之危”“奉密诏讨伐杨国忠”为借口，于范阳起兵十五万，长驱直入，直逼潼关。次年六月，攻破长安。“由是祸乱继起，兵革不息，民坠涂炭，无所控诉，凡二百余年。”[③]整个中原，“久陷贼中，宫室焚烧，十不存一。百曹荒废，曾无尺椽，中间畿内，不满千户。井邑榛荆，豺狼所嗥，既乏军储，又鲜人力，东至郑、汴，达于徐方，北自覃怀，经于相土，人烟断绝，千里萧条”[④]。

宝应二年（763年），历时七年又两个月的安史之乱始告平定。大唐由此全盛转衰，藩镇割据，作为主战场的河南、河北及关中一带遭到严重破坏，展现出“一代繁华皆共绝，九原唯望冢累累”[⑤]的凄凉景象。相较于北方而言，江南并未受到战火波及，社会相对安定，故北方避兵者继踵南下，正如李白《永王东巡歌十一首》其二所云：“三川北虏乱如麻，四海南奔似永嘉。”[⑥]因此，安史之乱后，中国又一次掀起了人口南徙的高潮。

---

① （梁）沈约：《宋书》律志序，中华书局1974年版，第205页。

② （宋）欧阳修：《新唐书·兵志》，中华书局1982年版，第1328页。

③ （宋）袁枢：《通鉴纪事本末》，中华书局1964年版，第3024页。

④ （后晋）刘昫等：《旧唐书·郭子仪传》，中华书局1974年版，第3457页。

⑤ （唐）杜颜《故绛行》：“君不见铜鞮观，数里城池已芜漫。君不见虒祁宫，几重台榭亦微濛。介马兵车全盛时，歌童舞女妖艳姿。一代繁华皆共绝，九原唯望冢累累。”参见（清）彭定求等编：《全唐诗》第二册，中州古籍出版社2008年版，第677页。

⑥ 全诗为：“三川北虏乱如麻，四海南奔似永嘉。但用东山谢安石，为君谈笑净胡沙。”参见（清）彭定求等编：《全唐诗》，中华书局1960年版，1724页。

（三）北宋末年的人口南迁

宋太祖结束了五代十国之战乱，始建继李唐以来又一大一统王朝之基业。传至徽、钦二宗，其间一百六十七年，与北方少数民族的纷争从未间断。辽被金国所灭后，于宣和七年（1125年），兵分两路，乘胜南下。宋朝廷却是“疏斥正士，狎近奸谀……溺信虚无，崇饰游观，困竭民力。君臣逸豫，相为诞谩，怠弃国政，日行无稽”。①靖康二年（1127年），北宋都城汴梁被攻破，金军挟二帝、后妃、皇子、宗室、贵戚等三千余人北归。“凡法驾、卤簿，皇后以下车辂、卤簿，冠服、礼器、法物，大乐、教坊乐器，祭器、八宝、九鼎、圭璧，浑天仪、铜人、刻漏，古器、景灵宫供器，太清楼秘阁三馆书、天下州府图及官吏、内人、内侍、技艺、工匠、倡优，府库畜积，为之一空。”②史称“靖康之变”。

徽钦二帝，玩物丧志，纵欲败度，终致父子沦胥，社稷芜茀，国破身辱。康王赵构幸免于难，南下登基。北宋就此灭亡，南宋偏安一隅。北方基本被金国所占，大量北方居民不堪忍受金兵的蹂躏，陆续南迁。河东“威胜、隆德、汾、晋、泽、绛民皆渡河南奔，州县皆空”③。“士民扶老携幼，适汝、颍、襄、邓避难者莫知其数。”④“中原人士，扶携南渡，不知其几千万人。”⑤公元1129年，高宗率内侍及亲军渡过长江，百官、百姓随之渡江者数万。为了保证北方难民顺利过江，南宋政府“令有司具舟常、润，迎济衣冠、军民家属”⑥，从而形成了“高宗南渡，民之从者如归市”⑦的再一次南迁高潮。

---

① （元）脱脱等：《宋史·徽宗本纪》，中华书局1977年版，第418页。
② （元）脱脱等：《宋史·徽宗本纪》，中华书局1985年版，第436页。
③ （元）脱脱等：《宋史·钦宗本纪》，中华书局1977年版，第430页。
④ （宋）徐梦莘：《三朝北盟会编》中帙三九，上海古籍出版社1987年版，第482页。
⑤ （宋）李心传：《建炎以来系年要录》，中华书局1988年版，第1422页。
⑥ （元）脱脱等：《宋史·高宗本纪》，中华书局1977年版，第461页。
⑦ （元）脱脱等：《宋史·食货志》，中华书局1977年版，第4340页。

二、“衣冠南渡”对南方的影响

自东汉末年至隋唐一统，分裂是为常态，虽有部分短暂统一，也仅是昙花一现，可以说连年征伐与动乱是这个时期中原地区的主题。南方虽也有流民暴动、统治集团的内讧，但战乱都是短暂且局部的，相较北方仍算安定。另外南方的气候开始转变[①]，加之南方历秦汉以来已有一定程度的开发，具备了一定的物质基础。因此上至公卿，下至黎庶，纷纷南渡，蔚为壮观。

在人口上，北方人民大批南下与南方汉人融合，壮大了南方汉民族的队伍。据谭其骧先生在《晋永嘉丧乱后之民族迁徙》一文中考据，永嘉之乱迁徙南土者约为九十万。[②]葛剑雄先生则进一步考证东晋初期人口约1050万，末期则有1600万至1700万人口之多。[③]到南朝刘宋时期“北方移民及其后裔总数至少应是户口数的一倍有余”。[④]安史之乱期间迁往江淮、江南的人亦是很多，其中前往吴县[⑤]的民众“寓于兹土，叁编户之一”[⑥]。前往荆襄及其更南地区并定居的民众“十倍其初”。[⑦]作为南迁必经之地的鄂州“居未二载，户口三倍”。[⑧]靖康之难后，北方民众又一次南迁，所迁地域分布甚广，遍及南宋各路，江南、江西、福建是移民主要分布区。“建炎之后，江浙、湖湘、闽广，西北流寓之人遍满。”[⑨]“淮民避兵，扶老携幼渡江而南，无虑数十百万。”[⑩]以上南方人口增加如此迅速的原因无疑是北方人口的南下并定居，从而成为南方居民的重要组成部分。同时伴随着人口的南迁，也为南方带来了物质文明与精神文明的充裕。

---

① 竺可桢：《中国近五千年来气候变迁的初步研究》，《考古学报》1972年第1期。

② 谭其骧：《长水集》（上），人民出版社1987年版，第220页。

③ 葛剑雄：《中国人口发展史》，福建人民出版社1991年版，第135—137页。

④ 葛剑雄：《中国移民史》，福建人民出版社1993年版，第412页。

⑤ 现江苏省苏州市。

⑥ （清）董诰等编：《全唐文》卷519《吴县令厅壁记》，中华书局1983年版，第5273页。

⑦ （后晋）刘昫等：《旧唐书·地理志》，中华书局1974年版，第1552页。

⑧ （清）王琦注：《李太白全集》武昌宰韩君去思颂碑，中华书局1977年版，第1380页。

⑨ （宋）庄绰：《鸡肋篇》各地食物习性，中华书局 1983年版，第36页。

⑩ （宋）杜范：《清献集》卷8《便民五事奏札》，《四库珍本丛刊》本，北京线装书局2004年影印本第78册，第388页。

在农业上，人口迁移本来就是劳动力、生产工具和生产方式的复合式传播。北方南下移民在参与所有农业活动的过程中，不仅带来了先进的农业生产工具，而且成了水稻插秧与稻麦复种两项技术的携带者与推广者，这两项技术结束了江南地区火耕水耨的粗放农业，使江南实现了精耕细作，极大地提高了生产力。并将土地利用率从50%提升至100%，又从100%提升至200%。[①]由此，粮食产量不断提高，有效地增加了社会财富，为商业的发展奠定了一定的经济基础。

在商业和经济上，三次大规模的人口南迁及历次小规模人口迁徙，除众多农民以外，大量手工业者也涌入南方广大地区，带动了南方商业发展，促进了南方经济的开发。南方的经济水平自晋、唐至于两宋逐渐凌驾北方之上。“自晋氏迁流，迄于太元之世，百许年中，无风尘之警，区域之内，晏如也。及孙恩寇乱，歼亡事极，自此以至大明之季，年逾六纪，民户繁育，将曩时一矣。地广野丰，民勤本业，一岁或稔，则数郡忘饥。会土带海傍湖，良畴亦数十万顷，膏腴上地，亩直一金，鄠、杜之间，不能比也。荆城跨南楚之富，扬部有全吴之沃，鱼盐杞梓之利，充仞八方；丝绵布帛之饶，覆衣天下。”[②]及至宋之南渡，对金既不能伸其挞伐，屈膝求和，唯有敲脂剥髓，以奉岁币，而国内又仍不得不养军以自守，使得南宋长期处于“战时状态”。在此情形之下，宋朝政府，改变商业政策，增长商税，加强禁榷，发行纸币。由于陆上丝路不畅，施行较为开放的海上贸易政策，造船与航海技术发达，海上丝绸与瓷器贸易空前繁荣，形成“国家根本，仰给东南”[③]的局面。正如钱穆先生所说：“南宋疆域，较之全宋时仅及其半，而其国用赋入，乃超出于全宋之最高额。”[④]

在精神与文化上，永嘉南渡中，作为学术文化传承重要载体的士人大量南迁。这些来自发达地区，且之前多位于社会上层的南渡侨民，其社会地位、文化水平、经济实力高于社会平均水平，其生活方式与社会观念也在客

① 韩茂莉：《论北方移民所携农业技术与中国古代经济重心南移》，《中国史研究》2013年第4期。

② （梁）沈约：《宋书·孔靖传》，中华书局1974年版，第1540页。

③ （元）脱脱等：《宋史·范祖禹传》，中华书局1977年版，第10796页。

④ 钱穆：《国史大纲》，商务印书馆1996年版，第623页。

观上得以传播到江淮以及更南的地区。中原士族相对强大的文化感染力以及其合乎礼仪的举止言行也为江南民众所效慕，在一定程度提升了南方原住民的知识水平与文化修养。这就使得永嘉之乱后断裂于中原的魏晋文化传统在异地蓬勃而起，一个以建康[①]为重心的汉文化中心，以中华文化主体地位的姿态在江南地区重新崛起。以至于在南北朝对峙时期，北方人士全然奉南朝为正朔。正如前秦王猛曾对苻坚所言：“（东晋）虽僻陋吴越，乃正朔所承。”[②]杜佑在《通典》卷一八二《州郡典》叙扬州风俗云：“永嘉之后，帝室东迁，衣冠避难，多所萃止，艺文儒术，斯之为盛。今虽闾阎贱品，处力役之际，吟咏不辍。”[③]王通亦在《中说》卷七中曰：“江东，中国之旧也，衣冠礼乐之所就也。”[④]这足以说明衣冠南渡与南方文化提升息息相关，衣冠士人对于南北方文化的交流与传播起到了非常积极的作用。

在政治法律方面，西晋立国便以门阀士族为支撑，其地位不断上升，政治势力不断膨胀。在“九品中正制”与“品官占田荫客制”的影响之下，门阀士族与国家统治阶层融为一体并控制着国家政权。永嘉南渡后，东晋虽名义上为司马政权的延续，但司马氏在政治上威望并不很高，朝廷式微，由世族大家所把持（如琅琊王氏出身的王敦、王导，陈郡谢氏出身的谢安、谢玄等），后终被“刘宋”所取代。南朝基本上均承袭晋律，但统治者尚佛学与玄学，蔑弃礼法，以清谈为高雅，以法理为俗务，优于辞章而疏于律令。尽管南朝朝代更迭较快，但其嫡传华夏之正朔，延续晋的政治与法律制度长达数百年之久，在南方造成长久且深远的影响。南渡后的南宋依然承继北宋的政治与法律制度，在吸取唐亡之教训之上，实行“强干弱枝”的政策，在中央地方权力、官僚机构、司法、军权等方面不断加强中央集权，为维护国家内部统一、社会稳定和经济发展提供了良好的国内环境。可以说，在偏安之前，南方的政治制度其实与北方并无多少差别，但在法律上，南宋在继承《建隆重详定刑统》之后，根据社会发展的实际情况将关于行政、财税、

① 今江苏省南京市。
② （唐）房玄龄等：《晋书·苻坚载记下》，中华书局1974年版，第2933页。
③ （唐）杜佑撰，王文锦等点校：《通典·州郡十二·风俗》，中华书局1988年版，第4850页。
④ （隋）王通撰，郑春颖：《文中子中说译注》述史篇，黑龙江人民出版社2003年版，第130页。

经济以及刑狱方面的敕、令、格、式依事项分门别类综合编纂为《条法事类》，方便司法官员检索的同时亦加强了敕令格式之间的内部协调，促进了南方社会的进一步发展。

永嘉之乱与靖康之难，虽都是朝廷搬家，但宋室南迁之时，经历代南迁之人的辛苦经营，江南吴越之地已是全国经济文化发达地区。科举中举、任官人数等方面，南人已占明显优势。可以说，宋室即使不南迁，经济文化中心南移的趋势已然无法阻挡。

三、“衣冠南渡”促成南北同构和融合

由上文可知，三次大规模的“衣冠南渡”，北方人口大量涌向南方，开发了江南以及更南的区域，为南方带来充足的劳动力、成熟的生产技术与经验、先进的政治与文化，极大地刺激了南方经济的增长，使得中国古代的经济重心逐渐南移。除此之外，更重要的是，这些进步与影响直接或者间接地促成了南北同构与民族的融合。吕思勉先生曾评价其为：“斯时代之大事，尤莫如南北意见之渐见融合”，“亦我民族合同而化之一重要关键也”。[①]汉人先进的技术与文化，无疑又成为凝聚其他民族和实现民族融合的中心与纽带。北方民族不断给汉人输入新的血液，汉族也同样充实了其他民族。[②]

作为凝聚核心的汉族，其前身华夏族实际控制的地方比较有限。《尚书》载：“禹别九州，随山浚川，任土作贡。禹敷土，随山刊木，奠高山大川。”[③]禹作为部落联盟时期治理水患的领导者，“会诸侯于涂山，执玉帛者万国”[④]。不仅划分了华夏族基本的生活范围——九州，并在此之上建立第一个奴隶制王朝。而九州也成了描述古代行政疆域基本名称，大抵包括了黄河中下游和长江下游的地区。[⑤]至始皇帝统一全国，向南取百越之地，疆域方才扩展至长江以南的广大区域，“置桂林、南海、象郡，以谪徙民，与越杂处

① 吕思勉：《两晋南北朝史》（下），中国友谊出版公司2009年版，第711—712页。
②⑤ 费孝通：《中华民族的多元一体格局》，《北京大学学报（哲学社会科学版）》1989年第4期。
③ （清）阮元校刻：《十三经注疏·尚书正义》禹贡，中华书局1989年版，第146—153页。
④ （唐）孔颖达：《春秋左传正义》，北京大学出版社1999年版，第 1641页。

十三岁”[①]。但主体多为百越等少数民族之人。而对于江南之地而言，《史记》有云：“江南卑湿，丈夫早夭……楚越之地，地广人稀，饭稻羹鱼，或火耕而水耨。”[②]可见，当时的江南虽物产丰盈，土地辽阔，但在气候上并不适宜人口居住，生产技术亦是十分落后。虽历两汉及三国东吴政权的开发，不少汉人进入少数民族聚居区，逐渐形成华夷交错居住的局面，但在魏晋南北朝时期，分布在江淮、江沔之间的蛮族仍“种类繁多，言语不一，咸依山谷”[③]，“衣布徒跣，或惟髻，或剪发。兵器以金银为饰，虎皮衣楯，便弩射”id。也正是在这个时期，汉人由于分裂动乱开始向四方迁徙，与非汉诸族进行了长期的接触与混杂，汉正式成为族称，即指中原原有居民的称呼。[⑤]

自永嘉之乱后的几百年间，有祖逖北伐、淝水之战、北魏南侵等战争的爆发，北方汉人越淮渡江以避祸乱。南渡的汉人根据其出发地不同以及迁徙路程的关系分别迁居于淮水及长江下游、汉水及长江上游。[⑥]东晋和南朝朝廷设有侨居州县来安置这些移民。当然也有汉人为了躲避战乱与繁重的赋役从而直接迁入蛮、俚、僚、爨等少数民族的聚居地。“蛮民顺附者，一户输谷数斛，其余无杂调。而宋民赋役严苦，贫者不复堪命，多逃亡入蛮。”[⑦]在南朝萧齐时，由于荆州、雍州两地的汉人大量涌入蛮区，朝廷“以临沮西界，水陆纡险，行迳裁通，南通巴、巫，东南出州治，道带蛮蜒，田土肥美，立为汶阳郡，以处流民”[⑧]。与此相对，少数民族也通过自然抑或强制的方式不断迁徙到汉族的聚居地区[⑨]。其实早在三国时期，占据江东的孙权就由于山越一族“好为作乱，难安移动”，便以“强者为兵，羸者补户”[⑩]的政策，

---

① （汉）司马迁：《史记·货殖列传》，中华书局1982年版，第2967页。

② （汉）司马迁：《史记·货殖列传》，中华书局1982年版，第3267页。

③ （齐）萧子显：《南齐书》蛮传，中华书局1972年版，第1007页。

④ （齐）萧子显：《南齐书》蛮传，中华书局1972年版，第1009页。

⑤ “民族是一个具有共同生活方式的人们共同体，必须和‘非我族类’的外人接触才发生民族的认同，也就是所谓的民族意识，所以有一个自在到自觉的过程。”“汉族这个名称不能早于汉代，但其形成则必须早于汉代。”参见费孝通：《中华民族的多元一体格局》，《北京大学学报（哲学社会科学版）》1989年第4期。

⑥ 参见谭其骧：《长水集》（上），人民出版社1987年版，第219页。

⑦ （梁）沈约：《宋书·夷蛮传》，中华书局1974年版，第2396页。

⑧ （齐）萧子显：《南齐书·州郡志》，中华书局1972年版，第273页。

⑨ 白翠琴：《论魏晋南北朝民族融合对汉族发展的影响》，《民族研究》1990年第3期。

⑩ （晋）陈寿：《三国志》，中华书局1982年版，第1343、1344页。

镇压招抚山越一族。使得大量的山越民众定居平地，并设立新郡课以赋税，逐渐使其汉化。自东晋南朝以来，豫州蛮族、荆州蛮族、雍州蛮族也逐渐从山谷出居到江、汝、淮、颍之间，与汉族杂居，朝廷设左郡左县予以管理。除了蛮族自愿出居外，东晋南朝朝廷也将于征战中俘获的蛮族民众迁至广陵[①]、建康一带。[②]如雍州刺史武陵王骏就曾“讨缘沔蛮，移一万四千余口于京师”[③]。由此可知，这一时期的南方地区，有汉人通过各种途径入蛮族，亦有蛮族以自愿或者强迫的方式入汉，成为朝廷的编户齐民。通过这样迁徙杂居、结姻联盟，左郡左县的设置等推进了民族的融合[④]，使得双方放下成见，消除隔阂，极大地促进了当时南方各少数民族与汉民的交融。在长期的历史过程中，汉族与其他少数民族相互补益，在政治、经济、文化以及社会生活中基本已无二异。正如《隋书》中记载：“浸以微弱，稍属于中国，皆列为郡县，同为齐人，不复详载。”[⑤]对于上文中的荆州蛮与雍州蛮，则是“其与夏人杂居者，则与诸华不别”[⑥]。僚人“初因李势后，自蜀汉山谷出，侵扰郡县。至梁时，州郡每岁伐獠（僚）以自利，及后周平梁益，自尔遂同华人矣”。[⑦]俚人亦是“渐袭华风，休明之化，沦洽于兹”[⑧]。虽然封建时代的民族融合与民族政策并非像今天一样开明，甚至存在歧视、压迫与征服这样的局限性，但是这样的历史事实确实加速了汉族与江南各少数民族之间的广泛联系。不仅使汉文化得以在江南地区广泛传播，从长江中游向南，沿湘水流域、郁水流域向两岸扩张，由点线联成面，并延伸到今四川、江西以及云南等地少数民族聚居区[⑨]，直接促进了当地民族经济与文化的发展。同时，少数民族文化也深刻影响了汉族文化，为汉族社会注入了新的血液。相较于北方

---

① 今江苏省扬州市广陵区。

② 白翠琴：《论魏晋南北朝时期民族的迁徙与融合》，《中央民族学院学报》1987年第1期。

③ （梁）沈约：《宋书·文帝本纪》，中华书局1974年版，第37页。

④ “南方统治者某些有助于民族融合的措施。第一，重用汉族世家，制定封建官制礼仪。第二，兴办教育，崇尚儒学。第三，劝课农桑，制定租赋制度。”参见白翠琴：《论魏晋南北朝时期民族的迁徙与融合》，《中央民族学院学报》1987年第1期。

⑤ （唐）魏征：《隋书·南蛮传》，中华书局1973年版，第1831页。

⑥ （唐）魏征：《隋书·南蛮传》，中华书局1973年版，第897页。

⑦ （唐）杜佑：《通典·南蛮》，中华书局1988年版，第5051—5052页。

⑧ （清）陈梦雷：《古今图书集成》第168册《方舆汇编·职方典》高州府部，中华书局1934年版，第4页。

⑨ 白翠琴：《论魏晋南北朝时期民族的迁徙与融合》，《中央民族学院学报》1987年第1期。

的长期动乱，在南方相对平稳的社会环境之下，民族的融合使得江南以及更南区域得到了更为迅速的开发。

相较于南方的民族融合而言，北方的民族融合则更为庞大且复杂。西晋王朝的持续内耗，使得北方少数民族得以乘机而入。在汉人“衣冠南渡”的同时，北方以匈奴、鲜卑、羯、氐、羌为主的少数民族开始了大规模、大范围的东进、南下，其地域占据了黄河中下游的甘肃、陕西、山西、河南、河北等地。这些少数民族在中原相继建立政权，为争夺土地、人口及财产相互征伐，极大地破坏了中原地区人民的生活秩序。但不可置否的是，将近四百余年的时间里，遗留在北方的汉人与各少数民族相互交融，长期杂居，通婚繁衍，进行生产生活，逐渐实现了与汉族的高度融合。首先，在高度发达的中原文化与汉族拥有先进的生产技术的大背景下，内迁的民族逐渐放弃游牧生活，转向非常稳定的农耕定居生活，加之各族统治者采取诸多鼓励农业的措施，尤其是在北魏孝文帝改革中推行均田制和三长制，彻底瓦解了各族原有的组织系统。内迁的各个少数民族在经济基础改变的情况下，上层建筑逐渐向封建化转变，形成少数民族贵族门阀化，少数民族人民封建依附化。[①]其次，定居生活十分有利于中原先进文化的传播与各民族之间的相互联姻。内迁的各族中部分统治者对于中原文化较为推崇，不仅学习儒家经典，更是推广汉语为通用语言。此外，北方少数民族统治集团多与汉族联姻，一般民众偶有通婚，使得少数民族与汉族在生活习惯以及血统上的区别逐渐消失，融为一体。尤其是在隋唐时期，鲜卑族虽被完全汉化，但其后裔在两朝朝堂，无论君臣都有着举足轻重的地位。最后，内迁的少数民族统治者在国家政策上推行汉化，如前秦苻坚、前赵刘曜，尤其是北魏孝文帝改革，将少数民族政权汉化政策推向顶峰，具体包括改官制、田制，断北语、改汉姓，迁都洛阳等，这都为鲜卑族汉化起到了突出的作用。[②]汉化的成效从南朝梁人陈庆之对北魏新都洛阳的评价中便可窥得一二：“吾始以为大江以北皆戎狄之乡，比至洛阳，乃知衣冠人物尽在中原，非江东所及也。”[③]这些融合的途径与结

① 白翠琴：《论魏晋南北朝时期民族的迁徙与融合》，《中央民族学院学报》1987年第1期。

② 王福应：《魏晋南北朝时期北方民族大迁移与大融合论略》，《忻州师范专科学校学报》2000年第2期。

③ （宋）司马光编著，（元）胡三省注：《资治通鉴》卷153，中华书局1956年，第4766页。

果恰恰印证了恩格斯在《反杜林论》中曾提出的经典论断：“在长期的征服中，比较野蛮的征服者，在绝大多数情况下，都不得不适应征服后存在的比较高的‘经济情况’，他们为被征服者所同化，而且大部分甚至还不得不采用被征服者的语言。”[①]北方的民族大融合极大地增强了中原人民的活力，促进了中原地区社会经济文化的恢复与发展，对中华民族的形成与发展亦具有重要的意义。

魏晋南北朝时期尤其是永嘉之乱后，民族同化与民族融合是这一时期历史发展的关键词。内迁于黄河中下游地区的匈奴、鲜卑、羯、氐、羌等北方少数民族与汉民族在近四百年时间同化从而融为一体，而在长江中下游以及更南地区，南渡的汉人与山越、诸蛮族交错而居，相互补益。在广泛且持续的移民中，汉族与周边各少数民族之间的频繁接触、交流与沟通，使得民族间既产生了碰撞、冲突、摩擦和竞争，更是相互吸纳、整合、融合与同化。[②]这不仅极大地促进了少数民族本身的发展，而且为汉族社会的发展提供了新视野，打开了新局面，注入了新血液。更重要的是，各族人民共同为恢复中原地区的繁荣和进一步开发江南地区做出了巨大的贡献，并且为中华民族多元一体格局奠定了基础。

相较于永嘉之乱后民族迁徙持续之久，民族数量之多，迁徙地域之广，唐中期安史之乱与宋代靖康之变后民族迁徙的力度则远不及之。可以说，永嘉以来，北疆之各民族向中原内迁与中原汉民族向辽东、河西、西南、江南以及更南区域的扩散是史无前例并且具有开创性意义的。首先，这个时期持续的移民潮，打破了自中华民族传说时代起就逐渐形成的各民族分族聚居的分布格局[③]，使得其相对稳定的聚居状态开始破裂，民族人口分布的地理格局开始重新洗牌。汉人的举族南下与胡人的大量内迁，无论其在迁移手段上的自然性或者强制性，其结果都使得滞留北方的汉人与胡人、南迁汉人与蛮人犬牙交错，相互杂居，形成“你中有我，我中有你”的局面，相互影响，相互涵浸，推动了各民族之间的相互融合。其次，大规模的民族迁徙不可避免

① 恩格斯：《反杜林论》，人民出版社1970年版，第180页。
② 杨华山：《论移民与民族融合》，《贵州社会科学》2003年第4期。
③ 即华夏人在中央，其他民族分列四方的地理格局。

地带来的文化的传播与相互认同，而文化恰恰具有整合社会的重要功能。文化是民族的重要标志和核心要素，一个民族共同体的稳定主要依靠共同的民族文化来支撑和维系。[①]在陈寅恪先生看来：“精神文化方面尤为融合复杂民族之要道。”[②]“文化整合是一个漫长的历史过程。文化整合同民族融合一样，是在不断交往、冲撞中逐渐糅合在一起的。”[③]文化的传播带来了各民族尤其是少数民族在生活习惯、居住方式、饮食习俗、服饰发式、所用语言以及宗教习惯等各个方面的诸多改变。同时，少数民族对于汉族的生活习惯与文化习俗也有诸多影响，正如吴宓先生在《空轩诗话》中说的：“寅恪尝谓唐代以异族入主中原，以新兴之精神，强健活泼之血脉，注入于久远而陈腐之文化，故其结果灿烂辉煌。”[④]虽然此话在说有唐一朝，但其在叙述少数民族对汉文化的影响上还是十分贴切的。民族迁徙为各民族既注入了新鲜血液，又增添了新的活力，从某种意义上讲，都大大地丰富了该民族的物质文化和精神文化。[⑤]最后，正如上文所说，王室南迁，世家大族、官僚权贵、工艺匠人、市民百姓也纷纷南渡，使得长江流域人口成倍增长，文化层次大大提高，先进的农业技术与手工业技术传入，大量土地得到开发，手工业、商业空前繁荣。经过东晋百年经营，到南北朝时期，都城建康和东南沿海地区发展成为全国的文化中心和经济中心。长江流域的经济逐渐超过黄河流域，成了支撑中国经济的核心。虽然北方在一定时期经济有所恢复，但作为历次战乱的主战场，终是不敌于南方。此后，经历代南迁人民与南方少数民族的共同经营，南方的政治、经济、文化发展迅速，成为中国经济与文化的中心。经过元代的融合与发展，到明清时期，江南已达到鼎盛、成熟状态。从秦汉至南宋，江南地区与中原的经济文化交流，主要为中原影响江南，而到了明清时期，情况却有了反转，成了江南影响中原。一千多年间，大规模的民族迁徙、民族同化、民族融合，可谓是历尽沧桑之变，南北在文化上的认

---

① 李克建：《历史上的文化整合与民族认同——以北朝后期为分析中心》，《西南民族大学学报（人文社会科学版）》2014年第6期。

② 陈寅恪：《唐代政治史述论稿》，上海古籍出版社1982年版，第15页。

③ 刘振华：《民族融合与文化整合——论陈寅恪魏晋南北朝史研究》，《扬州大学学报（人文社会科学版）》2001年第6期。

④ 蒋天枢：《陈寅恪先生编年事辑》（增订本），上海古籍出版社1997年版，第75页。

⑤ 李克建：《再论魏晋南北朝的民族迁徙》，《西南民族大学学报（人文社会科学版）》2006年第6期。

同与互促推动了中华民族的凝聚和统一。

作为四大古文明之一的华夏文明之所以在其他文明皆消散于历史的滚滚洪流中时却独自存留于世，仍然屹立于世界的东方，中华文化之所以不似西方文化在日耳曼人入侵后一度中断，而是绵延不绝，一脉相承，这与我们民族包容并蓄、博采众长的民族特性是分不开的。无论是北方少数民族在遇到汉文明时的不断同化，抑或是中原文明在汉末魏晋之后不断南迁，在江淮以南扎根，并开枝散叶，均实现了南北文明的同构与融合。这都对中华文明的不断发展与构建中华民族多元一体格局的大中华版图具有十分重要的意义。

西南地区融入华夏一体的历史进程

蒋爱花[*]　杜峥弈[**]

苏秉琦先生曾概括中国历史为“超百万年的文化根系，上万年的文明起步，五千年的古国，两千年的中华一统实体。”[①] 这百万年前的历史，就扎根且留存在西南大地。我国的西南地区自古便是多民族汇聚之地，各民族数千年的演进形成了自在的实体。西南各民族的文明之火，映射出漫天璀璨星光，彼此交相辉映。在与中原的频繁互动中，这种自在逐步转变为华夏化的自觉。中国历史数千载的进程里，西南生发出对中央政权的心理认同、文化认同、政治认同，中央政权也逐步成为西南最深沉的情感归属。

一、远古秦汉：携手开拓的文化演进

早在远古时期，西南地区就已展现出摇曳生姿的文化魅力，蒙昧初开的年纪，便显示着出人意料的文明曙光。生活在距今170万年前的云南元谋猿人，是迄今为止发现的中国乃至亚洲最早的人类之一。四川资阳、贵州招果洞、广西百色等地的遗址无不彰显着西南的旺盛活力。

夏、商时期，西南已开始与中原地区产生碰撞与融合。当时云南属中国九州之一的梁州，反映了华夏先民对这片热土的认识与接纳。殷周时期，云南被称为“百濮之国”。中原的视野不断开阔，西南的轮廓在华夏先祖的眼中也日益清晰。蚩尤被炎黄部落击败后，其余部众往西南方向迁徙，定居于

---

* 蒋爱花简介见本书94页注。

** 杜峥弈，男，1998年生，中央民族大学历史文化学院2020级硕士研究生，研究方向为隋唐五代史。曾参加山西省大学生史学论坛、陕西师范大学与中国唐史学会等共同举办的第二届“藩镇时代的政治与社会”工作坊。参与国家民委民族研究项目《隋唐多民族交往交流交融研究》、四川省社会研究基地武则天研究中心重点项目《墓志文献中武周新字的整理与研究》等。

① 苏秉琦著，赵汀阳、王星选编：《满天星斗：苏秉琦论远古中国》，中信出版社2016年版，第84页。

当地崇山峻岭间，成为今日苗族的前身。在神话传说中，华夏始祖黄帝为其子昌意迎娶到了蜀山氏之女昌仆为妻，昌仆生子高阳，即为五帝之一的颛顼。[①]徐中约先生曾说："经过长期的发展，夏人分为两支，一是姜姓民族，这是周朝母系的祖先；一是羌族，后来变成了留居于四川、青海、甘肃一带的少数民族。"[②]《尚书·牧誓》中记载武王伐纣的"西土八国"中也有蜀人的影子。[③]

三星堆是先秦时期西南文明浓墨重彩的一笔，三星堆出土的青铜尊、罍等器物的造型基本仿照中原风格，只在纹饰上稍显本地特色。铜铃、铜牌饰等文物的文化属性较为明确，源自二里头文化应该毫无疑问，因为除三星堆以外，只有二里头遗址的高级墓葬里出现过铜牌饰。[④]霍巍先生认为，三星堆出土青铜器与文献中关于原始宗教仪式的记载相符，侧面证明了三星堆文明是中华文明大家庭中颇富特色的一员。[⑤]三星堆文明的发现向世人展现了西南文明的奇绝瑰丽，它的辉煌成就既有古蜀先民的辛苦劳作，也有西南同中原交流的影子。三星堆遗址中的礼器同中原二里头文化礼器关系密切，遗址中曾出土玉璋和牙璋。玉璋是由中原二里头文化制作，通过陇西、陇南、川西北一线传入蜀地，反映了二里头文化人口的迁徙。三星堆文化留有二里头文化所属的夏文化某些礼制。这些礼器的发现表明古蜀曾接受过"夏"的洗礼，大禹源自西羌的说法则是历史真相的印证。尽管三星堆祭祀坑的时代晚于二里头，但这种现象反映着中原风俗在西南的延续。[⑥]牙璋仅是远古时期西南同中原文化交流的一个缩影。三星堆遗址中还出土了为数众多的陶器，如豆、鬲、盉、觚等。这些陶器演变轨迹清晰，可见它们在时人生活中占据重要地位。而盉、觚又是二里头文化的重要礼器，尤其是像盉结构如此复杂的器形，只有在特殊需求的情况下才会被大量生产，没有专业技术和范本也难以设计和制造出来。[⑦]因而从陶器方面来看，以三星堆为代表的古蜀国深受

---

① 《史记》卷1《五帝本纪第一》，中华书局1982年版，第10页。
② 徐中舒：《先秦史论稿》，巴蜀书社1992年版，第15—29页。
③ （宋）蔡沈撰：《书集传》卷4《周书·牧誓》，王丰先点校，中华书局2018年版，第153页。
④ 向桃初：《三星堆文化的形成与夏人西迁》，《江汉考古》2005年第1期。
⑤ 成博：《霍巍：从文明互鉴角度拓宽三星堆文明认知的视野》，《四川日报》，2022年11月4日第9版。
⑥ 李竞恒：《三星堆文化与中原文明的关系》，《巴蜀史志》2021年第5期。
⑦ 向桃初：《三星堆文化的形成与夏人西迁》，《江汉考古》2005年第1期。

中原影响，双方交流已然十分深入，蜀国与内地上演着一段段异彩纷呈的文明对话。

在西南各省中，四川最先投入了华夏的怀抱。春秋早期，关中已与蜀地展开了商贸往来，“及秦文、德、缪居雍，隙陇蜀之货物而多贾。”[①]周慎王五年（前316），秦兵进入巴国和蜀国，施行郡县与土长结合的治理方式，其后在两国故地设立巴郡、蜀郡。秦国又在巴蜀设立成都等三城，采用咸阳的制度，建仓库，置管理盐铁交易的官吏。[②]战国时期，李冰治理巴蜀卓有成就，他修筑都江堰后，成都平原“水旱从人，不知饥馑，时无荒年，天下谓之天府也。”[③]秦国借此获得了充足的物质保障，最终统一天下，创造出九州共贯、六合同风的华夏盛世。

云南与内地交融的画卷，也在这一阶段徐徐铺开。此时的云南，主要分布着哀牢、昆明、滇等族群，各族群之间混融杂居，少数部族与中原的交流也初露端倪，其中哀牢国浸染中原风俗，出现了内地兴盛一时的青铜编钟。楚威王在位期间，楚将庄蹻兵临滇池。《史记·西南夷列传》记载“以兵威定属楚。欲归报，会秦击夺楚巴、黔中郡，道塞不通，因还，以其众王滇，变服从其俗，以长之。”[④]这支来自楚国的外地部队变换服饰，入乡随俗，建立了滇国，融入多民族汇聚之地，开启了云南同内地大规模交流交往交融的先河。川滇诸省的人文遗迹是中华文明在西南大地上的重要分支，延展着“中国”的内涵。

秦汉时期，西南与内地的互动交流持续深入。秦始皇“奋六世之余烈”，[⑤]一统宇内，将王化播布于云南的山山水水。司马迁写道：“（常頞）略通五尺道，诸此国颇置吏焉。”[⑥]秦始皇为了加强中原与西南地区的联系，在李冰所通僰道的基础上开筑了一条由四川盆地通往云贵高原的重要道路。修“五尺道”，在云南派官“置吏”，标志着中央王朝对云南正式统治的尝

---

① 《史记》卷129《货殖列传》，中华书局1982年版，第3161页。

② 方铁主编：《西南通史》，中州古籍出版社2003年版，第148页。

③ （晋）常璩撰：《华阳国志校注》卷3《蜀志》，刘琳校注，巴蜀书社1984年版，第202页。

④ 《史记》卷116《西南夷列传》，中华书局1982年版，第2993页。

⑤ 《史记》卷48《陈涉世家》，中华书局1982年版，第1963页。

⑥ 《史记》卷116《西南夷列传》，中华书局1982年版，第2996页。

试。云南特有的地形使得江岭阻塞，中原地区则通过道路的毛细血管，将内地治理体系与治理理念移植于此。《史记》中记载："邛、筰、冉、駹者近蜀，道亦易通，秦时尝通为郡县。"[①]崎岖山路上承载着西南与中原不绝如缕的文化交流，以往双方互动相对单一的局面被大大突破。

处理完六国事务，秦始皇随即放眼南部百越，派五十万大军南下，"南取百越之地，以为桂林、象郡。"[②]为解决行军途中的人员、物资运输问题，秦朝开凿灵渠，打破了中原与岭南的隔膜，拉近了双方距离，又不断征发平民、贬官南下，大量中原军民落籍岭南，与土民一道生息繁衍，客观上促进了五岭南北的经济文化交流，适应了岭南社会发展趋势。[③]

秦朝因暴政迅速覆亡，其对西南的治理却并未随之湮没，西汉承继前朝余绪，在秦的基础上多有发挥。"益州险塞，沃野千里，天府之土，高祖因之以成帝业。"[④]刘邦即凭借经营四川盆地获取充足的资源，进而在天下大乱的局面中定鼎中原。

之后，汉朝在巴蜀设立郡县，中原文化在当地广为流传，巴蜀因而涌现出大批名噪一时的文人墨客。"司马相如游宦京师诸侯，以文辞显于世，乡党慕循其迹。后有王褒、严遵、扬雄之徒，文章冠天下。"[⑤]夜郎自大的故事就发生在此时。"滇王与汉使者言曰：'汉孰与我大？'及夜郎侯亦然。以道不通故，各自以为一州主，不知汉广大。"[⑥]尽管夜郎自大成为当时乃至以后的笑话，但研究发现，夜郎并不是当时西南最大的政权，而是滇。不过，西南独立一隅的局面很快就被和为一家的情形所替代。

汉武帝经略四夷迎来了西南融入华夏文明的一个高峰。刘彻在位期间开西南夷，将原先的部族逐一统合，相继在云南设立犍为、牂牁、武都等郡，并"赐滇王王印，复长其民"，以其地为益州郡。滇王降，武帝设益州郡，领县27个。[⑦]《史记·西南夷列传》的出现不仅司马迁是的个人兴趣使然，

① 《史记》卷117《司马相如列传》，中华书局1982年版，第3046页。
② 《史记》卷6《秦始皇本纪第六》，中华书局1982年版，第280页。
③ 郭在忠：《秦始皇经略岭南越人地区述议》，《民族研究》1983年第6期。
④ 《三国志》卷35《诸葛亮传》，中华书局1982年版，第912页。
⑤ 《汉书》卷28下《地理志第八下》，中华书局1962年版，第1645页。
⑥ 《史记》卷116《西南夷列传》，中华书局1982年版，第2996页。
⑦ 《史记》卷116《西南夷列传》，中华书局1982年版，第2997页。

更意味着中原对西南地带族群的关注。考古文物极大丰富了史书对滇国的记载。在古滇国都邑遗址附近，大量汉代封泥和简牍陆续出土，其中包括“滇国相印”“益州太守章”等官方的封泥，表明西南行政已呈现出鲜明的“中原化”色彩。千余片简牍之中，已被辨识出“滇池以亭行”“罪当死”“始元四年”（前83）等内容。可见西汉中央在行政司法方面已对云南进行了有效管辖，这也是云南跨入统一多民族国家形成过程的实证。

东汉在今保山设永昌郡，亦属益州刺史部，对西南的统治进一步深入。东汉对西汉郡县制度有所发展，把西汉时期在边疆少数民族聚居地区的属国升格为比肩郡的行政机构。[①]东汉的管辖使西南地区呈现出蓬勃向上的发展局面，众多土著居民仰慕东汉风俗，纷纷携众内附。汉明帝永平年间（58–75），“前世所不至”，据传户口六百万以上的白狼等百余国“举种贡奉，称为臣仆。”[②]至此，中国在西南的疆域已大体奠定。西南是统一多民族国家中不可分割的部分，秦汉对西南的治理，使之在中华民族的文化坐标中找到了自身的独特定位。

二、魏晋隋唐：由内而外的华夏认同

魏晋已降，天下纷扰，西南与汉地的联系日益密切。通过刘备君臣的励精图治，巴蜀已完全内地化，并成长为比肩北方、东南的重要力量。东汉、三国时期大量汉人入滇，他们当地百姓融合的过程中逐渐成为影响一方的“南中大姓”，南中即云南、贵州、川西南。如豪族雍闿曾经拉拢夷人首领孟获起兵来反对蜀汉的统治，之后诸葛亮七擒七纵，恩威并施，这不仅成为妇孺皆知的故事，也成为蜀汉政权在民族治理方面的谋求团结的生动例证。平叛之后，诸葛亮为实现南中长治久安，十分注意收揽诸族人心，采取恩威并用的统治方法，精心挑选官吏。[③]如监军霍弋在职期间“抚和异俗，为之立

① 方铁主编：《西南通史》，中州古籍出版社2003年版，第95页。

② 《后汉书》卷86《莋都列传》，中华书局1965年版，第2855页。

③ 方铁主编：《西南通史》，中州古籍出版社2003年版，第167页。

法施教，轻重允当，夷重安之。”[①]经由蜀汉的苦心经营，南中大治，“蜀中赋出叟、濮，耕牛战马金银犀革，充继军资，于时费用不乏。”[②]诸葛亮的一系列为政举措重塑了南中诸族的互动格局，展现出西南与中原之间的相融性与共通性。自蜀汉南征到曹魏并蜀近四十年间，南中地区在未出现大的动荡，诸葛亮尊重各族百姓的政策取得了良好成效。

经由外来汉人与本地土著的长期交融，这一时期云南慢慢形成以“爨”为名的民族共同体。他们又因地域而分为东爨与西爨。西爨即白蛮，东爨即乌蛮，双方的不同在于汉化程度的差异，前者中汉人较多，后者则保留了不少当地族群的特质。[③]与此同时，云南族群认同方面也呈现出融入华夏体系的观念。《爨龙颜碑》中提到“其先世本高阳颛顼之玄胄，才子祝融之渺胤也。清源流而不滞，深根固而不倾。”[④]爨龙颜为南中实际控制者，其族属至今尚无定论。但无论是夷化汉人，抑或汉化夷人，他们追溯中原的始祖、重构自身谱系的举动客观展现了当地社会上层对内地的心理认同。

及至隋唐，诸爨衰落，南诏在唐朝的支持下扫平各部后统一云南，成为当地的主导力量。“我寄愁心与明月，随风直到夜郎西”，兴盛一时的夜郎古国至唐代已成为中原声教所到之地。隋唐王朝高效的行政制度引来周围部族纷纷效仿，南诏同样如此。不同于以往的强力推行，地处西南的南诏自发模仿中原典章。在官员设置方面，借鉴唐朝的宰相制度，设立六位清平官，执掌国内大政，清平官下设置六曹，大致与三省六部制中的尚书六部相对应。在地区治理上，南诏仿效唐朝，设立节度使与都督兼管军民。[⑤]在文化层面上，汉字已成为云南的官方文字。最为明显的例子便是武周新字在云南的推行。武则天登基前后，为强化自身统治、增强自身的合法性，下令全国改用部分新造字体，即“武周新字”（又称“则天新字”），这批字体在极短时间内流播四海，西北、岭南概莫能外。云南虽未被唐朝直辖，但在新字推行不久后即出现于当地《王仁求碑》中。新字在中原停用后，云南旋即废

---

① 《华阳国志校注》卷3《蜀志》，巴蜀书社1984年版，第360页。
② 《三国志》卷43《李恢传》，中华书局1982年版，第1046页。
③ 朱惠荣主编：《云南通史》第2卷，中国社会科学出版社2011年版，第37—44页。
④ 张思良编著：《名帖释读》，陕西科学技术出版社2016年版，第185—197页。
⑤ 梁晓强：《南诏职官制度述论》，《大理民族文化研究论丛》2010年第4辑，第121—154页。

止。随着南诏统合诸族，云南与中原的利益纠葛愈发凸显，此时南诏重新使用新字中的“圀”（国），以示与唐朝区分。大理国时期，云南使者结好北宋，还将“大理圀”“大宋國”分别书写。[①]不管出于何种意图，使用武周新字的举动本身反应了云南同内地不可分割的文化根脉。双方在之后的交往中和战不定，云南与中原的调适过程无疑是各族加速融合的过程。为数众多的蜀地百姓或主动或被动前往云南，促进了当地的开发与诸族共融。如曾被掳至云南的汉人郑回就曾担任清平官一职，执掌南诏国政。[②]南诏的住宅、节日、服饰等社会生活的方方面面均受到了唐朝的影响，佛教寺院、图像等宗教事物皆有汉文化的深刻烙印。

唐代在四川设立剑南节度使，负责西南一带的军政大事，后又分其为剑南西川与东川两道。安史之乱后，西蜀地位陡然上升。唐玄宗危急之时与公卿大臣逃亡四川，躲过了叛军的锋芒。唐末关中大乱，蜀地再度成为僖宗君臣仓促避难的最佳去处。可以说，此时的剑南西川孕育着唐朝重生的希望，一次次救皇室于危难，扶大厦之将倾。蜀地之所以能肩负起如此重任，除了紧邻长安的地理优势外，还得益于它的繁荣富庶。由于长期安定，剑南地区的手工业在前代基础上达到了新的水准，最为著名的便是蜀锦。“晓看红湿处，花重锦官城”，[③]以蜀锦为代表的蜀地丝织品早已驰名大江南北，千里之外的扬州也不乏它的身影，杜牧曾在扬州领略“蜀船红锦重”。[④]在时人眼中，剑南西川乃“宰相回翔之地”，[⑤]武元衡、李德裕、高骈等名臣贵胄等曾任职于此。唐人认为“扬一益二”，将位于剑南的益州与财富荟萃的扬州相提并论，足见蜀地分量之重。

隋唐广西的各族百姓又开始了新一轮聚合。隋文帝经营岭南的过程中，当地酋长冼夫人功不可没。开皇九年（589年）岭南俚帅王仲宣反，召集部众围攻广州。幸好，冼夫人及时发兵，叛乱遂平。之后冼夫人同隋使裴矩一道

---

① 张楠：《武周新字“圀”在云南的流传考释》，《故宫博物院院刊》1992年第3期。

② 《旧唐书》卷197《南诏蛮传》，中华书局1975年版，第5280—5284页。

③ （唐）杜甫著，（清）仇兆鳌注：《杜诗详注》卷之十《春夜喜雨》，中华书局1979年版，第799页。

④ （唐）杜牧：《扬州三首》，（清）彭定求等编：《全唐诗》，中华书局1960年版，第5963页。

⑤ 《资治通鉴》卷237，唐宪宗元和二年，中华书局1956年版，第6247页。

巡抚诸州，岭南各地方首领纷纷前来拜谒，局势方才稳定。[①]唐朝中央于岭南设置羁縻府州，开元年间又设岭南五府经略使，其中桂管、容管、邕管经略使治所皆在今广西境内，旨在“绥靖夷獠”。面对魏晋以来土著洞溪豪族盘根错节的局面，唐廷大力推行南选制度。“桂、管、交、黔等都督府，比来注拟土人，简择未精，自今每四年遣五品以上清正官充使，仍令御史同往注拟。时人谓之‘南选’。”[②]南选是唐朝对前代羁縻的重大发展，它对保障官员个人素质和巩固中央对边远地区的统治意义非凡。[③]由中央控制的南选取代了同豪族势力相妥协的都督除授制度，意味着岭南豪族赖以发展的政治基础被彻底否定。[④]各族长期交流互鉴的局面加速了广西一带社会风俗的改易，开元天宝年间文风甚盛。玄宗“闻岭南州县，近来颇习文儒”，下诏“自今已后，其岭南五府管内白身，有词藻可称者，至选补时，任令应诸色乡贡，仍委选补使准其考试，有堪及第者，具状闻奏，如有情愿赴京者，亦听。”[⑤]玄宗的诏令意味着中央对岭南风俗的认可，准许当地百姓参与科举表明岭南在社会文化方面向内地更深层次的靠拢，中原化程度不断加深。

三、宋元明清：渐同内地的西南边陲

两宋之交，蜀地因处于宋金对抗的前线，战略位置大幅提升。吴氏家族累代镇守四川，保全了长江上游，牵制了蒙古大批有生力量，避免临安受到顺流而下的军事压力，使得赵宋王朝的西部边陲无忧。[⑥]

元代，来自漠北的开拓之风刮向西南崇山峻岭间，为当地融入华夏注入崭新的动力。元灭大理国，结束了西南地区数百年来的割据局面，实现了再造一统的壮举，并于当地设立了云南行省，行省之下还有路、府、州、县等机构。多层级的行政建制细化了中央对云南的治理，也使云南进一步融入内

① 《隋书》卷80《谯国夫人传》，中华书局1973年版，第1800—1803页。
② 《资治通鉴》卷202，唐高宗仪凤元年六月壬寅条，中华书局1956年版，第6380页。
③ 方铁主编：《西南通史》，中州古籍出版社2003年版，第314页。
④ 王承文：《唐代环南海开发与地域社会变迁研究》上册，中华书局2018年版，第131页。
⑤ （宋）王溥：《唐会要》卷75《南选》，中华书局1960年版，第1369页。
⑥ 何玉红：《南宋川陕边防行政运行体制研究》，上海古籍出版社2012年版，第14—41页。

地。此前中原王朝虽曾在云南设官治理，但由于当地经济发展、社会文化等因素所限，中央主要依靠部族酋长进行松散的羁縻统治。元代在重构统一多民族国家的基础上，根据各地发展情况的差异，因地制宜，分设土官与流官，土官是由朝廷委派任命，土司制度的建立使中央权力继续向下渗透。流官与土官辖区犬牙交错的态势，大大降低了云南本土脱离中央政权的分裂倾向。

行政体系变革的同时，元朝还对云南的文教予以改造，“创建孔子庙、明伦堂，购经史，授学田，由是文风稍兴。”[①]之后云南各级官府大兴儒学，置学舍，即便是民族百姓，亦遣子弟就学。元朝快速发展的儒学教育与官员遴选机制使得云南取得了“垂六十年，吏治文化，埒于中土”的显著成效。[②]元朝控制云南后，为稳定局势，特意调派内地汉军前来驻防。大量汉军携家带口，且耕且战，成为规模巨大的军屯户。中原流寓西南的汉族百姓也开垦土地，在此落脚。于是来自中原的军民落地生根，成为本土化汉人。西南地区的官员还清查户口，对各部族百姓编定赋役。

明清两代在前朝政策基础上斟酌损益，令西南的社会风貌渐同内地。元明鼎革后，朱元璋改革元朝镇戍军屯田制度，设立卫所体制，并将其在西南全面推行。卫所中的汉军来自于全国各地，总数达数十万之多。这些军户扎根西南，经过数百年的生息繁衍渐次成长为颇有影响的名门望族。同时，明朝于西南设立了布政使司，遵循从俗而治的原则，划分内地、腹地、沿边、边外四类标准，辅之于必要的军事征伐，有针对地实施夷汉参用、土流共治的制度。流官的设置与否并非一成不变，而是与时俱进。以云南为代表的西南地区矿业兴盛，随之而来的便是汉民大量涌入，各族交融程度日益加深，明朝中后期已着手进行改土归流的工作。至万历末年（1573—1619），明朝将云南临近内地的大部分重要土官改为流官，部分州县的土官也被流官所替代，中央对云南的控制大大强化。

西南土官在清朝不断走向终结。雍正四年（1726），云贵总督鄂尔泰上书中央，历陈土司的种种弊端，提出改土归流之策，得到清廷上下一致认可。在雍正授意下，鄂尔泰在云南、广西、四川、贵州整个西南地区大刀阔

---

① （明）宋濂等撰：《元史》卷125《赛典赤赡思丁传》，中华书局编辑部点校1976年版，第3065页。

② （元）何弘佐：《中庆路礼学记》，李修生主编：《全元文》，凤凰出版社1998年版，第158页。

斧，全面推行改土归流。魏源对此次改革给予高度评价，“（雍正）四年至九年，蛮悉改流，苗亦归化，间有叛逆，旋即平定。”[①]魏氏之言虽略有夸大，如某些边远地带仍然存在着土官依旧任职的个例，但大体而言道出了改土归流的实情。明清两代的改土归流极大削弱了地方势力，消除了潜在的分裂因素，是统一多民族国家巩固和发展的重要一步。中央改土归流的举措是以国家权威代替地方权威，将宗族世袭的土司转化成作为国家代表的官僚，推动了王朝国家观念的整体性认同。[②]

改土归流对国家而言还有着巨大的经济收益。清朝通过改革西南行政体系，从土司手中夺回大量土地，为安置外来流民、开垦土地、发展西南交通、提高百姓生活水准创造了十分有利的条件。同时，土地的释放也为清朝带来了更多的税收。[③]此外，某些边境地带的土司出于一己私利勾结域外势力，给清朝西南边疆埋下隐患。改土归流强化了中央对边境的控制，对边境地带的政权造成了极大震慑，“老挝、景迈二国皆来贡象，缅甸震焉”。[④]

元明鼎革后，盘踞云南的梁王手握重兵，时时刻刻威胁着明朝的西南边陲。沐英一族在中原王朝经营云南的过程中发挥了不可磨灭的作用。由于数次招抚未果，朱元璋派遣傅友德、蓝玉、沐英等将领开赴云南，讨平残余的元朝势力及地方豪强。大局稳定后，沐英留镇当地，走上了更为务实的治理路径。面对战后百废待兴的局面，他积极组织军屯减轻百姓压力，纾解紧张的社会矛盾，同时努力协调大批内地移民进入云南。来自中原的先进农具和生产技术改善了西南地区的落后局面，原先的蛮荒之地得到最大程度地开发。此外，沐英还兴修水利，疏浚滇池，解决了附近水患。整顿云南政治经济的同时，沐英还将眼光投向云南的文教事业，致力于发展当地儒学，“选俊秀子弟入云南府学，行乡饮酒礼。”[⑤]这位杀伐果断的将领不仅从政策上极力支持，更是身体力行，优待文人墨客，亲自与学者切磋，努力提高自身文

---

① （清）赵尔巽等撰：《清史稿》卷512《土司一》，中华书局1977年版，第14206页。

② 李良品，葛天博：《清代王朝国家观念与云南地区改土归流》，《贵州民族研究》2021年第5期。

③ 《西南通史》，中州古籍出版社2003年版，第736页。

④ 《清史稿》卷512《土司一》，中华书局1977年版，第14258页。

⑤ （明）刘文征撰：《滇志》，古永继校点，王云、尤中审订，云南教育出版社1991年版，第697页。

化修养。“至于西南，一变而华夏”，[①]他的为政之举提升了滇民整体文化素质，缩小了边疆与内地间的文化差距。[②]朱元璋曾感慨：“使我高枕无南顾之忧者，沐英也。”[③]定国安邦，务在安民，沐英的举措不仅得到了中央的高度称赞，更深受当地百姓拥护，沐英前往南京述职时，云南百姓惟恐他留京不返，待沐英回滇后百姓又自发前往迎接。[④]沐英离世后，沐家子嗣接过先祖事业，在前人基础上经略云南。沐春深具军事才能，颇有其父沐英之风，先后击败越州、宁远州、麓川等地反叛势力，处事得体，维护了云南的稳定局面。[⑤]通过沐氏家族的治理，明朝在当地的统治愈发稳固。

明清西南对接内地的过程中，虽有和同一家的温情，但不可避免地掺入某些杂音。清军入关后，分封手握重兵的汉人降将镇守南疆，构筑起满汉一家的辉煌盛世。吴三桂为平西王，总管云南、贵州；尚之信为平南王，镇守广西；耿仲明为靖南王，经营福建。然而，由于清朝统治者举措失当，采取剃发等不当手段，激起了广大汉人的仇恨情绪，民族对立思想一度弥漫中原内外。在康熙锐意削藩、打击地方割据势力的背景下，平西王吴三桂借由民族矛盾风潮，凭借云南、贵州的根基，联络广东、福建，掀起规模浩大的三藩之乱。尽管反叛是对统一的极大冲击，但与此前不同，他们的最终目的并非割据西南一隅，而是图谋中原。[⑥]这表明经过长期的同中原地区的密切交流，西南官民早已摆脱了“化外之地”的身份认知局限，形成了汇入中华民族的真切心理。

---

① （明）刘文征撰：《滇志》，古永继校点，王云、尤中审订，云南教育出版社1991年版，第698页。

② 李建军：《沐英镇滇事迹考》，《西南师范大学学报（人文社会科学版）》2000年第4期，第131—136页。

③ 《明史》卷126《沐英传》，中华书局1974年版，第3759页。

④ 李建军：《沐英镇滇事迹考》，《西南师范大学学报（人文社会科学版）》2000年第4期，第131—136页。

⑤ 何耀华总主编，朱惠荣主编：《云南通史》第2卷，中国社会科学出版社2011年版，第95页。

⑥ 《清史稿》卷6《圣祖本纪一》，中华书局1977年版，第166—208页。

明代构建“大一统”格局的探索：程朱理学、科举教育、宗族制度

彭 勇[*] 张幼欣[**]

历经宋、元时期的曲折发展，程朱理学成为官方正统学说，到明代逐步确立了“文化一统”的核心，理学树立了天下独尊的地位。明初，太祖和成祖大力倡导儒学思想，在学校教育和科举考试中普遍推行程朱理学，得到官绅士大夫、基层里甲和宗族社会的认同，促进多元一体的民族共同体的形成。在朱元璋精心设计的“程朱理学+科举制度+宗族社会”的国家治理体系之中，清晰可见理学在国家和社会诸层面所产生的整体性影响。宋明理学，构筑了我国统一多民族国家巩固和发展的思想根基与文化核心，使得统一多民族国家不断巩固和发展。

南宋以降到明朝立国时，程朱理学经历了逐渐官方化到官方独尊的发展过程。明初，理学思想独尊地位的确立，标志着国家意识形态和思想文化层面“大一统”的巩固和新发展。中央通过科举考试、官员选拔、学校教育、编纂图书和社会教化等措施，使得程朱理学思想广泛地施行到社会的各个阶层和各民族之间，增进了他们之间的思想一统和文化认同。在官方的主导

---

* 彭勇，男，1970年出生，中共党员，中央民族大学历史文化学院院长、学院党委副书记，教授，博士生导师，校学术委员会副主任。主要从事中国古代史、明清史、中国民族史的教学和研究。著有《明代北边防御体制研究》《明代班军制度研究》《明史》《明史十讲》《中国旅游史》和《四镇三关志校注》等，在《光明日报》《新华文摘》《学习时报》《文史哲》《史学月刊》等报刊发表学术论文百余篇，主持有国家社科基金、教育部人文社科基金、国家民委社科、国家古籍整理和北京市哲学社科重大项目等。入选国家级高层次人才计划，曾获北京市高等教育教学名师、国家民委首届教学名师、宝钢优秀教师称号，曾获北京市优秀教学成果一等奖、国家民委教学成果一等奖和北京市哲学社会科学成果二等奖等。主要学术兼职有中国明史学会副会长，中国民族史学会副会长，《中华民族交往交流交融史》编纂工程常务副主编、编委会副主任等。

** 张幼欣，男，1996年出生，中共党员，中央民族大学历史文化学院博士研究生。主要从事明代民族史、政治史方面的研究。在《学习时报》《河南科技大学学报（社会科学版）》等报刊上发表多篇文章。参加北京市人文社科重大项目《北京地区各民族交往交流交融文献整理与研究》以及国家“十四五”重大文化工程《中华民族交往交流交融史》等项目。

下，由于社会文化的日渐统一，各阶层为谋求自身的生存和发展，自发主动地学习和吸收儒家文化，不断促进各民族间的文化交流和交融。从文化一统到文化认同，再到文化交融，形成一个层层递进、逐渐深入的过程。在这一过程中，程朱理学通过学校教育、科举考试的教化和引导，渗透到广大基层宗族社会体系之中，使我国统一多民族国家的思想根基与文化核心得以巩固并不断发展。

一、理学独尊与文化一统

程朱理学，发端于北宋时期的周敦颐、邵雍，经张载、程颢、程颐的发展与丰富，奠定了程朱理学的思想基础。到南宋时，朱熹糅北宋各家学说，使理学更为系统化和体系化，成为理学思想的集大成者。因其学以“理”为核心，以二程和朱熹为代表，故称为“程朱理学”。在时代的孕育之下，程朱理学经过两宋的发展，在元朝正式确定了官方正学的地位。在元明两朝，统治者都认识到程朱理学在政治思想、社会文化等方面对政权巩固和社会稳定方面的重要作用，在制度设计和社会管理上大力弘扬理学思想，到明代最终形成了“程朱理学+科举制度+宗族社会”的国家治理体系，我国统一多民族的发展，进入统治阶级思想观念、价值观与基层社会高度融为一体的新阶段。

（一）宋代：曲折中的前进

理学在北宋的出现是时代的呼唤和社会的要求，但两宋时期理学发展之路却是曲折坎坷的。北宋前期，思想家们批判汉唐经学流弊，疑经惑古，力排佛、道影响，以“兼取百家，惟理之求”的会通精神，更新儒学，为北宋中期义理之学的发展创造了条件。北宋理学“五子”周敦颐、邵雍、张载、程颢、程颐等，在如何治理国家、稳定社会上，各抒己见，并尝试在其任职期间予以实践，这不可避免地与持不同政见、不同学术思想的同僚们发生激烈的思想碰撞，进而引发大规模的、激烈的党争与政治斗争。钱穆先生在《中国近三百年学术史》有高度的概括，他说：“宋学精神，厥有两端：一曰革新政令，二曰创通经义，而精神之所寄则在书院。革新政治，其事至荆公而止；创通经义，其业至晦庵而遂。而书院讲学，则其风至明末之东林而始竭。”[①]他们都以儒家的经义作为理论基础，都糅合儒、释、道等思想，加强皇权、维护秩序，但荆公（王安石）之学意欲通过“革新政令”来实现，二程理学则是以《孟子》《大学》为根本，遵天理，明人伦，以儒家的伦理道德规范自己的行为，双方在世界观、方法论、人性论上都发生了全面的冲突。

在宋代，程朱理学因政局变动、政见不同、思想迥异等受到多次打击，规模较大的就是三次。第一次是在北宋哲宗时，程颐招致朝中一些官员士大夫的排挤、诬陷，其学说也遭到打压。第二次是南宋高宗时，出于对朝中各派系政治势力的考量，程学发展受到压制。第三次发生在南宋宁宗时期，是对程朱理学打击最为严重的一次，史称“庆元党禁”。宁宗庆元元年（1195年），韩侂胄受重用，他和同好对道学家赵汝愚、朱熹展开新一轮更猛烈的攻击，视道学为“伪学”，凡与之意见不合者皆为“道学之人”，开列《伪学逆党籍》，全面禁毁理学家的书籍。政治上的失势，学术上的封禁，使朱熹众多的门人故友过其门而不敢入，至朱熹离世时，程朱理学尚处于被排斥、打击的地位。

至南宋理宗时，统治者也逐渐认识到程朱理学在维护王朝稳定运行中的重要作用，宝庆三年（1227年）时理宗下诏：“朕观朱熹集注《大学》《论语》《孟子》《中庸》，发挥圣贤蕴奥，有补治道。朕方励志讲学，缅怀典刑，深用叹慕，可特熹赠太师，追封信国公”[②]，肯定了朱熹的学术贡献及学术地位，并于淳祐元年（1241年）再次下诏：“朕惟孔子之道，至我朝周敦颐、张载、程颢、程颐，真见实践，深探圣域，千载绝学。始有指归。中兴以来，又得朱熹，精思明辨，折衷融会，使《大学》《论》《孟》《中庸》之旨本末洞彻，孔子之道，益以大明于世。”[③]反映出此时南宋官方对程朱理学的青睐和支持的态度。程朱理学日后的兴起，也应验了朱熹的那句“非徒

---

① 钱穆：《中国近三百年学术史》（上册），商务印书馆1997年版，第7页。

② （明）陈邦瞻编：《宋史纪事本末》卷70《道学崇黜》，中华书局1977年版，第879—880页。

③ （明）陈邦瞻编：《宋史纪事本末》卷70《道学崇黜》，中华书局1977年版，第880页。

有望于今日，而又将有望于后来也”[①]。

（二）元代：多元中的蹒跚

蒙古贵族进入中原后，为了缓解民族矛盾、巩固统治秩序，积极吸收儒家文化，践行“能行中国之道，则中国之主”[②]的施政方针，任用汉族儒士，修复孔庙，优待孔子后裔。到忽必烈建立元朝后，理学得到广泛的传播和发展。忽必烈重用姚枢、窦默、许衡、郝经等理学大儒，这些理学家一边维护元朝统治，一边以传播理学思想为宗旨，通过讲学、进言等各种方式在蒙古族统治阶层传播程朱理学。忽必烈也在理学的熏陶下施行汉法，采纳汉人官制，确定中央集权的专制统治，承认并继承汉人的文化传统，在中央设立国子学，在地方设各级学校，他还在《即位诏》中说：“联惟祖宗肇造区宇，奄有四方，武功迭兴，文治多缺，五十余年于此矣”，[③]明确提出以文治国的施政纲领。

元仁宗时，程朱理学得到了进一步的发展。元仁宗自幼贯通经史，深受儒家文化的影响，在即位之初便标榜儒学，推行汉法，不久又遣国子监祭酒到曲阜以太牢之礼祀孔子。仁宗皇庆二年（1313年），下诏以宋儒周敦颐、张载、程颖、程颢、邵雍、司马光、朱熹、张拭、吕祖谦及元儒许衡从祀孔子，提高孔、孟、程、朱的学术地位，他还指出：“所重乎儒者，为其握持纲常如此其固也。”[④]又言：“儒者可尚，以能维持三纲五常之道也。”[⑤]在开科取士时规定，科举考试从《大学》《论语》《中庸》《孟子》中设问，以朱熹《四书集注》为应试参考，蒙古、色目、汉人、南人科考皆以此为标准。程朱理学成为官方正统学说，各民族知识分子也在官方推动下扩大了程朱理学思想的影响。

然而，在实际过程中，忽必烈虽行汉法而建元朝，对“汉法”的推行却

① （宋）朱熹：《晦庵集》卷11《戊申封事》，《景印文渊阁四库全书》集部第1143册，台湾商务印书馆1986年版，第197页。

② （元）郝经著，秦雪清整理：《郝文忠公陵川文集》卷17《与宋国两淮制置使书》，山西人民出版社2006年版，第515页。

③ （明）陈邦瞻编：《宋史纪事本末》卷99《蒙古诸帝之立》，第1094页。

④ （明）宋濂：《元史》卷175《李孟传》，中华书局1976年版，第4085页。

⑤ （明）宋濂：《元史》卷26《仁宗三》，第594页。

并不彻底，出现了严重的“汉化迟滞”现象，如开科举、颁法典等屡议不决，导致元朝实行的制度中保留有大量蒙古旧制，不利于民族团结和社会进步。元朝统治者虽尊崇儒家、推行汉法，却坚持多种宗教并存、多种文化并重的政策，并不能充分接受儒家文化和汉族文化传统。包括皇帝在内的蒙古贵族上层，对学习中国传统儒家文化并不上心。清人赵翼在《廿二史劄记》卷三十《元诸帝多不习汉文》中说：“至朝廷大臣亦多用蒙古勋旧，罕有留意儒学者。是不惟帝王不习汉文，即大臣中习汉文者亦少也。”[①]这是历史事实。

元代的社会还存在严重的民族等级观念，汉人在政治和社会地位上整体低下，使得元代各民族文化虽然呈现着多元交融、共生的景象，却缺乏一种增进各民族文化交往、交融的强力纽带和向心力。元代虽然实现了疆域、政权上的一统，却还未能在思想文化层面实现真正的一统，统一多民族国家的发展缺乏思想文化上的坚实基础和保障。这一情况，到明代才发生了重大变化。

（三）明代：定天下于一尊

明初，朱元璋为巩固国家的统一，继承了中国传统的“大一统”观念，借鉴、吸收历朝治国的经验，“收天下之权以归一人”[②]，废除宰相权分六部，改大都督府为五军都督府，分解中央和地方的权力结构，以加强专制集权。同时在思想文化领域加强控制，明太祖和明成祖进一步加强程朱理学在国家意识形态中的独尊地位，不仅将其确定为官方正学，还尽可能在全国范围内把各族人民纳入这一思想体系当中，并最终实现了国家在思想文化层面的一统格局。

明太祖大力强化礼法之治，重用一大批儒士，独尊程朱之学。他倡导宋学之务实风尚，注重思想教化，力图构建理学一统天下的统治秩序。为此，

---

① （清）赵翼著，王树民校证：《廿二史札记校证》卷30《元诸帝多不习汉文》，中华书局1984年版，第687页。

② （明）张萱：《西园见闻录》卷101《阁臣中》，《续修四库全书》子部第1170册，上海古籍出版社2002年版，第329页。

他颁布《洪武礼制》《皇朝礼制》《大明律》《御制大诰》四编，强化程朱理学中礼法、秩序的作用。在文化教育方面，要求“一宗朱子之学，今学者非五经、孔孟之书不读，非濂、洛、关、闽之学不讲”[①]。在科举取士方面，将程朱理学家对经典的理解作为应试的标准，以朱熹所注经、书为主，即“《四书》主朱子《集注》，《易》主程《传》、朱子《本义》，《书》主蔡氏《传》及古注疏，《诗》主朱子《集传》，《春秋》主左氏、公羊、谷梁三传及胡安国、张洽《传》，《礼记》主古注疏”[②]。

明成祖登基后，在程朱理学官方化的道路上更进一步。他倡导编纂儒学经籍典章，颁布天下，要求臣民共同遵守。永乐七年（1409年），颁布《圣学心法》，规范臣民的日常伦理。永乐十二年（1414年），又命令翰林院学士撰修《五经大全》《四书大全》《性理大全》。在三部大全撰修前，朱棣便下谕规定了撰写纲领和主要内容，即“《五经》《四书》皆圣贤精义要道，其传注之外，诸儒议论有发明余蕴者，尔等采其切当之言，增附于下”，类聚“周、程、张、朱诸君子性理之言”[③]。三部《大全》以传统儒家经典为本，主要采择程朱理学家们的学说，实现了“使天下之人获睹经书之全”，“修之于身，行之于家，用之于国，而达之天下，使家不异政，国不殊俗”[④]的目的，也实现了从官方立场对程朱理学的一次大总结，标志着程朱理学官方统治意识形态地位的确立，以及明初官方引领下国家文化一统政策的不断完善。

程朱理学经历了宋、元时期的发展，逐渐成为官方正学。明初，官方确立并不断强化了程朱理学独尊的地位，使其通过科举考试、学校教育和基层教化最终成为国家意识形态。这一过程中，程朱理学不仅成为明代官方主导下思想文化层面的主体内容，其独尊地位牢不可破，而且是实现国家思想、文化上大一统的重要保障。

---

① （清）陈鼎：《东林列传》卷 2《高攀龙传》，《景印文渊阁四库全书》史部第458册，台湾商务印书馆1986年版，第199页。

② （清）张廷玉：《明史》卷70《选举二》，中华书局1974年版，第1694页。

③ 《明太宗实录》卷158，永乐十二年十一月甲寅，中华书局2016年版，第1803页。

④ 《明太宗实录》卷168，永乐十三年九月乙酉，中华书局2016年版，第1874页。

二、兴学教化与文化认同

有明一代，明朝从中央到地方大兴学校教育，宣传程朱理学，教化百姓，以儒家思想育才选官，将以程朱理学为核心的国家意识形态、文化观念贯彻到全社会的各地区、各民族和各阶层当中。

（一）兴学育民

明初，太祖痛斥古代先王的衣冠礼教为元人习俗所影响，他提出“治国以教化为先，教化以学校为本”[①]的政治主张，主张恢复儒家礼教，在各民族、地区广泛推行理学，革元俗之弊，施行儒学教化。他在全国各地广泛设立各级学校，以学校为阵地，传播以程朱理学为核心的儒家教化。兴建学校、推行儒家教化，既可以“导民善俗”，又可以为新生明朝政权提供社会治理的人才。

明代的学校主要分为官学与私学两个类。官学有中央的国子监以及地方的府、州、县学；私学有社学、义学以及书院等，也是在官方的推动下发展起来的。国子监早在朱元璋建国前就已开始建设，建国后其规制逐渐完备。洪武二年（1369年），他颁行“命郡县立学校诏”，令天下府、州、县包括边疆民族地区在内，皆建立学校，并谕中书省：“今京师虽有太学，而天下学校未兴，宜令郡县皆立学，礼延师儒，教授生徒，以讲论圣道，使人日渐月化，以复先王之旧，以革污染之习。”[②]到洪武八年（1375年）时，又下令兴建地方社学，并“延师以教民间子弟”[③]。据郭培贵教授的统计，洪武年间全国府州县总数为1435个，共有府州县学1318所，设学率达91.85%，社学作为初等学校有数万个，在校师生人数达百万以上[④]。在洪武三十余年时间里，国家建学数量、在学人数之多，是以前历朝历代从未有过的。由此足见政府

---

① 《明史》卷69《选举一》，第1686页。

② 《明太祖实录》卷46，洪武二年十月辛巳，第924页。

③ 《明史》卷69《选举一》，第1690页。

④ 郭培贵：《明代学校科举与任官制度研究》，中国大百科全书出版社2014年版，第55—57页。

兴学育才力度之大，国家文教理念、儒学教化推行之广，各级学校的兴建也为程朱理学的广泛传播提供了平台。

各级学校的教学内容，以程朱理学为主，宣传天理纲常、礼法秩序等观念和思想，宣传儒家礼法，规范统治秩序。从中央到地方，各级官学的教学内容基本上以律令诰敕、“四书五经”为主。社学的教学内容，“以《百家姓氏》《千文》为首，继及经史律算之属”[①]，兼读《御制大诰》及本朝律令，还要学习婚、丧、嫁、娶礼仪。社学以启蒙识字为主，其中也包含了大量忠孝礼仪、纲常伦理等内容，体现出作为国家意识形态的程朱理学对各级教育的改造。

明初，太祖对边疆民族的教育同样非常重视。他认为，各民族虽然风俗习气不一，但都是可以教化的，“圣人之治天下，四海内外，皆为赤子，所以广一视同仁之心。朕君主华夷，抚御之道，远迩无间”。[②]因此，明初在边疆民族地区卫学或土司学，传播程朱理学思想，形成思想一统的局面。洪武十五年（1382年），西南地区刚刚平定，明太祖谕四川普定军民府朝觐的官员说：“今尔既还，当谕诸酋长，凡有子弟皆令入国学受业，使知君臣父子之道、礼乐教化之事，他日学成而归，可以变其土俗同于中国，岂不美哉！”[③]洪武二十八年（1395年），太祖下令，规定各边地民族的首领须具备一定的文化知识，要求加强对土官后代的教育，鼓励他们前往国子监等处学校进行学习：“边夷土官，皆世袭其职，鲜知礼义，治之则激，纵之则玩，不预教之，何由能化？其云南、四川边夷土官，皆设儒学，选其子孙弟侄之俊秀者以教之，使之知君臣、父子之义，而无悖礼争斗之事，亦安边之道也。”[④]程朱理学由此广泛地影响各民族统治阶层，礼法秩序、纲常伦理等思想，增强了各民族对明代统一多民族国家的文化、政治认同，强化了大一统的政治格局。

---

① （清）全祖望：《鲒埼亭集外编》卷22《明初学校贡举事宜记》，《续修四库全书》集部第1429册，上海古籍出版社2002年版，第665页。

② 《明太祖实录》卷134，洪武十三年十月丁丑，第2125页。

③ 《明太祖实录》卷159，洪武十五年十一月甲戌，第2366页。

④ 《明太祖实录》卷239，洪武二十八年六月壬申，第3475—3476页。

（二）科举之制

科举考试作为中国古代人才选拔的重要制度，摆脱了魏晋以来以门第作为选官标准的局面，规范化的考试，使庶族寒门有机会进入国家上层。从隋唐到两宋，科举制不断发展，越加完备和规范。“朝为田舍郎，暮登天子堂”①，大量的平民知识分子通过科举考试获取功名。进入官场，读书人的地位提高了，社会的流动性增强了。时代在不断向前发展。科考这种相对公平的竞争机制，极大促进了社会上、下阶层间的相互流通，保障了国家上下一体的同时也加强了君主专制统治，国家意识形态也在上、下间的流通中贯彻至各民族基层社会。

在明代，科举考试是在校儒学生员最为重要的进身之阶，“非进士不入翰林，非翰林不入内阁”②，科举的重要性不言而喻。因明代科举唯重程朱理学，若想要考取功名，则必须要精于程朱之说。在科举考试和学校教育强有力的引导之下，程朱理学所倡导的纲常礼教、道德伦理等国家意识形态，自然深入每一位士人的思想中，造就了一批纳入国家意识形态之中的官绅士大夫阶层。士人考取功名为官，或治学撰述教化一方，或回归基层社会，他们担负着构建贯彻国家意识形态、构建地方文化、稳定地方社会秩序的政治与道德的多重责任③，大都会将国家意识形态主导下的儒家思想体系一代又一代地传承下去。

在边疆民族地区，科举制度也同样发挥了类似的作用，起到贯彻儒家礼教与国家意识形态的作用。明代统治者在民族地区同样大力推行科举制度，明太祖下令：“诸色人等，皆吾赤子，果有才能，一体擢用。”④为鼓励各民族地区的儒生参加科举考试，中央多次增加边疆民族地区的科考取士名额。《大明会典》记载，嘉靖十四年（1535年），“其解额，云南四十名，

---

① （明）王世贞：《鸣凤记》卷下《第二十三出》，《续修四库全书》集部第1774册，上海古籍出版社2002年版，第775页。

② 《明史》卷70《选举二》，第1702页。

③ 参见彭勇：《明代国家意识形态与地域文化构建——夏邑“十老会”现象解读》，《中原文化研究》2014年第6期。

④ 《明太祖实录》卷51，洪武三年四月甲子，中华书局2016年版，第1000页。

贵州二十五名”，至嘉靖二十五年（1546年）“令增贵州乡试解额五名”，万历元年（1573年）“令增云南解额五名”①。此外，还提高对中试土官的薪俸待遇，嘉靖三年（1524年），“镇远土推官杨载青以土舍袭职。尝中贵州乡试，巡抚杨一漢请如武举袭阴例加升一级，以为远人向学之劝。吏部执不可，谓土司额设原有定员，且俱已在任，有何加升，但于本卫量加俸给，著为例。报可”。②在诸多优待政策的影响下，众多土司、土官及其子弟学习程朱理学思想，了解儒家礼仪教化，学有所成后引导、影响自己的子民学习儒家礼教和汉族文化，这一过程直观体现出国家意识形态对各民族地区基层社会的塑造作用。

通过科举制度的教育和引导，程朱理学不断融入各族士人群体的思想中，塑造了符合国家意识形态与统治秩序的官绅士大夫阶层，各族士人皆积极贯彻国家意识形态，并投身于地域文化建设，使程朱理学得以深入各民族基层社会中，自上而下地增进了各民族在文化、政治上对明代统一多民族国家的认同。如崇祯年间，云南阿迷州土司普名声妻万氏，欲胁迫八寨土司龙上登反叛，龙上登怒斥道：“我本汉臣，数百年受国家厚恩，恨无尺寸功，何忍从逆，以遗万世骂名。”③

三、文化交融与社会整合

明初中央通过兴学育民、倡行科举来弘扬程朱理学的各项措施，收到了良好的效果。随着文化一统政策的推行，社会各阶层、各民族以儒家文化为核心，文化认同逐渐加强。这在一过程中，儒家文化发挥了它强大的包容力、向心力和凝聚力，而宗族制度在中国传统的广大基层社会里，对促进统治阶级思想观念和价值观与民间基层社会形成高度的上下一体，即“文化共同体”的形成，进一步发挥了极其重要的作用。

---

① （明）申时行：《大明会典》卷77，《续修四库全书》史部第790册，上海古籍出版社2002年版，第402页。

② （清）毛奇龄：《蛮司合志》卷3《贵州二》，《续修四库全书》史部第735册，上海古籍出版社2002年版，第361—362页。

③ （清）何怀道等修，（清）万重筼等纂：道光《开化府志》卷8《兵防》，清道光九年刻本，第25页。

（一）多民族文化的交融

到明代中期以后，明王朝越来越呈现以儒家为核心的多民族文化交融的特点。以学习儒家经典为契机，以及在多民族交往、交流的促进下，知识、文化和通用语言文字进一步得以普及。统一的语言与文字，是各民族进一步交往交融的基础。比如在西南地区，山川遍布，谷深林密，族群众多，各民族之间往来很少，语言不通。随着民族地区兴建学校，流官、教官和文人的进入，各民族生员进入学校学习中国传统儒家文化，熟悉了汉族语言文字、风俗文化。同时，由于各民族经济贸易往来不断加深，各民族之间不断密切地交往交流，逐步促进了通用语言的普及，像在云南等地就出现“交接之间，言语俱类中州”①的景象。这些都进一步增进了各民族学习儒家文化与文化交融的发展历程。

同时，程朱理学中强调的儒家礼法纲常、伦理秩序等观念，也体现在各民族风俗习惯的变迁之中，生活习俗的影响又是互相的。各民族同胞，在一段时间之后，又会在语言、服饰、生活方式等方面表现出明显的趋同。在贵州地区，当地民族在衣食居住上渐与汉人相仿，注重伦理尊卑等观念，践行儒家“长幼尊卑有序”的礼仪，祭祀贡物也与汉族类似。服饰上强调男女有别，禁止男性穿花服、裙子，服装的品相、款式等也不断地融入汉族服饰文化，如嘉靖《贵州通志》所载：“（黎平府）衣冠习尚，一同华风。”②在居住上，部分少数民族仿照汉族院落样式修建房屋，设置固定的堂屋供奉祖先、神灵以及接待贵客③、办理婚丧大事等。在上承宗祀、下启嗣续婚礼上，各民族受儒家礼教风俗的影响，由原来的自由婚姻转向包办婚姻，讲究“门当户对”“三媒六证”，娶妻需彩礼，嫁女需嫁妆，出现了累世为婚（如“姑舅亲”）④等多种汉族通婚形式，并在一定程度上采用汉俗婚礼礼仪。在贵州平溪卫（今玉屏县境），当地的风俗因汉族官兵、移民的到来发生了变

① （明）洪修、（明）钟添纂修：嘉靖《思南府志》卷1《风俗》，明嘉靖十五年刻本，第10页。

② （明）谢东山、（明）张道纂修：嘉靖《贵州通志》卷3《风俗》，《四库全书存目丛书》史部第193册，齐鲁书社1996年版，第85页。

③ （明）谢东山、（明）张道纂修：嘉靖《贵州通志》卷3《风俗》，第81页。

④ （明）谢东山、（明）张道纂修：嘉靖《贵州通志》卷3《风俗》，第86—87页。

化，“宋元以前，土彝杂处，自明开设，语言服习，大类中州。俗享淳厚，民耻健诉。有太古之遗意焉”①。在明代的北方边地，既有少数民族“弦诵早闻周礼乐，羌胡今着汉衣冠”②的场景，也有“近边男女作胡歌，立马回头感慨多”③的现象，民族文化的交流和融合度越来越高。

（二）宗族组织与基层社会

到明代中期以后，受程朱理学思想的教育和普及，儒家传统伦理和文化已渗透到社会生活的方方面面，在基层社会运行中，宗族制度越来越发挥重要的作用，它保证以宗教为纽带组织运行下的基层社会的价值观与统治者倡导的国家意识形态保持着高度一致。

到明代，中国民间基层社会组织运行的支配力量变成了士绅、胥吏和宗族势力④。回顾唐宋之时，虽然唐末的贵族门阀没落了，宗族社会在宋代逐渐兴起，但当时的贵族身份和地位在社会上仍然有很大的影响，比如北宋编纂的《百家姓》就保留着贵族社会的痕迹。到明代，宗族之所以能够成为民间组织的核心和领导力量，是因为程朱理学、学校教育在基层社会产生了重大影响。士绅、胥吏和宗族势力之间共同的特征，是来自政府的某种权力和政治地位，这三支力量又主要围绕“宗族组织”来发挥作用。士绅往往就是以宗族为组织的地方精英，胥吏是他们与官员联结的重要纽带之一，宗族所构建的基层社会秩序的思想核心就是传统儒家文化、程朱理学思想。饱读程朱理学等儒家经典的士绅，他们通过系统的学校教育和科举考试之后，成为国家意识形态的塑造者和坚定的维护者，无论是执政为官，还是回归乡里成为地方精英，儒家所倡导的忠孝节义、光宗耀祖、君君臣臣、父父子子等儒家观点，自然就成了那个时代共有的思想观念和价值追求。

如此一来，我们就明白了这一时期的国家意识形态与基层宗法关系建立

---

① （清）赵沁修，（清）田榕纂：乾隆《玉屏县志》卷2《风俗》，清乾隆二十二年刻本，第17页。

② （明）杨经纂辑，牛达生、牛春生校勘：嘉靖《固原州志》卷2《诗》，宁夏人民出版社1985年版，第82页。

③ （明）李维桢修：万历《山西通志》卷30《艺文下》，明万历刻本，第41页。

④ 参见范金民：《谁是明清基层社会的支配力量——兼评〈明清歇家研究〉》，《光明日报》2017年9月25日。

起的密切互动关系。一方面，国家的控制力越来越强劲，皇权已高度渗透于基层社会组织的方方面面，国家意识形态体现于以宗族为代表的民间组织之中；另一方面，民间组织也推动了官方组织不断完善和进步。这一时期的宗族组织既表现为全国高度的统一性，又由于疆域之辽阔、民族成分之复杂等因素，呈现出强烈的自我发展态势和明显的地域差异性特征。[①]可以说，以程朱理学等儒家礼教为中心建立的宗族制度，维系了我国统一多民族国家在基层社会的稳定与发展。在广大基层社会，各民族间的文化交流日益广泛，文化交融逐渐深入，在不断的文化交往与交融中，推进了各民族地区文化、经济的发展与社会的稳定，并自下而上地巩固了对明代统一多民族国家的文化认同。

四、结语

程朱理学经历了两宋三百余年的发展，至南宋末年，终于凭借其自身优势得到了统治阶级的肯定与重视。但它始终未能成为官方意识形态，且由于南宋时尖锐的民族矛盾和强烈的“夷夏之防”，这一学说虽在士人中有所普及，却未能在其他各民族中产生较为深入的影响。元代的程朱理学虽然获得官学地位，但由于统治者实行蒙古本位政策，儒学被边缘化。且元朝重吏不重官，科举不兴，因此，当时程朱理学控制社会生活并未达到根深蒂固的地步。

明代，在“大一统”观念与中央集权专制制度不断强化的影响下，程朱理学被确定为官方正统学说，树立起学术独尊的地位，并以程朱理学为核心制定了文化一统的政策。在此基础上，政府采取兴建各级学校、倡行科举取士等办法积极推行儒家礼化，传播以程朱理学为主要内容的国家意识形态与文化，塑造出一大批符合国家意识形态与统治秩序的官绅士大夫群体，这些由国家意识形态所塑造的官绅士大夫们，同时也是国家意识形态的塑造者、传承者和执行者，是国家安定地方的统治力量，还是地域文化建构的组织者

① 彭勇：《活跃在明清时期的那些民间组织》，《人民论坛》2019年6月（上）。

和领导者。在社会上、下层间的相互流通中，士人们将国家意识形态贯彻到各民族基层社会中，增进了各民族对统一多民族国家的文化认同。在官方文化一统政策的推行与基层社会文化认同逐渐强化的过程中，各民族文化以程朱理学为桥梁，互相交流、吸收，文化交融日益深入。这在思想文化层面保障了明代统一多民族国家的稳定，完善并发展了中华民族“多元一体”格局的思想文化的基础和纽带。

由少数民族建立的清王朝，在入关之初面对的是更为复杂、尖锐的民族和社会矛盾。“清承明制”，清朝统治者任用汉人官员，大兴儒家教化，重塑程朱理学形象，以中国传统的儒家伦理作为政治统治的思想基础来构建国家意识形态、增进文化认同，通过科举制等将国家意识形态贯彻至各民族基层社会中，继续发挥宗族关系在基层社会的组织功能。同时，清朝统治者又能结合统治的实际需要，以宗教手段处理蒙古、西藏的治理问题，用武力解决新疆、台湾等地的管理问题，经过顺、康、雍、乾四朝的不懈努力，中华民族多元一体的政治共同体和统一多民族国家保持着稳定和发展的局面。

“板升”：明代汉蒙交流的缩影

蔡亚龙*

明代是统一多民族国家巩固和发展的重要时期。嘉靖以后，汉人与蒙古人的经济、文化互动出现了新高潮，塞上出现了二者共建、共生的“板升”。“板升”也被称作“板申”“白兴”“拜牲”等，那么何为“板升”？有人说“板升”是“升板筑屋”的简称，即阴山一代出现的呈一面坡屋顶的土平房①；《明实录》言“板升者，华言城也”②，则“板升”为城池聚落的代名词，陈仁锡《无梦园初集》也认为“犹华人言村落房屋也，桑种饮食悉如中国，所变者胡服耳”③；亦有学者考证蒙古语中的“板升”实源于汉语中的“百姓”一词，以称呼到塞外谋取生计的汉人。不管“板升”是言城池房屋，还是指族群人口，但毋庸置疑的是，其是以从事农业生产的北迁汉人为主体、在塞外新形成的定居聚落，可以说“板升”实际上是塞外农耕生产和定居聚落的代名词。众所周知，山陕地区大量汉人移居塞外的人口大迁徙，被概称为“走西口”，其与“闯关东”“下南洋”并称为中国近代历史上三大移民潮。而早于清代和民国初年大规模发生的“走西口”，明代嘉靖以后出现的“板升”，已然在塞外聚居了大量汉人，它既是“走西口”的前奏，又是中华民族交往交流交融历史的缩影。

---

* 蔡亚龙，男，1990年生，中共党员。南开大学历史学博士，现为中央民族大学历史文化学院准聘副教授。主要研究方向为明史、边疆民族史，曾在《中国历史地理论丛》《中国地方志》《中央民族大学学报（哲学社会科学版）》《中国边疆史地研究》等刊物上发表论文多篇，主持国家社科青年基金项目1项（“明代边疆地区军民建置研究”，20CZS072）。

① 郝诚之主编，于永发等编写：《呼和浩特民俗》，内蒙古人民出版社1997年版，第45页。

② 《明世宗实录》卷486，嘉靖三十九年七月庚午，中华书局2016年版，第8099页。

③ （明）陈仁锡：《无梦园初集·车集一·插酋论》，《续修四库全书》第1382册，上海古籍出版社2002年版，第414页。

一、汉人的北上

古时，塞北蒙古族群以游牧业为主，经济结构单一且又封闭，常常会陷入生产资料乃至劳动人口匮乏的情形，在无法顺畅通过交易获得补充的时候，南下劫掠自然是解决问题的主要途径，因此北上的汉人首先是被蒙古族人劫掠而来的。

据学者刘景纯的统计，在明朝宣德到万历末的194年中，蒙古诸部共计侵扰中原359次；又以嘉靖十五年（1536年）到四十五年（1566年）为高峰时期，超过120次之多，平均每年约有4次；嘉靖十九年以后有12年时间，年次数都在5次以上。①上述统计尚且不包括文献记载不确切或规模较小的零星侵扰。而每一次蒙古部的南下入侵，都伴随着规模大小不一的劫掠，其中就包括汉人劳动力。明人冯时可《俺答前志》记载了嘉靖十三年（1534年）蒙古部大规模南下劫掠的情形，其言吉囊由白泉口长驱入塞，“蹂省而南，杀掠万计”；六月，俺答汗侵扰介休，直到七月方才出塞，一月之间“残伤四十州县”，随后“诸州县报所残掠人畜二百万”②。方逢时《大隐楼集》更言俺答汗部落“岁掠华人以千万计”③，可知蒙古部大规模南下掠夺汉人人口，已经达到了相当的规模。

此外，在边地军民外出烧荒、放牧、伐木、耕种、渔猎、哨探等时候，也时常出现被蒙古人零星劫掠的情形，如宣德七年（1432年）朔州卫指挥王瑛私役军卒外出烟墩十里之外，致使军卒被蒙古人掠去④。这些被掠取的人口，便成为明代居住塞北的汉人，他们大多沦为蒙古人的奴隶。

被蒙古人掠取的汉人不在少数，但更多的是自愿北迁。他们或因经济原因，或因政治因素选择北上，尤以贫苦流民、叛逃军人、白莲教教众为主。

---

① 刘景纯：《宣德至万历年间蒙古诸部侵扰九边的时间分布与地域变迁》，《中国边疆史地研究》2009年第2期。

② （明）冯时可：《俺答前志》，（明）陈子龙编《明经世文编》卷434，中华书局1962年，第4742页。

③ （明）方逢时：《云中处降录》，薄音湖、王雄《明代蒙古汉籍史料汇编》（第二辑），内蒙古大学出版社2006年版，第81页。

④ 《明宣宗实录》卷91，宣德七年六月丙午，中华书局2016年版，第2083页。

前所述蒙古部对明朝北边的侵扰，已然给边地军民带来了巨大的灾难，而军政、吏治的败坏，更是让沿边军民陷入边将、酷吏们无尽的盘剥之中，内忧外患加重了军民的困苦生活，不少贫苦民众不得不北上寻求生计。同时，还有一些沿边军民用拳头应对压迫，反抗活动此起彼伏，如嘉靖三年（1524年）、十二年（1533年）大同镇相继发生两次兵变，嘉靖三十年（1551年）大同镇、山西镇等地爆发的白莲教吕老祖起事，大量参与起事的军民出逃塞外。

北上谋求生路的贫苦百姓是北上汉人的主体，广泛来源于北部沿边及腹里地带。明朝官员薛应旂在《方山先生文录》中，记录了其在嘉靖二十九年（1550年）冬天途经北直隶涿鹿、河间时，与当地父老关于蒙古人的谈话，当地百姓道出了蒙古部虽然强大且暴力，但七八成的中原逃亡百姓毅然选择逃往塞北蒙古部的现象。究其原因，“民则困于有司之征派，军则苦于债帅之诛求，妻孥冻馁不能聊生，辗转死亡，莫为轸恤”，正是地方官府、军队将领对百姓无情的盘剥，促使军民人众“甘心异类，北走匈奴”[①]。类似现象在沿边地区更是多有发生，如正德十五年（1520年）宣府地方出现饥荒，“迩来边人告饥，又苦于朘削，往往投入虏中”[②]；又如万历三十七年（1609年），“山西旱，民多逃虏中就食者”[③]。时人魏时亮总结曰“逃入虏境者不可数计，沿边皆然，大同尤甚”[④]。可见，在“投虏”的民众之中，为谋生计而北上的贫苦百姓数量是相当巨大的。

叛逃军也是北上塞外的中坚力量，他们的北上要从明代北边军户家庭的艰难生活说起。明代的军屯制度到明中期已经废弛，军士实际上主要依靠官府发放的军饷月粮得以存活，但是明王朝又面临着严重的财政问题，军饷发放十分困难。如嘉靖二年（1523年）大同总兵官张文锦上奏朝廷乞求军饷，据他统计大同镇军兵一年开支折银八十万四千余两，再加上每年援兵、游兵

---

① （明）薛应旂：《方山先生文录》卷19《固本》，《四库全书存目丛书》集部第102册，齐鲁书社1997年版，第418页。

② 《明武宗实录》卷183，正德十五年二月庚申，中华书局2016年版，第3533页。

③ 《明神宗实录》卷461，万历三十七年八月丁巳，中华书局2016年版，第8700页。

④ （明）魏时亮：《题为圣明加意虏防恭陈大计一十八议疏》，（明）陈子龙编《明经世文编》卷371，中华书局1962年版，第4013页。

等各项开支折银三十多万两，军需费用非常巨大，然而大同镇常赋收入尚且达不到总开支的一半。[①]这就意味着大同镇面临着严重的军费缺口，拖欠、少发军士月粮的情况时有发生。除此之外，军士往往还面临着武官的私役和盘剥，正所谓“一人之身既以当军又以应役，一石之米既以养家又以奉将”。弘治年间巡视大同的刑科给事中吴世忠记载了大同镇军士的凄惨状况，其言“时将十月，军士奔走风霜之中，面色黧黑，甲衣无褐，妻子所居半无烟火，弱女幼男裸体负日”[②]，沿边军士及军户家庭生存的艰难可见一斑。军士们既已缺衣短食，又面临着武官的无情压榨，士气动摇、怨气积攒自是必然。嘉靖二年（1523年）大同总兵官张文锦提出在边外修筑五堡的计划，引发了嘉靖年间第一次大同兵变，军士们相互谋划说“人各有妻子或女，又有马匹，一间营房何以能容？且莫说胡虏来，只深秋一阵大风雨，一家死矣。等死，不如杀了贾参将，投入北番”。[③]他们最终走上了起兵叛乱的道路，大量叛军北走塞外投向蒙古部落。嘉靖十二年（1533年）大同兵士又因总兵官李瑾治军严苛等因，再次发生兵变，叛乱士兵在第一时间“遣人以金币、女伎遗北虏乞援”，游说蒙古人言内地富饶无比，远胜塞外沙漠，大力邀请蒙古部南下入主中原。[④]伴随着蒙古人对大同兵变的参与，大量走投无路的叛卒投靠了蒙古部落，次年官府统计显示“叛者北走从虏几千人”[⑤]。除了上述两次大规模投奔蒙古部族的叛军之外，在边地难以维持生计或触犯法律的下层兵士也往往把塞外当作栖身之所，不少人零零散散地叛逃蒙古。如嘉靖七年（1528年）秋九月，滴水崖军人贾鉴、钱保等与塞外市商打官司，因败诉而气愤不已，对商店实施打砸抢烧，并且谋划一旦官府追捕即北上蒙古部逃亡。[⑥]

---

① 《明世宗实录》卷22，嘉靖二年正月庚申，中华书局2016年版，第641页。

② 《明孝宗实录》卷145，弘治十一年十二月壬寅，中华书局2016年版，第2534页。

③ （明）韩邦奇：《大同纪事》，薄音湖、王雄《明代蒙古汉籍史料汇编》（第一辑），内蒙古大学出版社2006年版，第263页。

④ （明）尹耕：《大同平叛志》，薄音湖、王雄《明代蒙古汉籍史料汇编》（第一辑），内蒙古大学出版社2006年版，第288页。

⑤ （明）郑晓：《皇明北虏考》，薄音湖、王雄《明代蒙古汉籍史料汇编》（第一辑），内蒙古大学出版社2006年版，第212页。

⑥ （明）尹耕：《殊域周咨考》，薄音湖、王雄《明代蒙古汉籍史料汇编》（第一辑），内蒙古大学出版社2006年版，第450页。

北上汉人的另一重要来源即白莲教教众。宗教是劳苦大众寻求精神解脱的重要支柱，在中国古代社会矛盾激化的时期，宗教又往往是串联、聚集普通民众，共同反抗封建统治的重要纽带。白莲教是明清时期重要的民间宗教形式，从内地到边疆均有白莲教活动的身影。北边困苦的生活环境，更是加速了白莲教在边地军民中的传播。白莲教往往利用明朝和蒙古部之间的对立和矛盾，频繁“出入虏中”，一旦遭到明朝的镇压，便迅速出逃塞外。山西静乐人吕鹤，号称庐山祖师吕明镇，人称吕老祖，是大同附近白莲教传播的首领之一，他大肆宣传蒙古人即将南下中原，并言称这是上天的安排，汉人即将遭际灾祸，最终死亡者将达十之六七，而民众只有信奉白莲教方可脱灾。①嘉靖三十年（1551年）吕老祖、萧芹、乔源发动大同白莲教教众起事，事情败露后，大量白莲教教众北上投靠蒙古部落，如赵全、李自馨、刘四、赵龙、吕老十、猛谷王、马西川、周元、张彦文等。白莲教众背靠蒙古部，招纳流亡军民，攻打大同堡塞，时任宣大总督杨顺奏称大同以西左右威平卫“周围屯堡荡然一空，田亩疆界鞠为草莽”②，瞿九思《万历武功录》更言“大小板升可五万人，其间白莲教可一万人”③，足见白莲教教众是北迁汉人的重要组成部分。

二、板升及多元经济的发展

随着汉人源源不断地北上，尤其以丘富为代表的白莲教教众在塞北的聚集，蒙古部逐渐开始经营板升，发展农业、手工业等多元经济。丘富既是白莲教的领袖人物之一，又颇受蒙古部的信任，很快成为俺答汗麾下的重要谋士。文献记丘富“与虏谋垦田积粟，造舟渡河”④，俺答汗也言“吾已决策城

---

① （明）瞿九思：《万历武功录》卷7《俺答列传中》，《续修四库全书》第436册，上海古籍出版社2002年版，第438—439页。

② 《明世宗实录》卷455，嘉靖三十七年正月戊午，中华书局2016年版，第7698页。

③ （明）瞿九思：《万历武功录》卷8《俺答列传下》，《续修四库全书》第436册，上海古籍出版社2002年版，第454页。

④ （明）瞿九思：《万历武功录》卷7《俺答列传中》，《续修四库全书》第436册，上海古籍出版社2002年版，第442页。

丰州，以耕种为务矣"[①]，于是在丘富等汉人的谋划和组织下，俺答汗在丰州川建筑城池和宫殿，开垦良田数千顷。以板升集中安置汉人，积极经营和发展板升由此开启。

明代的丰州川，"自东山而西至黄河约三百余里，自沙岭儿北至青山约二百余里"[②]，即今内蒙古呼和浩特平原（土默川），北靠大青山，南抵沙岭山，东起蛮汗山，西至包头黄河岸。其地古称"敕勒川"，著名的北朝民歌《敕勒歌》便是对当地壮丽富饶草原的生动描写。辽金元三代在此设立丰州，因而得名丰州滩或丰州川。这里的气候、土壤、水源等条件，宜于发展种植业、畜牧业等多种生产，是传统的种植业、畜牧业交错发展的地带。推其历史，当地早在先秦时期已纳入中原王朝版图，农业生产早已起步。根据元丰州修整道路的碑刻记载，丰州其地开设郡邑由来已久，早期可以追溯到九原、云中、朔方等郡的设置；且当地"风俗惟淳，民物尚朴，厥土惟瘠卤，厥田惟下中，原高且平，垦耕牧养，军民相参居止"[③]。可见金元两代当地农业仍然有一定的发展，在塞外形成了一定规模的定居聚落。明初这里是明王朝与北元势力拉锯对抗的前沿阵地，明朝迁徙当地居民于内地，并在此开设云川、东胜两卫，开展屯田，实施军事化管理，但受双方长期战争的影响，丰州地区已经处于残破空虚的状态，昔日的塞北繁华已难以维持。正统末年明朝决定收缩战线，干脆将二卫内徙，丰州川逐渐为蒙古诸部所控制，再度成为游牧民族住牧的草场，无城郭、常居、耕田之业，相较于中原地区而言，经济生活较为单一、落后。

嘉靖年间汉人的涌入，给草原带来了先进的生产力和生产技术，恰是扭转草原被动经济局面的契机。以俺答汗为代表的蒙古贵族深刻意识到这一点，他们充分利用丰州川优良的自然环境和农垦基础，在前期役使汉人开垦田地且小有收成的试验成果下，逐渐把发展农业、手工业等多元经济上升为重要政策。

---

① （明）瞿九思：《万历武功录》卷7《俺答列传中》，《续修四库全书》第436册，上海古籍出版社2002年版，第435页。

② （明）王鸣鹤：《登坛必究》卷37《奏疏一》，《续修四库全书》第961册，上海古籍出版社2002年版，第640页。

③ 盖山林：《阴山汪古》，内蒙古人民出版社1991年版，第418页。

嘉靖二十五年（1546年），驰骋疆场的俺答汗从战马上跃下来，亲自用两犋牛开垦了田地五六顷，播撒了谷、黍、薥、秫、穄子等农作物，还动手建造了一口窑，躬行参与到农业和手工业生产中，以示对发展多元经济的重视。新鲜的农业劳动生活也让他十分愉悦，发出了“偃旗息鼓，归休田野”的感慨。[①]他还派使者前往大同等地，请求明朝派遣木工、画工、铁匠等手工艺者帮助他在丰州川建造城池。次年，俺答汗又大会保只王子、吉囊台吉、把都台吉等蒙古王公，畅谈他发展农业的新政策，以及入贡明廷请求赐予“耕具及犁耧、种子”的主张。[②]

俺答汗经营板升采取了轻徭薄赋的策略。相对于中原横征暴敛的情况，板升对百姓的索取很少。文献言在板升种地，每岁“不过粟一囊、草数束，别无差役以扰我”[③]，甚至边地百姓传言“募人耕田，不取租税”[④]。得益于此，板升发展农业的策略很快进入了良性循环。《五杂组》记：“临边幸民往往逃入虏地，盖其饮食、语言既已相通，而中国赋役之繁、文罔之密，不及虏中简便也”[⑤]；可见板升的日常生活与中原已无明显差异，且因板升经济负担极轻，对边地流民、百姓颇具吸引力，于是他们纷纷北迁塞外谋生计。汉人接连不断地到来，板升的规模也越来越大，嘉靖后期丰州川良田已多达万顷，村落也有几百个之多。它们被划分为若干部，“皆有酋长”管事，如冯世周、孟大益、大罗、小罗、杨廷夏、杨廷智、刘豸、张豪杰、李三、瓦四、潘云、陈钺十二人管领大板升，小板升则有三十二处之多，大小板升生活的汉人合计有五万多人。[⑥]不独俺答汗经营下的丰州川遍布板升，据《登坛必究》记载：“自丰州以西，沿河一带，至于多啰土蛮住牧之地，亦有板

① （明）瞿九思：《万历武功录》卷7《俺答列传上》，《续修四库全书》第436册，上海古籍出版社2002年版，第422页。
② （明）瞿九思：《万历武功录》卷7《俺答列传上》，《续修四库全书》第436册，上海古籍出版社2002年版，第423页。
③ （明）熊廷弼：《按辽疏稿》卷2《辽左危急疏》，《续修四库全书》第491册，上海古籍出版社2002年版，第481页。
④ （明）王宗沐：《山西灾荒疏》，（明）陈子龙编《明经世文编》卷343，中华书局1962年版，第3675页。
⑤ （明）谢肇淛：《五杂组》卷4《地部二》，上海书店2001年版，第79页。
⑥ （明）瞿九思：《万历武功录》卷8《俺答列传下》，《续修四库全书》第436册，上海古籍出版社2002年版，第454页。

升，分隶麦力艮台吉与大成台吉，但不及丰州川之众耳”，蒙古右翼诸部皆仿效丰州川发展板升经济，板升在河套以北地区已然是普遍存在的。[①]

此外，在俺答汗长期坚持封贡、互市的请求下，隆庆五年（1571年）明蒙双方达成和议，结束了近二百年的战争状态，“数千里军民乐业，不用兵革”[②]，边塞萧条的经济得以迅速恢复和发展，板升生齿日繁。据《明实录》，万历初年板升汉族移民可能已达十万之众。[③]他们所耕种的粮食，成为蒙古部落食物的主要来源，文献载“岁收可充众食”[④]，草原部落创历史地实现了粮食自给自足，塞北也成了农业丰收的沃土。

农业之外，塞外的手工业也得到了长足的进步。丰州川上比较有名的二十多处板升，除俺答、李自馨、黄台吉、丘富、赵全等蒙汉主要人物之外，一些板升竟以杨木匠、王绣匠命名[⑤]；可见北上汉人充盈着相当数量的手工匠人。木匠、铁匠、瓦匠、铜匠、银匠、画工、油工等手艺人陆陆续续进入塞外，促进了当地手工业的发展。据学者统计，当时丰州川的手工产品有皮箱、摇车、铁锅、银碗、木碗、釜、杯、鞍、刀等。隆庆议和后，除了生产各种生活用品外，造纸业、酿酒业、制砖业不断出现，一些以行业特点命名的村子出现在土默川上，如察素齐（造纸的地方），阿也格沁（制碗的地方）。从有关史料看到，俺答汗大军行军打仗，战马、战士皆披战具、战甲，且不少人身佩“铁浮图”（即铁质佛像），体积不大，重量较轻，做工精细，这些均为手工制作，可见板升地区的手工业已达到了一定的发展水平。[⑥]

伴随着多元经济的发展，尤其是农业经济的繁荣，塞北成为百姓们的幸福乐园，明朝总督方逢时用《塞上谣》描绘了塞北人民安居乐业的幸福生活：“人言塞上苦，侬言塞上乐。胡马不闻嘶，狼烟净如濯。时雨既将沙草

① （明）王鸣鹤：《登坛必究》卷37《奏疏一》，《续修四库全书》第961册，上海古籍出版社2002年版，第640页。

② （清）张廷玉等：《明史》卷222《王崇古传》，中华书局1974年版，第5843页。

③ 《明神宗实录》卷141，万历十一年九月甲辰，中华书局2016年版，第2635页。

④ （清）张廷玉等：《明史》卷211《周尚文传》，中华书局1974年版，第5582页。

⑤ （明）王鸣鹤：《登坛必究》卷37《奏疏一》，《续修四库全书》第961册，上海古籍出版社2002年版，第640页。

⑥ 伏来旺：《土默特史话》，内蒙古人民出版社2017年版，第146页。

肥，丁男释甲操锄犁。夫耕妇馌朝复暮，荜门鸡犬皆相依。”[①]明末清初的顾祖禹也在《读史方舆纪要》言：“南至边墙，北至青山，东至威宁海，西至黄河岸，南北四百里，东西千余里，一望平川，无山坡溪涧之险，耕种市廛，花柳蔬圃，与中国无异，各部长分统之。”[②]足见此时的塞外是安定、富足生活的乐土。

三、共同生活的大家园

板升聚落除了吸引北迁的汉人生产生活之外，亦吸收了不少蒙古人到此定居生活，形成了汉人、蒙古人共同居住、共同生产的生活场景。

《登坛必究》录有丰州滩内有名的板升二十多处，在李自馨、丘富、赵全等汉人命名的板升之外，还有若干板升以俺答汗、黄台吉等蒙古语言命名，由此可见已有蒙古人在板升定居。[③]《万历武功录》更是提及丰州滩板升中“有夷二千余人”[④]，更直接印证了蒙古人和汉人一起定居丰州滩板升的情形。不独丰州滩如此，明代后期汉蒙人民交错居住、共同生活的情形事实上遍布在北边沿线，如兀良哈三卫蒙古部落亦是如此。万历《开原图说》记载了晚明兀良哈三卫蒙古人因“敬佛”所形成的特殊居住情形，即每个部落都以寺庙为中心，酋长的营帐围绕寺庙而设，蒙古人据此居住生活，而围绕营帐前后左右外围三四十里即是板升聚落，他们是蒙古部落所管理的汉人，且寺庙僧人也多内地汉人。[⑤]可见，在如此近的地理范围内，形成了“汉人—蒙古人—汉人”的共同生活地域。

汉人、蒙古人在塞北的共同生活，促进了汉地和草原百姓在风俗、文

---

① （明）方逢时撰，李勤璞校注：《大隐楼集》卷3《七言古诗·塞上谣》，辽宁人民出版社2009年版，第42页。

② （清）顾祖禹撰，贺次君、施和金点校：《读史方舆纪要》卷44《山西六·大同府·青山》，《中国古代地理总志丛刊》本，中华书局2005年版，第2006页。

③ （明）王鸣鹤：《登坛必究》卷37《奏疏一》，《续修四库全书》第961册，上海古籍出版社2002年版，第640页。

④ （明）瞿九思：《万历武功录》卷8《俺答列传下》，《续修四库全书》第436册，上海古籍出版社2002年版，第454页。

⑤ 万历《开原图说》卷下《东虏二十四营枝派图考》，《中国地方志集成·辽宁府县志辑》第12册，凤凰出版社2012年版，第41—42页。

化、医药等方方面面的交流，草原地区的社会生活进入了全新的层次。

草原百姓旧俗简单，以牛羊肉为主食，“食无箸，以手举之，亦无碗，以木盆盛之”[①]，日常服饰则以动物毛皮为主。明代后期汉人的到来以及蒙汉人民的长期交往，在无形中重塑了蒙古人的习俗。如在饮食上，蒙古人起初“得粟不知炊而食也”[②]，可到明后期渐知粟食，日常饮食已离不开粟谷等粮食。在饮具上，蒙古人也普遍使用木碗、木杓等餐具，贵族则使用更为精美的银制餐具[③]。服饰方面则“衣最喜锦”[④]，丝织品成为着装风尚。明人穆文熙有诗句言“少小胡姬学汉妆，满身貂锦压明珰”[⑤]，便是蒙古女性着汉服、化汉妆的真实写照。瞿九思在《万历武功录·俺答列传》总论中亦直言“胡中衣食居室悉如汉制”[⑥]，可知明后期汉蒙百姓交流交融之深入。

蒙古人的住房原本以苍穹式蒙古包为主体，而板升的发展也促成了草原地带建筑风貌的革新，汉式建筑在塞北不断涌现，蒙古人也开始接触新式建筑、城池。以俺答汗在板升的住宅为例，建筑由白莲教首领赵全、李自馨、张彦文、刘天麒等指挥北迁汉人伐木建造，“前盖朝殿、后盖寝殿七间，东南角建盖仓房三间，又于城上周围建盖两滴水楼五座”，完全依照汉地建筑风格，由汉人操刀完成。[⑦]隆庆议和后，俺答汗更是在明朝的支持下，耗费四年时间在丰州川建筑城池，有内外两重城墙，城墙四面开三重门楼，且有四角马面和角楼。清人高其倬在《青城怀古》中称赞曰“筑城绝塞跨冈陵，门启重关殿百层。宴罢白沉千帐月，猎回红上六街灯”[⑧]，可见草原上新建城池建筑之壮阔、繁华。

草原地带文化水平总体发展较为滞后，文献所称“前此胡中向无一笔写

---

①③④ （明）萧大亨：《夷俗记》，《北京图书馆古籍珍本丛刊》第11册，书目文献出版社1990年版，第630页。

② （明）王鸣鹤：《登坛必究》卷23《胡名》，《续修四库全书》第961册，上海古籍出版社2002年版，第138页。

⑤ （清）查继佐：《罪惟录·列传》卷28《色目》，《续修四库全书》第323册，上海古籍出版社2002年版，第468页。

⑥ （明）瞿九思：《万历武功录》卷8《俺答列传下》，《续修四库全书》第436册，上海古籍出版社2002年版，第478页。

⑦ 《赵全谳牍》，薄音湖、王雄《明代蒙古汉籍史料汇编》（第二辑），内蒙古大学出版社2006年版，第112页。

⑧ 乾隆《口北三厅志》卷15《艺文四》，《中国方志丛书》本，成文出版社1968年版，第275页。

契”，此言或过于武断，但亦可见草原部落能读写文字的“榜什”[①]的确十分有限；随着汉人的到来，文字的普及度有所提高，文献言“写契者，皆中国识字之人也”，北上汉人成为草原文化人的主要组成部分。[②]此外，谋士丘富等人建言“收奇伟倜傥士”，俺答汗十分赞同，他曾在大帐外悬挂告示，招揽中原“孝廉诸生”到塞外来，优待北上草原的汉地文化人。[③]草原上精通文字书写的民众也越来越多，史载“榜什颇为殷众”[④]，草原地带的文化教育水平迅速提升。

中医药也是汉蒙百姓交流的重要内容。板升许多汉人头目便熟知中医药学，如周元素以“治扁仓术”闻名[⑤]；赵全为给俺答汗治病，曾藏匿应州城中，“买乳香、地黄、良姜诸药材”[⑥]。以他们为代表的汉人将中原地区的中医药知识和药材带向草原，改变了草原百姓“病不服药”，“往往夭促其天年，鲜能以寿终者”的落后情形。[⑦]甚至草原人最害怕的天花等传染性疾病，在汉人到来后，情况也有所好转。当时人萧大亨言，蒙古人一旦出现天花病人，“无论父母兄弟妻子，俱一切避匿不相见”，天花病已然成为蒙古人的心头大患。[⑧]美国学者卡尼·T.费什认为嘉靖二十九年（1550年）以前，蒙古社会由传染病引起的大浩劫已被足够的史料所证实，早在嘉靖二十一年（1542年），已有20%—30%的人畜死亡，当时的形势是危急的。[⑨]而汉人的出现为患者的救治提供了便利，照顾天花病人的差事往往交给具有抗体的汉人，患者的存活概率大大提升。

---

① 意为“有学识之人”。

②③ （明）瞿九思：《万历武功录》卷7《俺答列传中》，《续修四库全书》第436册，上海古籍出版社2002年版，第442页。

④ （明）萧大亨：《夷俗记》，《北京图书馆古籍珍本丛刊》第11册，书目文献出版社1990年版，第629页。

⑤ （明）瞿九思：《万历武功录》卷8《俺答列传下》，《续修四库全书》第436册，上海古籍出版社2002年版，第452页。

⑥ （明）瞿九思：《万历武功录》卷7《俺答列传中》，《续修四库全书》第436册，上海古籍出版社2002年版，第439页。

⑦ （明）萧大亨：《夷俗记》，《北京图书馆古籍珍本丛刊》第11册，书目文献出版社1990年版，第627页。

⑧ （明）萧大亨：《夷俗记》，《北京图书馆古籍珍本丛刊》第11册，书目文献出版社1990年版，第632页。

⑨ ［美］卡尼费什，张宪博译：《天花、商贾和白莲教——嘉靖年间明朝和蒙古的关系》，中国明史学会《明史研究》第4辑，黄山书社1994年版，第231页。

文化习俗的交融是双向的，移居塞北的汉人同样受到蒙古文化的熏陶和影响。板升汉人不少给子女取蒙古名或蒙汉合璧的名字，如赵龙自言生六子“长火泥计，次窝兔，次瓦拜兔，次瓦十兔，次簿合兔，次宁安兔”[①]。而在明朝官员看来，板升汉人“久处夷地，狼子野心终不可驯”；[②]且他们沾染夷俗、胡服胡语，故被蔑视为“汉夷”，以区别于“真夷”蒙古人。[③]换个角度来看，“汉夷”的出现恰是汉蒙文化交流交融的见证。

与“汉夷”这种过渡状态相比，汉人、蒙古人族群的深度交融也有发生，不少汉人径自融入蒙古部落之中。如俺答汗的义子柳根子本就是汉人，很快融入了蒙古族群之中。又如，土默特蒙古部世代流传着先民来源的传说：明朝末年时，为了壮大自身力量、反击林丹汗的复仇，土默特部首领小顺义王采取了更为积极的民族融合政策。他曾公开号令不分蒙汉百姓，凡是能集齐一百五十户丁口的即可编佐，担任首领，并可世袭。借此政策，土默特部补充了大量的丁口，补全了三十个苏木的缺额。这种不分民族、破例纳丁编佐的举措，使不少迁居北地的汉民更为深入地融入了蒙古部落。[④]类似传说的背后，恰是明朝后期汉人与蒙古人在塞上共同生活的写照，是中华民族交往、交流直到交融的印证。

回顾明代中后期汉人北上、板升成长的这段历史，四百五十年前，明蒙达成“隆庆和议”；四年后，俺答汗在丰州川所筑城池得明朝万历皇帝亲赐“归化”城名（即今呼和浩特）。时至今日，呼和浩特附近仍有许多村落名称中夹杂着“板升”词汇，例如捣喇板升、麻花板、公积板、姑子板、善友板、塔布板、沟子板、攸攸板、板升气、色冷板申、哈剌板申等。板升作为塞上多民族经济交往、族群交流、文化交融的载体，是明代民族团结大事件的推动者和见证者，谱写了中华民族共同发展的华丽篇章。

---

① （明）瞿九思：《万历武功录》卷8《俺答列传下》，《续修四库全书》第436册，上海古籍出版社2002年版，第454页。

② 《明神宗实录》卷141，万历十一年九月甲辰，中华书局2016年版，第2636页。

③ 关于“汉夷”与“真夷”，可参阅曹永年：《明代蒙古史丛考》，上海古籍出版社2012年版，第279页。

④ 安介生：《山西移民史》，三晋出版社2014年版，第357页。

"走西口"：跨越百年的移民、拓荒、开发、融合

胡姗辰*

"走西口"作为中国历史上规模最大的人口迁移运动之一，初源于边境失地流民的无奈之举，后逐渐成为越来越多中原人追求财富和新生活的主动选择。移民在迁移与定居过程中，延续来源地文化传统，同时不断吸纳迁入地文化、融入当地关系，进而推进了我国北方各民族的文化发展与交流，呈现于民族风俗、语言、生态资源保护、匪患治理、水权交易、基层治理结构的转变、民间戏曲等方面的发展与演变。"走西口"重塑了我国北方的民族关系和社会格局，使不同民族结束分而治之的局面，实现经济、社会、文化的大融合。

自明代嘉靖年间起，中原地区尤其是秦晋一带，百姓为谋生，多经"杀虎口"出关，向西北迁移至内蒙古地区，形成大规模人口迁移活动，史称"走西口"。作为中国历史上规模最大的人口迁移运动之一，"走西口"是由民间自发形成的，具有持续时间长、迁移范围广的显著特点。人是文化的创造者，更是丰富文化的承载者。"走西口"的民众作为文化传播最活跃的载体，必然携带着迁出地的文化因子、文化模式，尤其是源自同一文化区域的移民区内部，外来移民越多，该地所受外来特色文化影响就越深，进而形成本地新的特色文化形态。"走西口"是中华民族勤劳勇敢的人民谋求发展的拓荒史，也是中华民族自强不息精神撰写的移民史，它体现了中华民族伟大复兴的当下"一带一路"所传承的"团结互信、平等互利、包容互鉴、合

* 胡姗辰，1990年生，江西宜春人。中央民族大学法学院讲师、硕士研究生导师，主要研究方向：文化遗产法、比较法、法律史。清华大学建筑学院国家遗产中心博士后，中国人民大学法学院文化遗产法研究所客座研究员、UNESCO文化遗产法教席团队成员。参与国家社会科学基金项目2项、国家自然科学基金项目1项、国家文物局等单位委托课题10余项，《北京中轴线文化遗产保护条例》立法工作组成员。在《中国人民大学学报》《政法论丛》《光明日报》等报刊发表论文10余篇。

作共赢”[①]的伟大精神。“走西口”具有不可忽视的独特意义，是一部跨越四百余年民族大融合的厚重史诗。

一、出关谋生

历史上的秦晋地区，千百年来一直是农耕文明与游牧文明之间争夺土地资源的区域，边境百姓苦受侵扰不得已跨越长城谋求生路，是“走西口”出关谋生的初始形态。而秦晋地区又是中华文明的摇篮和重要阵地，民间习俗镌刻着厚重的“安土重迁”观念，不到万不得已，普通民众不会选择出关流亡。

自然地理环境直接影响着区域社会的安定和谐。晋北、陕北等地位于黄土高原，“天寒地瘠，地物鲜少”，加之清代人口的大幅增长，“人稠地狭”，岁入不过秫谷豆，而日常所需大多贩运自远省[②]，这直接导致了地少人多、粮食短缺问题的产生。又明清之季，严重的土地兼并、繁重的苛捐杂税，迫使汉族贫民流亡至“西口”外的蒙古地区。出关谋生的主要原因大体包括以下三个方面：社会的经济剥削、人口的不断增长和自然生存环境严酷。

社会的经济剥削。自明朝中后期以来，土地兼并愈演愈烈，特别是在灾荒之年。民俗有言“年头歉一歉，地主圈一圈”，许多农民失去安身立命的土地。土地兼并导致国家税收锐减，这又促使朝廷通过增加田赋、增设各种苛捐杂税等一系列举措增加国家税收，繁重的税赋压得农民喘不过气。在此背景下，大批山陕百姓纷纷越过长城，寻找养家糊口的“生命绿洲”。清初，入关满洲贵族和八旗官兵无处安置，清廷在华北地区圈占土地，迫使大批农民丧失田宅，不得不背井离乡、出口觅食，从而开启了“走西口”的移民潮先河。

人口的不断增长。清军入关建立了大一统政权，推行休养生息政策，为

---

① 参见国家发展改革委、外交部、商务部授权发布：《推动共建丝绸之路经济带和21世纪海上丝绸之路的愿景与行动》，2015年3月。

② 沈健：《历史上的大移民》，北京工业大学出版社2013年版，第21页。

人口增长奠定了基础。康熙推行“盛世滋丁，永不加赋”，雍正时颁行“摊丁入亩”政策，均为人口增长提供了可能。何炳棣先生指出：“在中国人口的发展史上，没有哪一段的重要性比从1650年（顺治七年）至1840年（道光二十年）这两个世纪更大了。”[①]重要性具体反映为人口的显著增长和频繁流动这两个方面。[②]雍正二年（1724年）的人口统计显示人口在六百万以上的省份有山东、江苏、河北、河南、山西等。[③]山西在雍正朝已是人口大省，人口骤增，耕地却未随人口增加，已初步导致了人地之间矛盾的出现。至道光三十四年（1854年）全国人口达到4亿[④]，而山西省人均耕地面积从顺治时期至道光年间不断减少[⑤]，人口增多诱发了人地矛盾的加剧。土地单位面积内承载的人口密度过大，必然导致人口外迁以寻求新的土地另谋生计。

自然生存环境严酷。明以降灾荒频繁，明代灾荒总次数多达1011次。仅就山西州县，自明嘉靖初年至清宣统末年近四百年间，自然灾害多达3501次，其中水、旱特大灾害高于或近似于总数的三分之二。[⑥]唐以前，山西平均一百一十四年一旱，明清时期已是平均三年一旱。[⑦]山西旧谣对这一时期灾害典型区域的描述是：“河曲保德州，十年九不收，男人走口外，女人挖野菜。”[⑧]又因清代处于我国五千年气候变化里全新世以来最为干冷的“明清小冰期”，清初及其中后期分别有两段变冷期，特大冰雪、寒冻灾害、旱

---

① ［美］何炳棣：《明初以降人口及相关问题》，生活·读书·新知三联书店2000年版，第1页。

② 刘平、柳亚平：《近代移民与文化再造——“走西口”文化形成的社会背景》，《江苏教育学院学报（社会科学版）》2010年第11期，第49页。

③ 成崇德：《清代西部开发》，山西古籍出版社2002年版，第7页。

④ 梁方仲：《中国历代户口、田地、田赋统计》，上海人民出版社1980年版，第251、256页。

⑤ “顺治十八年山西人均土地4.49亩、乾隆三十一年5.12亩、嘉庆十七年3.95亩、道光十九年3.67亩”，“清代一岁一人之食约得四亩，十口之家即需四十亩”。可见道光年间山西的人均耕地面积不足日常所需，人地矛盾尖锐。而“嘉庆二十五年，归化城六厅滋生丁口十二万零七百七十六人，田地三百零二万四千一百七十一亩”，归化城人均耕地可达25.039亩，加上优于晋北区域的土壤质量、自然环境、气候条件等各方面优势，促使走西口主要集中于归化城。参见陶继波、崔思朋、刘野：《山西人走西口选择“归化城”的原因》，《边疆经济与文化》2014年第9期，第62页。又可参见戴逸：《简明清史》第2册，人民出版社1984年版，第347—348页。

⑥⑦ 蔡苏龙、牛秋实：《流民对生态环境的破坏与明代农业生产的衰变》，《中国农史》2002年第1期，第18页。

⑧ 安介生：《清代归化土默特地区的移民文化特征——兼论山西移民在塞外地区文化建设中的贡献》，《复旦学报（社会科学版）》1999年第5期，第78页。

灾等异常天气频繁发生于黄河流域。[①]自顺治年起，陕西保安县、凤翔县、岐山县、扶风县等地遭遇暴雪，咸丰至光绪年间，陕西境内常遭寒冻大雪灾害。[②]光绪三年至光绪四年（1877—1878年）甚至爆发了最为严重的"丁戊奇荒"，波及山西、陕西、甘肃三省，干旱导致"赤地千里"，秦晋相连的道路上随处可见因旱灾饿死的人，甚至发生"人相食""鬻女弃男"的惨烈情状。此次灾害的饿死者，据不完全统计达一千万人以上。[③]明清交替，清朝的灾荒状况并未随朝代更替而停止，地理自然环境引发的生存危机，促使山西、陕西、甘肃、河南等地的贫苦农民向西北迁徙，进入广袤的关外地区谋求活路。

二、开发西部

元朝时，留居长城以北，受中原文化熏陶较弱的蒙古贵族集中地区仍保持传统的游牧经济和政治制度。长达三四百年漫长的"走西口"移民，主要是山陕地区失地农民和追寻财富的商旅。这些移民初步改变了口外蒙古部落游牧制度的经济发展方式。

明朝初年，蒙古封建主之间以及与明军之间连年战争造成农田荒芜、城郭废弃，牧民时常陷于"爨无釜，衣无帛"的困窘境地。明嘉靖二十三年（1544年）设置杀胡堡，隆庆六年（1572年），明廷与蒙古俺答汗部达成"隆庆和议"，开卫所互市、兴民族贸易，杀胡堡作为蒙汉互市关口，推动了长城沿线九边地区边市贸易的形成与发展。移民从中原带去先进农耕技术和房屋建造技术，改变了这些地区传统的游牧生产方式，显著提高了粮食产量和衣食水平，也带动越来越多蒙古族人像汉族人一样兴农兴耕，逐渐定居下来，形成村落、集镇甚至城市。

清代大一统制度的确立、满蒙旗制的发展与完善、边疆政策的时弛时

① 安介生：《清代归化土默特地区的移民文化特征——兼论山西移民在塞外地区文化建设中的贡献》，《复旦学报（社会科学版）》1999年第5期，第18页。

② 安介生：《清代归化土默特地区的移民文化特征——兼论山西移民在塞外地区文化建设中的贡献》，《复旦学报（社会科学版）》1999年第5期，第19页。

③ 朱士光：《清代黄河流域生态环境变化及其影响》，《黄河科技大学学报》2011年第2期，第19页。

禁，促使汉人出关入蒙。清代边市贸易得以延续，互市关口逐渐简称为口，杀胡堡改名杀虎口。“西口”初指杀虎口。[①]康、雍、乾三朝先后出兵平定西北叛乱，基于军事需要直接划定距离中原较近的口外地区作为供应粮草的后勤基地，进而推动了土默特地区的市镇建设与发展，逐渐形成新兴的边疆贸易市口。乾隆二十六年（1761年）改威远将军为绥远将军，于归化城设关征税，置牲畜税厅、设卡征税，管辖货物税，直至清末，归化城年征税额远超杀虎口。又“走西口”的具体落脚地大多集中于土默特归化城，“西口”在乾隆中后期即指归化城。《清世祖实录》载述“蒙古田土高且腴，雨雪常调，更兼土洁泉甘”，16世纪末仅土默特万户领地内就有汉族流民十余万，在内蒙古开田地、盖房舍，从事农业生产。[②]归化城建立后，归绥一带形成商业贸易区，商品交易日益繁荣，商品种类增多，形成贡市、马市、民市、月市、小市等贸易形式。[③]嘉庆年间《乌里雅苏台志略》中称“归化城，俗曰西口”。新的经济市场的形成又吸引了众多商旅踏上“走西口”的步伐，进一步延展了“走西口”的时间和空间，扩大了其规模。

“走西口”的商旅队伍更促进了西北地区市场发展和经济的繁荣。从明初依托“开中法”[④]进入北方边镇市场到“茶马互市”贸易[⑤]，这些“边商”对巨额利益的渴望与口外蒙古人对中原生活物资和手工业产品的渴求形成完美互补，通过通贡、互市、民市甚至走私等多样化方式互通有无[⑥]，以商品交流促进口外经济繁荣，同时增进北方民族与中原汉族民众生活的密切联系和文化交流。清代，塞外蒙古作为清朝政府的重要盟友，建立了以盟旗制为基础的较为完善的地方管理体制，并通过路引票照制度鼓励以晋中商人为主的内地商民出关经商；西北屯田制度推动了人口的聚集和农业手工业的发展，为新疆地区的商业发展创造了条件。清政府在伊犁、塔尔巴哈台、乌鲁木

① “杀虎口位于今天山西朔州市右玉县城西北35公里处，坐落在古长城脚下，是山西与内蒙古两省的交界。”参见沈健：《历史上的大移民》，北京工业大学出版社2013年版，第1页。

② 段友文、高瑞芬：《“走西口”习俗对蒙汉交汇区村落文化构建的影响》，《山西大学学报》2006年第5期，第93页。

③ 高延青：《呼和浩特经济史》，内蒙古大学出版社1993年版，第138页。

④ 孙晋浩：《开中法的实施及其影响》，《晋阳学刊》1999年第4期，第95页。

⑤ 马大正主编：《中国古代边疆政策研究》，中国社会科学出版社1990年版，第293页。

⑥ 马大正主编：《中国古代边疆政策研究》，中国社会科学出版社1990年版，第294页。

齐、科布多[①]等地设立贸易点，以内地的绸缎布匹、茶叶、药材换取哈萨克族和维吾尔族的大批牛、马、羊，逐渐形成乌鲁木齐、巴里坤等新疆地区一批新兴工商业城市；天山南路各城不仅成为内地商贾与西北少数民族进行商品交易的中心，甚至成为中亚各国商人贸易的国际市场。

此外，清代就已在西北各地方设立官制，修建驿道、大兴屯田更是官方推动“西北大开发”的重要举措。这些举措极大促进了西北地区农业经济的发展和中原先进的工业生产技术与维吾尔传统灌溉农业技术的交流。“走西口”带动了“水利社会”[②]在西部边疆区域的形成与发展，从以土地为中心到以水为中心的视角转换，从水利事业理解中国基本经济区的发展方向，呈现了乡土中国社会经济的重要变化。尤其是在水资源匮乏的省份，水利为乡村社会变迁提供了生存发展的新路径。游牧社会向农业社会转型过程中，必然会受到传统农业社会地水关系的影响，特别是在蒙古地区，受制于国家制度和政策层面不允许蒙古土地和水被随意买卖的规定[③]，通过吸收“走西口”农民所带来的水利观，直接宣告了地水结合态势的瓦解，地水关系的松动也是民族融合中历史的驱动力，更是社会结构转型时期劳作模式转变的大势所趋。地水分离观念的引入，水开始作为一种经济商品进入贸易市场，或是单独转让，或是买卖行为，以租、典、佃等多样的交易形式，落实到水权买卖中。在私水的买卖中水是契约标的的核心内容。

“水权”观念的发展，对于当下中国社会城乡一体化发展进程中解决水资源匮乏问题具有一定的启示意义。建立人水和谐的节水型社会、生态友好型社会是我国当前和今后面临的重要战略任务。要实现该目标必须转变观念，水权观念的形成和变迁轨迹正是反映了观念转变的力量，为当下水观念的建设提供了富有历史价值和社会意义的思考、启示。

---

① 《中国北方民族关系史》编写组：《中国北方民族关系史》，中国社会科学出版社1987年版，第372页；杨建新，马曼丽主编：《西北民族关系史》，民族出版社1990年版，第181页。

② “水利社会是以水利为中心的延伸出来的区域性社会关系体系。”参见张俊峰：《清至民国内蒙古土默特地区的水权交易——兼与晋陕地区比较》，《近代史研究》2017年第3期，第93页。

③ 乾隆三十四年（1769年）萨拉齐县五当沟海岱村水利碑有禁令：“蒙古永不许图钱卖水，民人亦不许买水浇地。日后倘有卖水买水情弊，执约禀官究治。”引自《包头市郊区志》，内蒙古人民出版社1999年版，第308页。

三、“他乡”成“故乡”

“走西口”亦称“走口外”，是内地人口向边疆地区移民所引发的社会变迁。所谓“西口”，是明清的归化城[①]、民国时期的归绥县（今呼和浩特旧城）[②]。“走西口”可分为陆路和水陆，陆路自杀虎口入归化城，是山西进入内蒙古最为便利的关隘。此处地形较为平坦，少有山地荒漠，对比其他路途更为便利。沿途有邑，是大部分乞讨走西口人得以存活的重要保障。[③]水路是经由黄河沿岸十六处关口（譬如河保线）、包头镇进入内蒙古腹地，随着清廷时弛时禁的出关政策以及关税、印票[④]的控制，水路出关也开始成为大批内陆移民的选择。线路上具体可以划分为八条线路，分别是花马池线、神府线、河保线、偏右线、雁门关线、大同线、马市口线和张家口线。

参与“走西口”的群体主要来自山西、陕西一带的农民，具体而言，即来自长城以内晋西北、雁北、晋中和陕北等地的贫苦农民。[⑤]他们进入长城以外内蒙古草原垦殖谋生，集中于归化城土默特、伊克昭盟、察哈尔、鄂尔多斯、河套等地。[⑥]早期的“走西口”主要分为两类：一类是临时出外做工；另一类则成为他乡永久移民。随着清朝自然灾害的发生[⑦]，内陆贫民为求生计，

---

① ［俄］阿·马·波兹德涅耶夫，张梦玲等译：《蒙古及蒙古人》第2卷，内蒙古人民出版社1983年版，第136—137页。

② 明代以京师为中心命名关口：长城古北口位于京畿之北，名“北口”，喜峰口位于京畿之东，乃“东口”，杀虎口位于京畿之西，是山西通往内蒙古的一个通道，且是长城的一个口，故称“西口”。参见李治亭：《“闯关东”与“走西口”的比较研究》，《东北史地》2010年第3期，第33页。清代至民国时期，归化城“东起镶蓝旗察哈尔，南到山西省界，大体相当于今呼和浩特、包头二市，乌盟清水河和林格尔县以及武川县的一部分”。参见周清澍：《内蒙古历史地理》，内蒙古大学出版社1993年版，第225页。此外，归化城坐落于黄河与大黑河的冲积平原上，北依大青山，土地肥沃，地势平坦，灌溉条件好，适宜耕种，口内流民多聚集于此。

③ 陶继波、崔思朋、刘野：《山西人走西口选择“归化城”的原因》，《边疆经济与文化》2014年第9期，第61页。

④ 康熙至乾隆初期，清廷通过印票许可制度控制口外移民。《大清会典》卷979有载：“每年由户部给予印票，逐年换给。”

⑤ 王俊斌：《近代历史上的走西口》，《山西档案》2007年第5期，第49页。

⑥ 珠飒、佟双喜：《“走西口”与晋蒙地区社会变迁》，《山西大学学报（哲学社会科学版）》2007年第2期，第19页；又见陶继波、崔思朋、刘野：《山西人走西口选择“归化城”的原因》，《边疆经济与文化》2014年第9期，第61页。

⑦ 参见《纵横西口》，山西春秋电子音像出版社2006年版，第93页。

开始大规模进入西口。随着归绥道十六厅的设置，"西口"的土地开垦、商业贸易日益成熟，更多的手工业者、商人进入西口。又因清代自然灾害频发，山西、陕西、甘肃、河南等地流民大量涌入西口，躲避兵役和官司的人也混杂其中。①

康熙初年，西口地区并未禁止汉人垦殖，蒙古王公贵族也会招揽汉人在草原耕种。然而，清初严禁汉族贫民"领妻"出关，这一规定直至清末才得以废除。②因此，出关进入内蒙古地区的移民早期是季节性短工，汉人春入西口、（秋）冬归原籍，时称"打短""叨工""雁行客"。随着这些移民财富的不断积累，口外形成的小规模汉人聚落吸引了内地无地或少地的贫苦流民前往，或投亲靠友，或另辟新村，在"落地生根"后开展了更广泛意义上的家园建设行动。此外，在传统手工业生产方式下，不同职业的分布往往也带有明显的地缘特点，由共同行业或职业形成的汉人移民聚居村落，尤其是以商业和手工业为特色的村落和城镇，也快速发展起来。

移民村落最初以独立分布为主，随着移民规模增大，蒙古人家和汉族人家交错居住的融合式村落日益增多。与中原地区出现的很多"一村一姓"的村落不同，口外移民村落中有来自不同祖籍的居民，甚至包括一起"走西口"或者与当地少数民族居民结拜而成的虚拟亲属关系。不同祖籍文化、不同民族交融杂居带来的内部秩序结构的复杂性和风俗信仰的多元性，又进一步塑造了这些移民村落或城镇的独特风土文化。

譬如，今天内蒙古许多民居建筑在接受中原地区先进建筑技术、复刻晋陕民居特点的同时，保留了蒙古族所喜好的色彩、图案、装饰构件等。婚丧嫁娶及春节、清明和中秋等传统节庆的礼仪和民俗，也融合了汉族和蒙古族或所在地其他少数民族的传统元素。民间信仰也呈现多元混融特征。移民信仰传播到口外之后，逐步融入蒙汉民众的日常生活，日积月累形成了地方化特色；传统民间信仰中的娱神活动也与塞外自然环境和风土民情相结合。文化艺术方面，漫瀚调等典型的走西口移民艺术表现形式，更是蒙汉交会区民族认同多重表达的鲜明体现。此外，"走西口"移民的进程，推动了蒙古地

① 王俊斌、王守恩：《"走西口"与近代内蒙古中西部的土地荒漠化》，《沧桑》2004年第5期，第24页。

② 参见王来刚：《"走西口"简析》，《忻州师范学院学报》2004年第1期，第44页。

区从单一的游牧社会向旗县双立、农牧并举的多元社会转变，不仅改变了蒙古族人口的分布结构，更是打破了“划定旗界、禁止越界放牧”的旗制，也令游牧区域由南向北收缩，农耕面积逐步扩大。①

四、生态环境警示与匪患治理

有清一代，晋北、陕北地区气候寒冷、植被稀少，十年九旱，粮食产量低，常年勉强自给，灾年则生活无着。②若逢灾年，临近西口的忻州、雁北等地的灾情尤为严重，人们不得不到口外谋生。③雍、乾时期“借地养民”令和官方招民垦殖内蒙古地区力度加大，又因蒙古王公贵族贪地租之利、蒙民不善耕作进而推行屯耕，使得“走西口”进入高潮。至光绪初年，清廷为摆脱财政危机、支付庚子赔款、筹措军饷，推行贻谷放垦、“移民实边”的新政，放松蒙古封禁，使得山西、陕西和甘肃民众出关增多，“此时不是为了缓和社会内部激增的人地矛盾，实为聚敛钱银，与蒙古族分成押荒银和升科地租”。④清末放垦十年，是“走西口”移民最多的十年，“走西口”迎来了大高潮，也迎来了生态破坏土地荒漠化高峰。

前文所述清代以降的两次“走西口”高峰：第一次高峰适逢移民初期，汉民有限而土地广袤，自然资源尚处于开发阶段，蒙古族也需要引入汉族农耕技术，游牧经济尚未受到威胁，加之清廷的有效控制，蒙汉之间是和睦相处的状态，社会治安没有大的混乱。第二次高峰是清末清政府为了解决内忧外患问题，推动了贻谷放垦、“移民实边”之后。“西口”区域的土地已经过深入开垦，内蒙古南部逐渐成为汉民的聚居地，坚持传统放牧业的蒙古族面对草场退化，离开原来的聚居地，不断北上寻找新的草场。同时，商人对蒙古族民众的盘剥加剧，贻谷放垦剥夺了蒙旗原有的土地和草场，蒙

① 珠飒、佟双喜：《“走西口”与晋蒙地区社会变迁》，《山西大学学报（哲学社会科学版）》2007年第2期，第19、22页。

② 王俊斌：《近代历史上的走西口》，《山西档案》2007年第5期，第49页。

③ 安介生：《山西移民史》，山西人民出版社1999年版，第395页。

④ 韩巍：《清代“走西口”的路线及成因》，《内蒙古师范大学学报（哲学社会科学版）》2009年第3期，第45页。

民因地租契约遗失无法获得租给汉民土地的租金，蒙族不得不离开原地另谋生路，这一双向变化开始导致蒙汉之间的矛盾加剧。[①]此时，地理自然环境也经历了深刻的转变，土地广袤、水草丰茂变成了沟壑辽阔、沙荒肆意。经过一百余年广泛开垦，土默特地区适宜农耕的土地被开垦殆尽（如土默特平原和河套平原）[②]，本适宜放牧的稀疏植被区域如草地，甚至是不适宜生存的沙碱地，开始成为开垦对象，生态循环变得十分脆弱。清末至民国年间大规模的垦荒移民，薄弱土地的大面积开垦，进一步加剧了植被的破坏，沙漠化开始形成，进而导致了垦荒—退化—抛荒—再开荒的沙漠化恶性循环过程。[③]蒙古中西部的沙漠化问题也是在这一时期日益严重，伴随着甘草的肆意采摘、矿藏的开发，植被遭到进一步的破坏，环境的恶化直接导致社会问题滋长。

无地可耕的生态环境，令流民开始自西口转入内地反向移动。“移居是地者，辄多贫乏无告之民，原始即因贫穷缺乏教育，其勤俭耐劳为远大之计者，殊不多观，加以蒙汉杂处，淫风盛行，教养无方，民俗日见淡薄。洁身自好者，多不肯携眷俱来，而以营商为目的者，则徒知狡诈，骗取财物，满载而归故乡。”[④]此时，逃避军役、官司以及身无长处的人为求生存，开始转变为土匪。汉蒙矛盾也在这一时期不断被激化，促使因私怨或觊觎他人财产的人自发加入匪帮、自组“棒榔队”，经常打击报复，劫掠财产。

同时，据1932年对绥远全省的人口统计，“走西口”的男女比例极端失衡，大量单身男子无法娶妻安家。没有了家庭责任和义务的规制，极易成为社会不稳定因素，社会条件恶化后最易成为盗匪。[⑤]大部分“走西口”进入

① “蒙民不谙农事，所事负以生者，惟畜牧耳，自清代放垦以来，渠之开辟，徒避之蒙民千数惴惴焉，日恐其无谋生之路。”参见绥远省民众教育馆编辑，韩梅圃调查：《绥远省河套调查记》，绥远华北印书局1934年版，第111页。

② 王俊斌、赵震野：《“走西口”与近代绥远地区的匪患》，《山西师范大学学报（哲学社会科学版）》2008年第1期，第61页。

③ 珠飒、佟双喜：《“走西口”与晋蒙地区社会变迁》，《山西大学学报（哲学社会科学版）》2007年第2期，第22页。

④ 杨增之、郭维藩等编辑，杨镒之、亢士寄等调查：《绥远省调查概要》，绥远省民众教育馆印编，1934年版，第182—183页。

⑤ 王俊斌、赵震野：《“走西口”与近代绥远地区的匪患》，《山西师范大学学报（哲学社会科学版）》2008年第1期，第62页。

绥远地区的民众主要从事体力活，譬如开垦荒地、挖甘草、背大炭、挖水渠等，这类人多是青壮年。社会动荡不安时，他们为求生计、发财致富而摆脱传统道德束缚成为土匪。以司法诉讼反馈的匪盗问题为例，“河套民性强悍刁诈，故各县诉讼案件，以刑事为最多，而刑事中尤以盗匪最多”。[①]民国时期，绥远省蒙汉杂居处的匪盗问题尤为严重。匪患泛滥，蒙汉杂居区域甚至被称为“土匪王国”。绥远省作为“走西口”延伸的主要区域，大量移民的流入，独特的地理自然环境和特定历史时期的政治社会环境，使得匪患的产生、发展和泛滥相较于其他省份，更为鲜明独特。新中国成立前，河套民谚说：“地主的租子重，商人的利钱高，土匪刁人受不了。”1933年时任绥远主席傅作义在《绥远概况》谈及治理绥远的两大当务之急是剿匪和解决人民生计。尤其是《绥远通志考》列有姓名、罪行的匪首265人中，确为移民的就达35人（不含早期汉族移民及知名不知籍贯的移民匪首）。[②]绥远地方甚至流传着这样的口头语：“年轻不刁人，到老后悔迟”“不能抢夺人，一辈子受穷”，这也从侧面反映了匪盗横行的成因。

当下城市化发展过程中，民族融合杂居，城市多元文化的并存，如何提升有效的社会控制、健全基层组织建设，同时，应对全球性荒漠化问题，植树造林 、兴修水利以提升我国人均耕地面积，深入贯彻建设社会主义和谐社会、以科学的生态发展观开发利用自然资源，避免经济利益驱动下的无序开采，构建统筹规划的保障措施，加强乡村经济建设，维系正常的生产与生活秩序，都能从历史的经验、教训中得到深刻的启迪。

五、民族大融合

北方游牧民族与中原农耕民族以长城为界，分而治之，是中国古代自先秦时起便形成的基本格局。游牧民族政权与关内封建王朝之间为争夺土地和资源，或者因信仰冲突产生的对抗甚至战争，很长一段时间都是中国古代史

① 绥远省民众教育馆编辑，韩梅圃调查：《绥远省河套调查记》，绥远华北印书局1934年版，第6页。

② 王俊斌、赵震野：《“走西口”与近代绥远地区的匪患》，《山西师范大学学报（社会科学版）》2008年第1期，第59页。

的重要内容。随着时间的推移、贸易的往来、文化的交流，口外各族人民与口内汉族人民逐渐加深了解，互惠互利，关系也由紧张、对抗逐渐趋于和平、相融。

“走西口”是民间自发的迁移活动，是个人或者家庭“自发”的、长时段持续存在的社会现象，有别于历史所载的“移民实边”政策。这一独特的自发移民现象仅发生于清代至现代，取决于以下几个方面：首先，“华夷之辨”的传统土壤不在，清廷实现了边疆与内地全面“大一统”，推动了边疆与内地的“一体化”的历史进程。其次，清朝是“大一统”的多民族国家，消弭了华夷对立，进而形成和平、安宁、民族和睦的社会环境。最后，西口外地广人稀、资源丰富，有利于生存发展，较高的经济性直接吸引了内地居民迁入。

“走西口”大移民运动最初源于边境失地流民的无奈之举，后逐渐成为越来越多中原人追求财富和新生活的一种主动选择。这一转变既伴随着中原封建政权与北方少数民族政权和解的过程，更在很大程度上推动了这一和解的历史进程，为由多民族共同组成的中华民族的形成奠定了坚实基础。

一方面，从最初为生计所迫单枪匹马出关冒险，到为追逐财富而主动前往的“雁行客”，再到越来越多或举家迁往或落地生根的大家族，移民时间的延续性和规模的不断扩大，与明清时期中原封建政权与北方少数民族政权紧张关系的缓和，以及由此带来的从禁止和严格限制互通到鼓励和引导交往交流的政策改变，有着密切关系。明初对西北各民族主要实行军事征伐和招降相结合的政策，在西北长城沿线险要地带设立延绥、宁夏、甘肃、固原四个军事重镇，屯驻大量军队，经贸往来方面则推行具有一定强制性的“金牌制”[①]，对边境茶马贸易加以严格限制。清政府初期严禁内地农民进入蒙古草原私自开垦耕种，经顺治、康熙两朝统治，加之“滋生人丁，永不加赋”政策的推行加剧了人口增长与土地资源的矛盾，封禁令实际已逐渐废弛，并逐步转向“借地养民”。清末，面对战争赔款等财政压力，为加强边防势力，清政府不得不实行全面放垦。正是西北地广人

① 左书谔、解秀芬：《“金牌制”考略》，《民族研究》1987年第4期，第75—80页。

稀的格局、日趋安定的社会环境和逐步宽松的边境政策，吸引了越来越多的移民前往口外寻找开疆拓土的新机会，成为“走西口”移民运动持续数百年、规模不断扩大的重要原因，也为移民将中原先进文化技术和思想理念传播至西北边疆民族地区提供了坚实的政治保障。

另一方面，移民规模的迅速扩大和胡汉交融的移民村落和城镇的形成，又反过来推动了中原封建政权正视不可逆转的民族交融趋势，从而进一步调整和放宽相关管理措施，以政策更新推进中华民族大交融。“走西口”移民运动是由困苦流民的谋生“闯关”开始的，主要是民间自发的人口迁移运动，这些寄居口外的移民是中原传统文化和先进技术的传播使者。正是他们的媒介作用，给口外的蒙古族及其他北方少数民族深入和真切了解体会中原汉文化、享受先进生产技术和生活产品提供了机会；正是他们与当地各民族的杂居融合，使这些地区的风土民情发生潜移默化的改变，并促使各民族文化平等、相互交融、友好共处的理念和生活方式构筑了民族间的相互认同，从而形成和铸牢中华民族共同体意识的坚实基础。“走西口”民众数量的不断增多和规模的不断增大，以及在此过程中自发形成并逐步铸就的内化于心的各民族交融和认同，不仅自下而上推动了中央政府重新认识和界定汉民族与少数民族的关系，并在中华民族共同体意识的基础上作出一系列政策调整；还为这些政策在民族和边疆地区落地实施提供了坚实的群众基础和社会环境保障。正是这一发自民间、跨越几个世纪的移民运动，重塑了我国北方的民族关系和社会格局，使不同民族结束分而治之的局面，实现经济、社会、文化的大融合。

“走西口”历时百年，而如此持久的移民与开发活动，生动反映了中国古代移民史、拓荒史与边疆开发史。边疆与内地的互动、边疆与内地一体化的民族大融合历史进程，从民间自发移民行动发展为口口传唱的二人台艺术史歌，承载着多民族文化的叠加层垒、分化重构，是中华民族各族儿女奋勇前进、砥砺前行、投身边疆建设的文化象征。

清代的汉化与儒化：思想文化领域的大一统构建

彭　勇[*]　王春伟[**]

清王朝起于东北一隅，以二十万铁骑入主中原，完成了由边疆政权到中央王朝的转型。在其统治的近三百年间，既要面对中国传统“华夷之辨”观念对政权合法性的挑战，又要面对近代西方列强侵略对中国传统统治秩序的冲击，统一多民族国家的发展面临巨大的压力。但以满洲贵族为核心的清朝统治者能够与时俱进，博采众长，最终实现了国家的统一、边疆的稳定和社会经济的发展，多元一体格局得到巩固和发展。诚如孟森所言：“顾其族为善接受他人知识之灵敏者，其知识能随势力而进，迨其入关抚治中国，为帝王之程度，亦不在历朝明盛诸帝之下。”①满洲统治者既向蒙古族等草原游牧民族学习，也向中原王朝学习。而其取得成功的关键，在于积极学习中原王朝的统治经验，推行全面儒化政策，构建“大一统”的统治格局，为我国统一多民族国家的巩固和发展做出了重要的贡献。全面儒化的推行，大一统格局的构建，有一个漫长的过程，太宗启之，世祖继之，圣祖拓之，世宗、高宗成之，仁宗以后诸帝守之。

一、皇太极时期的“汉化”政策与“大一统”观念萌芽

努尔哈赤创设八旗制度，创制满文，统一女真各部，自立为汗，并开启了与明朝争雄的大幕。在他统治时期，主要忙于满洲民族与后金政权的内部建设，但也开启了儒化、汉化的先河。努尔哈赤对汉文化并不陌生，青年时

---

*　彭勇简介见本书第154页注。

**　王春伟，男，1990年出生，现为中央民族大学历史文化学院博士研究生、国家图书馆馆员。研究领域为清代军事史、社会文化史。曾参与多项国家社科基金项目，已发表的论文有《〈四库全书〉与清代国家意识形态考论——以忠节观为中心》等。

①　孟森：《明清史讲义》，商务印书馆2011年版，第491页。

代曾在李成梁帐下执役，成年后经常往来于抚顺关马市进行贸易，后来还与其弟舒尔哈齐接受明朝的官爵，多次赴北京朝觐。此外，努尔哈赤还通汉语、识汉字，史载他喜欢阅读《三国演义》和《水浒传》。[①]在政权建设上也有一些中原王朝的影子，不过努尔哈赤对汉文化没有特别明显兴趣，特别是进入辽东后，还曾“诛戮汉人，抚养满洲”[②]。

真正开启全面汉化、儒化，构建大一统格局的是清太宗皇太极。在他统治时期，“大一统”观念开始萌芽。《礼记》云：“天无二日，土无二主，家无二尊，以一治之也，即大一统之义也。”[③]皇太极对内集中权力，对外构建传统的宗藩体制，开启了清王朝构建“满汉一体”“天下一家”的“大一统”格局。皇太极推行全面汉化、儒化，构建大一统格局的主要举措如下。

（一）改善汉人的处境，优礼汉官

皇太极强调满汉一体，宣布“凡审拟罪犯、差徭、公务，毋致异同”[④]。他自我表白，“于满洲、蒙古、汉人，不分新旧，视之如一”[⑤]。还主动调和满洲、蒙古、汉人之间的矛盾，令他们“彼此和好”[⑥]。在这一思想的指导下，皇太极实行“编户为民”的政策，将很多汉人奴隶放出为民。还将八旗中的汉人集中在一起，编设八旗汉军，与八旗满洲、蒙古雁行。皇太极积极招揽汉官为其所用，不仅倚重汉人旧臣如范文程之辈，对待新投诚或俘虏的明朝文武官员也往往破格优待。若孔有德、耿仲明、尚可喜率属来归，太宗不唯使他们自率所部独立成军，还不吝王爵之封。再如对待祖大寿，颇有“七擒七纵”之风，也确实收到了千金市马骨的效果。这些为皇太极招徕的汉人文武官员都深受儒家思想的浸润，对皇太极推行汉化政策起到了积极的推动作用。比如沈文奎曾进言批评皇太极喜欢阅读的《三国志》是“一隅之见，偏而不全”，认为“帝王治平之道，奥在《四书》，迹详史籍”，建议

① 黄道周：《博物典汇》第20卷《四夷·奴酋》，故宫博物院编《故宫珍本丛刊》第503册，海南出版社2000年版，第336页下。

② 《清太宗实录》卷64，崇德八年正月二十六日辛酉，《清实录》第2册，中华书局1985年版，第881页下。

③ 孙希旦：《礼记集解》卷50《坊记第三十》，中华书局1989年版，第1282页。

④ 《清太宗实录》卷1，天命十一年九月七日丙子，《清实录》第2册，第26页下。

⑤ 《清太宗实录》卷24，天聪九年七月二十五日癸酉，《清实录》第2册，第314页下。

⑥ 《清太宗实录》卷42，崇德三年七月十六日丁丑，《清实录》第2册，第555页上。

选取通文义的笔帖式，老成的秀才翻译讲解，每天进讲《四书》二章，《通鉴》一章。[①]这明显是变体的经筵制度，是向皇太极传输儒家思想的方式。

（二）参汉酌金，推行明制

皇太极十分欣赏明朝的政治制度，甚至一度照搬过来，明确要求“凡事都照《大明会典》行”[②]。皇太极对明制的推行比较全面：

1. 设置文馆、内三院。皇太极于天聪三年（1629年）设文馆，命文臣分为两班入值。文馆的职能一是翻译汉文典籍，二是记注本朝政事。皇太极将翻译汉文典籍提到如此重要的地位，足见他对汉文化的渴求。天聪十年（1636年），又将文馆改为内三院，即内国史院、内秘书院及内弘文院。其中，内弘文院“职掌注释历代行事善恶，进讲御前，侍讲皇子，并教诸亲王，颁行制度”[③]。可见其主要职能是整理史籍史事，并教授皇帝、皇子、诸王。我们有理由相信，这些史籍史事大部分都来自中原王朝。不久，又改革内三院官制，设大学士、学士等官。很明显文馆也好，内三院也好，都是模仿明朝的内阁制度。清朝入关之后，虽然一度反复，但内三院很快为内阁制度所取代。皇太极时期，确实将大量的汉文书籍翻译成满文，如巴克什达海翻译成的典籍有《刑部会典》《素书》《三略》《万宝全书》等，未翻译完的有《通鉴》《六韬》《孟子》《三国志》及《大乘经》等。[④]这些书籍的翻译，无疑对满洲的汉化有着重要意义。

2. 设立六部、都察院。皇太极于天聪五年（1631年）仿照明朝设置六部，每部以1名贝勒总理部务，其下设满承政2员，蒙古承政1员，汉承政1员，承政之下各设参政8员。只有工部设满参政8员，蒙古2员，汉人2员。崇德元年（1636年），又设置都察院。崇德三年（1638年）改革六部官制，各部只设满洲承政1员，以下设左右参政、理事、副理事、主事等官，共为五等。虽然承政只用满族人，但参政等官则满蒙汉兼用，无疑也是“不分新

① 赵尔巽等纂：《清史稿》卷239《沈文奎传》，中华书局1976年版，第9509页。

② 罗振玉辑：《天聪朝臣工奏议》卷上，潘喆、孙方明、李鸿彬编《清人关前史料选辑》第2辑，中国人民大学出版社1989年版，第2页。

③ 《清太宗实录》卷28，天聪十年三月六日辛亥，《清实录》第2册，第356页上。

④ 《清太宗实录》卷12，天聪六年七月十四日庚戌，《清实录》第2册，第168页上。

旧，视之如一”的具体表现。更为重要的是，以皇太极为首的满洲统治者接受了明朝的制度，在制度上开启了汉化的先河。事实证明，这样一套制度更有利于提高行政效率，加强中央集权。

3．推行科举制度。科举制度在中原王朝有着悠久的历史，它是最为简单公平的人才选拔方式，也是王朝推行国家意识形态的有效手段。天聪三年，皇太极本着“振兴文治”的目的，下令考试“诸贝勒府以下及满、汉、蒙古家所有生员”。并明确要求各家主不得阻挠，“有考中者，仍以别丁偿之”。[①]此次大约300个儒生参加了考试，选中200人，不仅中试的汉人儒士脱离了奴籍，提高了他们的社会地位，还隐含着国家向私家争夺人才的意味。

（三）称帝、建国、改元

游牧民族的最高统治者一般称汗，努尔哈赤在统一女真各部后称汗建国，汗号昆都仑，国号大金，年号天命，已有参汉酌金之意。皇太极继位后亦称汗，年号天聪。天聪九年（1635年），后金远征察哈尔林丹汗，从其妻苏泰太后、子额哲处获得元朝传国玉玺，被认为是天命归金的吉兆，于是皇太极称帝、建国、改元。皇帝制度始于秦始皇，是中原王朝的制度，皇太极称帝不仅意味着他接受了汉制，还意味着满洲、蒙古贵族都认同皇帝是最高统治者的称号。皇太极称帝还有定于一尊的含义，改汗为皇帝，在内部无形中提高了自己的地位，在外部也凌驾于蒙古各汗之上，至少在观念上实现了定一尊与大一统。皇太极改国号为大清，满文读为daicing，显然是汉文的音译。改元为崇德，又无疑是对儒家思想的继承。因此，称帝、建国，改元，无一不与汉文化息息相关，此举也为将清王朝纳入中国古代王朝的序列做好了准备。

（四）绥服蒙古，征服朝鲜，创设蒙古衙门

皇太极继位之时，后金与明朝作战遭遇重大挫折，努尔哈赤甚至因之身死。皇太极有意将战略目标转向左右两侧的蒙古和朝鲜。先之以军事征服，

---

① 《清太宗实录》卷5，天聪三年八月二十三日乙亥，《清实录》第2册，第73页下。

但并没有继之以亡其国，灭其种。而是仿照中原王朝的宗藩体制，建立了朝贡制度。在朝贡制度之外，还通过联姻的方式怀柔蒙古各部落。为了处理日渐增多的蒙古事务，皇太极于崇德元年（1636年）设置蒙古衙门。崇德三年改为理藩院，职能如故。这个机构是清朝独创的，与礼部的职能有很多重合之处，将之独立出来，说明蒙古事务重要且繁多，也说明清朝的统治者以天下共主的身份介入蒙古事务的愿望非常强烈。

二、顺治时代“满汉一体”的构建

皇太极开启了全面汉化的进程，并初步构建了大一统的统治格局。皇太极去世后，形势发生了巨大变化。特别是清军入关以后，统治格局发生重大变化。由一个偏居一隅的边疆民族政权一跃而成为中央王朝，土地之广，人口之众，绝非此前所能预料。随之而来的是民族矛盾空前尖锐，满洲以异族入主中原，遭到了秉持华夷之辨观念的文人士大夫的激烈抵抗。南明政权、大西军、大顺军占据大半河山，鹿死谁手仍未可知。在这样的大背景下，清王朝的统治者先是实际掌权的多尔衮，后是亲政的顺治帝，除了军事征服外，主要致力于“满汉一体”格局的构建。在多尔衮执政时，就曾明言“天下一统，满汉自无分别”[①]。他们的举措主要有以下几大端：

（一）清承明制，满汉复职

清军入关之后，清王朝的统治者没有将八旗制度推向全国，而是在最短的时间内，几乎全盘接受了明王朝的政治制度，学界称为清承明制。这是清朝统治者面对急剧变化的新形势，做出的最为有效的选择。在中央层面做出了一些调整，一是以内三院取代内阁，中间一度反复，直至康熙九年（1670年）才最终恢复了内阁。二是推行满汉复职制，中央各部院衙门的堂官，如尚书、侍郎，都分别设置满汉各一员。满汉复职制带有联合执政的意味，是清王朝面对满汉矛盾做出的折中与妥协。统治者依靠八旗官兵取得政权，不

---

① 清国史馆编：《贰臣传》卷9《冯铨传》，周骏富主编：《清代传记丛刊》第57册，明文书局（台北）1985年版，第598页。

能不考虑他们的意愿与利益。在政治制度设计上，多尔衮与顺治帝都主张继承明制，融合满汉。这既是对关外时期参汉酌金的原则的继承，也是面对新形势做出的最为理性和低成本的抉择。

（二）亲近汉人，重用汉官

顺治初，清廷定鼎伊始，兵革未息，面对错综复杂的社会矛盾以及自身统治经验的不足，多尔衮与顺治帝虽然都秉持首崇满洲的原则，但没有泥古不化，而是随着形势的变化调整策略，都选择了亲近汉人，重用汉官。多尔衮除了重用汉人旧臣范文程、洪承畴等，还将明朝的降官若冯铨之类收拢过来，加以信用。顺治帝较之乃叔则更近一步，倾心汉化，更为亲近汉人官员，提出“不分满汉，一体眷遇”[①]。顺治帝屡幸内院，与满汉诸臣讨论治国之道。这一时期，大量的汉军旗人到地方担任督抚，据周远廉统计，仅多尔衮摄政期间共有9到10个总督职位，先后有16个人担任过总督，其中汉军旗人达11人。[②]多尔衮与顺治帝亲近汉人，重用汉官，在统治集团中给汉人以跻身之所，实现利益共享，对缓解民族矛盾、构建满汉一体新格局无疑有着重要意义。这也是清王朝能够成功完成角色转变、维持统治的关键所在。多尔衮和顺治帝亲近汉人的做法让满洲权贵感觉受到了冷落，引起了他们的不满，在四大臣辅政时期，曾出现短暂的逆流，但民族融合的潮流终究不可阻挡，在康熙帝亲政后又回到了原来的轨道上。

（三）崇儒尊孔，重开科举

儒家思想是中华文明的核心，汉化很大程度上就是儒化。清王朝的统治者对孔子和儒家的地位有着清晰的认识，在关外之时就曾多次遣官致祭孔子。入关之初，立即推尊孔子，优待其后裔，兼及其他圣贤及后裔。顺治元年（1644年）十月二日，即举行完登基大典第二天，清廷就批准山东巡抚方大猷的奏请：“以孔子六十五代孙孔允植仍袭封衍圣公，照原阶兼太子太傅，其子兴燮照例加二品冠服。孔允钰、颜绍绪、曾闻达、孟闻玺仍袭五经

---

① 《清世祖实录》卷72，顺治十年二月九日丙午，《清实录》第3册，第570页上。
② 周远廉、赵世瑜：《皇父摄政王多尔衮》，吉林文史出版社1993年版，第405页。

博士。衍圣公保举曲阜知县孔贞堪仍为原官。其在汶上县管圣泽书院事世袭太常寺博士，应以衍圣公第三子承袭。至尼山书院、洙泗书院及四氏学录等官俱照旧留用，管勾、司乐、掌书等缺听衍圣公咨部补授。”[①]顺治二年（1645年），多尔衮谒孔庙行礼。[②]九年（1652年），顺治帝亲幸太学，释奠先师孔子。[③]顺治八年（1651年），遣官祭祀五岳、五镇、四海、四渎及历代帝王陵寝[④]。其中命右副都御史刘昌诣阙里祭告先师孔子，祭文曰：

> 朕惟治统缘道统而益隆，作君与作师而并重。先师孔子无其位而有其德，开来继往，历代帝王未有不率由之而能治天下者也。朕奉天明命，绍缵丕基。高山景行，每思彰明以光敷至教，而祀典未修，曷以表敬事之诚，登嘉平之理？[⑤]

同年，又遣官赴陕西祭周文王，文曰：“自古帝王，受天明命，继道统而新治统。圣贤代起，先后一揆。功德载籍，炳若日星。朕诞膺天眷，绍缵丕基。景慕前徽，图追芳躅。明禋大典，亟宜肇隆。”[⑥]以上祭文中称清朝是“奉天明命”，认识到“历代帝王未有不率由之而能治天下者”，清朝和历代帝王一样，尊崇道统，“受天明命”“治统缘道统而益隆”，其目的是要打消满洲非汉族身份而入主大统的身份疑虑，所以清以自承中华道统者自居，为自己的治统谋到合法地位。

科举考试本身是帝王笼络人才的一种手段，也无怪乎唐太宗扬扬得意地说：“天下英雄，尽入吾彀中矣。”入关之初，清廷在登基诏书中就宣布重开科举，以笼络人才，收拾人心。此举也确实收到了理想的效果，当年顺天乡试就有3000多名秀才参加。一些反抗清王朝的儒士若侯方域之流也放弃立

---

① 《清世祖实录》卷9，顺治元年十月二日丙辰，《清实录》第3册，第92—93页。

② 《清世祖实录》卷17，顺治二年六月八日己未，《清实录》第3册，第150页下。

③ 《清世祖实录》卷68，顺治九年九月二十二日辛卯，《清实录》第3册，第538—539页。

④ 《清世祖实录》卷56，顺治八年四月四日庚戌，《清实录》第3册，第444页下。

⑤ 岳濬修，杜诏等纂：雍正《山东通志》卷11《阙里志四》，《景印文渊阁四库全书》第539册，商务印书馆（台北）2008年版，第548页上。

⑥ 舒其绅等修，严长明等纂：乾隆《西安府志》卷首，《中国方志丛书·华北地方》第313号，成文出版社（台北）1970年版，第107页。

场，参加科举考试。开科举反过来也促进了满族的汉化与儒化，因为清代的科举考试以儒家思想为考试内容，无疑会使儒生们源源不断地加入新政权来。另一方面，清廷为满洲、蒙古也开设了乡会试，考试内容虽然与汉人不同，但也不出儒家思想的范畴。满洲第一位状元麻勒吉，曾取汉名马中骥，谈迁称其“通经史大义”[①]，已经一定程度上儒化了。另外，清廷也通过科举传达自己满汉一家的理念。如顺治六年（1649年）殿试，制策曰：“从古帝王以天下为一家，朕自入中原以来，满汉曾无异视，而远迩百姓犹未同风。岂满人尚质，汉人尚文，习俗或不同欤？音语未通，意见偶殊，畛域或未化欤？今欲联满汉为一体，使之同心合力，欢然无间，何道而可？”[②]既表达了对满汉未能交融的忧虑，也表达了对满汉一体的殷切期望。

三、康熙时代对“天下一家”的追求

康熙帝冲龄践祚，在位61年，是一位文治武功影响深远的帝王。在顺治朝的基础上，勤政有为的康熙帝继续推进儒化的进程，以“天下一家”为指归，努力消融民族矛盾，构建大一统的新格局。

（一）崇儒尊孔，集道统与治统于一身

康熙帝与父祖一样，对孔子与儒家思想在中华文明中的崇高地位有着清晰的认识。康熙帝一生多次祭孔，康熙八年（1669年），康熙帝幸太学，对孔子行二跪六叩头之礼。[③]二十三年（1684年），康熙帝南巡回京途经曲阜，亲诣孔庙，行三跪九叩礼，并题写“万世师表”匾额。[④]这两次祭孔活动，完全按照儒家典礼举行，而且康熙帝亲行规格最高的三跪九叩之礼。此外，康熙帝还在三藩之乱爆发之时恢复了传统的经筵大典，一则昭示文治与武功并重，一则外示从容，以寒三藩之胆。

① 谈迁：《北游录·纪闻下·御试词臣》，汪北平点校，中华书局1960年版，第403页。
② 《清世祖实录》卷43，顺治六年四月十二日庚子，《清实录》第3册，第347页。
③ 《清圣祖实录》卷28，康熙八年四月十五日丁丑，《清实录》第4册，第393页上。
④ 《清圣祖实录》卷117，康熙二十三年十一月十八日己卯，《清实录》第5册，第231页下。

康熙帝一生好学深思，修养深厚，有“理学天子”之谓。他谈到自己的读书经历时曾说：“朕自五龄即知读书，八龄践祚，辄以《学》《庸》训诂，询之左右，求得大意而后愉快。日所读书必使字字成诵，从来不肯自欺。及四子之书既已通贯，乃读《尚书》，于典、谟、训、诰之中，体会古帝王孜孜求治之意，期见之实行。及读大《易》，观象玩占，于数圣人扶阳抑阴，防微杜渐，垂世立教之精心，朕皆反复探索，必心与理会，不使纤毫扞格。实觉义理悦心，故乐此不疲。”①

他还有意识地将治统与道统集于一身，既是接续尧舜禹的中华帝王，又是继统周文王、孔子、孟子、朱子的儒家圣贤。他在《讲四书解义序》中说：“朕惟天生圣贤，作君作师。万世道统之传，即万世治统之所系也……道统在是，治统亦在是矣。历代贤哲之君，创业守成，莫不尊崇表章，讲明斯道。”②

（二）亲近儒臣，编纂经籍，昭示话语权

康熙帝在崇儒尊孔之外，还乐于亲近儒臣，若熊赐履、李光地，都是一代理学名臣。他还设立南书房，令儒臣与文学之臣入值，作为自己的秘书班底。比较有名的，如沈荃、高士奇、张英、王士祯、朱彝尊、徐乾学等，都是一时俊彦。康熙帝在位期间，还主持纂修了很多大型书籍，儒家经典的再诠释在其中占了很大比重。如经筵的讲稿《日讲书经解义》《日讲易经解义》《日讲诗经解义》《日讲春秋解义》《日讲四书解义》等都刊刻出版，康熙帝亲为作序。再如命儒臣纂辑《春秋传说汇纂》《周易折中》《性理精义》《朱子全书》等。这些御纂书籍的刊行，昭示了康熙帝在儒学、理学领域的话语权，更以皇帝之尊扫除一切异己而定于一尊。受康熙帝的影响，很多满洲旗人也高度儒化，热衷于编纂刊刻经籍。这些情况，既说明了满洲旗人儒化程度之深，也说明了他们乐于接受并传播儒家思想。

通过以上举措，康熙帝在推动满洲儒化的同时，还努力消解满汉矛盾，初步实现了满汉一体的构想。与此同时，他也没有忘记推动大一统格局的构

① 中国第一历史档案馆整理：《康熙起居注》，中华书局1984年版，第1249页。

② 《清圣祖实录》卷70，康熙十六年十二月八日庚戌，《清实录》第4册，第899页。

建，无论深度还是广度，都远迈其父祖而上之。自亲政开始，康熙帝先后平定三藩之乱、收复台湾、驱逐沙俄侵略者，成功维护了主权与领土完整。紧接着亲征噶尔丹，接受喀尔喀蒙古内附。通过大规模联姻、振兴黄教、修建避暑山庄等手段，团结蒙古各部，成功解决了中国历史上悠久的北部边疆的边患问题。晚年还进兵勘定西藏内乱，正式将西藏纳入版图。更为重要的是，康熙帝是一位高度儒化的皇帝，基于对儒家文化深刻的理解，他还在理论上推动了"大一统"思想的发展。如对明代以及中国历代所修长城，康熙认为："守国之道，惟在修德安民，民心悦则邦本得而边境自固，所谓众志成城者是也。"①康熙三十年（1691年），康熙发表了自己对长城的高论，他说："昔秦兴土石之工，修筑长城。我朝施恩于喀尔喀，使之防备朔方，较长城更为坚固。"②体现了儒家的天下、爱民的观念，发展了"大一统"思想。康熙对清代"大一统"思想的发展也表现在《大清一统志》一书的编撰，康熙二十五年（1686年）他为该书作序道：

> 朕惟古帝王宅中图治，总览万方，因天文以纪星野，因地利以兆疆域，因人官物曲以修政教。故《禹贡》五服，《职方》九州，纪于典书，千载可睹。朕缵绍丕基，抚兹方夏，恢我土宇，达于遐方，惟是疆域错纷，幅员辽阔，万里之远，念切堂阶，其间风气群分，民情类别，不有缀录，何以周知？爰敕所司，肇开馆局，网罗文献，质订图经，将荟萃成书，以著一代之巨典，名曰《大清一统志》。③

这篇序文，昭示了清人以疆域辽阔对"大一统"思想空间上的阐释。《大清一统志》成书于乾隆九年（1744年），历时58年之久才最终完成。其意义在于将"大一统"思想融入国家意志，把疆域广阔、民族众多的多元一体的模式立为儒家盛世的重要指标之一。

康熙帝除了强调调和满汉关系外，还提出"统御寰区，抚绥万国，中

---

① 《清圣祖实录》卷151，康熙三十年五月二十一日丙午，《清实录》第5册，第678页上。
② 《清圣祖实录》卷151，康熙三十年五月七日壬辰，《清实录》第5册，第677页上。
③ 《清圣祖实录》卷126，康熙二十五年五月七日庚寅，《清实录》第5册，第342—343页。

外一体”的多民族之间的一统。对于满汉关系，他说“满汉人民，俱同一体”[①]。并将之视为一种历史传统，“太祖、太宗、世祖相传以来，上下一心，满汉文武，皆为一体”[②]。还公开表示于满汉之间并无异视，“朕于旗下、汉人视同一体，善则用之，不善则惩之”[③]。随着疆域的扩大，除了满汉关系外，新的、最复杂的边疆问题随之出现。在处理蒙古的问题时，他提出：“朕统御寰区，一切生民，皆朕赤子，中外并无异视”[④]，用以调解喀尔喀部与厄鲁特之间的关系。康熙三十年，康熙亲率军队到达多伦诺尔，组织会盟以解决北部喀尔喀蒙古的问题，康熙说，“中外同观，罔有殊别”[⑤]。

四、雍正和乾隆时期“大一统”新格局的完成

康雍乾时期被认为是中国传统社会最后的盛世——“康乾盛世”。这一时期的清王朝实现了人口快速增长和社会经济的持续发展，它们是统一多民族国家发展的基础和保障。然而，在思想和文化领域，“大一统”格局仍然面临强有力的挑战。面对这样的形势，统一思想，整合社会文化，成了雍乾二帝的当务之急。雍正帝与他的继承者乾隆帝继续推进儒化的进程，并在理论与实践上最终完成了大一统格局的构建。主要有如下几个方面。

（一）华夷之辨的新诠释

清朝建立之后，重建王朝的正统观，努力通过以“统一”中国的业绩消解和克服宋明“夷夏之辨”歧视北方异族的思想倾向。[⑥]康、雍、乾三朝均致力全国各民族的统一，清廷统治的正统性思想得到不断强化，康熙帝明确

① 《清圣祖实录》卷120，康熙二十四年四月四日癸巳，《清实录》第5册，第263页下。
② 《清圣祖实录》卷73，康熙十七年五月十五日甲寅，《清实录》第4册，第944页。
③ 《清圣祖实录》卷219，康熙四十四年三月十八日壬子，《清实录》第6册，第215页下。
④ 《清圣祖实录》卷69，康熙十六年十月十一日甲寅，《清实录》第4册，第888页下。
⑤ 《清圣祖实录》卷151，康熙三十年五月三日戊子，《清实录》第5册，第674页下。
⑥ 参见杨念群：《“天命”如何转移：清朝“大一统”观再诠释》，《清华大学学报（哲学社会科学版）》2020年第6期。

说“自古得天下之正莫如我朝”①，这份自信很大程度上来自他的功业。雍乾二帝继承了这份自信，雍正帝就曾以皇帝之尊，亲自就“夷夏观”话题与汉族儒士曾静“公开”辩论。双方的辩论始于传统“大一统”思想中“夷狄是否禽兽”问题。雍正帝对吕留良、曾静“夷狄非人”之说进行了批判，认为：“夷狄之有君，即为圣贤之流；诸夏之亡君，即禽兽之类，宁在地之内外哉！”又说：“盖识尊亲之大义，明上下之定分，则谓之人；若沦丧天常，绝灭人伦，则谓之禽兽。此理之显然者也。”②进而，雍正以《尚书》“皇天无亲，惟德是辅”为据，提出“盖德足以君天下，则天锡佑之以为天下君”③，天下当有德者据之，乞能以华夷来分。“天下一家，万物一源，如何又有中华夷狄之分？”④对此，他进一步对传统“华夷之辨”中的若干观点作了反驳，称本不该有中华夷狄之分。在这里，雍正充分吸收并发展了中国儒学思想“华夷一家”的内涵、本质和要义。他从孔子的文化论出发，认为地域远近不是人与禽兽分野，而文化伦理纲常才是人与禽兽的界限，对其大一统思想作了更为全面的阐释。雍正说：“中国之一统始于秦，塞外之一统始于元，而极盛于我朝。自古中外一家，幅员极广，未有如我朝者也。”⑤雍正还将此次辩论的若干材料汇编成《大义觉迷录》并公开刊发，他主张摒弃华夷之辨，合中外为一家，为世人展示了清朝统治者对“大一统”思想的理解和运用更加成熟和包容。乾隆即位后，立即查禁《大义觉迷录》，对于华夷之辨，他称“东夷西戎、南蛮北狄，因地而名，与江南河北、山左关右何异？孟子云舜为东夷之人，文王为西夷之人。此无可讳，亦不必讳”⑥。所以“无论满洲、汉人，未尝分别。即远而蒙古、蕃夷，亦并无歧视”。⑦

乾隆还下令纂修浩大的《四库全书》等文化工程，以强有力的政治手段和极具扩张性的文化手段，掌控了儒家经典论著的解释权，建构新的大一统

① 《清圣祖实录》卷275，康熙五十六年十一月二十一日辛未，《清实录》第6册，第695页上。

② 《大义觉迷录》，中国社会科学院历史研究所清史研究室编《清史资料》第4辑，中华书局1983年版，第22页。

③ 《大义觉迷录》，《清史资料》第4辑，第 3 页。

④ 《大义觉迷录》，《清史资料》第4辑，第55页。

⑤ 《清世宗实录》卷83，雍正七年七月三日丙午，《清实录》第8册，第99页上。

⑥ 《乾隆帝实录》卷1168，乾隆四十七年十一月七日庚子，《清实录》第23册，第666页下。

⑦ 《乾隆帝实录》卷8，雍正十三年十二月六日辛未，《清实录》第9册，第303页。

理论认识，完全主导了社会价值观，对儒家思想文化体系的重塑和改造也最终完成，从而完成了“大一统”新体系的构建。

（二）经营边疆，开疆拓土，大一统格局最终形成

雍乾两朝对边疆的经理总体来说是成功的。雍正朝虽然对准噶尔用兵惨败，但成功地推动了西南改土归流，平定青海罗卜藏丹津之乱，设置驻藏大臣。乾隆朝有所谓的“十全武功”，包括平定大小金川之战、平定准噶尔达瓦齐部之战、平定准噶尔阿穆尔撒纳之战、平定南疆大小和卓叛乱、清缅战争、第二次平定大小金川之战、平定台湾林爽文起义、安南之役、两次平定廓尔喀，都是发生在边疆地区。清王朝自己也以开疆拓土为荣，比如彻底解决准噶尔问题后，将新疆纳入版图，清廷自豪地宣称：“五年以来，悉为底定，拓地二万余里，均照内地兵民驻扎屯垦，诚自古罕有之奇功也。”[①]但事实上，清朝的对外战争很少主动出击，而且并不掠其土地、人民与财产，而是推行宗藩体制，构建王朝大一统的格局。彻底解决准噶尔问题，将新疆纳入版图，也是因为准噶尔对清王朝的安全造成严重威胁，清廷不得不加以征伐。把新疆纳入版图后，清廷本着“修其教不易其俗，齐其政不易其宜”的原则，推行民族自治，很少干预他们的内部事务。对于边疆各民族，清廷更愿意利用宗教、联姻、朝贡等手段与他们保持联络，而不是以奴隶使之。这种王朝大一统格局，与草原游牧帝国的征伐以及帝国主义国家到处设置殖民地有着本质的区别。

五、结语

清王朝自皇太极以来，就非常善于汲取中华文明中优秀的营养成分，积极推动儒化，消弭民族矛盾，促进民族融合，构建满汉一体、天下一家的大一统格局。皇太极启之，顺治帝继之，康熙帝拓之，而雍乾二帝成之。后世嘉道以下诸位守成之君因循祖制传统，这样的局面一直维持到清朝覆亡。虽

① 《乾隆帝实录》卷662，乾隆二十七年闰五月六日戊辰，《清实录》第17册，第407页上。

然终清之事民族矛盾并未完全消融，但他们的努力不容忽视。虽然偶有反复曲折，但绝大多数时候都推动了民族交往、交流与交融，有力地促进了中华民族共同体的形成与发展。整体论之，清代的大一统思想是在传统儒家思想以及历代统治者的解释上产生、发展起来的。比较而言，清朝统治者“累朝之统绪相承”[①]的思路，比前代更强调继道统而新治统。清代的帝王以承中华民族道统者自居，以示自己承继了道统和治统，论证了统治的合法性。清朝统治儒家化，实现了以儒学统摄四方、安抚天下的目标，构建了大一统的多元社会，很好地解决中央与边疆的统一问题，也实现了真正意义上的边疆民族大一统。清代统一多民族国家形成和发展，奠定了近代中国疆域基础，促进了中华民族的大发展。雍正倡导的“摒弃华夷之辨，强调合中外为一家”[②]的大一统民族观念，体现了“和而不同”的儒家核心观念，承认不同民族之间的差异性，能尊重这种多样性，寻找不同文化之间的平衡，理顺了政治关系，从而维护了国家和民族的统一性。在辽阔的疆土上，中华各民族相互交往、相互交流，不断融合，推进了中华文明的发展。

---

① 李瀚章、裕禄等纂：（光绪）《湖南通志》卷73《典礼三·祀典二》，岳麓书社2009年版，第1595页。

② 参见衣长春：《论清雍正帝的民族“大一统”观——以〈大义觉迷录〉为中心的考察》，《河北学刊》2012年第1期，第60页。

清代新疆的统一、建设与“锡伯西迁”的历史意义

刘姗姗*

1884年，清政府在新疆建省，取意故土新归。其实早在汉代，“新疆”还有一个我们同样熟悉的名字，叫“西域”，并且一直到清朝末年，“新疆”和“西域”还在混合使用。自汉代设立西域都护，到清代用“新疆”代替“西域”，中国的西北地区完成了最终的统一。

一、从“西域”到“新疆”

中国是统一的多民族国家，中华民族多元一体是我国显著特征。古代西域是一个多民族长期共存的地区，单就“西域”的内涵而言，因时代不同常常发生变化，直到近代以“新疆”代替“西域”后才固定下来。在中国历史上，“西域”有广义和狭义的概念，而学者们对其莫衷一是。

就其广义的概念来说，有范文澜先生在《中国通史简编》里的解释，他认为“西域”是玉门关、阳关以西的统称，可以到达中亚、西亚乃至欧洲①，可以看出，这已经西得几乎没边了。国外学者解释广义的“西域”时，甚至把欧洲也通通划归其中，这样说来似乎也没有什么错，“西域”从字面上理解，可不就是中国以西的区域吗？

可以看出，如果我们从宏观、广义上去把握“西域”的概念，极容易把“西域”变成一个辽阔无边的地理方位词；而只有把“西域”作为一个专有名词，从历史演变中把握它的地理与政治内涵，这样，“西域”才能具备更

---

* 刘姗姗，女，中国人民大学清史研究所博士，中国社会科学院中国边疆研究所博士后，美国达特茅斯学院联合培养博士生，国家留基委公派英国剑桥大学访问学者。现供职于文化和旅游部清史纂修与研究中心，主要研究方向为清代边疆史、中外关系史等。在《历史档案》等发表论文数十篇。

① 范文澜：《中国通史简编》，河北教育出版社2000年版，第132页。

明确的历史意义。吕思勉先生也曾提到“西域”的狭义概念，专指天山南路地区，有“小国三十六国，后稍分五十余”[①]。就其狭义的定义而言，可以看出“西域”与汉朝的一系列开疆拓土的大一统事业有很大关联。

《史记》中的“西域”专指匈奴所辖的西境，但到了《汉书·西域传》里，则是记载“西域以孝武时始通，本三十六国，其后稍分至五十余，皆在匈奴之西，乌孙之南”[②]。之后骠骑将军击破了匈奴右地，降浑邪、休屠王，此时的“西域”已经从匈奴的西域，向大汉的西域转变。《史记》和《汉书》中都曾出现过“西域”一词，但对于究竟哪本书里的“西域”最早，学界也持有不同的看法。

王子今先生就认为“西域”一词当然最早出现于《史记》中，但他自己也认为这件事并没有定论。[③]这种说法有其合理性，毕竟《史记》和《汉书》成书时间有先有后。但更多历史学家认为，根据“西域”出现的上下文情境来看，作为专有名词的“西域”最早应始于《汉书·西域传》，自此与汉朝疆土挂钩的“西域”的概念也就此诞生。“西域”概念出现在汉籍史书中，与该地区同中原王朝的政治归属有密切关系。[④]

汉宣帝的时候，匈奴败北，于是西域归附了汉朝。汉宣帝神爵二年（公元前60年），日逐王率领部众来降，汉宣帝派郑吉相迎，封日逐王为归德侯。神爵三年，“乃因使吉并护北道，故号曰都护。都护之起，自吉置矣”。[⑤]郑吉就是第一任西域都护，之后汉朝对西域进行全面的军政管控，以后只要说到中央王朝对天山南北地区的管辖，就以“西域”代之。也无怪乎一些历史学家，又把西汉以来，玉门关和阳关以西，也就是今天新疆的地方统称作西域。之后，除《汉书》外，《后汉书》《魏书》《新唐书》《明史》等都列有《西域传》。

从郑吉就职第一任都护，到班超出使西域，五十余国归附汉朝，“西域”的地理范围也大致形成，构成了“西域”地理和政治概念的基础。唐代

---

① 吕思勉：《吕思勉白话中国史》（中古卷），浙江人民出版社2019年版，第47页。

② （汉）班固著，（唐）颜师古注：《汉书》卷96西域传上，中华书局1962年版，第3871页。

③ 王子今：《“西域”名义考》，《清华大学学报（哲学社会科学版）》，2010年第3期。

④ 田卫疆：《“西域”的概念及其内涵》，《西域研究》1998年第4期。

⑤ （汉）班固著，（唐）颜师古注：《汉书》卷96西域传上，中华书局1962年版，第3874页。

“西域”的范围要远超汉朝，并建立了多重管理体制，唐朝廷对西域是以军政制为主，配合郡县制和羁縻制。唐朝最重要的一项举措，就是设立了安西和北庭两大都护府，用来治理天山南北地区。而天山东部的西州、伊州和庭州，则主要还是按照唐朝在内地实行的郡县制进行管理。另一方面，唐朝在“内属诸胡”和西突厥居地、帕米尔以西地区，实行的是羁縻制。[①]

因此，唐代的“西域”和汉代又有很大不同。唐代也有广义和狭义的西域概念。广义上，“西域”无非包括中亚、西亚等辽阔的唐王朝以西区域；而狭义的“西域”也就是唐朝直接管理或羁縻之地，但在范围上已经远远超过了汉代。具体而言，唐朝设立的安西和北庭都护府，除了安西都护府辖地安西四都督府[②]，在四都督府更西处，是被称为“西域十六都督州府”的地方，此地区的东面是葱岭，西面直达波斯，这才是唐朝真正的“西域”范围。

为什么唐代的西域主要是指葱岭以西的中亚地区呢？这其实与唐代的疆域变化分不开。唐代与汉代不同，汉代行政管辖最远到达巴尔喀什湖及葱岭一带，现在的南疆地区在汉代，可以说算是最西的地区之一。而唐代统治疆域却不同，唐朝在西部设置的都督府州县远达波斯，对天山南北的管辖也更加直接，中原与此处的关系十分密切，那里实际上已成为当时中国的内地，[③]南疆常被作为内地，而不再称“西域”了。可见“西域”有着最西边疆的意思。

荣新江先生认为，唐朝“西域”在不断地西移。7世纪下半叶唐蕃在四镇地区[④]的争夺，直至长寿元年（692年）王孝杰收复四镇，造成“西域”的持续“西移”。从此直到晚唐，“西域”都特指帕米尔以西的地区，而不包括当时称作“安西”的四镇地区。在这种词义变化的背后，是唐朝在西北边陲统治方式的深刻转变，而这种转变，使得时人所理解的“边境”也同时向西移动。[⑤]

---

① 田卫疆：《“西域”的概念及其内涵》，《西域研究》1998年第4期。

② 在今天葱岭以东、天山以南地区。

③ 杨建新：《“西域”辩证》，《新疆大学学报（哲学社会科学版）》，1981年第1期。

④ 大致相当于今新疆。

⑤ 荣新江、文欣：《“西域”概念的变化与唐朝“边境”的西移——兼谈安西都护府在唐政治体系中的地位》，《北京大学学报（哲学社会科学版）》2012年第4期。

元代统治的范围更加广阔，以至于明朝修《元史》，连“西域志”也不写了，只有帕米尔以西才称西域。而元朝对天山南北地区，很多都以地名来称呼，像别失八里、哈密力等，足见这一地区的内地化的程度。《明史·西域传》里真正控制西域的，是蒙古成吉思汗后代建立的东察合台汗国，他们统治西域和中亚部分地区长达三个世纪（1347—1680），其辖境包括费尔干纳、撒马儿罕以东，哈密以西，瓦剌以南，和阗以北的广大地域，这也是清初统一天山南北后下辖的西域地区，“西域”所指的地域范围至此基本定型。

中国西北地区经历了从广义“西域”范围，到逐渐被整合成中国“西北”边疆的过程。从“西域”到“西北”的变化，不仅是指名称的改变，其实质性的内容是“西北”边地内化为“中国”国土不可分割的一部分。自从“西域”一词从汉代出现后，随后就有了特定的政治内涵和具体地理范围，不同时代的人从政治、地理甚至文化的角度理解和使用它，使其成为一个内容涵盖十分丰富的称谓。作为历史概念的“西域”，其长达两千多年的演变过程，真实地反映了古代新疆与内地中央政府密切的政治、经济和文化关系。[①]

经历了康熙年间清廷与噶尔丹分裂势力之间的长期斗争，直至清乾隆二十四年（1759年）平定大小和卓叛乱，天山南北最终获得统一，西域又重新纳入了中国版图。于是自号“十全老人”的乾隆皇帝，试图用“新疆”代替“西域”，以加速西北的内地化进程。乾隆年间，续修《大清一统志》的主要任务就是要将刚刚重新统一的新疆地区的历史地理状况写入《大清一统志》，“以昭大一统之盛”[②]。尽管这个地区曾经历战乱、分裂和割据，但统一的总体趋势没有发生改变。

二、清朝新疆的统一

清朝对“西域”的认识，可以说在范围上比以往朝代更加清晰，尤其在

① 杨斯童：《从“西域”到“西北”——西北边疆拓殖与开发的历史启示》，《东北师大学报（哲学社会科学版）》2014年第6期。

② 侯德仁：《〈大清一统志〉之西域新疆统部的纂修及其学术价值》，《中国地方志》2006年第12期。

用“新疆”代替“西域”一词后，中国西北边地逐渐内化。用“新疆”作西北地域名称始于乾隆时期。乾隆帝在1759年平定了准噶尔部、大小和卓叛乱后产生了一个想法，试图用“新疆”统称天山南北一带地区。这一用意，一方面是乾隆为炫耀自己的“武功”；另一方面也是为了建立新的统治秩序、行政体系，以便更好地管理战后旧地。①但是，从乾隆朝一直到清朝末年，“新疆”和“西域”经常交叉混用。

直至1884年，清廷在西域设省，改称“新疆”（取名有故土新归的意思），才基本代替了“西域”一名，新疆也逐步完成了内地化过程。不过，在“新疆”地区建立行省制，并不是从清代开始的，北朝、隋唐时期就早已有之。到了清朝，乾隆帝多次强调新疆“与内地无殊”，并在迪化②、镇西③两地先后实行了郡县制。

清朝中央政府之所以这么做，当然是经过深思熟虑的。这其中既有历史缘由，在新疆设行省古已有之，另一方面也饱含了现实意义。新疆地处中国西部，是清朝西北屏藩，京师的第一重保障。它北接俄国，西及阿富汗、英属印度，地理位置十分重要。至晚清英俄两国都对此地虎视眈眈，双方势力在新疆展开激烈的角逐，中国的西北边疆可谓充满了危机。

自19世纪中叶以来，沙俄与英国对中国西北的侵略之心昭然若揭。1865年阿古柏在沙俄及英国支持下趁机入侵新疆，沙俄更是喊出“代为收复”口号，借机强占伊犁。清朝在新疆的统治可以说是岌岌可危，为了中国西北的稳定，以及整个京师的安全，清朝的统治者同意由左宗棠出征西北。

从1876年至1878年，左宗棠消灭阿古柏势力，成功收复新疆南北的广大领土。在收复新疆后，左宗棠为了阻止西方列强对中国西北边疆的进一步蚕食，于是主张在新疆建省，给予“新疆”又一新的特定内涵，即“故土新归”。因此，民国时期修撰的《清史稿》更多以“新疆”名义，来记述天山南北之事。从汉代开始设立的西域都护府到清代末期新疆建省，它不仅是名称的转化，还反映了中央政府对这一地区政治管辖的连续性。这是中国统一

---

① 刘姗姗：《“新疆”是“新的疆域”吗？》，《中国新闻》2021年1月18日，第3版。

② 今乌鲁木齐市。

③ 今巴里坤哈萨克自治县。

多民族国家发展历程中的重要组成部分，并伴随这一历程向着更深入的方向发展前进。[①]

中国在历史上就是一个多民族国家，新疆就是这个统一的多民族国家中的一部分。如今，中国新疆的维吾尔族、汉族、蒙古族、哈萨克族、锡伯族等十余个民族，其中大部分民族的祖先很早就在这里劳动生息、繁衍发展，用他们的智慧和劳动，共同建设和保卫这块美丽的疆土。[②]在清朝，“锡伯西迁”就是一次维护国家统一的伟大壮举，写就了中国历史上永恒的边疆史诗。

三、新疆一个县城里的锡伯族

从历史上来看，锡伯族常被认为属于女真的一支，但更多人认为，锡伯族和女真有一定关系，但并不属于女真而是鲜卑人。在元朝，锡伯族的后裔隶属于科尔沁蒙古，[③]早期的锡伯族由于在蒙古统治之下，不仅开始信仰喇嘛教，也开始说蒙语、写蒙文。清初，当锡伯人和满人的接触越来越频繁后，有一部分锡伯人说起了满语，驻守在东北三城的锡伯官兵常年还担任着满、蒙语翻译的角色。在锡伯人西迁至新疆后，又和维吾尔族、哈萨克族人民长期生活在一起，共同驻防守边，不少锡伯人学会了维吾尔语和哈萨克语等，民族之间的交融不断深入。

目前，我国锡伯族人口较少而且分散，主要生活在东北、北京、新疆、内蒙古等地区。辽宁地区的锡伯族人数最多，聚居于新疆维吾尔自治区的锡伯族仅为少数，还不到全国锡伯族总人数的20%，其中有一半左右集中在新疆伊犁哈萨克自治州察布查尔锡伯自治县。

“察布查尔”在锡伯语里有“粮仓”的意思，是唯一以锡伯族为主体的自治县，位于新疆西天山支脉乌孙山北麓、伊犁河以南辽阔的河谷盆地，总面积约4485平方千米，总人口约18.4万。察布查尔锡伯自治县是锡伯语保存最完好的地方。

---

① 马晓娟：《〈清史稿〉“西域——新疆撰述”探析》，《史学史研究》2011年第3期。

② 郭蕴华：《两汉时期新疆各族人民维护祖国统一的斗争》，《中央民族学院学报》1983年第4期。

③ 孙诗尧：《锡伯族当代母语诗歌研究》，暨南大学出版社2017年版，第14页。

当代新疆锡伯族的语言也是在改革基础上发展而来的。1947年，宁西县[①]改革委员会在满语基础上稍加变化形成了现在的锡伯语，而在此之前锡伯人普遍都说满语。锡伯语属阿尔泰语系满—通古斯语族满语支[②]，据此有一些研究者认为，其实锡伯语就是满语，或者说是满语的一种方言。

由于锡伯族语言文字与满族语言文字有很深的渊源，全世界有30多个国家和地区都在把锡伯族语言文字当作满族语言文字的“活化石”进行研究。新中国成立后，周恩来总理为培养满文专业人才，特批在故宫博物院开设“满文干部培训班”，从号称满语“活化石”的察布查尔锡伯自治县招收学员到北京学习。如今研究满语、满族的一些学者就来自于锡伯族，锡伯族人学习和研究满文似有先天优势。

当代的新疆锡伯族很重视教育。锡伯族人一般会讲四种语言，号称“翻译民族”。很多锡伯族知识分子不仅精通本民族语言，还掌握维吾尔语、哈萨克语、蒙古语和俄语等其他语言。锡伯族最重要的史诗《西迁之歌》的作者管兴才隶属新疆锡伯营，从小家境贫寒，但他聪明过人，有“小神童”的称号，虽然只上过小学，却自学精通了汉、满、藏、蒙等各族语言，昭苏喇嘛庙上的汉、满、蒙三体文字就是他写就的。

那么，锡伯人究竟为何千里迢迢来到新疆定居呢？回答这个问题，要从锡伯族的西迁故事开始说起。

四、维护统一的西迁壮举

锡伯族本发源自东北地区的兴安岭、嫩江和松花江流域，是什么样的原因让锡伯人远离家乡，不远千里来到西域呢？这要从清朝统一战争说起了。

康熙三十一年（1692年），科尔沁蒙古旗锡伯人官兵，被改编到了满洲八旗中的上三旗，还把他们迁到了东北的齐齐哈尔等地方驻防。乾隆年间，新疆的准噶尔部分裂势力一直让社会动荡不安，清廷出兵平定后，曾作为人质被囚禁的大小和卓被释放，清政府命他们继续管理新疆。不久，卫拉特蒙

① 后改为察布查尔锡伯自治县。
② 李树兰等编：《锡伯语口语研究》，民族出版社1984年版，第1页。

古的阿睦尔撒纳发动叛乱，大小和卓兄弟也乘乱在天山南路起兵。

为了国家的统一，清廷意识到驻守、建设西域要塞伊犁很有必要。于是，在平定大小和卓叛乱后，乾隆二十七年（1762年）设置了伊犁将军府，调遣明瑞作为第一任伊犁将军，总理新疆的军政事务，伊犁遂成为新疆的军事、政治和经济中心。乾隆帝并派遣了大量八旗兵进驻天山南北地区。锡伯兵因为擅长骑射、英勇善战而著称，就是在这个时候接到了前往新疆驻防的任务，开启了赫赫有名的西迁壮举。

这次西迁人员分成两批先后启程，一批在乾隆二十九年（1764年）农历四月初十出发，另一批在农历四月十九开拔。根据官方记载，清廷最终在盛京锡伯兵里挑选了精壮人员一千名、官员二十名，连同家眷三千二百人入疆。其实这只是官方数字，真正随从亲属人员还多出四百人，加上在漫长的西迁过程中又诞生了三百五十多个小生命，实际总人数至少达到了四千名，也有人说实际到达人数是5050人。①

乾隆二十九年（1764年）年农历四月十八，在西迁的前一夜，选定前往新疆伊犁的锡伯人和留居东北的锡伯同族，在盛京的锡伯家庙②里齐聚一堂，共同祭拜祖先，在最后一餐中泣泪话别。次日清晨，他们告别了家乡。管兴才在《西迁之歌》中描述了这幕可歌可泣的分离场面："圣命如山忍痛又割爱，眼望故乡十步九回难离去"③。

西行路途中十分艰难。带去的牛马由于环境恶劣，冬雪厚积找不到草料，待到春天又发生瘟疫，最终死去了大部分；向蒙古人借来的骆驼和马也纷纷倒毙。一种叫"乌珠木耳"的野菜在很长一段时间成为锡伯人保命的粮食。锡伯族西迁的官兵及其眷属风餐露宿，行进数千里，就这样一直到第二年的七月，受尽磨难的锡伯官民才终于到达了伊犁绥定。为了纪念祖先的这一壮举，以后每年的农历四月十八，就成了锡伯族的"西迁节"，又称"怀亲节""四一八节"。

在西迁过程中，锡伯人也不忘记带上自己的"喜利妈妈"。新疆锡伯人

---

① 吴元丰、赵志强：《清代伊犁锡伯营综述》，《锡伯族历史探究》，辽宁民族出版社2008年版，第85页。
② 太平寺庙，建于1707年，位于沈阳市和平区。
③ 阿苏、盛丰田、何荣伟：《锡伯族》，辽宁民族出版社2014年版，第38页。

至今还供奉“喜利妈妈”，这是锡伯人重要的宗教信仰之一。“喜利”的意思就是“延续”，所以“喜利妈妈”又叫“子孙妈妈”，是锡伯族人保佑后世子孙、生生不息的女神。象征物是在一条长约10米的绳子上，缀以小弓箭、彩布条、小铧犁、小摇篮等孩童用品，平时就放在一个牛皮袋子里，挂在西屋西墙的西北角上，只有每年农历大年三十那天，才从牛皮袋里取出来，到二月初二再放回去。这一象征物也就是用结绳记事方式编制的家谱。[①]

挂一个小弓箭或箭袋就代表生了一个儿子，生一个女儿则增添一块小彩布条。这里的小弓箭、彩布条等饰品，都不是随意制作的，必须到本村子孙满堂的人家向辈分最大的长辈索要。祭拜“喜利妈妈”的习俗也反映了锡伯人无论扎根何处，都希望克服自然、繁衍延续的美好愿望。

锡伯族的西迁，为清代中国国家统一做出了巨大贡献。嘉庆二十五年（1820年），大和卓的孙子张格尔在英国人的指使下三次入侵南疆，锡伯营出兵千人参与保家卫国的战斗，最终平息叛乱。同治末年，阿古柏又发动叛乱，锡伯人阵亡7000余名。此时，沙俄乘乱强占伊犁。锡伯营总管喀尔莽阿是反抗沙俄的英雄，在他的带领下，锡铂营官兵奉命垦荒，所屯粮食为左宗棠收复新疆提供了物资保障。锡伯军民为喀尔莽阿立祠纪念，他至今依然是人们崇拜的英雄。[②]

锡伯营长期担任的军事任务，有驻守卡伦，赴塔尔巴哈台、喀什噶尔等地换防，巡查布鲁特和哈萨特游牧地带，以及补充士兵至伊犁北岸的惠远城满营以加强防务等。锡伯族的西迁，并不是简单地向西行进，而是背负着国家和民族的希望，是保家卫国、建设新疆的壮举。

五、锡伯营：西部建设的先遣军

锡伯人在西迁时，锡伯军民共编作十个“扎兰”（队）。到达伊犁绥定后缩编成六个牛录。由于跟随而来的眷属和路上的新生儿，这支部队又多出700余人，于是在到达察布查尔的时候，这支队伍又增设了两个牛录，成为八

① 周连科主编：《辽宁文化记忆：非物质文化遗产》下册，辽宁人民出版社2014年版，第467页。

② 仲高等著：《锡伯族民间信仰与社会》，民族出版社2008年版，第126页。

旗。八旗设领队大臣一人、总管和副总管各一人，每旗又设一个牛录，每牛录各有一名佐领。就这样伊犁锡伯营基本形成，和察哈尔营、厄鲁特营、索伦营并称“伊犁四营”。锡伯营即现在察布查尔锡伯自治县的前身。

锡伯营也是建设西部的先遣军。和戍边同样重要的是屯垦，西迁的锡伯官兵可以携带家眷长久地聚居在驻防所在地，锡伯营“挈眷驻屯”也因此成为“兵屯”改革的新模式。“挈眷驻屯”提高了建设地方的积极性，其屯垦经验对现在的新疆屯垦也有一定的借鉴意义。

《西迁之歌》里说道：“开拓远疆，计长久之安。称驻旗民，为久远之策。满洲皇帝之谕，降于盛京将军，拣选一千锡伯，命其移驻伊犁。”[①]

负责驻防伊犁的先遣部队锡伯营，平时不仅要戍守重要的军事堡垒卡伦，按时到喀什噶尔等地进行换防，还要维持家庭生计以及完成西部建设的任务。这些任务包括了畜牧、屯田和兴修水利等繁荣社会、经济的伟大事业。

作为“打牲”（游牧）民族的锡伯人，其实在明末就转变成了兼以农业种植为生活方式的民族，这对于发展屯垦有很大帮助。加上察布查尔县位于伊犁河谷的南岸，地势开阔，适于农牧混合发展，成为西迁最终定居之所。

当锡伯官兵千余名携眷移驻新疆伊犁后，伊犁河南旧有的绰河尔大渠被疏通后，分作八屯进行垦种，一度比较繁荣富庶。但随着人口越来越多，原有的土地已经不够耕种，扩大耕地面积纾解人多地少的困境成为亟待解决的难题。

正当人们一筹莫展时，锡伯族内出现了一位至今仍为锡伯人所敬仰的杰出人物图伯特。图伯特于乾隆二十年（1755年）出生在盛京一个锡伯家族，西迁之时他年仅十岁，小小年纪便吃了不少苦，也磨炼了意志。他十八岁时就被选为“披甲”。“披甲”是给清代最勇猛善战之人的称号，对“披甲”的拣选过程非常严格，需年满十八周岁，主要考核骑术和射箭。成为披甲勇士是能力和荣耀的象征，能被选中之人必然是佼佼者，况且图伯特刚满十八岁便一举夺得“伍克辛”[②]称号。之后，图伯特成为正黄旗的一个佐领，嘉庆

① 赵志强、吴元丰：《〈西迁之歌〉评述》，《民族文学研究》1995年4月。

② 满语“披甲”之义。

年间升做锡伯营总管。

总管图伯特对本民族同胞的生存困境看在眼里，虑在心头。为了建设家园他决定修建一条大渠，经伊犁将军松筠同意后，便开始勘测地形、确定路线、估算费用。过程并不算顺利，副总管硕尔泰因与图伯特不和，居然联合一些官员上书反对图伯特，图伯特最终以自己九族的身家性命做保证，才换回了察布查尔大渠的修建成功。

大渠是在嘉庆七年（1802年）正式开始修建。在动工后，图伯特几乎日夜都在工地指挥，他亲自率领锡伯营军民，不辞劳苦，采取边挖渠边引水种田的方法来进行修建。经过七年的努力，终于在嘉庆十年（1805年）开挖成了一条东西长200余里的大渠，使锡伯营的耕地面积扩大到78700多亩。[①]图伯特泽被苍生，至今仍被锡伯人纪念和感激。

这条大渠的渠口开在了察布查尔山口，故名察布查尔渠。因察布查尔渠是锡伯族从东北西迁来伊犁后开挖的大渠，是锡伯族的母亲渠，新疆维吾尔自治区人民政府经过广泛征求意见，提出以察布查尔大渠名作为自治县名，即现在的“新疆察布查尔锡伯自治县”。

锡伯西迁是新疆漫长历史发展的一个缩影。历史上，西迁至新疆的民族一直源源不断，他们像察布查尔锡伯自治县的锡伯族的人们一样，为了西部统一和建设迁徙而来，并从此扎根新疆，与当地各民族长期交往、交流、交融，为维护祖国的统一浴血奋战、辛勤劳作，从而促进了新疆更加深入、牢固地融入中华民族多元一体格局。

① 吴元丰著：《满文档案与历史探究》，辽宁民族出版社2015年版，第267页。

扶持与约束藏传佛教：清中前期实现“升平累洽”的抓手

牛绿花*

自1247年“凉州会盟”起，西藏被纳入元王朝国家统一治下。元朝治藏政策主要通过扶持与约束藏传佛教来实现。如设立宣政院及帝师制，通过优待僧人及广建寺庙，有效地处理了蒙藏关系，实现了西藏的归顺与王朝统一。明清二朝承继前朝成功经验，继续实施积极的藏传佛教政策实现国家统一与民族关系的和谐。清朝治藏和管理藏传佛教达到了王朝国家所能达到的最为成熟与完备的程度。清代中前期通过扶持与约束藏传佛教①，对其入主中原，促进各民族交流交往交融，稳定边疆秩序，巩固民族团结，增进国家认同，实现乾隆帝所说的“国家百余年升平累洽，中外一家”起到了关键作用。清朝对藏传佛教的扶持与约束体现在多个方面。

一、建立广泛联系，取得信任

清朝统治者认识到藏传佛教在蒙藏地区流传广泛，“唯喇嘛之言是听”，有着深厚的群众基础。而达赖和班禅作为藏传佛教格鲁派两大活佛，

---

* 牛绿花，1971年出生，女，藏族，甘肃舟曲人，法学博士，西北师范大学法学院教授，民族法治与民族政策研究所主任，甘肃省高等学校人文社会科学重点研究基地“西北法律文化资源整理与应用研究中心”学术带头人。2015年入中央党校高校骨干教师班学习。入选中央政法委与教育部“双千计划”人才，2016年在甘肃省高级人民法院挂职民一庭副庭长一年。2017年美国南伊利诺伊州大学（SIUE）访问学者。担任甘肃省委政法委“特邀执法监督员”、甘肃省临夏回族自治州人大立法顾问、兰州仲裁委仲裁员等，兼任中国法学会民族法学研究会常务理事，中华司法研究会中华民族共同体法治文化研究专业委员会理事，甘肃省藏学研究会理事，甘肃省法官学院兼职教授，中国人民大学宗教与法律研究中心兼职研究员，西北政法大学民族宗教研究院兼职教授。主要从事民族法学、藏族法律文化及涉藏社会治理研究。出版专著教材7部，发表论文40余篇，主持国家社科基金项目2项，教育部、国家民委、司法部等省部级项目8项，获得甘肃省哲学社会科学优秀成果奖一等奖1项，甘肃省高等学校社科成果奖一等奖1项。

本文系西北师范大学2022年度重大项目（NWNU-SKZD2022-05）的阶段性成果。

① 主要是格鲁派，下同。

在清朝扶植黄教、笼络蒙古的战略布局中举足轻重。“盖中外黄教总司以此二人，各部蒙古一心归之。兴黄教即所以安众蒙古，所系非小，故不可不保护之。”早在未掌握中央政权之前，清统治者就积极与藏传佛教各教派首领建立联系并得到其拥护，为建立统一国家做好了准备。努尔哈赤、皇太极均对来自西藏、在蒙古地区有影响力的喇嘛高僧予以优礼，支持兴建寺庙、供养布施。同时利用他们在蒙古地区受到群众普遍崇信，维系民族关系、维护社会稳定、赢得蒙藏民心。1642年，五世达赖喇嘛、四世班禅额尔德尼的使臣到盛京[①]见皇太极，次年皇太极派人随同使者抵藏时邀请达赖喇嘛来内地弘扬佛教。顺治九年（1652年），五世达赖喇嘛应邀到北京朝觐顺治皇帝，次年清朝授其“西天大善自在佛所领天下释教普通瓦赤喇怛喇达赖喇嘛”名号，并授金册金印。五世达赖进京觐见顺治帝，既是清朝初年中国政治生活中的大事，也标志着清政权对西藏地方统治和管理的确立。

二、扶持与规范藏传佛教事务，巩固国家统一

康熙帝积极推进与高僧活佛的关系，扶持藏传佛教，广建寺庙。雍正帝在位时间较短，也继续祖辈政策支持藏传佛教以获得蒙藏边外稳定秩序。随着康熙、雍正二朝的努力，到乾隆时清帝国疆土范围既定、经济发展基本正常，除偶发内部扰动与边境外敌入侵外，国家整体上基本稳定。扶持与规范藏传佛教到了乾隆时期达到了高潮。乾隆帝在位期间在打击侵略西藏的外部势力和处理内讧矛盾的过程中，加强了对藏立法。整个清代对藏制定六部单行法规，乾隆朝就有四部[②]，其中的《钦定藏内善后章程》[③]首创了活佛转世的“金瓶掣签”遴选方式，对驻藏大臣的职权、财政货币税收及西藏地方军队事务、边界防御与外交等进行了明确规定。该章程调整政教合一的达赖与驻藏大臣议政的结构，提升了驻藏大臣在西藏事务中的领导力，对西藏的经

① 今辽宁省沈阳市。

② 乾隆十六年（1751年）制定的《酌定西藏善后章程十三条》，乾隆五十四年（公元1789年）制定的《设站定界事宜》十九条，乾隆五十五年（1790年）制定的《酌议藏中各事宜》十条，乾隆五十八年（1793年）制定的《钦定藏内善后章程》二十九条。

③ 或称《钦定西藏章程》。

济、行政体制也进行了较大改革。金瓶掣签制是对达赖班禅活佛转世体制的重大改革。达赖班禅对藏事和蒙古地区影响力巨大，活佛继任是关键。该制度的目的是革除历辈活佛转世灵童出自一个家族甚至叔侄兄弟相继的弊病。一方面体现了中央政府对西藏地方主要领导人选任上的权威和控制力；另一方面体现为转世的活佛在西藏的政教地位是中央认可和授予的，因而转世活佛须认同国家，听从皇帝的指令。事实上，金瓶掣签制的实施完全按照藏传佛教仪轨进行，宗教上符合藏传佛教基本教义，确定了其宗教上的合法性，顺利地解决了宗教首领的地位和政治、经济权力的传承、延续问题，因此被佛教界、上层贵族世家和信教群众所接受。该制度有助于防止蒙藏上层贵族夺取宗教权力，造成地方势力膨胀；也避免了教派内部、教派与世俗贵族势力之间争夺转世呼毕勒罕的矛盾斗争乃至战乱的发生，保持西藏社会相对稳定，促进了清朝国家的统一。

三、建立达赖班禅朝觐年班制，加强政治归属与国家认同

伴随着扶持与规范藏传佛教事务的各项措施，清政府确立了西藏地方达赖班禅两大活佛系统的朝觐年班制。清朝政府要求活佛凡受封者，每年到京朝觐纳贡，实际上既是优礼和尊崇藏传佛教的一个方面，也是加强中央与地方联系的一个常态化措施。西藏地方所进之贡物主要包括宗教用品、特色纺织品、药材和食品、生活用品及特殊贡品等，以此替代缴纳赋税。皇帝和清政府回馈是“厚往薄来”，以示奖励，认为“番僧曾立大勋于国，理宜酬锡带砺”，“酬班禅、达赖喇嘛累世恭顺之悃”。达赖班禅进京朝觐年班制，从初期的松散到后来对朝觐所涉及之赏赉、贡期、贡道、廪给、牧刍、路费等进行了完善规定，使之成为定制。达赖班禅朝觐年班制表面上是一种经济往来，实际是在政治上对中央王朝的臣属与认同，是达赖班禅获得和接受自己政治身份后产生归属感的表示，是对清帝恭谨、祝祷、感激的情感表达，也反映了西藏地方对清朝中央的政治归属和国家认同。

四、广建寺庙支持译经，促进了汉满藏蒙等各民族文化的广泛交流

清中前期优礼尊崇藏传佛教高僧活佛、广建寺庙、主持大规模编撰和翻译佛经的工作，加强了汉满藏蒙等各民族之间的文化交流与融合。清朝册封了格鲁派四大活佛系统：西藏的达赖喇嘛和班禅额尔德尼，主管内蒙古藏传佛教的章嘉呼图克图，主管外蒙古藏传佛教的哲布尊丹巴呼图克图。相应地为扶持这些大活佛，大力支持在各地修建寺庙。清朝皇帝所敕建的寺庙，遍布于京城、满洲、蒙古、西藏及甘青川、新疆甚至直隶省，呈现出分布地域广、规模大、规格高、造型美等特点。据载，仅理藩院直属的寺庙就有四十所，京城有嵩祝寺、弘仁寺等三十二所寺。具有代表性的如：顺治帝为五世达赖喇嘛在北京修建了西黄寺；乾隆帝在承德为进京朝觐祝寿的六世班禅仿照扎什伦布寺修建的须弥福寿之庙[①]；三世章嘉活佛奉命将雍和宫改扩建成了皇家藏传佛教寺庙，雍和宫完成由亲王府邸到清政府管理藏传佛教事务中心的角色转变，使雍和宫成为清政府以藏传佛教为纽带、促进中华民族多元一体格局形成的重要文化载体。清前期在五台山、甘青等地修建了许多藏传佛教寺庙。寺庙是藏传佛教的基本组织单位和载体，是信众进行宗教活动的场所。皇帝扶持广建寺庙，蕴含了将寺庙作为一种特殊的政治场域，利用这个平台和手段将各民族信教群众及该地区治理纳入中国王朝体制中，实现心理上、文化上多元一体认同的良苦用心。

五、藏传佛教成为清朝构筑多元一体的文化纽带

佛教是文化，佛教文化是中国文化的重要组成部分。佛教以佛法僧为一体。政教合一制、活佛转世金瓶掣签制等事关藏传佛教首领的权力与接替问题。而支持多语种佛教经典翻译传布和不同地区寺庙的广建，解决的是各民

---

① 亦称“班禅行宫”。

族信众交流的内容和文化交流交融的场所问题。大力支持佛教经典翻译是解决“法”的问题，佛经翻译既是掌握不同民族语言文字的高僧之间的交流互信，也是佛法僧“三宝”中具有主观能动性的要素，其对背后的各民族广大信众的文化交流交融与互信具有示范引领作用，在建构清朝多元一体的民族文化认同中起了桥梁作用。

扶持藏传佛教促进了各民族文化的相互了解与学习。文化交流需要借助语言文字。表现之一就是佛经翻译。清中前期历朝组织大批多语种高僧大德、王公大臣，耗费大量财力进行佛教经典翻译，先后翻译刊印了蒙古语版《大藏经》和满语版《大藏经》。参与不同语种佛教经典翻译印刻的高僧，如土观活佛、三世章嘉活佛等，不仅佛学造诣极深，而且精通满、汉、蒙、藏等多种语言。乾隆帝就曾学习满、汉、蒙、藏、回等语言，每年接见朝觐年班的蒙古、回部、番部高层人士，无须翻译，以示亲切怀柔。另一个表现是寺庙的广建。寺庙既是宗教活动场所，又是文化教育场所，综合了多维的功能。在不同地区修建寺庙，自然融进了不同民族不同地域的文化要素。如雍和宫在建筑布局方面展现出汉藏共生、汉藏互摄、汉藏融合的特色；内部一些佛像的造像又兼具藏传佛教特色，如关公，首次在雍和宫纳入藏传佛教护法神中供奉，开启了藏传佛教关公信仰的先河。雍和宫建成40余年后，在拉萨建成了关帝庙，说明皇帝敕建寺庙增进了文化融合。史载清朝修建和改建了很多藏传佛教寺庙。清前期仅北京有弘仁寺、嵩祝寺、福佑寺等32座；康、乾执政时期，在承德修建了溥仁寺、溥善寺等12座寺庙，其中有一些属满族藏传佛教寺庙。还有蒙古族藏传佛教寺庙方面，除清廷敕令建修的寺院外，蒙古族王公贵族也竞相兴建。到清末，漠南蒙古[①]藏传佛教寺庙达千所之多，每旗都有寺庙。在北京、蒙古、五台山等地区兴建藏传佛教寺庙的直接结果之一就是内地各民族信教群众的增加，“男女咸钦是喇嘛，恪恭五体拜袈裟”。

在京城及承德外八庙的寺庙是皇帝接待蒙藏等高层人士的特殊场所，发挥政治认同与文化融合的功能。如雍和宫，它是清朝政府联系蒙藏地区的纽

① 今内蒙古地区。

带和枢纽，是蒙藏宗教领袖、高僧大德在北京的活动中心，实质上成了连接中央与蒙古、西藏、青海等藏传佛教地区的政治通道，在密切满汉蒙藏民族感情、增强民族地区对中央政府的认同感方面起了重要作用。而在蒙古、甘、青、川及其他地方的寺庙是各民族信教群众活动的场所、文化教育的学校。较大寺庙人员往来众多、商贸繁荣，久而久之围寺而成城镇，反过来又进一步促进了各民族交往交流交融。

总之，清朝利用藏传佛教笼络蒙藏、构筑统一国家政治共同体，而藏传佛教则促进了清代各民族文化交流互鉴、统一王朝认同，使多元一体国家的建构与巩固成为现实。

清代台湾的多元社会治理与文化融合

杨　潇*

“民吾同胞，物吾与也”，民族文化的交流融合需要一定的历史秩序、历史逻辑与历史条件，也需要拥有扎实深厚的经济、政治根基以及文化根基。至少在三国时期，东吴统治者进行大规模的海上航行，将台湾写入传记。此外，隋朝的皇帝委派官吏前往流求[①]，了解当地风土人情与社会习俗。宋元明时的澎湖被纳入行政版图，郑成功收复台湾后移植了大陆的政治制度与文教制度。直至清代，在施琅统一台湾之后，清政府“恤民抚弱”的措施与多元化、本土化的社会治理模式充分尊重了台湾少数民族惯习，体现了中华民族的兼容并包与宽广胸怀；台湾民间继承了中华民族的优良传统——传统文化、传统美德、传统节日、传统习俗、民间信仰等，处处体现了中华民族凝聚力和影响力，构成少数民族与汉族之间中华文化的交汇融合。使得“其中的个体像带磁性的铁屑一样产生一种天然的‘亲和性’、一种相互认同的‘自己人意识’”。[②]在不断汲取互化及民族认同的过程中，大陆与台湾之间始终保持强大而持久的吸引力。

一、清以前大陆与台湾的社会交流

清代之所以能够对台湾进行有效的社会治理，是建立在历朝历代不断探

---

* 杨潇，女，1994年出生，中共党员，中国政法大学法学博士，主要从事少数民族司法文明史、法律文化史的研究工作。参与国家社科基金项目两项：“清代新疆地区的法律与秩序研究”“传统中国无主物法律制度及其现代意义研究”。发表《“一人之治”：民国时期黔东南民族地区的司法检察与侦吏实践》《晚清至民国时期（1840—1949）契约文书研究述评》《儒学视界与法制叙事的局限：〈汉书·刑法志〉再研究》等论文十数篇。获第九届、第十届张晋藩法律史学基金会征文大赛三等奖，第二届“新时代‘枫桥经验’与社会治理现代化”征文比赛一等奖，“苏洵苏轼苏辙与传统法治文化高峰论坛”征文比赛二等奖，获得中央民族大学2020年优秀硕士学位论文等荣誉。

① 即台湾。

② 参见李宪堂：《大一统的迷境：中国传统天下观研究》，社会科学出版社2018年版，第228页。

索的基础之上。他们的政策、制度与方法直接或间接促进了大陆与台湾的政治、经济、文化交流。《临海水土志》[①]以观察者的视角详细记载了台湾的地理位置及其风土人情："在临海东南，去郡二千里。……人皆髡头穿耳，女人不穿耳。作室居，种荆为蕃障。土地饶沃，既生五谷，又多鱼肉。舅姑妇男女，卧息共一大床。……又甲家有女，乙家有男，仍委父母往就之居，与作夫妻，同牢而食。女以嫁，皆缺去前上一齿。"[②]文中关于生活方式、男女婚姻、社会结构及习俗文化的描述，均与近代以前台湾早期住民及社会情况大致相符。[③]当时居住在大陆地区安阳、罗江一带的"安家之民，悉依深山……居处饮食、衣服、被饰，与夷洲民相似。"[④]又记载道："今安阳、罗江县是其子孙也。"[⑤]根据史料，两岸民众已经开始互通习俗、交流文化。所有记录在案的重要因素都为更加深入理解台湾的文化底蕴，促进两岸各民族进一步交融提供了客观条件。

据《隋书》记载，大业六年（610年），隋炀帝派大臣前往流求考察社会状况。当时的住民以为官员旨在贸易往来，便主动进行交流。此后，二者之间的联系更加密切，隋朝设置了驻军管理。宋代对台湾则有更确切的记载，王象之在其著述《舆地纪胜》中阐明："自泉晋江东出海间，舟行三日，抵彭（澎）湖屿，在巨浸中。"[⑥]南宋时期，澎湖直接隶属于泉州府的晋江县。该文首次记载澎湖毗邻晋江，乘船三日即可到达。大陆对于台湾风土人情及地理文化的认知进一步加深。当时的流求人运用丰富的方位信息与日渐增长的地理知识，已经在霞浦开始了商贸互利活动，闾峡的"流求墓"就是当时台湾商人死后的墓葬。[⑦]此外，该朝宰相梁克家在其《三山志》记载，福州所辖诸县中，除福清县福庐山一带因安置隋时从台湾带回的居民，设置了归化北里、归化南里、安夷南里外，其所属长溪县也有归化东里、归化西里、安民里等。[⑧]有研究推测，统治者在长溪县也可能安置了部分被带回大陆

① 《临海水土志》官说推断最有可能的作者为吴国丹阳太守沈莹。尽管后人对该书的作者身份有很多猜测，但缺乏新的材料和有力证据。

②④⑤ （宋）李昉等：《太平御览·四夷部一·东夷一》第8册卷780，上海古籍出版社2008年版，第3页。

③ （宋）李昉等：《太平御览·四夷部一·东夷一》第8册卷780，上海古籍出版社2008年版，第1—7页。

⑥ （宋）王象之：《舆地纪胜》卷130《福建路·泉州》，中华书局1992年版，第3734页。

⑦ 霞浦县方志委编：《霞浦县志》，方志出版社1999年版，第495页。

⑧ （宋）梁克家纂：《三山志》，福建省方志委整理，方志出版社2004年版，第13页。

的台湾人。[①]他们不仅深入了解台湾的地理风俗、为经济文化的进步拓展地理优势，还妥善安置、保护台湾居民，为其设置专门的管理区域，有利于各方民众进一步形成融贯历史、文化与政治的整体性意识。

元代统治者在澎湖设置巡检司，其在主要负责地区巡逻警示、搜捕盗匪、加强治安，为维护台澎稳定和谐做出努力。这一举措在台湾的开发史中占据重要地位。不仅将澎湖群岛整体纳入元朝的行政区划中，更是我国中央政府在台湾地区设置专门行政管理机构的开始。《新元史》载："海外岛夷之族，澎湖最近，分三十六岛，有七澳介其间。其地属泉州晋泉县。土人煮海为盐，酿秫为酒，采鱼虾为食。至元初，设巡检司，东为琉求，与澎湖相对。"据汪大渊的《岛夷志略》记载，澎湖辖于泉州晋江县内。之后的多年间，统治者在此进行简要的社会治理，规定主要地区的盐课征收定额："以周岁额办盐课中统钱钞一十锭二十五两，别无科差。"[②]同时，元朝也更加关注岛内原住民的风土文化，例如，"水无舟楫，以筏济之。男子、妇人拳发，以花布为衫。煮海水为盐，酿蔗浆为酒。知番主酋长之尊，有父子骨肉之义，他国之人倘有所犯，则生割其肉以啖之，取其头悬木竿。地产沙金、黄豆、麦子、硫黄、黄蜡、鹿、豹、麂皮。贸易之货，用土珠、玛瑙、金珠、粗碗、处州瓷器之属。"[③]

明朝中后期，汉人移居台湾已成一定规模，更深刻地促进了各民族之间的政治、经济传播与交融，并继续影响着东南亚区间贸易方式及大宗商品的流向。从闽南漳州一带收购的糖、糖姜、生姜，包括后来台湾地区出产的糖可以销往波斯、荷兰等地。崇祯八年（1635年），大员长官普特曼斯给巴达维亚总督的信报告说："据中国人的估计，3个月内还会从中国运来约2000石到3000石的糖，因此，到现在运去巴达维亚的糖都可以安心地运回祖国，因为无可怀疑，以后还会从中国运来可以充分供应波斯的糖。"[④]贸易往来更好地增强了不同民族甚至国内外之间的多元经济文化互动，也形成了更加

① 徐晓望主编：《福建通史》第2卷，福建人民出版社2006年版，第63页。

② （元）汪大渊：《岛夷志略校释·澎湖》，中华书局1981年版，第13页。

③ （元）汪大渊：《岛夷志略校释·琉球》，中华书局1981年版，第17页。

④ 《荷兰联合东印度公司台湾长官致巴达维亚总督书信集V（1629—1636）》，江树生主译注、翁佳音协译注，台湾文献馆、台湾历史博物馆2015年版，第754页。

成熟的国家、国际文化认知。1661年，郑成功收复台湾，明确指出："台湾者，中国之土地也。"①在明朝统治者的努力开发与深度引导下，台湾设立府县行政机构。据多方面史料记载，郑氏一脉有良好的教育背景，深受儒学的影响，他们拥有中国正统文人的思想及深厚的忠君爱国情怀，并礼遇两岸文人，进一步推动大陆的文化制度与传统习俗在台湾传播。这些，都为后来清代统一台湾，进行多元的社会治理与文化交流打下基础。

二、清代台湾的治理模式与实践效果

清代，清政府"多元"的治理模式为台湾各民族的发展提供了更加强大的动力。早在清军进入澎湖之时，纪律严明，军民相安，"王者之师"形象深入人心；清朝善待战俘，"恤其被伤兵卒，予以医药，载其生还，此其恩威已遍洽于台湾"②。清朝规定，澎湖地区百姓免除三年徭税和差役，以便恢复澎湖经济，改善战后民生。康熙二十二年（1683年），施琅率军统一台湾后，"其各乡社百姓以及土番，壶浆迎师，接踵而至"③。他赐给居民衣帽、布匹等物，并规定运粮樵采等贸易活动可正常开展，居民可根据需求出入，确保了台湾正常的生产、生活秩序，体现中华民族"兼容并包""四海归一"的广博胸怀与文化魅力，台湾汉人和少数民族"咸皆欣欢踊跃"④。《恭陈台湾弃留疏》一文曾指出治理台湾的重要性，认为台湾物资丰厚，一切日用之需，无所不有，在打击沿海盗贼方面具有重大作用。⑤于是，清政府采取多元治理的方式，在保证"大一统"国家格局的前提下尊重台湾本土的法制与惯习，在文化融合中促进多民族的共同发展与融合。

在行政管理方面，康熙二十三年（1684年），台湾设一府三县⑥，隶属于福建省。在官员设置方面，全岛初期的最高长官为台厦兵备道，兼管台湾

---

① 连横：《台湾通志·开辟纪》卷1，孔昭明《台湾文献史料丛刊》第1辑，台湾大通书局1984年版，第22页。

② （清）杨英、施琅：《从征实录 靖海纪事》，郑焕章点校，商务印书馆2019年版，第235页。

③④ 施伟青：《施琅年谱考略》，岳麓书社1998年版，第624页。

⑤ （清）蒋毓英等修：《台湾府志》（下），中华书局1985年影印版，第2475页。

⑥ "一府"为台湾府，"三县"为台湾县、诸罗县、凤山县。

与厦门地区文武大权，并兼理学政，其下还设知府、知县、县丞、巡检等。雍正元年（1723年）另立彰化县，四年后设立澎湖厅。之后的行政区划设置仍有变化，从一府四县二厅到一府四县三厅，再到二府八县四厅，这些逐渐完善的行政管理举措对维护国家统一、维护民族安全、加强大陆与台湾文化交流具有战略意义。驻军安全管理方面，统一台湾之后，清政府设一万绿营兵驻防台湾本岛和澎湖，明确驻台官兵三年内调、兵丁三年更番制度，建立并整顿保甲制度。清朝官吏更率军民与海盗展开斗争取得胜利，保障沿海居民的安全，为台湾地方社会的稳定治理做出贡献，为两岸文化融合与交流提供平台。这些措施也标志着清政府在台湾行政和军事管理文化的体制化、规范化。

在经济层面，清政府支持海峡两岸的贸易往来。有效的社会治理使台湾地区的经济继续发展，也在很大程度上确保了台湾普通民众的利益，特别是土著番民的利益。康熙曾下谕令称："向令开海贸易，谓于闽、粤边海民生有益，若此二省民用充阜，财货流通，各省俱有裨益。且出海贸易，非贫民所能，富商大贾，懋迁有无，薄征其税，不致累民，可充闽粤兵饷，以免腹里省分转输协济之劳。腹里省分钱粮有余，小民又获安养，故令开海贸易。"[①]基于此，康熙二十三年（1684年）十月，在朝廷取得共识的基础上，康熙帝正式颁布开海谕令："今海外平定，台湾、澎湖设立官兵驻扎，直隶、山东、江南、浙江、福建、广东各省，先定海禁处分之例，应尽行停止。"[②]清政府的有效措施之一，即开设台湾港口贸易，便于两岸经济交流。台中彰化鹿港开港后，成为继鹿耳门之后又一陆台贸易要地，其先后成立有顶郊、布郊、糖郊、杉行郊、泉布郊、绸缎郊、丝线郊、厦鹿郊、泉郊、厦郊等诸多郊行。[③]时人评价，"台湾雄峙东海，横亘千余里，土田膏腴，家多殷实"[④]。可见彼时交通便利的台湾已成为清朝的富庶地区。到光绪年间，台湾仍多富户，且银两米盐衣食无缺。物质文化提高了两岸的生活水平，也为

---

① 《清圣祖实录》卷116，康熙二十三年九月甲子，中华书局1985年影印版，第212页。

② 《清圣祖实录》卷117，康熙二十三年十月丁巳，中华书局1985年影印版，第224页。

③ 《台湾南部碑文集成》，孔昭明《台湾文献史料丛刊》第9辑，台湾大通书局1987年版，第593页。

④ （清）林豪：《东瀛纪事·戴逆倡乱》，孔昭明《台湾文献史料丛刊》第7辑，台湾大通书局1987年版，第1页。

精神文化提升奠定了坚实基础。

除了商业贸易逐渐步入正轨，土地开垦与赋税征收的经济管控措施也进行得如火如荼。清统治者为台湾颁发官方凭照，界定土地归属范围，进一步保护台湾民众的经济安全，并施行轻徭薄赋政策，认为“然在郑氏当日，自为一国之用，因其人地，取其饷赋，未免科重”[①]，康熙最终下令，据旧额减去十分之四。自台湾南部被开发以来，浊水溪至淡水河流域从康熙三十六年（1697年）的“九十里，不见一人一屋，求一树就荫不得”[②]的荒芜景象至康熙四十年（1701年）间转变为“今则汉人垦种，极目良田，遂多于内山捕猎”[③]的经济热点，经历了清朝统治者积极的土地开垦政策，并取得了显著成效。台北平原也在“山外平壤皆肥饶沃土，惜居人少，土番又不务稼穑，当春计食而耕，都无蓄积，地力未尽，求辟土千一耳”[④]之时执行清朝开垦政策，至嘉庆时已然物产富足，田尽其用，为增强民族之间的理解包容及和谐发展提供充足的经济条件。

清政府非常重视台湾儒家文化的传播与学习。统治者表明了教育致仕、保留人才、普及知识的初衷：“康熙九年，颁发圣谕十六条，命各地方官，以朔望之日，集绅衿于明伦堂宣讲，以俾军民周悉。雍正元年，又刊《钦定圣谕广训》，颁发各乡，命生童诵读。朔望之日，亦集地方公所，逐条宣讲。乾隆元年，复颁《书院规训》，其所以造士者，可谓切矣。……台湾为海上新服，躬耕之士，多属遗民，麦秀禾油，眷怀故国，故多不乐仕进。康熙二十三年，知府卫台揆始建为文书院。十九年，分巡道梁文煊亦建海东书院，各县后先继起，以为诸生肄业之地。内设斋舍，廷师主席，设监院以督之。”[⑤]伴随着大量汉族官员和汉族普通民众的进入，岛内社会的阶层结构也逐渐呈现多元化的趋向。多数大陆官员在台湾地区进行精神文化的治理，他们开始注重对当地汉民、番民的文化教育，并且认识到了对这里的番民进行儒学教育的重要性，以兴建书院、开设义学等方式传播清朝主流儒学文化，

---

① 连横：《台湾通史》，商务印书馆2017年版，第136页。

② 陈庆元主编：《台湾古籍丛编》第3辑，福建教育出版社2017年版，第365页。

③ 陈庆元主编：《台湾古籍丛编》第4辑，福建教育出版社2017年版，第76页。

④ 陈庆元主编：《台湾古籍丛编》第3辑，福建教育出版社2017年版，第360页。

⑤ 连横：《台湾通史》，商务印书馆2017年版，第206—207页。

申之以孝悌忠信、礼义廉耻，促使土生土长的台湾人深刻认识并理解儒家文化，使台湾文风渐盛。台湾地区的学宫、书院发展也得到了清廷的首肯、支持和推动，书院及其教育事业进入发展的黄金阶段，呈现鼎盛之态势。

《台湾县志》载："学宫，在东安坊。康熙二十三年，知县沈朝聘建……二十九年，知县王兆升修焉。四十二年，知县陈瑸建明伦堂于文庙之右……仍捐俸三百两……重新文庙……四十七年，知县张宏重修……四十九年，陈瑸以四川学道亲察台阳，始易栅栏为围墙，礼门、义路悉备。五十四年，超擢湖广偏抚，临行之日，重新启圣祠……建斋舍十四间，为诸生肄业之所。躬亲督率，半阅月而告成……五十八年秋，海防同知王礼摄县篆，召工取材，捐俸修筑，牢以砖垣、涂以丹漆。"[①]在民族地区兴建义学，开诸邑文教之风气，是朝廷及驻台官员的重要步骤。康雍年间，台湾"社学"主要分为两大类，即"汉庄社学"和"番社社学"。[②]对于"番汉"杂居地区而言，"熟番"也可以到相邻"汉庄社学"学习文教，二者之间并没有非常严格的身份界限。清代台湾书院与义学、社学一脉相承，为"番民"学习儒家文化提供有效途径。而统治者则广纳教员，择优分配到各学校、书院，进一步推行儒家教化。[③]在文化考试层面，《安平杂记》曾记载道："四社番……相传教育在于四书五经，而四社番本蒙清国政府准与闽人互相考试，无道秀才，有取优生。"[④]考制规定，番生与民人享有平等的择优录取的权利，弥补了地方教育畸轻畸重的不足之处。这些治理举措促使清政府取消大陆人赴台和台湾人进入生番地区的禁令，也直接推动了清末统治者在台湾实行"番民一体"的公平教育体制。比如，夏之芳任巡台御史兼学政时，对台湾文教的发展做出了重要贡献，他替台湾儒生重新争取到科举保障名额。康熙二十六年（1687年）丁卯乡试，福建提督张云翼奏言："台士乡试请照甘肃、宁夏之例，闽省乡闱，另编字号，额取一、二名。俟应试者众，乃撤去。诏准

① （清）王礼：《台湾县志》，孔昭明《台湾文献史料丛刊》第2辑，台湾大通书局1984年版，第74—75页。

② （清）周钟瑄：《诸罗县志》，孔昭明《台湾文献史料丛刊》第1辑，台湾大通书局1984年版，第79页。

③ 张本政：《台湾史料资料专辑》，福建人民出版社1993年版，第111页。

④ 《安平杂记》，《中国地方志集成：台湾府县志辑》，上海书店出版社1999年版，第268页。

后，编字额中一名。”[①]康熙三十六年（1697年）总督郭世隆以台士佥请撤去另号，归闽省额内，一体匀中，入奏报可。但裁撤额中名额后，台湾士子参加科举的人数日益减少，多有辍科。夏之芳任巡台御史后，于雍正七年（1729年）奏准：“台湾五学乡试，仍照旧例，另编台字号，于闽省中额内取中一名。”[②]在清朝官吏的不断努力下，台湾的教育制度日渐完备，考试名额的相关规定也更公平、规范。

清朝关于台湾行政、经济、文化方面的治理归根结底是对少数民族惯习的承继与拓宽，为少数民族的繁荣发展奠定物质、精神基础。台湾是一个多民族聚居的地方，如何处理复杂的民族关系也是清政府治台政策的重中之重。无论是清朝的行政管理、驻军安全管理还是经济治理措施，皆为达到不同民族之间的文化能够进一步交流融合的目的。当时民族问题的核心是“汉番”之间的矛盾，所以民族政策也主要体现在如何处理和解决这一矛盾上。清朝驻军台湾时尊重少数民族惯习，以“抚”为主的理番政策取得了积极成效，促进了民族团结。此后，统治者根据政治考量而制定的相关政策也在一定程度上保护了原住民的经济利益与多元的文化传统。比如，严禁汉族移民非法进入“番地”、革除对番民的私自滥派、新建城池安顿番民、以恤番民等。道光二十八年（1848年），清廷官吏捐银两千两以赈灾民，慷慨捐俸体恤番情。他们传递政令、通告，并兼任安抚、调解汉番矛盾和惩治违法者等工作。官吏刘铭传在台期间，十分注重与当地民众的关系，把高山族同胞视为朝廷赤子。对此，当地民众喜形于色，欢欣鼓舞。清廷在尊重台湾本土人情及风俗文化的同时，也加大力度传播儒学，其多元的行政、军事、经济治理实质上都是一种文化治理，促进了两岸民族的共同发展，拓展了清廷远迈的疆域，丰富了中华文化的内涵。

三、清代台湾治理推动民族文化的多元发展与融合统一

历朝历代统治者采取的一系列日常交流、经济贸易、航海探险以及驻军

---

① 连横：《台湾通史》，商务印书馆2017年版，第204页。

② （清）夏之芳：《奏疏稿略》，乾隆丁丑年（1757年）刻本，第10—13页。

管理等活动对台湾社会产生深远的影响。虽然前人开辟先路，不断探索与理解本土地理文化与风俗人情，拓宽两岸民众的认知，在台湾的治理开发史上留下珍贵的印记，但清朝提供了更加完善的社会治理及文化措施，并在台湾地区积极实践，有效地维护了地方的稳定与安全，使各民族之间的互动取得实质性进展。作为“大一统”的多民族国家，以温和的制度维系民族联结、积极搭建沟通两岸人文历史的桥梁，是清代社会治理中不可缺少的重要组成部分。

清朝统一台湾之后，并未强制推行大陆文化，也未阻隔海峡两岸的经济、文化交流，而是在完善的行政管理及驻防治理基础之上“抚番”“恤番”，在台湾设置府县、展界开海，保护番民的利益，维护汉番的和平关系，逐渐推行吏治文化与儒学教化，尊重并记录台湾少数民族的人情惯习，设立通事一职翻译少数民族语言，“查附近县治，番汉错居，向皆自举通事”①，协助处理民族事务。通事的具体职责为：其一，协调社内纠纷。“通土之设，原以管辖众番，凡社中大小公私等事、男妇是非等情，惟听通土凭公设处，免致呈官究治。”②其二，收管社租、纳课。“收租论灶，计丁均分……社中又有正供、有采买，有敬神夺标、祭祖演戏、延师教读、厅县差务，其费皆取诸租。其租折为钱，其钱皆通、土出纳。”③其三，帮助汉番居民进行贸易。“番社各有通事，往来郡治，货物自南而北者，如盐、如糖、如烟、如布匹衣线；自北而南者，如鹿脯、鹿筋、鹿角、鹿皮、芝麻、水藤、紫菜、通草之类。”④此外，通事也负责番社内的地租、典卖、土地开拓等事宜。比如，清廷明文指出：“承贌番业，限期已满，应以向番再贌，必须盖用通土官戳记，不得秘密交易。”⑤其在处理汉番关系方面发挥了不可替代的作用，促进了汉番双方的交流与合作。

土官如同通事一般，具有地方社会治理的职能。清朝统治者设置此类官

① （清）周钟瑄：《诸罗县志》，孔昭明《台湾文献史料丛刊》第1辑，台湾大通书局1984年版，第103页。

② 戴炎辉：《清代台湾之乡治》，联经出版事业股份有限公司1979年版，第461页。

③ （清）邓传安、陈盛韶：《蠡测汇钞·问俗录》，书目文献出版社1983年版，第108页。

④ （清）黄淑璥：《台海使槎录》卷6《番俗六考》，孔昭明《台湾文献史料丛刊》第2辑，台湾大通书局1984年版，第134页。

⑤ 温吉：《台湾番政志》，台湾省文献委员会1957年版，第443页。

职来更好地学习台湾风土人情，融入不同的习俗文化。土官担负着两大职能，他可以管理社内一般事务，也可以作为政府的代理人，负责征收租赋和发放救济财物。在不少番民因疾病、意外伤亡等原因而丧失了劳动能力后，对其施以救济是土官的重要职责之一。[①]一般情况下，诸如调解汉番之争、派遣夫役、解决社内番众纠纷、组织农耕、出租番田等事，政府也可能交由土官管理。《重修福建台湾府志》记载道："大社四、五人，小社二、三人，给以牌照。各为约束，又有大土官、副土官之目。"[②]通过土官和通事相互配合、相互补充，积极管理内部事务，充分发挥官员的调和功能，进一步加强民族之间的了解及交流，使民众在和平相处中实现番族与汉族文明的相互靠拢。

除国家最高统治者积极治理台湾、妥善处理汉番之间的关系外，如上文所提及的，大量的地方官员也认识到"民族统一"的重要性，并且推行了很多有助于汉番关系发展以及有利于台湾土著番民的治理措施。台湾各级官员从大陆沿海地区招揽民众去台湾进行建设与开发，由此出现了统一台湾后的大陆汉人移民台湾的热潮，一时间"流民归者如市"，"内地入籍者众"。大陆官员对于台湾现实情况上达番情、下传官旨，为使民族融合，在经济、文化、治安管理等方面皆做出重要贡献。

随着清朝中后期大陆对台湾认识的不断加深，皇帝与官吏"因地制宜""因时制宜"，在不同时期采取不同的理番政策。他们共同阐述了民族文化的包容性对推动民族融合的重要作用，从而论证中华民族融合的内在文化根源，不断地增强了民族凝聚力，为各少数民族提供社会选择的方向和思想文化认同的意义，加速了汉文化与少数民族文化的交流与互动，进一步促进了中华民族多元一体格局的形成。道光三年（1823年），北路理番同知邓传安亲入内山视察，受到埔里各社番民的热烈欢迎，水里、田头"两社番男妇跪迓道旁，装束不名一状，见官长皆欣然喜"，埔里社番见官员随从前来

① 戴炎辉：《清代台湾之乡治》，联经出版事业股份有限公司1979年版，第379页。

② （清）刘良璧：《重修福建台湾府志》卷6《风俗·土番风俗》，孔昭明《台湾文献史料丛刊》第2辑，台湾大通书局1984年版，第101页。

“即延馆于覆鼎金山下之番寮”，“既供薪米，并以牛豕犒众”[①]。

鉴于两岸文化的积极交流，周钟瑄在《诸罗县志》中描绘出一幅深具特色的番俗图，全书共12卷，分为封域、规制、秩官、祀典、学校、赋役、兵防、风俗、人物、物产、艺文、杂记，共有47目，客观翔实地记载了当时清朝统治者在台湾诸罗的开发、治理情况，保存了当时大量珍贵的经济、文化、风俗等各方面的民族史料。[②]清朝官吏在台湾重文教、安番民、除陋规、办奸宄、捐粟粮、兴水利时，强调少数民族史是中华民族史的重要组成部分，是不可或缺的一部分。在传统文化领域，清朝时期的台湾以及大陆的生活方式和社会风俗习惯都出现了显著的变化。共同的文化传统可以使大陆及台湾各民族始终保持精神上的联系和心理上的认同感。对两岸而言，在加深中华民族文化认知与理解的过程中，更应当采取“相互认可、相互借鉴、求同存异、和而不同”与“各美其美，美人之美，美美与共，天下大同”的原则，对彼此的文化认知采取互相尊重的态度。[③]它是将一个正在多元变化的民族紧紧凝聚在一起的最根本的精神纽带和思想基础，能促使各民族之间频繁地交往交流交融，在文化上互通有无、取长补短，“你中有我、我中有你”，并逐步成为多元统一、密不可分的整体。

---

① （清）邓传安、陈盛韶：《蠡测汇钞·问俗录》，书目文献出版社1983年版，第4页。

② 参见（清）周钟瑄：《诸罗县志》，孔昭明《台湾文献史料丛刊》第1辑，台湾大通书局1984年版，第1—286页。

③ 陈孔立：《“台湾文化”“台湾民族”与中华民族凝聚力》，《闽台关系研究》2021年第4期，第7页。

清代碑刻：多元文化融合的历史见证

魏建东*

历史上的中国是一个各民族相互交往、交流、交融而形成的统一多民族国家。清承明而来，是统一多民族国家的重要发展阶段。有清一朝，在幅员辽阔的版图上，生活着包括汉、满、蒙古、藏、回等诸多民族，各民族相互接触、不断融合，可以说一部清史，便是各民族相互交往、交流、交融的历史。多语种合璧碑刻作为一种特殊的历史遗存，利用多种语言记载着清朝各民族融合发展的历史，是清朝各民族相互接触、不断融合，从而成为中华民族共同体的有力例证。这些碑刻对于探析中华民族文化、追溯民族融合历程、还原史实细节等，都具有重要价值和意义。一方面，多语种合璧碑文一般同文同义，意在彰显国家之大一统，文化之"同文盛世"，体现了多民族在相互学习、相互适应的过程中的文化渐近、习俗共融；另一方面，多语种合璧碑刻中，往往以寺庙碑刻数量为多，这些碑刻的内容大多以民间宗教活动为主，碑刻以多种文字形象生动地记录了清代各个民族的社会生活，各民族在语言、文化、生活方式中均相互影响，相互融合。

清朝所遗留的多语种合璧碑刻，在形制上有以汉、满两种文字合璧者，亦有以汉、满、蒙古三种文字合璧或汉、满、蒙古、藏四种文字合璧者，语言至多者，有以满、汉、蒙古、藏、回、托忒六体文字合璧。北京国子监前有一通六体合璧下马碑，其碑文即以满、汉、蒙古、藏、回、托忒六体文字书写。清以前下马碑碑文均为汉文，清代多语种碑文的出现隐含着民族文化融合的历史脉络。多语种合璧碑刻的内容较为丰富，有纪功碑、册封碑、诰封碑、敕封碑、谕祭碑、陵碑、墓碑、寺庙碑刻等，举凡多族群相互杂居、

* 魏建东，男，1989年出生，中国人民大学历史学博士，中央民族大学历史文化学院讲师，主要研究方向为蒙藏关系史、蒙古佛教史、满蒙藏文文献。主持国家社科基金青年项目"清代东部蒙古藏传佛教发展研究"，参与多项国家级、省部级课题。曾在《中国藏学》等刊物发表论文多篇。

共同生活的地方，往往会有多语种合璧碑刻的出现。

清代的多语种碑刻，往往多语同义，意即先撰写完成一种，接着再由精通语言的官员翻译成其他文字，但是往往不是由一位，而是多位官员进行翻译。例如，崇德三年（1638年）秋著成，以汉、满、蒙古、藏四体文字书写，记述沈阳郊外佛寺建寺原委的《莲华净土实胜寺碑文》。[①]档案中记载了此碑文的创作及翻译过程："国史院大学士刚林撰满文，学士罗绣锦译汉文，弘文院大学士希福译蒙古文，多木藏固希译土伯特文，笔帖式赫德书。"[②]这段记载说明了此碑文首先创作满文碑文，随后再进行翻译。一般来说，四体合璧碑文中，满文抑或汉文碑文首先写成，蒙古文碑文则从满文翻译而来，藏文碑文自蒙古文翻译而来，因为精通藏文与汉文或精通藏文与满文的人员非常少，将满文碑文翻译成藏文，一般都要借助蒙古文的过渡才能实现。即将满文碑文译成蒙古文碑文，再由蒙古文碑文译成藏文。这说明民族融合其实是渐近式的。[③]

多语种合璧的现象并非清朝首创，元代已经有蒙古、汉合璧或藏文单行的碑铭或行政文书。明太祖立国后，受元朝政治遗产的影响，朝廷持续颁发藏、汉合璧的文书。[④]清朝的多语种合璧现象既与承续元、明有关，亦与清朝从建立初期便与各民族积极沟通交流有关。清朝在建立初期与蒙古部族联姻，结成军事同盟，并且吸收借鉴蒙古族群的文化，满文便是在蒙古文的基础之上创制的，故而清初在颁行诏令文告时通常会同时使用蒙古文与满文两种语言。清廷在定都北京前，便与藏族佛教上层有一定的接触，特别是1642

① 关于莲华净土实胜寺，该寺满文名写作šu-ilhai soorin i yargiyan etehe fucihi soorin，藏文名写作pad-ma rgyas pa' i yul gyi rnam par rgyal ba' i lha khang，蒙古文写作delgeregsen linqu-a-du oron daki maγad ilaγuγsan süm-e，为崇德元年七月，皇太极敕命在盛京城外的西方建立的寺庙。该寺于崇德三年孟秋七月告成，后世统称为实胜寺或皇寺、黄寺。该寺是清朝敕建的在当时政治和宗教上居最重要位置的藏传佛教大寺。寺中四天王殿到大殿之间的院落，平地上一左一右、面南对称地各立一碑，东边的石碑正面镌刻满文碑文，背面镌刻汉文碑文；西面的石碑，正面镌刻蒙古文碑文，背面刻"西域文"即藏文碑文。四体一意，志建寺缘起。参见李勤璞：《毕力兔囊素：清初藏传佛教的显扬者》，收于氏著《藏传佛教传播史研究：后金时代和清朝初期》，中国社会科学出版社2020年版，第127页。

② 中国第一历史档案馆编：《清初内国史院满文档案译编》上，光明日报出版社1989年版，第355页。

③ 这里说的合璧碑文中多语种碑文的相互翻译情况并不是固定的，只就一般情况而言，具体到每一块碑文，各种语言的完成顺序会有一定的差别。

④ 马子木、乌云毕力格：《"同文之治"：清朝多语文政治文化的构拟与实践》，《民族研究》2017年第4期，第88页。

年藏族佛教上层派遣了一支庞大的使团前往盛京[①]，密切双方的联系。[②]随着清王朝定都北京并逐渐向西北拓进，多语种合璧的现象在官方行政中和民间生活中都变得越发普遍，语言亦不限于满、汉、蒙古、藏。例如清乾隆年间编写的《钦定西域同文志》为满、汉、蒙古、藏、托忒、维吾尔六种文字的对照，成书于乾隆末年的《御制五体清文鉴》为满、汉、蒙古、藏、维吾尔五种文字对译的字典。

清代多语种合璧碑文的出现源于各民族的交往交流交融的历史现实，而清朝的统治者在面对拥有广阔疆域、多元族群王朝的历史现实下，为了彰显国家之大一统、文化之“同文盛世”，提出“同文之治”的治理策略。[③]乾隆皇帝在其《御制满珠蒙古汉字三合切音清文鉴》序中写道：“天下之语万殊，天下之理则一”[④]，各民族可以各用其文，只要背后的“理”一则可。嘉庆三年（1798年）春，已经内禅的高宗见到和阗送来的玉制笔筒，特题诗其上，并作识云：

> 国家威德覃敷，无远弗届，外藩属国，岁时进至，表章率用其国文字，译书以献。各国之书，体不必同，而同我声教，斯诚一统无外之规也。我朝国书增损蒙古书而成，书写自左方直下成行而右，汉书则自右而左，朝鲜安南琉球诸国皆用汉书，西番天竺缅甸暹罗南掌西洋俄罗斯廓尔喀苗疆皆各有书，横行自左而右，惟回部及苏禄国书，横行自右而左。夫疆域既殊，风土亦异，各国常用之书，相沿已久，各从其便，正如五方言语嗜欲之不同，所谓修其教不易其俗，齐其政不易其

---

① 今辽宁省沈阳市。

② 1640年初，西藏地方组织了一个由格鲁派高僧、和硕特蒙古人伊拉古克三胡图克图率领的使团赴清廷，访问当时的首都盛京。使团于1642年到达盛京，给清太宗皇帝带来了五世达赖喇嘛、四世班禅额尔德尼和当时后藏统治者藏巴汗的信件。清太宗派以察干格隆为首的使团回访西藏，给达赖喇嘛、班禅呼图克图黑帽噶尔玛巴、大萨斯迦喇嘛、济东呼图克图、布鲁克巴呼图克图、达隆呼图克图等不同派别的五位上师送信，被认为是清朝中央与西藏地方正式建立关系。参见陈庆英著：《西藏首次遣使清朝史实探讨》，《中国藏学》1998年第1期；乌云毕力格、石岩刚:《萨斯迦派与清朝崇德顺治朝廷》，《西域历史语言研究集刊》第7辑，科学出版社2014年版，第404—417页。

③ 马子木、乌云毕力格：《“同文之治”：清朝多语文政治文化的构拟与实践》，《民族研究》2017年第4期，第82—94页。

④ 《御制满珠蒙古汉字三合切音清文鉴》御制序，《景印文渊阁四库全书》第234 册，第7页。

> 宜也。偶题和阗玉笔筒，因及回疆文字，复思今日溥天率土各国之书繁多，而统于一尊，视古所称书同文者，不啻过之。[①]

清全盛时期，多族群、多语种及多文化共存，而清朝的统治者则希望诸部落虽各有风俗，但“统于一尊”，共奉清朝之声教。清朝统治者推行“同文之治”的治理策略，亦是促进多语种合璧碑刻在全国各地被建立起来的原因之一。清朝的统治者兴建庙宇、进行武力征伐，或进行封授等，都会建立多语种合璧碑来彰显自身之功绩。例如北京内城大量的藏传佛教寺庙内均立有多语种合璧碑，内蒙古多伦兴建的多伦寺与汇宗寺前亦立有多语种合璧碑，清军平定入侵西藏的准噶尔人后，于布达拉宫门前镌刻四体《御制平定西藏碑》。这些矗立在全国各地的多语种碑刻体现着清朝对于多元族群的认可与接受，亦从侧面反映出各民族在“一统无外”的大清国土上的文化渐近、习俗互融。

具体到每一块多语种合璧碑，他们不论作为“遗留史料”，还是考古材料，都见证着一段段民族融合的历史。清代多语种合璧碑文，往往以寺庙碑刻数量为多，缘于清朝统治者积极推举佛道二教，赏赐大量银两、土地、财物用来修葺庙宇。自乾隆朝以后，修葺庙宇的支持者不仅仅是清朝有权势的旗人，亦包括民人，捐助人员多元化。为了组织进香、祭祀、捐修寺庙，名目繁多的“香会”应运而生。寺庙碑刻以多语种的形式大量记载旗民捐助、香会活动等清代各个民族相互影响、融合的社会生活。下文以康熙六十一年（1722年）《御制崇国寺碑文》为例，尝试解读其背后所蕴含的民族融合的历史。

崇国寺为元代该寺的称呼，明代后，该寺又名大隆善寺、崇恩寺或大隆善护国寺。崇国寺自元代起，便为皇家所尊崇，明代以降，该寺成为汇集西藏或印度僧侣的“西僧香火地”，多次受到明代皇帝的颁赐，不仅作为著名藏传佛教寺院产生重要的宗教影响，而且发挥着不可忽视的政治作用。清顺治九年（1652年），根据寺庙内藏文碑刻记载，该寺借助皇家之力重修，并

---

① 《御制文余集》卷2《题和阗玉笔筒诗识语》，《清高宗（乾隆）御制诗文全集》第10册，中国人民大学出版社1993年影印本，第1011—1012页。

且由释迦格隆奴布达杰（Shākya'i dge slong Nor bu dar rgyas）负责修缮，继续做利益众生之事。[①]至康熙年间，该寺再度修缮。康熙六十一年《御制崇国寺碑文》记录了寺庙第二次重修的历史。《御制崇国寺碑文》由阴、阳两面构成，阳面以满、蒙古、藏、汉四体碑文记述立碑缘由，阴面以蒙古文及满文两种文字记载请求建碑的蒙古王公大臣名号，其中包括大量喀尔喀蒙古的贵族。碑文记载了该寺的修缮缘起。

> 禁城西门外朝隅有崇国寺，元大德时所建。至明正德间命大庆法王居之，为西僧香火地，迄今二百余载。康熙六十年春，诸蒙古汗王、贝勒、贝子、公、台吉、塔布囊等，请创寺祝釐。朕未俞允。复合词陈奏，谓兹寺为前代名刹，规模具存。纂葺之工，减于肇构，坚恳兴修。朕重违其诚，勉从所请。于是藩族庀材，匠氏并力，经始落成，曾不逾岁。盖栋宇仍旧而丹雘增焕矣。诸蒙古恭顺三朝，述职无旷。至于朕躬，款化益众。凡在龙堆瀚海内外百余部落皆吾籓篱屏翰。故往岁亲征漠北，除其蟊贼；近复平定西藏，宁其疆宇，实嘉蒙古忠爱之忱永矢不渝也。今诸蒙古建新兹寺，用祈福佑于朕躬，益见诸蒙古感恩思报之诚。而上下交孚，至于绝漠遐陬，胥联为一体焉，爰为记。[②]

康熙六十年春，诸蒙古汗王、贝勒、贝子、公、台吉、他布囊等前来为

① 寺内藏有一通清顺治九年所立之藏文《敕建大隆善护国寺寺史碑》（*rGyal pos bzhengs pa'i gtsug lag khang ta'i lung gshen hu go'i bsi'i rgyal khams skyobs pa'i dge ba dar rgyas gling gi gtsug lag khang rnam thar rdo ring*）记载了该寺在清初顺治年间被修缮的情况。顺治九年七月，顺治皇帝发心繁荣大隆善护国寺，曾集资修缮大隆善寺，修缮寺墙及寺内的供物，使此寺大放异彩。该寺藏文名称为：阁瓦达杰林·嘉堪木觉贝德钦祖拉康（dge ba dar rgyas gling rgyal khams skyobs pa'i sde chen gtsug lag khang），碑文中亦指出，此次修缮主要由释迦比丘奴布达杰主持，他外修护墙，内建佛像，兴盛寺院僧团。根据李志明的研究，奴布达节可能为甘肃岷县地区的僧人，为常姓。有明一代，因为大智法王班丹扎释之关系，岷州地区之藏传佛教僧人与京城之大隆善护国寺有着密切的联系，明清易代后，岷州的重要藏传佛教僧人帮助修缮大隆善护国寺也是极有可能的。关于该碑刻拓片及拉丁文转写见吕敏（Marianne Bujard）主编，鞠熙、关笑晶、王敏庆、雷阳著：《北京内城寺庙碑刻研究》（第四卷）下，北京：国家图书馆出版社，2017年，第622—627页；关于该碑文的研究参见：完麻加、三木知：《清代藏文〈敕建大隆善护国寺碑记〉研究》，《文献》2022年第5期；有关主寺该寺修缮僧人奴布达杰之研究参见：李志明《汉藏交融：明清时期岷州藏传佛教史研究》，兰州大学2018年博士学位论文，第163—171页。

② ［法］吕敏（Marianne Bujard）主编，鞠熙、关笑晶、王敏庆、雷阳著：《北京内城寺庙碑刻研究》第4卷下，国家图书馆出版社2017年版，第635页。

康熙皇帝祝寿，并且上奏，请求“乞于京师鼎建梵刹，申颂无疆，且以木石砖甓之余，于安定门外立十方院，为饭僧所，徒众自远至者得有栖止”，而康熙皇帝以“建寺烦费，诏谕止之，而允其立院之请”。[①]于是在双黄寺西北建立资福院，为饭僧之所。而以哲布尊丹巴为首之诸蒙古汗王、贝勒、贝子、公、台吉、他布囊以崇国寺“兹寺为前代名刹，规模具存。纂葺之工，减于肇构，坚恳兴修”，于是康熙皇帝勉于众蒙古王公之诚心，便同意修建。崇国寺因以哲布尊丹巴为首之蒙古僧俗二众的诚心恳请，于清康熙年间再次焕发生力。自康熙三十年（1691年）多伦会盟后，喀尔喀诸部归附清朝，密切了清廷与喀尔喀三部七旗的关系。喀尔喀贵族请求重建崇国寺碑，一方面体现喀尔喀蒙古与清廷的密切联系，另一方面说明喀尔喀蒙古对藏传佛教的信仰以及清廷对蒙藏文化之理解与认可。喀尔喀蒙古尊崇藏传佛教是蒙藏两个民族互相融合的结果。

多语种合璧碑不仅在内容上展现着一个个民族融合的历史故事，在碑文具体文字上亦体现了各民族的相互借鉴，共渐共融。仍以上述崇国寺碑为例：“崇国寺”藏文拼写为khrung kwo zi，蒙古文拼写为cüng gün si，满文拼写为cung guwe sy miyoo，藏文、蒙古文和满文都是对汉文“崇国寺”的音译，而满文还运用了miyoo这个字，其实就是对汉字“庙”的音写。汉文碑文中，运用了汗、台吉、他不囊等字，这些字都是对蒙古文qan、taiji、tabunang三个字的音写，在藏文中，亦写成phran、tha’i ji、tha bu nang，亦为对蒙古文的音写。最有意思的是关于“西藏”一词的翻译。在该碑文中，汉文所写的“西藏”，藏文译为nub phyogs kyi bod，蒙古文译为töbed，而满文写为wargi dzang。西藏一词并非古已有之，藏族人称现今拉萨地区为“卫”（dbus），日喀则地区为藏（gtsang），将藏区一般简称为卫藏地区，明朝称西藏为“乌斯藏”，其实就是藏文dbus gtsang的音写。清时满文文献中，逐渐出现了wargi dzang一词，直译便是“西藏”。相应清朝汉文文献中亦开始广泛利用“西藏”一词指称西边藏族人生活的区域。有学者认为汉文之“西藏”来源于满文之“wargi dzang”，是对满文的翻译，亦有学者认为“西藏”一词

① 于敏中等编纂：《日下旧闻考》，北京古籍出版社2001年版，第1790页。

的出现来源于“西番”，因“藏”与“番”混用。[①]无论哪种解释更为准确，“西藏”与wargi dzang的对译体现出汉、满两族语言上的相互借鉴。蒙古文译西藏为töbed主要是承袭突厥人对西藏的称法。而在这块碑中，藏文碑将西藏译为nub phyogs kyi bod，直译为“西方之藏族人”，可以说是对满、汉两种碑文的理解与创新。像这样的不同语言之间相互借鉴吸收的例子还很多，各民族在多种语言的互译、学习、创新中，丰富语言的内容，加强了民族间的交流。

有些多语种合璧碑在碑文内容及语言上比较简洁，但如果对这些碑文产生的背景以及其背后所描写的人物进行考察，则会发现简洁文句背后隐藏着丰富的历史事件，这些事件体现了民族交流与融合。国家图书馆藏有一份名为《和硕显谨亲王碑文》的拓片，碑文是以满汉两种语言书写为纪念显亲王而撰写的墓志铭。汉碑文如下：

> 朕惟备崇封于帝室，秩冠颁璜，推宿齿于宗盟，仪隆赐杖。恩先敦本，每怀玉牒之分辉，典重饰终，弥惜金枝之掩采。情伤挽绋，礼具铭碑。惟王禀气冲和，持躬淑慎，溯派出文皇之系，偏绵瓞长承封。当圣祖之朝，分茅最久，小心饬渠，昭礼度以无愆，耆德流禔，荷恩施于弗替。向香山而绘像，衣冠先九老之班，开策府以延庥，带砺重诸王之列。方冀遐年之更享，何期奄逝之遂闻。展祀以时，既雕筵之叠荐，易名有应，庶隧道之丕光，象厥生平，谥之曰谨。于戏，老成已谢，空缠朱邸之百悲，誉望犹留，永焕翠珉之色尔。灵克慰奕祀为昭。
>
> 乾隆三十七年三月□日[②]

碑文中，汉语语言华丽，对仗工整，汉语后附有满文，语言亦表达准

① 关于汉语“西藏”一词的来源，有诸多学者进行过讨论，详见牙含章：《关于“吐蕃”“朵甘”“乌思藏”和“西藏”的语源考证》，《民族研究》1980年第4期；胡进杉：《故宫所藏康熙朝内府藏文泥金写本龙藏经初探》，中国边政协会编辑《西藏学术会议论文集》，台湾蒙藏委员会2000年版，第435—452页；陈庆英：《汉文“西藏”一词的来历简说》，《燕京学报》1999年第6期；石岩刚：《〈御制平定西藏碑〉校录》，《西北民族论丛》第11辑，第31—49页；李勤璞：《“西藏”地名的起源》，《历史研究》2016年第5期。

② 具体到三月几日，原碑文模糊缺失，满文碑文也只写到月份。《衍璜墓碑》，国家图书馆藏，京8191，京8192。

确，语义明了。其内容比较简单，主要是为了纪念墓主人，对其生前事迹叙述较少，笔者于文献中进行查找，发现这位显亲王便是清初肃亲王豪格的后裔衍璜。衍璜生于康熙三十年，卒于乾隆三十六年（1771年），在政治上建树不多，但在文学、佛学方面有所贡献。衍璜自幼勤奋好学，雅好诗礼，喜好读书藏书，其曾为亡妻撰写《显亲王悼亡诗稿》[①]，情真意切，可见其汉文水平之高。自亡妻后，衍璜笃信佛教、潜心内典，曾与驻京札萨克喇嘛锡呼图呼图克图学习藏文，通藏、梵音韵，并撰辑、校订、翻译多种佛典。[②]衍璜在翻译校订佛典中，往往并不是依据一种语言之佛典进行校订，而是以藏文、汉文两种语言的佛典为基础进行校订翻译，特别是对于经文中的陀罗尼部分，他认为原经文汉译所用字，有古今地域之不同，读者不能准确读出梵音，因此依照《同文韵统》，用特制对梵藏音韵之满蒙专字，标注准确本音。衍璜本人虽为旗人，却身体力行地学习汉文化，学习藏、梵音韵，虽说衍璜本人的生平经历在清朝不具有普遍性，但是在多元文化并存的清代，习汉语、掌握梵藏音韵的旗人必不在少数。

清朝是统一多民族国家的重要发展阶段，清朝统治者深悉多族群、多元文化并存的历史现实，推行“同文之治”的治理策略，使得不同族群的文化能够共存共融，生活在其中的民众亦能吸收不同的文化，实现文化创新与感情互融。多族群、多元文化历史现实下产生的多语种碑刻，反过来又在记载讲述着各民族交往交流交融的历史。

---

① 衍璜其夫人为乌尔衮之女，名字不见史书记载。乌尔衮为巴林部人，其父为该部扎萨克辅国公色布腾，其母为康熙皇帝第三女荣宪公主，故衍璜与乌尔衮之女的结合，亦是巴林部与皇族姻亲的体现。《显亲王悼亡诗稿》，于北京大学图书馆藏抄本两册，前有雍正十三年八月十六日序，该序用骈文写就，足见其汉文功底之深，对妻子笃情之至。

② 衍璜曾改定翻译有《汉译清宁合音佛说大白伞盖总持达喇呢经》一卷，翻译《满汉西番字注音同文韵统读咒法摘录》部分卷，翻译《汉译清字合音大藏瑜珈施食仪》一卷，重订《药师七佛如来本愿仪轨》一卷，改订《药师七佛供养仪轨如意王经》一卷，校订刊刻《番文金刚怖畏灌顶经》、厘定《汉文金刚怖畏三经》等。参见李振聚：《论〈阅清楼书目〉作者为清显亲王衍璜》，《满族研究》2017年第4期。

清代儒学核心的盛衰

陈　思*

清王朝是儒学兴盛和发展的朝代。满洲人凭借儒学政治与文化核心成为农业文明与草原文明同属一个王朝的纽带，有效治理了中国历史上情况最为复杂的多民族国家，使清王朝登上了专制主义的巅峰。清代儒学经世致用、注重启蒙，更加关注社会现实问题，但治学逐渐走向世俗化和功利主义，在历史变迁中与国家的生命力一起衰竭。

一、专制主义的巅峰

从西汉独尊儒术开始，尊卑有序的家长制全面统摄政治意识形态和民间道德规范。隋唐以降，科举制度进而使阶级跃升的管道畅通。无论之后如何战乱纷争、江山易主，儒学核心始终确保了农业中国超稳定的政治结构。清王朝亦如是。

明末大凌河之战，皇太极被明朝军士坚贞不屈的气节深深震撼，认为这是读书明理之效。天聪五年（1631年）闰十一月，皇太极降汗谕："朕令诸贝勒大臣子弟读书，所以使之习于学问，讲明义理，忠君亲上，实有赖焉。闻诸贝勒大臣有溺爱子弟，不令就学者。得毋谓我国虽不读书，亦未尝误事与？独不思，昔我兵之弃滦州皆由永平驻守贝勒失于救援，遂致永平、遵

---

* 陈思，男，1979年出生，中共党员，供职于中共中央党校（国家行政学院）。研究领域为党史、国史、清史、近现代史。参与课题并担任主笔的著作有：《习仲勋与群众路线》《习近平的七年知青岁月》《习近平在正定》《习近平在福州》《习近平在福建》《习近平在浙江》；主持的课题有：中央党校重点课题"百年党史访谈录"（成果8篇发表内参）。个人专著有：《开国大事件》（入选"北京市新闻出版局向老年人推荐的优秀图书"）《开国大事件（续集）》《毛泽东读古典名著》《国家荣光》《王府的前世今生》《康熙的大墙》；编著有：《焦裕禄的九年洛阳岁月》《肝胆长如洗——焦裕禄生平采访实录》等。发表学术论文、调研报告10余篇，党史、国史等历史类文章100余篇。文章多次被人民网（首页）"学习强国"等媒体和《学习活页文选》《马克思主义文摘》等期刊转载。

化、迁安等城相继而弃。岂非未尝学问，不明理义之故乎？今我兵围明大凌河城，经四越月，人皆相食，犹以死守。虽援兵尽败，凌河已降，而锦州、松山、杏山，犹不忍委弃而去者，岂非读书明道理为朝廷尽忠之故乎？自今，凡子弟十五岁以下，八岁以上者，俱令读书。如有不愿教子读书者，自行启奏。若尔等溺爱如此，朕亦不令尔身甲出征，听尔任意自适，于尔心安乎？其咸体朕意，毋忽。”①由此，满洲高层开始重用汉臣，开八旗学校，学儒典，从儒礼。

明朝灭亡的天崩地坼之际，满洲人面对庞大的农业文明，可做出的抉择不多，他们笼罩在几百年前元朝迅速败亡的阴影中，唯有继承明制，延续儒学的文化与政治核心地位。多尔衮入关之后，原明朝官员多数被录用，皇权之下，三省六部有效运转。议政王大臣会议与南书房、军机处结合，成为最高决策和执行机构。开科取士，“读书者有出仕之望，而从逆之念自息”②。摊丁入地，永不加赋，引进高产作物，推动中国人口持续暴增；改土归流，加强中央对边疆的统治，促进民族地区社会经济发展。

凭借着原始军事民主制的有效性与儒学核心政治的适应性，满洲人迅速统一了中国，整合社会资源，重建家长制社会，有效治理了中国历史上情况最为复杂的多民族国家，使清王朝登上了专制主义的巅峰。

二、儒学核心的大一统王朝

满洲人成功进据中原与其军事民族的特性及明末的社会崩溃相关，而清政府长期治国理政则是赖其迅速确立的儒学核心政治，并以此达到不同文化之间的平衡。这一平衡不限于满洲人自身，也涵盖了边疆各少数民族。海外清史学派认为，清王朝的儒化统治无论怎样成功，都没能覆盖东北、西北以及西藏等民族地区。但事实却相反，清代版图西至雪域，北覆荒原，正是以儒学统摄四方，安抚天下。因为，儒学中至要的“和”即是以差异化为哲学前提的文化主张：“万物同宇而异体，无宜而有用为人，数也。人伦并处，

① 《清实录·太宗实录》第2册，中华书局1986年版，第146—147页。
② 《清实录》第4册《世祖章皇帝实录》，中华书局1985年版，第168页。

同求而异道，同欲而异知，生也。”[①]儒学承认世界的多样性，亦追求差异之中的和谐，扩展到政治领域，儒家文化既承认不同族群之间的差异，也追求并存与融合，以实现国家民族的统一与稳定。

儒化的满洲人谙熟怀柔远人的手段和方式，反客为主，以宗教、文化、风俗、共性为基础，消解族群之间的诸多矛盾，协调边疆与中央的既得利益，促进合作，获得平衡，达成互补，有效维持了王朝的安定团结。孔子的“和而不同”表面上探索的是社会规则，而其内涵却被满洲人泛化，用来达成政治诉求，理顺政治秩序，从而构建大一统的多元社会。

和而不同的儒家文化让醉心于武力征服的马背民族转了个弯，全盘儒化的满洲人开始成为农业文明与草原文明同属一个王朝的纽带。在木兰秋狝[②]的号角声中，热河行宫[③]肇建，长城边塞崩塌，现代中国宏拓东亚的万里疆域由此奠定。

三、经世致用的清代儒学

清初，清政府以明朝灭亡的原因为镜鉴，认为道德情操的丧失和伦理纲常的废弛是其社会崩溃的主要原因，因而提倡并推行程朱理学。该派作为道德神学，通过赋予儒家神权而使其抽象化、心性化、逻辑化、真理化，将社会整体价值观在儒学框架内构成一个完整的信仰体系。但清初儒学却反而整体转向，兴起注重考据、摒弃空谈、注重启蒙的学风，主张“居庙堂之高则忧其民，处江湖之远则忧其君”的士大夫理想，更加关注社会现实问题。

实学经世致用的思想对清代儒学的整体发展历程影响至深。清代实学扬弃晚明儒学的晦涩玄理与沉沦萎靡，主张言之有物、客观实证，将儒学哲思世俗化，以天文、地理等自然规律和吏治、典章等社会治理诸多领域为研究目标。黄宗羲提倡以修儒为心学之本，力主穷经、治史。提出“天下为主，

---

① 王先谦：《荀子集解》，中华书局1988年版，第175页。

② “木兰”原系满语，意为“哨鹿”，亦即捕鹿。木兰秋狝为清代皇室权贵的秋季的围猎盛事，一般位于热河行宫周边。

③ 即避暑山庄，又名“承德离宫”，从康熙四十二年开始兴建，历时89年建成，为清代皇帝处理政务和夏日避暑之处。位于今河北省承德市双桥区武烈河西岸。

君为客"[①]的民本思想，主张"天下之法"，以此限制封建专制，确保民权。顾炎武开风气之先，"其学以博学于文，行己有耻为主"[②]，将治学和道德修养与经世济民高度统一。王夫之反对"生而知之"的先验论，"知实而不知名，知名而不知实，皆不知也"[③]。强调思维与实践的相互作用，"思学兼致之实功"[④]。

颜李学派于17世纪中叶在中国北方兴起，"实文、实行、实体、实用，率为天下造实绩"[⑤]，高举实学的旗帜。颜元对宋儒学说进行了全面的反省，批判其空疏，崇尚实学，以阐扬儒家学说中实用实行思想为己任，重视"习行"教学法，推行朴素的唯物主义认识论。李塨继承并发展颜元的思想，强调因行得知，不能离行言知。"格物致知，学也，知也。诚意、正心、修身、齐家、治国、平天下，行也。"[⑥]认为学术研究的目的是有益于世道，倡导亲身习行践履。"致知在格物者，从来圣贤之道，行先以知，而知在于学。"[⑦]在土地政策上，李塨主张恢复井田制，或限田、均田，视之为仁政，他还反对科举制度，主张乡举里选。

乾嘉学派的影响同时贯穿清中期。在乾隆皇帝大力提倡经学考据的背景下，古典考据学独盛，汉学几乎独占学界势力。儒家的治学方法复兴了汉代的训诂、考订，注重联系实际证据，理论创见趋于谨慎。该派同样主张经世致用，"六经之旨与当世之务"结合，学派文风朴实简洁。因上述特点，也被称为"汉学""考据学""朴学"。吴派和皖派是乾嘉学派的两个重要支派。吴派奉汉代经学研究为经典，对其名物训诂、典章制度述而不作，"唯汉是信"，得到清政府的支持。皖派以语言文字学为治经的途径，直探儒家经典义理，重视思想和理论建设，得到学术界的推崇。乾嘉学派兴盛了百年，在训诂、考据、音韵、文字、历史、地理、考古、数学各领域取得卓越的成就。

---

① （清）黄宗羲：《黄宗羲全集》第1册，浙江古籍出版社2005年版，第2页。

② （清）顾炎武：《顾亭林诗文集》，中华书局1959年版，第62页。

③ （清）王夫之：《船山遗书》第14册，中国书店2016年版，第3页。

④ （清）王夫之：《船山全书》第12册，岳麓书社2015年版，第605页。

⑤ （清）颜元：《存学编 存性编》，商务印书馆1937年版，第9页。

⑥ （清）李塨：《大学辨业》，续修《四库全书》第159册，上海古籍出版社2002年版，第137页。

⑦ （清）李塨：《大学辨业》，续修《四库全书》第159册，上海古籍出版社2002年版，第139页。

今文学派昌兴于两汉，因与迷信神学合流而衰，又复兴于清中期，成为道光朝儒学的重要流派。该派以《春秋》公羊义理为宗，阐发政治主张。龚自珍、魏源发展了今文学派，与现实结合，使其逐渐变为一种政治学说，对康有为、谭嗣同、梁启超产生了深刻影响。后康有为托“公羊改制之义”推动戊戌变法，促进了近代中国社会的变迁。晚清的康有为与西汉的董仲舒相隔千年，所处时代却具有诸多共同点：专权、太后干政、内部的困境、外部的威胁……所以他们不约而同地回望春秋战国时代灿烂的“轴心文明”[①]，笃信“周虽旧邦，其命维新”的道理。

儒学贯穿了整个清代，主导了社会价值观与政治体制，始终没有出现大的分化与发展。各派皆由经世致用发端，分化之中仍保持兼采会通，最终同质化。失去治学特点的儒学逐渐走向世俗化和功利主义，生命力枯竭，在新思潮与社会变迁中步入末路。

四、清代儒学的终结

从清兵入关建立全国性政权算起，清王朝国祚268年，与中国历代大一统王朝一样，经历了完整的盛衰周期，其历史因素也因几千年来儒家政治核心的局限性而大致相同。政治的僵化与文化的专制，决定了清代走不出历史周期率的迷途。然而，世界正在与时俱进。康熙皇帝为诸宋儒和岳麓书院题写“学达性天”[②]匾额的时候，牛顿提出了三大运动定律。乾隆皇帝设立四库全书馆之时，伦敦证券交易所成立。中国在清全盛时期，即因文化的桎梏种下衰退的种子。

---

① 德国哲学家雅斯贝尔斯（Karl Jaspers，1883—1969）认为人类实现轴心文明突破的三大区域分别为：古希腊（之后与罗马文化和基督教文明共同形成欧洲文明的基础）、印度和中国，这是他著名的“轴心时代”（Axial Era）理论。轴心文明产生的地区是在北纬30度左右，时间是公元前800年至前200年之间，尤其是公元前600年至前300年之间。这个时期是人类文明的重大突破时期。比较公认的，这一时期在世界不同区域形成了三大轴心文明，即中国先秦文明、古希腊文明、古印度文明。

② “学达性天”是清康熙皇帝为表彰书院对传承理学，培养人才的贡献，于康熙二十五年（1686年）御赐给岳麓书院等处的匾额。据《皇清文献通考》卷七十三载：“（康熙）二十五年，颁发御书‘学达性天’四字匾额于宋儒周敦颐、张载、程颢、程颐、邵雍、朱熹祠堂及白鹿洞书院、岳麓书院，并颁日讲解义经史诸书。”

经济上，清代前期经历了土地资源重新分配整合而发展至全盛，在后期经由土地大规模垄断兼并所导致的农民革命而逐渐衰落。清王朝错过了工业革命，始终是农业文明，也终结于农业文明的宿命。

政治上，清王朝前期因继承完整的儒家体系而构建了稳定高效的政治体制，在后期也因儒学的僵化而沉沦。清王朝没有启蒙运动的土壤，始终是儒家社会，也终结于儒家社会的宿命。

儒学的核心使命是发挥高台教化，建立秩序；其修己安人的社会价值，在中国历朝历代的垂直管理体系中发挥着至关重要的作用。当其学术崩坏，社会体系即瓦解。嘉道年间的贡生沈垚[①]评价说："乾隆中叶后，士人习气，考证于不必考之地，上下相蒙，学术衰而人才坏。"[②]"汉宋诸儒，以经术治身则身修，以经术饰吏治则民安，立朝则侃侃岳岳，辛一邑则俗阜人和。今世通经之士，有施之一县而窒者矣，有居家而不理者矣。甚至恃博雅而傲物，借经术以营利。故垚尝愤激，言今人之通，远不及前明人之不通。其故由人治经，原求有益于身心，今人治经，但求名高于天下，故术愈精而人愈无用。"[③]

清末，中国知识分子面对内外各种复杂的冲击，儒学文明核心逐渐式微。儒学丢弃了经世致用这一最后赖以生存的基础，再度空泛化、玄学化。儒生沉迷于形式得利，沦为犬儒，学术研究没落为出将入相的手段，失去了纯良的治学精神。

儒学继核心地位丧失之后，开始了制度性的剥离。1898年，光绪皇帝下令批准设立京师大学堂[④]，这所综合性大学的诞生标志着中国近代国立高等教育的开端。尽管在开学典礼上，学生对着孔子像行三拜九叩大礼，西方教师亦鞠躬致敬，但是中国传统官学体系此刻正在解体。戊戌变法失败后，冯桂芬提出"中学为体，西学为用"思想，"以中国之伦常名教为原本，辅以诸

① 沈垚（1798—1804），字子敦，字敦三，号子惇，浙江乌程人。道光十四年（1834年）优贡生。

② 沈垚：《落帆楼文稿》卷8《与孙愈愚》，清道光二十八年刻本，第29页。

③ 沈垚：《落帆楼文稿》卷9《与许海樵》，清道光二十八年刻本，第61页。

④ 京师大学堂创办于1898年7月；是光绪皇帝在"定国是诏"中作为百日维新的第一项改革措施下令创办的。为中国近代第一所国立大学，也是清王朝最高教育行政机关，是北京大学、北京师范大学、中国农业大学、西北师范大学等高校的前身。

国富强之术”[①]，张之洞强调“中学为内学，西学为外学；中学治身心，西学应世事”[②]。上述理念得到恭亲王奕䜣和军机大臣文祥等人的支持，又经曾国藩、李鸿章等人在洋务运动中的实践，成为清政府推行新政的路径之一。

然而“中体”始终没能发挥纽带的作用，儒学核心在20世纪初难以为继，没有成为可行的过渡模式。这一时期，君主立宪、民主共和与儒学文化交融，对中国近代政治思想产生深远影响，近代工业、军事的近代化和新式教育也彻底冲击了儒家重道轻器的传统。

儒学支撑了中华文明两千年的运转，当其架构崩塌之时，中国社会的精神世界即开始重组。完成了第二次工业革命的西方列强入侵古老的中国，随之而来的资产阶级革命唤起了民众觉醒，清代中国大门洞开，思潮混杂，秉持儒家核心政治观念的清政府最终无力支撑这个统一的多民族国家，经历了几千年发展的专制主义社会自此落下帷幕。

作为少数民族建立的王朝，清与金、辽、元大相径庭，却与唐、宋、明殊途同归，其国运随儒学的兴而始，亦因其衰而终。随着清王朝的灭亡，多元一体的中华民族秉持着与生俱来的传统进入了新的历史时期。

---

① 1861年（咸丰十一年），冯桂芬在《校邠庐抗议》中说：“以中国之伦常名教为原本，辅以诸国富强之术。”最早揭示了这种思想，这是“中学为体，西学为用”思想的最初渊源。1895年（光绪二十一年）4月，南溪赘叟在《万国公报》上发表《救时策》一文，首次明确表述了“中学为体，西学为用”的概念。次年，礼部尚书孙家鼐《议复开办京师大学堂折》中再次提出，“自应以中学为主，西学为辅；中学为体，西学为用”。19世纪70至80年代，早期资产阶级维新派提出学习西方议会，19世纪90年代以后进一步抨击洋务派学习的思想是舍本求末，希望中国能像西方那样实行君主立宪。张之洞于是在1898年5月出版了《劝学篇》，对洋务派的指导思想作了全面系统的阐述，重申“旧学为体，新学为用”，反对政治制度的改革，一些外国人如赫德、李提摩太等，从殖民主义者的立场出发，也鼓吹过这种论调。20世纪初年，清政府推行新政，仍然奉行这一主张。

② （清）张之洞：《劝学篇》，中州古籍出版社1998年版，第19页。

“闯关东”：中原文明重塑东北

曹　流[*]　姚　江[**]

清末民初的“闯关东”是中国历史上规模最大的移民潮。这一时期，以山东人为主体的广大中原汉族民众大量迁往山海关以东的东北地区。他们在与当地满、蒙古、锡伯、达斡尔、鄂伦春、鄂温克等族民众的交往交流交融中，互相借鉴，取长补短，不仅“对中国人口地理……（与）经济地理产生了巨大而深远的影响”①，而且实现了东北与中原地区的文化同构，从而更进一步铸牢了东北地区的经济、社会、文化在中华民族多元一体格局中的重要地位。

一、“闯关东”前中原与东北的联系

我国古代典籍中的“东北”多指今辽河流域，直至清末设省以后，“东北”一词才逐渐代指包含今辽河流域以及东北平原在内的广大区域。自古以来，无论狭义还是广义的东北地区就已与中原地区密切地联系在了一起。

早在距今五六千年前的新石器时期这一地区已与中原互动频繁。作为中

---

* 曹流，男，1982年生，中共党员，北京大学博士，中央民族大学历史文化学院副教授、硕士生导师，哈佛大学东亚语言与文明系访问学者。主要从事北方民族史、辽金契丹女真史、文献学的研究与教学工作。主持国家社科基金一项，参与国家社科基金重大项目“《宋会要》的复原、校勘与研究”，教育部人文社科基地重大项目“契丹文字与辽史、契丹史：跨学科的民族史研究”，中华书局“点校二十四史修订工程子项目：《辽史》修订”。个人专著有《〈亡辽录〉辑释与研究》（2022年），译著有《忠贞不贰？——辽代的越境之举》（2015年），参编辞典《契丹小字词汇索引》（2014年）、参与点校本二十四史修订本《辽史》（2016年）。发表《差异与变迁——〈亡辽录〉与〈辽史·地理志〉所载刺史州异同探赜》（2020年）等论文十数篇。获2019年国家民委教育教学成果一等奖（排名第二）、2021年北京市高等教育教学成果奖二等奖（排名第二）、2021年北京市高校毕业论文优秀指导教师称号。

** 姚江，男，1991年生，中央民族大学历史文化学院2020级硕士研究生。参与国家民委民族研究项目《从各自并立到共塑“中国”——宋辽金夏时期政治内聚性的形成》，发表《欧阳修的契丹世界——以〈新五代史〉所记辽世宗、穆宗史事为中心》一文。

① 胡焕庸、张善余编著：《中国人口地理》上册，华东师范大学出版社1984年版，第340页。

华文明起源标志之一的红山文化，肇兴于东北的西辽河流域。它身上所兼具的南、北两种文化特征，便是其与中原仰韶文化之间交融的产物。苏秉琦先生一针见血地指出：“当仰韶与红山一旦进一步结合起来，中国文化史面貌（便）为之一新。”[①]最新的中华文明探源工程更进一步证实距今5500年前的辽河流域与黄河中下游、长江中下游等各个区域文明共同形成了“早期中华文化圈”。

西周至元代，东北与中原地区的交往联系不断深入。《左传》便记载西周之人已认定“肃慎、燕、亳，吾北土也”[②]，可见已将今日之东北地区纳入疆域之内。东周时期，燕国设辽西、辽东等郡对今辽河流域和辽东半岛进行管辖。此后，秦汉至隋唐历朝历代均在此设置州郡，编户齐民，与中原地区划一。唐末五代至两宋，相继在东北建立起辽、金政权的契丹与女真人，更是掀起了东北与中原腹地全方位的交流，使东北地区各民族内聚性不断增强。[③]随后，元朝设置辽阳行省进一步巩固了这一趋势。

明初，洪武八年（1375年）朱元璋在辽东半岛改设辽东都司。十四年（1381年），徐达发燕山诸卫一万五千将士修永平界岭等一十三关，在古渝关东六十里建山海关。山海关北倚燕山，南连渤海，扼东北与中原之咽喉，东北地区始有“关东”之称。永乐七年（1409年），明廷又在黑龙江流域设奴儿干都司。这些措施加强了明代对东北地区的管理。不过，有明一代惯用“辽东”一词指称东北。“关东”一词直至清代才被广泛使用。

清初虽曾出台一些招抚汉人屯垦东北的政策，但效果并不明显。顺治十年（1653年）《辽东招民垦荒授官条例》就规定：“辽东招民开垦至百名者，文授知县，武授守备；……招民数多者，每百名加一级。所招民每名口给月粮一斗，每地一垧，给种六升，每百名给牛二十只。”以山东为主的中原民众随之移民东北，垦殖拓荒，对开发东北地区产生了一些积极效用。

---

① 苏秉琦：《纪念仰韶文化遗址发现六十五年》（代序言），《华人·龙的传人·中国人——考古寻根记》，辽宁大学出版社1994年版，第41页。

② 《春秋左传正义》卷45昭公九年二月，（清）阮元校刻《十三经注疏》，中华书局1980年影印本，第2056页下栏。

③ 参见高福顺：《宋辽夏金时期内聚性不断增强》，《历史评论》2021年3期；关树东：《辽金元国家建构中的民族认同和国家认同——以渤海人、契丹人为例》，中国社会科学院古代史研究所编《隋唐辽宋金元史论丛》第11辑，上海古籍出版社2021年版，第224—230页。

然而，随着清军入关，大量民众随即迁离东北。因而，虽有奖励垦耕的政策，但仅剩的40余万人口对于东北300多万平方千米的疆土来说，可谓杯水车薪。[①]此时东北千里沃野无人耕种，大批荒地亟待开发。

康熙年间，东北与中原的互动偶遇挫折。康熙七年（1668年），清廷下令“辽东招民授官，永著停止”，并颁布禁关令，对东北实行禁封政策。同时，清政府为禁汉人进入关东“龙兴之地”垦殖，先后在今辽宁和吉林省境内修建边墙。边墙东起辽宁威远堡，西至山海关，是为老边[②]；又从威远堡北行转东至吉林舒兰县法特，是为新边[③]。人们挖土为沟，堆土为堤，堤上插柳，筑成篱笆，故名“柳条边（边栅、条子边）”，亦称盛京边墙。[④]关内人只能凭清廷所发印票进入关东，而所发印票极少。凡私出关者，一旦被发现立即遣送原籍。

清中叶以降，虽然对于关东的封禁政策执行得并不严格，甚至道光年间还有所松动，但移民人数相较广袤的东北平原仍是九牛一毛。截至清末民初真正意义的“闯关东”开始之前，进入东北的中原人口仅仅有三四百万。[⑤]

二、“闯关东”的原因及历程

19世纪中叶以来，清王朝颓势凸显，中原灾害频仍，民不聊生，东北边疆危机日益加深，促使了“闯关东”移民潮的出现。咸丰五年（1855年）正值河南捻军起义与太平天国运动搅得清军焦头烂额之际，黄河在河南兰考铜瓦厢决口。此后河道南北摆动改道长达二十余年，波及大半中原地区。黄河漫流之处淤积满地，山东十余州县哀鸿遍野。[⑥]光绪三年（1877年）至四年

① 张士尊著：《清代东北移民与社会变迁：1644—1911》，吉林人民出版社2003年版，第69页。

② 《嘉庆重修一统志》卷60《奉天府二·关隘》“盛京边墙”条，中华书局1986年版，第2352页。

③ 《嘉庆重修一统志》卷68《吉林二·关邮》“布尔德库苏巴尔罕边门”条，第2807页。

④ （清）长顺等修，李桂林等纂，李澍田等点校：《吉林通志》卷15《地理志》（上册），吉林文史出版社1986年版，第275页；（清）杨宾撰：《柳边纪略》卷1，商务印书馆1936年版，第1页；《嘉庆重修一统志》卷60《奉天府二·关隘》“盛京边墙”条，第2352 页。

⑤ 赵英兰：《清代东北人口的统计分析》，《人口学刊》2004年第4期。

⑥ 岑仲勉：《黄河变迁史》，重庆出版社2022年版，第573—581页。

（1878年）又现“丁戊奇荒”，中原大地饿殍遍野。[①]山东及周边民众亟待解决生计问题。一些破产农民不顾禁令，奔赴千里，“闯”入地广人稀的东北。由于前往关东地区路途遥远，不是漂洋过海，就是跋山涉水，充满各种艰辛和危险，所以被称为“闯关东”。

此前，清廷设筑“柳条边”，对东北实施封禁，以致地荒人稀，防务空虚，此时招致沙俄觊觎之心。咸丰八年（1858年）、十年（1860年），沙俄通过逼迫相继与清政府签订《瑷珲条约》《中俄北京条约》，以此掠夺了黑龙江以北、乌苏里江以东大片土地。此后仍伺机而动，欲趁势侵占东北全境。面对边患加剧与东北当地兵饷匮乏，咸丰十年，吉林将军景淳上奏请求容纳流民，招垦征租，接济官兵俸饷。[②]翌年，黑龙江将军特普钦再次上奏清廷提出“固边”请求，呼吁开禁放垦，鼓励移民实边。[③]

基于上述种种原因，清廷开始逐步解除封禁，移民实边。咸丰十年在东北局部弛禁放荒，光绪二十三年（1897年）全部开禁，后发展到光绪三十年（1904年）以《沿边招垦章程》鼓励移民垦荒。该章程系清廷应黑龙江将军达桂和齐齐哈尔副都统程德全二人奏请颁布，此举不但开放了东北各边所有荒地，使汉人移民东北合法化，而且以免交三年地税为条件，主动招徕全国各省移民，由此迎来了“闯关东”的大潮。

“闯关东”之人或从山东半岛的烟台、威海等地乘船以海路方式直抵辽东，或经山海关、喜峰口、古北口等地出关以陆路方式迁入东北。光绪二十五年（1899年）日本人小越平隆在《满洲旅行记》中描绘了这幅历史画面：奉天到兴京一道上，“夫拥独轮车者，妇女坐其上，有小儿哭者、眠者，夫从后推，弟自前挽，老媪拄杖，少女相依，踉跄道上，丈夫骂其少妇，老母唤其子女。队队总进通化、怀仁、海龙城、朝阳镇，前后相望也。由奉天至吉林之日，旅途所共寝者皆山东移民”[④]。他们跋山涉水，突破重重险阻，最

① 赵矢元：《丁戊奇荒述略》，《学术月刊》1981年第2期。

② （清）长顺等修，李桂林等纂，李澍田等点校：《吉林通志》（上册），吉林文史出版社1986年版，第58页。

③ 中国边疆史地研究中心等编：《东北边疆档案选辑（清代 民国）》第122卷，广西师范大学出版社2007年版，第23页。

④ ［日］小越平隆著，克齐译：《满洲旅行记》下，广智书局1902年版，第34页。

终来到关东大地。他们的身影北至黑龙江，东至长白山，遍及白山黑水。

在“闯关东”移民构成中以中原各省人为多，山东人为最，依次是河北、山西、河南及皖北人。[①]对此，吴希庸评价道：“山东人实为开发东北之主力军，为东北劳力供给之源泉。荒野之化为田园，太半为彼辈之功。其移入东北为时既久，而数量又始终超出其他各省人之上。……其次为河北人。河北与东北接壤，自有捷足先登之势。东北移民中，鲁、直并称，惟就数量与功业言，并逊于鲁人耳。”[②]

除去一少部分人“放山”（挖人参）、淘金外，绝大部分“闯关东”的民众以垦荒种地为生。他们不仅补充了当地的劳动力，而且用自己的辛勤劳作化荒地为良田，使可耕地面积大增。英国外交官亚历山大·霍斯（1853—1925年）于光绪二十二年（1896年）在他的《满洲——它的人民、资源和最近的历史》中就记载：“由于东北地广人稀，……黑龙江省的土地只有零星的小片土地种植作物。……吉林省还有1/2的可耕地是处女地，奉天省还有3/10，或4/10的可耕地没有开垦。……有大量的劳动力从中国北部，尤其是山东、直隶等省涌入东部，弥补了该地劳动力的不足。”[③]《申报》一篇文章也印证了霍斯的说法。文中记述奉天、锦州二府地多膏腴但人烟稀少，故荒芜者多，而开垦者少。移民们携眷属负耒耜泛辽海以至二府开垦荒芜而成良田。又因“奉锦二府，雨旸时若，故而丰享有庆，收成胜于往年，物价平于昔日。[④]

大批移民的迁入、良田的激增，造就了城镇的兴起，东北地区因之新设了大量州府，故光绪三十三年（1907年），清廷裁撤将军，设立奉天、吉林、黑龙江三行省。“东三省”的建立巩固了东北边防，有力地遏制了列强的侵略，维护了国家的统一与领土的完整。

至清末的1911年，东北总人口已由原先的三四万增至近两千万。[⑤]民国时

① 章有义编：《中国近代农业史资料》第2辑，三联书店1957年版，第899页。
② 吴希庸：《近代东北移民史略》，《东北集刊》1941年第2期。
③ ［英］亚历山大·霍斯著，张士尊、李梅梅译：《满洲——它的人民、资源和最近的历史》，辽海出版社2005年版，第127页。
④ 章有义编：《中国近代农业史资料》第2辑，生活·读书·新知三联书店1957年版，第935页。
⑤ 赵英兰：《清代东北人口的统计分析》，《人口学刊》2004年第4期。

期中原地区连年战乱，移民关东的人依旧连绵不断。东北各省也相继成立官地清丈局、垦殖局，出台多种鼓励移民的举措，使得“移民东北已成为一种有组织之运动”[①]。直到“九一八”事变前，东北地区人口已激增至约3000万。[②]

三、“闯关东”：多元一体中华文化的铸牢剂

在此前相当长的一段时间里，满、蒙古、鄂伦春、鄂温克等民族构成了东北地区的主要人口。“闯关东”的移民迁居东北，则为这片黑土地注入了新鲜的血液。正如葛剑雄所言：“移民运动在本质上是一种文化的迁移”[③]。关内移民在与当地各族民众碰撞、交流、谅解、交融过程中深化了东北地区因丰富的地理环境造就的渔猎、采集、游牧等地域文化与中原文化的互浸和交融，最终形成以汉文化为主，同时包含有各族文化的新型东北文化。所谓“满汉旧俗不同，久经同化，多已相类。现有习俗，或导源于满，或移植于汉”[④]。说的就是东北各民族长期文化交流之后的最终表现。这种独特而多彩的东北文化丰富与发展了多元一体的中华文化，集中表现在观念信仰、衣食住行、语言风俗、文娱艺术四个方面。

（一）信仰观念

“闯关东”的人群中，80%左右为山东人[⑤]，他们奠定了现今东北人口的基础，其观念与信仰自然潜移默化影响着当地的百姓。“孔孟之乡”的山东是儒家文化的发源地，钱穆先生则认为山东人可作为中国正统文化的代表之一。[⑥]好客重义的山东移民将儒家文化的精髓植根于当地民众的观念中，使儒家思想在东北成为主流。同时，他们在继承儒家思想固有“义利观”的基础

① 邵德厚：《东北在“内地移民”上之价值》，《黑白》第2卷第10期，1934年。
② 胡鸣龙：《东北移民的末路》，《新亚细亚》1935年版，第4期。
③ 葛剑雄：《简明中国移民史》，福建人民出版社1993年版，第586页。
④ 王树楠、吴廷燮、金毓黻纂：民国《奉天通志》卷98《礼俗二》，沈阳古旧书店1983年影印版，第2256页。
⑤ 刘德增：《闯关东：2500万山东移民的历史与传说》，山东人民出版社2008年版，第26页。
⑥ 钱穆：《中国历史精神》（新校本），九州出版社2012年版，第110页。

上，吸收了东北各民族与生俱来的“舍生取义”精神，反对“见利忘义”，从而充实和完善了儒家的道德观。

伴随着关内移民的脚步，中原各地的民间信仰也深入关外。东北的满、锡伯等族民众在保有原始萨满信仰的同时，在生活中越来越多地拜祭中原民间信仰中的各类神祇，如释迦牟尼、观世音菩萨、伏魔大帝关羽、玉皇大帝等。民国《吉林新志》则有“旗人所祭之神与汉人同，而特重观世音菩萨、伏魔大帝及土地神。故祭时磔豕献酒，必敬必虔”的记载[①]。因而，东北各地纷纷建起了药王庙、娘娘庙、财神庙、关帝庙等，信众人数也随之大幅攀升。特别值得一提的是，山东特有的东岳庙、天齐庙、八仙庙、碧霞元君祠也在当地处处开花。同样，东北地区寺庙道观的建筑样式以及雕梁画栋的装饰风格明显汲取了诸多中原传统文化的养料。建筑形式的借鉴与融入也标志着东北地区民众的原有信仰与中原民间信仰的有机融合。

（二）衣食住行

随着关内移民的到来，各民族间在衣食住行上相互影响、互相借鉴。移民给东北当地居民的穿着带来了不小的变化。先进生产方式的冲击使得原住民模仿关内移民的打扮。原先他们的衣料多取材于狍子、野兔、狐狸等动物毛皮。移民在引入关内先进的棉麻种植方法和纺织技术的同时，一并将关内以棉纱为主的穿衣习惯也带入了东北，使当地民众有了新的选择。当地民族逐渐采纳了移民们短衣长裤的穿衣样式，其中山东人常戴的毡帽就颇受喜爱。同时，关内与关东地区的气候差异使移民的穿着向原住民靠拢。关内移民也吸收了当地满、蒙古等民族采用毡与毛皮作衣料的穿着习惯。富实之家还穿上了当地的旗袍和马褂。

在饮食上，由于东北地处高寒，为御严冬，以高热量的肉食为主。当茶叶从关内传来之后，逐渐成为东北当地少数民族喜爱的饮品，比如黑茶因其消食解腻而备受认可。移民的进入将先进的玉米种植、大豆增产技术推广到这里，使东北食材愈加丰富的同时，逐步改善了当地民众的饮食结构与饮食

---

① 民国《吉林新志》，1934年铅印本，收入丁世良、赵放编《中国地方志民俗资料汇编·东北卷》，北京图书馆出版社1989年版，第267页。

风俗。山东人喜欢吃的煎饼卷大葱、玉米饼子以及大酱，逐步融入东北的饮食文化之中。《黑龙江外记》有言：“满洲宴客，旧尚手把肉，或全羊。近日沾染汉习，亦盛设肴馔。”[①]与此同时，在菜的分量和盛饭器具的使用上，东北当地居民也都继承了山东菜的量大和粗犷。不仅如此，其饮食也融入了中原各地的餐饮样式，特别是在吸收中原各省的熘、爆、扒、炸、烧、蒸、炖等烹饪方法之后，这里形成了独具地方特色的东北菜。相传锅包肉便是由光绪年间滨江关道膳长、哈尔滨道台杜学瀛专用官厨郑兴文创制的东北特色菜品。该菜品在满族“黄金肉”的基础上结合鲁菜的技法进行改良，同时还加上了西方人喜爱的酸甜口感，由此成为东北菜的典型代表。因以山东移民数量为最，其菜肴是在鲁菜的基础上的兼收并蓄。如今的大部分东北菜既继承了山东菜的精工细作，也保留了东北传统饮食的奔放豪迈。可以说，东北菜推动了八大菜系中鲁菜的进一步发展。不可不提的是，东北地区的土特产，如珍贵的人参、木耳等，也都为中原移民所喜用。

在居住方面，先前习惯居住在草屋及窝棚的满、鄂伦春、鄂温克等民族，在中原移民的引领下，同样盖起了汉式宽敞明亮的房屋，并且逐步形成了城镇，为今天东北城市的发展奠定了基础。当然，在长期接触与交际中，汉族移民为度过漫长的冬日，家家户户也盘起了满族的火炕。

在出行上，林海雪原造就了东北当地锡伯、赫哲等族群众冬季独特且便捷的交通运输方式——马拉爬犁和狗拉雪橇，此恰为广大移民所学所用。

（三）语言风俗

中原移民在与当地人互相往来中，塑造了今日东北的语言与风俗，同时去除了一些自身文化中的糟粕。由于移民数量众多，汉语逐渐取代满语成为东北地区的主要语言。今天的东北方言颇能体现出各民族文化的交融[②]，如“撒丫子”（放开脚步跑）、“败兴”（倒霉、背时）、“地窖子”（一种半地下的简陋房屋）、“哈巴狗”（一种狗的名称）原为北京方言；“客”（qiě，即客人）、“逮饭”（吃饭）、搊（“zhōu”，意为揭、掀）则源于

① （清）西清撰：《黑龙江外记》，黑龙江人民出版社1984年版，第62页。
② 杨丽娜：《从社会文化看东北方言的来源与发展》，《长春师范大学学报》2008年第5期。

山东方言。同时，满语的一些词汇也融进了汉语日常会话中，从而丰富了今日的汉语语汇，比如满语的“埋汰”（脏）、“磨叽”（磨蹭）、“咋呼”（瞎喊、不稳重），又如甜点“萨其马”。另外，今天仍能从一些东北地名看出东北语言中来自移民与当地少数民族语言中的成分，如“平度村”“惠民队”“莱阳庄”“郭家店”“范家屯”等村落名显系移民带来，而“吉林”“牡丹江”“呼兰河”“图们江”等来自满语，“齐齐哈尔”源于达斡尔语，“卡伦”（湖）来自锡伯语，“昌图”（县）源自蒙古语。

对于风俗的形塑，在婚丧、节日上体现得尤为明显。在婚丧习俗方面，“闯关东”的山东人不仅恪守了自己的传统，还影响着满、蒙古等实行“收继婚”的民族。所谓“收继婚”，即兄弟亡故，收其寡妻为己妻，或父亲亡故，收其庶母（父妾）为己妻。移民东北的汉人仍以儒家的纲常伦理要求自己，坚持中原地区的婚俗。在双方的频繁互动中，这一婚姻观念逐步为满、蒙古等族民众接受，于是他们慢慢舍弃了先前不按辈分的婚俗。而汉族在和满族频繁交往中也吸收了他们的一些婚姻习俗，如《兴京县志》载：“放定（订婚）之日，女饰盛服出，用旱烟筒与男家来宾以次装烟，此乃参以满洲之俗。”[①]至于丧葬习俗，清初满人多行火葬，而儒家观念中死者最理想的归宿却是“入土为安”，即土葬。在儒家伦理观的影响下，满族渐渐接受了土葬习俗，火葬逐渐消失。随着双方交流的日益加深，汉人烦冗且细密的丧葬仪式在清末几乎被满人照单全收。当然，移民也吸取了满族一些有实用价值的丧葬习俗。“闯关东”的民众秉承儒家孝子“守孝三年”之规。满族则治丧简约，施行“百日治丧”之制，百日之内，子孙蓄发以示怀念即可，民众仍能进行生产劳作。这一习俗被移民广为接受。

聚居在东北地区的各民族都有其传统节日，如满族的颁金节、开山节等。随着汉族移民的迁入，中原地区的节日也被带至东北，满族等少数民族不但将春节、元宵、端午、中秋等节日融入本民族的生活中，而且使之成为自己的重要节日。同时，移民们也在满族的影响下于颁金节、开山节等庆祝活动中随之载歌载舞。当然，东北地区特殊的自然条件造就当地人们独特的

---

① 《兴京县志》，民国十四年铅印本，收入丁世良、赵放编《中国地方志民俗资料汇编·东北卷》，北京图书馆出版社1989年版，第99页。

风俗。时人有所谓"东北八大怪"："土房马架洋草盖，家家都夹篱笆寨，窗户纸糊在外，养活孩子吊起来，十七八九大姑娘嘴里含着旱烟袋，貉茸四块瓦头上戴，反穿皮袄毛朝外，喝酒干拉不吃菜。"[①]其中，诸如为防走兽侵袭将孩子放入吊篮，为御寒保暖反穿皮袄等具有一定科学依据的习俗也多为移民们接纳。实际上，双方长期的交往容融，也使移民根治了自身文化中的顽疾，过往汉族妇女的缠足陋习便是在满族的影响下革除的，由此促进了中华文化的健康发展。

（四）文娱艺术

东北的文娱活动以及相关民间艺术的产生也与广大移民密不可分。东北二人转便是典型代表。它起源于河北地区的莲花落，并与清末垦荒移民所喜爱的吕剧、柳剧等戏曲经过长时间的交流与融合形成了今天的二人转。在这一过程中产生了诸多脍炙人口且反映"闯关东"场景的二人转作品，如《跑关东》《一枝花捎书》等。时至今日，二人转不断推陈出新，自我完善，深受全国观众喜爱。2006年5月，国务院正式将东北二人转列入第一批国家级非物质文化遗产名录。美国人类学家肯尼·克里更是将二人转与东北大秧歌并列为中国东北民间文化的两块美玉。[②]

同样，山东移民源源不断地涌入使山东传统剪纸与东北剪纸相互砥砺、取长补短，在东北大地迅速扎根，广为传播。手法上，东北民间剪纸在原先大刀阔斧式的表现方式上，汲取了山东传统剪纸技艺中的精工、纤巧、雅致、玲珑。纹样上，则吸收了山东剪纸中颇具富丽堂皇之感的锯齿、月牙等传统样式。在题材与表象符号上，则更具中原传统，以"蝙蝠、鹿、桃"代"福、禄、寿"，用"莲花、笙、娃娃"指"连生贵子"，用"石榴、佛手、桃"寓意"多子、多福、多寿"，以"牡丹、绶带鸟"代"富贵长寿"，用"猴骑狈"代"辈辈封侯"等，不胜枚举。

通过对以上四方面的概述，我们不难发现，正是大批"闯关东"的移民在东北安家置业，中原文明的要素才得以在白山黑水间生根发芽，使这片土

---

① 王肯等：《东北俗文化史》，春风文艺出版社1992年版，第125页。

② 田子馥：《东北二人转审美描述》，吉林文史出版社2007年版，第409—413页。

地文化日进，与中原畛域消弭。[①]同时，东北的区域文化作为中华文化的一部分也为之良性发展做出了重要的贡献。

光绪末年“闯关东”的历史，是一段以山东贫苦民众为主体的波澜壮阔的移民奋斗史。他们坚毅果敢，拓荒垦种，振兴城镇，充实了边地人口，与当地满、蒙古、锡伯等族民众一道守疆护土，加强了东北地区的向心力，[②]使列强难以进犯，维护了祖国统一。他们在宗教信仰、衣食住行、语言风俗、文娱活动诸方面影响并重塑了东北文化，让东北与中原共享文化生活的每一个细节，[③]使东北文化更加有机地融入多元一体的中华文化之中。这一融入过程加强了黑土地上各民族的凝聚力，铸牢了东北在中华民族多元一体格局中的重要地位。

---

① 杨学琛：《略论清代满汉关系的发展和变化》，王钟翰主编：《满族史研究集》，中国社会科学出版社1988年版，第227页。

② 张士尊：《清代东北移民与社会变迁：1644—1911》，第444页。

③ 赵中孚：《近世东三省研究论文集》，成文出版社有限公司（台北）1999年版，第232页。

从自在到自觉：清末民初现代中华民族意识的历史演变

陈　鹏[*]　刘凯捷[**]

清末民初是现代中华民族意识由自在转为自觉的历史关键期。这一转变既是19、20世纪之交多维时代因素综合作用的产物，也有赖于清末各派知识精英基于现代民族国家意识，创造性地提出“中华民族”概念，从而构成中华民族自觉史上的思想标识。中华民国诞生之后，先后成立的南京临时政府和北京政府将“五族共和”上升为统一多民族国家治理的基本国策，开启了中华民族共同体建设的早期实践。

一、中华民族从自在到自觉的多维因素

现代中华民族意识在19世纪末、20世纪初走向自觉，有着多维的时代因缘，民族危机的加深、民族国家学说的输入以及边疆内地一体化建设的加速，都起到了重要的推动作用。

亡国灭种的严峻危机，极大刺激了清末国人的现代民族国家意识。近代以来，西方列强先后发动了多次对华侵略战争，并通过一系列不平等条约不

---

* 陈鹏，男，汉族，1985年出生，中共党员，历史学博士，现为中央民族大学历史文化学院副教授、副院长、博士生导师。主要研究方向为中国近代思想文化史、中国近代城市史、近代中外关系史。主持国家社科基金青年项目、教育部人文社科青年项目以及北京市、国家民委高等教育教学改革研究等项目，参与国家社科基金重大项目、国家清史纂修工程等多个课题。入选“北京市优秀青年骨干人才培育计划”、中央民族大学高层次人才计划。主编《民国北京研究精粹》（北京师范大学出版社2016年，合编），在《历史研究》《近代史研究》《史学月刊》《清史研究》等学术刊物发表论文20余篇，多篇论文为人大复印报刊资料《中国近代史》《明清史》以及《中国社会科学文摘》《高等学校文科学术文摘》《历史与社会文摘》等全文转载或摘录。获评国家民委优秀教学成果一等奖、北京市高等学校优秀本科毕业论文指导教师。

** 刘凯捷，男，汉族，1997年出生，中央民族大学历史文化学院硕士研究生（中国近现代史方向），参与撰写《记住乡愁》第一、二季（学习出版社2019年），参与北京师范大学四部委“铸牢中华民族共同体意识研究基地（培育）”重大项目“近代中华民族共同体意识的觉醒”。

断侵蚀中国的领土、司法、关税等主权。饱受战祸侵害的中国各族人民不得不拿起武器，组织动员起来，团结一致对外，在抵御外侮的战斗中逐渐意识到彼此共同的利益安危和情感认同，也开始萌生现代民族国家意识。至19、20世纪之交，随着列强侵略的进一步加深，中华民族的危机日益深重。在中日甲午战争和八国联军侵华战争中，以回族将领左宝贵、土家族总兵罗荣光为代表的优秀中华儿女壮烈殉国、以死明志，彰显了危机面前中华民族的强大凝聚力。腐朽无能的清政府被迫签订丧权辱国的《马关条约》和《辛丑条约》，中国的主权大量丧失，人民承受了巨额的战争赔款，西方列强借此扩大资本输出，加紧控制中国的经济和财政，中华民族自近代以来的沉沦跌至谷底。有识之士也更加清醒地认识到推翻腐朽统治、加速现代变革的必要性和紧迫性。以康有为为代表的维新派和以孙中山为代表的革命派深入思索拯救中华民族之路。康有为与来京参加会试的士子们联名上书反对割地赔款，并积极推动维新运动。革命先驱孙中山发出“振兴中华”的时代强音，开启了救亡图存的新路。

现代民族国家学说的引入，为现代中华民族意识的形成提供了思想资源。西方有关种族的肤色区分及其鼓噪的“黄祸论”，刺激和强化了清末国人的黄种自觉意识，并衍生出保种、强种等民族主义思想。1903年，梁启超征引欧洲政治学家伯伦知理的学说，指出民族具有同居一地、同一血统以及同其语言、文字、风俗等特征，提出“合汉，合满，合蒙，合回，合苗，合藏，组成一大民族”①，为民族共同体思想的建构提供了理论依据。此外，世界地理知识和外交新知的普及，“国民”“主权”“社会”等现代概念的生成，使得传统的天下观、华夷观不断瓦解。彭武麟教授这样概括这一转变：“中国‘华夏中心’的传统地理观开始破裂，并逐渐上升到以民族国家为界线的现代地理观。”②在这一历史过程中，国人对于“中国”和“中国人”的认同也渐趋巩固，这为现代中华民族意识的形成奠定了重要的思想基础。

---

① 梁启超：《政治学大家伯伦知理之学说》，张品兴主编《梁启超全集》第2册，北京出版社1999年版，第1070页。

② 彭武麟：《关于中国近代民族关系史研究的几点思考》，陈理、彭武麟主编《中国近代民族史研究文选》上册，社会科学文献出版社2013年版，第132页。

黄兴涛教授曾敏锐指出，在晚清现代国际关系体系支配世界的时代背景下，“中国”逐渐脱去传统“华夷观念”的内涵，逐渐转化为现代意义的国家称谓。像《大清国籍条例》这样的近代新式法律之颁布和清末新政中其他一系列国家法令、政令、国颁教材对“中国”国名正式而普遍的使用，再加上国际条约中的广泛使用和承认，可以说已基本奠定了“中国”作为现代国家名称的合法性，也奠定了包含汉、满、蒙古、回、藏等各族人民在内的“中国人”作为现代国民身份认同的政治基础。①

边疆内地一体化建设的推进，为现代中华民族意识的自觉奠定了社会基础。随着边疆危机的不断加深，清政府开始强化边疆内地一体化的建设导向，新疆、台湾的先后建省，从行政管理体制上促进了各民族的交流与融合，也有效增强了抵御外来侵略的能力。与此同时，随着清政府“封禁”政策的日渐松弛，内地人口大量向东北和内蒙古地区迁移，促使这些地区逐渐由封闭走向开放，农业、工业和商业都获得长足发展，各民族之间的经济交往与文化交融也日益深化，这些都有助于中华民族共同体意识的培育。1884年，清政府在新疆建省，新疆内部行政管理体制逐渐统一，与内地也开始接轨，来自内地的汉、回等各族人民日益增多，带来了先进的生产技术和工具，加强了各民族之间的经济文化交流，有利于新疆的长治久安，增强了西北的国防力量。1885年，清政府在台湾设立行省，首任巡抚刘铭传大力发展交通、邮政事业，鼓励福建移民开发台湾，改进当地高山族的文化教育，台湾与祖国大陆的联系日趋紧密。1907年，清政府撤销东北三将军，设立奉天、吉林、黑龙江三省，将盛京将军改为东三省总督，总理三省事务；改变了旗民分治的管理体制，在东北地区建立起与内地相同的行政管理体系，进一步推动了人口由内地向东北的迁徙，加速了各民族之间的交往交流交融。此外，清政府对蒙古地区也逐渐放松“封禁”，鼓励内地汉民迁移至此从事农耕，蒙古地区的垦殖事业也迅速发展起来，很多地方呈现“蒙汉相融”的新局面。

同样不可忽视的是，晚清以降由沿海通商口岸城市向内陆腹地和边疆民

---

① 黄兴涛：《重塑中华：近代中国“中华民族”观念研究》，北京师范大学出版社2017年版，第43、50页。

族地区逐渐推进的现代化改革，拉近了内地与边疆的时空距离，为中华民族自觉实体的形成奠定了重要的社会经济基础。清末驻藏大臣张荫棠于任内提出《治藏大纲二十四款》，编写《训俗浅言》《藏俗改良》并翻译成藏文，创办汉藏文报纸，并赴大昭寺向西藏官员宣讲富国强兵之道，鼓吹爱国思想。1910年竣工的滇越铁路，加强了云南的对外交往，外省乃至欧美商品纷至沓来，改变当地人传统的重农思想，昆明、呈贡、河口等铁路沿线城镇商业日渐繁荣。

二、清末各派的相互影响与中华民族意识的自觉

20世纪初，中国各政治派别的知识精英创造出“中华民族”概念，注重揭示中国各民族一体化融合的发展趋向，成为现代中华民族自觉的重要标志。

立宪党人较早从现代意义上理解和运用“中华民族”概念。1902年，梁启超在《论中国学术思想变迁之大势》一文中较早使用“中华民族”语词。他写道：“上古时代，我中华民族之有海思想者厥惟齐。故于其间产出两种观念焉：一曰国家观，二曰世界观。”[①]他在1905年的《历史上中国民族之观察》一文中又多次使用“中华民族”概念，尽管仍指汉族，但同时强调“中华民族自始本非一族，实由多数民族混合而成”[②]。正如黄兴涛教授所言，这一论断意味着一种观念的改变，即历史地、连续地、融合地、开放地看待中国主体民族形成和发展的历史。[③]1907年，杨度在《金铁主义说》一文中强调祛除种族即国家、君主即国家的观念，培育完全之国民，认为“汉、满、蒙（古）、回、藏五族，但可合五为一，而不可分一为五”，“中国全体之人混化为一，尽成为中华民族，而无有痕迹、界限之可言”。[④]此一表述深刻揭示出中华民族共同体蕴含的一体化趋势和整体性特征。

---

① 梁启超：《论中国学术思想变迁之大势》，张品兴主编《梁启超全集》第2册，北京出版社1999年版，第573页。

② 梁启超：《历史上中国民族之观察》，张品兴主编《梁启超全集》第6册，北京出版社1999年版，第3420页。

③ 黄兴涛：《重塑中华：近代中国“中华民族”观念研究》，北京师范大学出版社2017年版，第67页。

④ 杨度：《金铁主义说》，刘晴波主编《杨度集》，湖南人民出版社1986年版，第304、372页。

满族官员和留日学生对于民族关系的理解也颇值得关注，他们提出各民族融合、平等的主张。1906年，出洋考察宪政归来的端方在《请平满汉畛域密折》中提出“惟有使诸族相忘，混成一体”[①]。1907年，清廷颁布谕旨，要求内外各衙门就“现在满汉畛域应如何全行化除”的问题，各抒所见[②]。很多满族官员纷纷上奏提出改革官制、撤销驻防、互通婚姻、增加姓氏等主张或办法。值得注意的是，御史贵秀在奏折中阐述了满汉之间利害与共、同舟共济的命运联系，尽管仍不可避免地强调宗室的特殊地位，认为“宗室出自天潢，系本亲贵，原不可等于齐民”，但同时也提出“满、蒙（古）、汉均是臣子，旗族何贵，汉族何贱”[③]，初步表达了各民族平等的自觉意识。与此同时，恒钧、乌泽声等满族留日学生创办了《大同报》《北京大同日报》，自觉倡导满汉人民平等，强调“统合满、汉、蒙（古）、回、藏为一大国民”[④]，“国兴则同受其福，国亡则俱蒙其祸”[⑤]，甚至提出中国之人民“皆同民族而异种族之国民”的新论断[⑥]，并赋予传统“大同”思想新的解释，号召各族同胞“共保吾种，共存吾国”[⑦]。凡此，无不体现了各民族人民具有共同的命运、责任和义务，这在中华民族从自在到自觉的进程中具有特殊的意义。

革命党人也根据革命形势的发展以及立宪派的观点，适时调整此前狭隘的“排满革命”“驱除鞑虏”的宣传。1906年，孙中山已注意区分满人百姓与满族统治者，指出“我们并不是恨满洲人，是恨害汉人的满洲人”，并解释民族主义并不是遇到不同族的人，便要排斥他。[⑧]1908年，同盟会机关报《民报》刊载的《仇一姓不仇一族论》一文也表达了类似的思想，认为推翻

① 端方：《请平满汉畛域密折》，中国史学会主编《中国近代史资料丛刊·辛亥革命》四，上海人民出版社1957年版，第41页。

② 《著内外各衙门妥议化除满汉畛域切实办法谕》，故宫博物院明清档案部编《清末筹备立宪档案史料》下册，中华书局1979年版，第918页。

③ 《御史贵秀奏化除满汉畛域办法六条折》，故宫博物院明清档案部编《清末筹备立宪档案史料》下册，第922页。

④ 乌泽声：《大同报序》，《大同报》1907年第1号。

⑤ 乌泽声：《论开国会之利》，《大同报》1907年第4号。

⑥ 穆都哩：《蒙回藏与国会问题》，《大同报》1907年第5号。

⑦ 裕端：《大同义解》，《大同报》1907年第2号。

⑧ 孙中山：《在东京〈民报〉创刊周年庆祝大会的演说》，广东省社会科学院历史研究室、中国社会科学院近代史研究所中华民国史研究室、中山大学历史系孙中山研究室合编《孙中山全集》第1卷，中华书局1981年版，第324—325页。

清朝统治，建立新政府不至于“酿为种族之战”，而是要使满族“与我汉族同生息于共和政体之下”[①]。辛亥革命爆发前夕，代理同盟会总理职务的刘揆一已经开始宣传“大民族”观念，在《提倡汉满蒙回藏民党会意见书》中提出：“欲改革今日之君主立宪，非融合汉、满、蒙（古）、回、藏之民党。”他强调联合五族革命志士，共同组成革命团体，推翻清王朝统治，建立“共和”，共同保护所生存的整个国家领土。[②]某种程度上说，革命党人民族观念的转变，既是自身对国家危机和民族关系产生新认识的必然结果，也受到其他政治派别思想主张的深刻影响。由此可见，现代中华民族意识的自觉，乃是清末各派彼此互动、相互影响的思想产物。

三、“五族共和”与民初现代中华民族意识的培育

中华民国成立以后，南京临时政府和之后的北京政府将“五族共和”确定为处理民族问题的重要国策，出台了一系列旨在增强中华民族共同体意识的施政举措，一批多民族联合的政治性社团也纷纷成立，尝试推动各民族平等、团结和融合，“中华民族”也由思想认知转向实践自觉。

“五族共和”的主张通过1912年发布的一系列重要政治文本得以确立。孙中山在《中华民国临时大总统宣言书》中强调：“国家之本，在于人民。合汉、满、蒙、回、藏诸地为一国，即合汉、满、蒙、回、藏诸族为一人。是曰民族之统一。”[③]他颁行的《中华民国临时约法》规定，“中华民国人民一律平等，无种族、阶级、宗教之区别”[④]，彰显了主权在民、疆域一统、多民族融合的现代国家特征。南京临时参议院决议以五色旗为中华民国国旗，红、黄、蓝、白、黑五色，象征汉、满、蒙、回、藏五族共和之意。而清廷

---

① 阙名：《仇一姓不仇一族论》，《民报》1908年第19号。

② 刘揆一：《提倡汉满蒙回藏民党会意见书》，章开沅、罗福惠、严昌洪主编《辛亥革命史资料新编》第6册，湖北人民出版社2006年版，第237—239页。

③ 孙中山：《临时大总统宣言书》，中国社会科学院近代史研究所中华民国史研究室、中山大学历史系孙中山研究室、广东省社会科学院历史研究室合编《孙中山全集》第2卷，中华书局1982年版，第2页。

④ 《中华民国临时约法》，中国社会科学院近代史研究所中华民国史研究室、中山大学历史系孙中山研究室、广东省社会科学院历史研究室合编《孙中山全集》第2卷，第220页。

颁布的《清帝逊位诏书》也规定“仍合满、蒙、汉、回、藏五族完全领土为一大中华民国”，则从另一个角度表明清朝所辖的边疆民族地区被纳入民国法统之下，折射出现代中华民族意识的深刻影响。

民国元年，北京政府也采取多项举措，培育国民的中华民族共同体意识。一是组建新的主管边疆民族事务的机构，推动民族平等。北京政府以蒙、藏、回、疆各地方，同为中华民国领土，蒙、藏、回、疆各民族，同为中华民国国民，决定不再使用藩属名称，不再设置理藩专部，而是强调蒙、藏、回、疆与内地各省平等，一切政治俱属内务行政范围[①]，后设蒙藏事务局专司其职。二是推行旨在促进民族融合和国家统一的民族政策。北京政府颁布《劝谕五族通婚令》，鼓励汉、满、蒙、回、藏五大族祛除旧见，互通婚姻，“相亲相爱于无极”[②]。其出台的《蒙古待遇条例》既强调各蒙古均不以藩属待遇，与内地一律平等，“不用理藩、殖民、拓殖等字样”，又对蒙古王公、喇嘛采取一些笼络政策，如“各蒙古王公原有之管辖治理权一律照旧”“蒙古各地胡图克图喇嘛等原有之封号概仍其旧”“蒙古王公世爵俸饷应从优支给”等，还明确宣示“各蒙古之对外交涉及边防事务自应归中央政府办理”[③]。三是加强“五族共和”的宣传和教育。北京政府将优待蒙古、回、藏各族条件等译成多民族语言合璧文字，刊刻颁发至边疆民族地区，让各族人民了解中央的民族政策。[④]其在财政困难的情况下支持创办《蒙藏回白话官报》，以汉蒙藏回四种文字组织，意在“开通边地风气，联络感情”，并对边疆同胞讲解共和之真理，“使其倾心内向，以杜外人觊觎之渐”[⑤]。此外，中华书局、商务印书馆也应教育部要求，在编纂新式教材时突出汉、满、蒙、回、藏各族平等融合的内容，以巩固统一民国之基础。中华书局在

---

① 袁世凯：《理藩部事务归并内务部接管蒙藏回疆地方事宜仍照向例办理令》（1912年4月21日），骆宝善、刘路生主编《袁世凯全集》第19卷，河南大学出版社2013年版，第739页。

② 袁世凯：《劝谕五族通婚令》（1912年4月13日），骆宝善、刘路生主编《袁世凯全集》第19卷，第713页。

③ 袁世凯：《公布蒙古待遇条例令（附条例）》（1912年8月19日），骆宝善、刘路生主编《袁世凯全集》第20卷，河南大学出版社2013年版，第319—320页。

④ 袁世凯：《翻译刊发优待蒙回藏各族条件等令》（1912年11月23日），骆宝善、刘路生主编《袁世凯全集》第21卷，河南大学出版社2013年版，第109—110页。

⑤ 《蒙藏事务局呈大总统请饬部速发官报经费并将经费清册及蒙藏回白话报简章录请鉴核文（附清单暨简章）》（1912年12月23日），乌力吉陶格套整理校注《民国〈政府公报〉蒙古资料辑录》第1册，内蒙古人民出版社2016年版，第248页。

编修新制“中华教科书”的过程中强调要彰显“汉、满、蒙、回、藏之特色，以示五族平等”[①]。商务印书馆在新编“共和国教科书”的编辑要点中也提出：“注重汉满蒙回藏五族平等主义。”[②]

与此同时，诸多具有官方背景的多民族联合型社团也相继成立，以参政议政、发展实业、宣传教育等手段开展活动，与政府相互配合，共同推动了民国初年的中华民族共同体建设。1912年3月，黄兴、刘揆一等人发起成立“中华民族大同会”，该会“以联合汉满蒙回藏五大民族共同进化为目的”，在简章中规定“各职员以五族会员平均担任为原则”，并明确本会有发展民族区域实业、扶助落后民族生活、传达各族疾苦冤抑、调解民族冲突纠纷等责任，还提出创办报纸杂志以“输灌五族同胞之常识”[③]。4月，以北京政府内务总长赵秉钧为总理的“五大民族共和联合会”成立，该会“以五族人民组成”，其章程纲要的第一条即写明“融化五族，成一坚固之国家”，[④]表现出了对推进民族融合的强烈责任意识。5月，“五族国民合进会”在袁世凯的支持下成立，姚锡光任会长，选举汉族赵秉钧、满族志钧、蒙古族熙凌阿、回族王宽、藏族萨伦五人为副会长，并表示以后还要邀请五族之外的哈萨克、苗、瑶等各族重要人物加入。该会在简章中提出要设法组织国民“同等教育，合谋营业”，以推动五族国民“赀财得互相通融，区域得互相移住，生业得互相推荐，急困得互相扶持”。尤其值得一提的是，其“会启”特别指出，“合进”的最终目的是“我五族国民果终成一大民族，一大政党，并此满、蒙、回、藏、汉之名词且将消弭而浑化之。”[⑤]

民国初年各民族同胞也增进了对于中华民族和中华民国的双重认同。在1912年的国都论争中，蒙古王公贡桑诺尔布等人更看重北京在推进中华民族团结和国家边疆稳定方面的独特优势。当少数蒙古王公在沙俄指使下企图分裂国家时，1913年西蒙古王公会议通电决议反对，并指出“蒙古疆域向与中

① 陈寅：《中华书局一年之回顾》，《中华教育界》1913年第1号。

② 吴永贵：《民国图书出版史编年：1912—1949》上册，社会科学文献出版社2018年版，第8页。

③ 《中华民族大同会简章》，《新闻报》1912年4月2日，第13版。

④ 《五大民族共和联合会章程及实行细则》，中国第二历史档案馆编《中华民国史档案资料汇编》第3辑政治，江苏古籍出版社1991年版，第926页。

⑤ 《姚锡光等发起组织五族国民合进会启及简章》，中国第二历史档案馆编《中华民国史档案资料汇编》第3辑政治，第922—923页。

国腹地唇齿相依，数百年来，汉蒙久成一家……我蒙同系中华民族，自宜一体出力，维持民国”。[①]

尤其值得关注的是，1912年9月，逊清皇室在那桐宅举办欢迎孙中山、黄兴来京的宴会。贝子溥伦宣读颂词，表示共和政体为20世纪大势所趋，盼能够实现五族平等，巩固国基，皇族诸人亦永受其赐，体现了逊清皇室对于五族共和的认同。黄兴在答词中肯定了清帝逊位促成全国早日统一的积极贡献，强调五族共和有利于共和国家前途[②]，体现了革命党人由反清排满转向五族共和的政治姿态，促进了中华民族意识从自在到自觉的历史演变，也对现代意义上的中华民族多元一体格局形成起到了重要推动作用。

① 《西盟会议始末记》，马大正主编《民国边政史料续编》第21册，国家图书馆出版社2010年版，第639页。

② 有关1912年孙中山与逊清皇室交往互动的研究，可参见桑兵：《民元孙中山北上与逊清皇室的交往——兼论清皇族的归属选择》，《史学月刊》2017年第1期；李在全：《民元孙中山北京之行与逊清皇室的应对——以绍彝、绍英未刊函札为中心的考察》，《清华大学学报（哲学社会科学版）》2020年第1期。

从“夷夏之辨”到“多元一体”：中华民族共同体意识的历史演进

宋　玲*

在中华民族悠悠历史长河中，“夷夏之辨”（或称“华夷之辨”）素为儒家王道传统的核心命题之一，是中华民族塑造民族精神、安顿天下秩序、构建文明世界的重要理论工具。正是在对“华夏”“夷狄”“内外”等诸核心概念及其关系的不断诠释上，中华民族共同体意识不断得以强化，最终形成了多元一体的民族国家。“夷夏之辨”并不是一个固定恒常的概念，而是随着时间的演变和空间的转换而发展变化的，它能够界定族群的边界，分清“敌我”，乃至能“同仇敌忾”，在一定程度上稳定和巩固了中华文明圈，并使得中华文化源远流长，从未断绝；当然在某些时候，一定程度上也存在故步自封且容易滋生狭隘民族主义的弊端。不过纵观历史，即便存在着某些缺陷，但是“夷夏之辨”最终并未滑入种族歧视或者种族隔离的深渊，而是在其曲折演变的过程中，不断抛弃陈腐的观念而吸收先进的文化，并且通过“文化”的作用，促使了中华文化圈的扩展和稳定，乃至实现“中华一家”的良好局面，这不得不说是中华文化生命力的坚强表现。如今我们梳理这一意识的历史演进过程，对于铸牢中华民族共同体意识，无疑具有重要的理论和实践上的价值。

---

* 宋玲，女，汉族，1979年11月出生，安徽黄山人，法学博士。2007年入职中央民族大学法学院，2009年晋升副教授，2015年晋升教授，2017年遴选为博士生导师，2020年获评国家民委“中青年英才”称号。现任中央民族大学法学院副院长，中央民族大学国家安全研究院研究员。研究方向为中国传统法律文化、历史文化安全。近五年的代表性成果有：《清代新疆地区的法律与秩序研究》（2018年国家社科基金项目）、《铸牢中华民族共同体意识的历史源流与法治保障研究》（2020年国家民委人才项目）、《清代律学转型举隅——以吴翼先〈新疆条例说略〉为中心》（《中央民族大学学报》2019年9月）、《中国传统法的民族精神与现代转化》（《中共中央党校学报》2020年12月）、《中华法系的历史源流与现代转化》（《光明日报》理论版，2019年12月18日）、《完善党内法规体系　不断提高党的执政能力》（《光明日报》2021年9月13日）等。

一、华夷之辨——不与夷狄主中国

如前所述，“华夏”“夷狄”“中国”等概念，可以在多个层面上去理解和诠释，且其本身就具有一定的动态性和历史性，故而又有很大的包容性。我们首先来看历史上的“华夷之辨”。

最初的“华”“夷”，基本上是一个地理概念，不涉及名教伦常、道德水准或者文明发达程度，所谓“其华犹诸夏也，故或谓诸夏为诸华”[①]，“华”“夏”实为一义。而华夏在地理上的意义，则是处于“中国”，这在1965年出土于陕西宝鸡西周成王时代的青铜“何尊”铭文上表达得至为清楚：“余宅兹中国，自之乂民”，这里的“中国”，只是表明相对于其他部落，特别是夷狄而言，其位于中央。虽然这是关乎“中国”一词最早的语源，但这里的“中国”，绝不是具体地名，更不是现代意义上的作为国名的“中国”。在那个特定的语境中使用它，实际上表明的是一种方位，就是相比于其他部族，我乃居中。这表明当时的人们已经有一种“天下”的观念，而天下并非由一个部族组成，从某种意义上来说，其实每个部族都可以自称“中国”的。所以“何尊”上的“中国”，是一个方位词，并没有自矜文化的优越感。

而夷狄，亦复如此，古籍中又有“四夷”“九夷”之说，前者如“无怠无荒，四夷来王”[②]，后者如“子欲居九夷”[③]等。对于前者，根据南宋著名的理学家蔡沈所说，乃是因为居于“中国”的圣人勤于治理，导致治道愈加兴隆，于是：“四夷之远，莫不归往；中土之民，服从可知。”[④]作为理学家，蔡沈显然是肯定华夏文化的渗透力和吸引力的，带有较强的华夏文化优越感。但是他依旧承认“四夷之远”，说明最初夷狄，只是表明方位上夷狄居住在远方而已。同样“孔子欲居九夷”，杨伯峻先生认为这是指淮夷，散

① 祝秀权著：《诗经正义·苕之华》，生活·读书·新知三联书店2020年版，第639页。

② 王世舜、王翠叶译注：《尚书·大禹谟》，中华书局2012年版，第355页。

③ 杨伯峻译注：《论语译注》，中华书局1980年版，第91页。

④ （宋）蔡沈，钱宗武、钱忠弼整理：《书集传》，凤凰出版社2010年版，第21页。

居于淮、泗之间，北与齐鲁接壤。[①]他的结论是否正确姑且不论，但是至少说明，这个九夷，是个地理上的概念，原本也不涉及文化或者种族上的差异。当然，因为中国流传下来的经典，主要是以华夏族为主体的族裔写就的，所以从根本上带有某种文化上的优越感。因此，即便最初华夏夷狄只是地理上的分解，但是居于中国的华夏，文化程度较高，是一个客观的现实。所以夷夏之别在最初地理分界的含义中，隐然又有文化分界的端倪。故而，夷狄在中国语境中，摆脱不了“落后”或者“后进”的意味。当然，同样作为夷狄，其内部仍有高下或者先进后进之分。夷狄中最大的，莫如最初居于海滨的“东夷”。著名史学家傅斯年先生据此提出“夷夏东西”之说，“夷与殷显然属于东系，夏与周显然属于西系”[②]。这都表明，夷夏乃地理概念。夷狄固然因为地理上身处华夏四周，不免落后，但是一旦其族群经过迁徙或者文化渐进发达，传统上也就逐渐不再以“夷狄”视之。诚如傅斯年先生所论，东系的夷与殷，和西系的夏与周，“因对峙而生争斗，因争斗而起混合，因混合而文化进展”[③]。最后殷人建立了强大的“大邑商”，夏、商、周并列而为传统文明中的黄金三代，后世无人会视来自东夷的殷为“夷狄”，这就说明地理上的华夷之别，其实只是最初的分界且不带有决定性的意义。

与地理概念相联系，夷夏又是一个族群或者说是种族部落概念。“四夷”“九夷”都可以说是夷狄部落的概称或统称，而“华夏”也是一个逐渐集合起诸部落的部落联盟，最初也不一定居于“中国”，而是与夷狄杂处，后来因其文明程度逐渐提高，占有了“中国”之地，逐渐形成“华夏居中国，四夷处四裔”的局面。当华夏世居“中国”之后，华夏共同体意识自然更为深化，于是“内其国而外诸夏，内诸夏而外夷狄”的秩序观念也应运而生，乃至严夷夏大防，真正的“夷夏之辨”就此产生。这个秩序观要求夷夏各守彼此地域和部落疆界，这就是所谓“裔不谋夏，夷不乱华”[④]。这是孔子在著名的齐鲁夹谷之会上说的话，其意就是说边远不能图谋中原，东夷不能

① 杨伯峻译注：《论语译注》，中华书局1980年版，第91—92页。

②③ 傅斯年：《夷夏东西说》，收入氏著《民族与古代中国史》，河北教育出版社2002年版，第4页。

④ 杨伯峻编著：《春秋左传注》，中华书局1981年版，第1578页。

搅乱华人。[①]说这个话的背景就是齐国有人怂恿齐侯利用依附于齐国的莱国人挟持鲁定公，从而逼迫鲁定公签下城下之盟。莱国大致位于今胶东半岛的烟台一带，在以临淄为都的齐国的东北部。在孔子看来，莱人即是东夷，而齐鲁则为华夏。孔子此话的深意在于，齐国不应该背弃作为华夏之国的责任，与非华夏的东夷莱人沆瀣一气，而应该与鲁国世代友好。这实际上已经在文化这个领域划出了边界，尽管在地理上，齐国其实是位于夷夏的过渡区域的。所以华夷之辨，逐渐由地理到文化，到孔子所活跃的公元前6世纪末到公元前5世纪初这个时代，文化的意涵已经全面占据上风。

一旦此疆彼界相对固定下来，夷夏之辨就逐渐逸出地域与族群范围，在彼此的生存竞争和部族斗争中，“夷”“夏”二词，就带上了强烈的政治和伦理色彩。特别是在春秋战国时期，因为夷狄乘着诸夏礼崩乐坏之际，交相侵扰华夏，《公羊传》提到此一时期的夷狄猾夏的境况时说：“夷狄也，而亟病中国，南夷与北夷交，中国不绝若线。”[②]所谓“不绝若线”，实际是指原有的商周礼乐文明此时只剩一息尚存，暗含夷狄乃礼乐的终结者之意。这固然有原先以文明老大自居的华夏族的民族和文明优越感在内，但同时亦有对文明将沦亡于夷狄之手的深深忧虑。蛮夷猾夏，固然是华夏族礼崩乐坏的结果，同时它又是造成华夏族进一步礼崩乐坏的原因。为了华夏族不在这个过程中最终分崩离析，于是“尊王攘夷”就成了当时的一大时代命题。“‘攘夷’之所以成为中原诸国争霸过程中的一大口号，正反映出西周旧的宗族共同面临的一大困局”[③]，这个“夷”由此就不再是一个客观的地理方位词，而代表了某种道德评价，由此，夷夏之别，乃成了文明与野蛮，进步与落后，乃至善良与邪恶之分了。对于诸夏而言，虽然因国有大小强弱，存在“事大字小”的差别，弱小的国家对大国需要“事大”，而强大的国家对小国怀柔保护“字小”，但这样的关系，仅存在于“诸夏”之中，对夷狄则不适用，因为夷狄是不在“文明圈”之内的。所以公元前587年，鲁成公访问晋国，未获礼遇，归来怒而欲和楚国交好时，其正卿季文子就劝阻成公说：

① 释义参阅沈玉成译：《左传译文》，中华书局2006年版，第538页。

② 黄铭、曾亦译注：《春秋公羊传・僖公第五》，中华书局2016年版，第251页。

③ 陈煜著：《先秦司法文明史》，中国政法大学出版社2020年版，第195页。

"非我族类，其心必异。楚虽大，非吾族也，其肯字我乎？"[①]这就很明显地看出，在当时的诸夏之一鲁人看来，楚国虽强大，但依旧是夷狄，即便诸夏再弱，也是不能与楚国这样的夷狄"主中国"的。此时的"中国"，很显然已经与上文所述的"宅兹中国"的"中国"意义发生根本的变化，不再是一个方位之词，而是华夏文明核心价值观的"保留地"。

更为明显的例子，则发生在公元前519年。那年七月，被视为蛮夷之邦的吴国进攻州来，楚帅顿、胡、沈、陈、蔡、许之师攻吴，以救州来，战于楚国的鸡父，为吴所败。按照春秋笔法，"偏战"记日，"诈战"记月。偏战就是正式宣战，诈战则是不宣而战。吴国这一次是正式宣战后，光明正大地取胜的[②]，但是《春秋》中却将之作"诈战"记录。这是何故？实际上同样是"夷夏之辨"的结果，如同《公羊传》所云："此偏战也，曷为以诈战之辞言之？不与夷狄之主中国也。"[③]即便吴国战胜中原诸国联军已经是既定的事实，而且几乎找不出吴国在这个过程中不符合中原"礼义"准则的情形，但是在带有浓烈道德评判意味的史籍《春秋》中，始终不承认吴国的"国际法主体地位"，也就是说，即便夷狄战胜华夏，依旧是没有资格成为盟主的。对此，《公羊传》看得非常透彻，一句"不与夷狄之主中国也"断语，可谓将《春秋》一书中的夷夏之辨阐释得淋漓尽致。

综上，我们可以看出，华夷之辨最初是不带情感色彩的地理和族群部落的区分，但随着诸夏内部的礼崩乐坏和夷狄的不断入侵，为保存华夏文明，诸夏刻意提出带有伦理道德含义的"华夷之辨"，于是最初不带感情色彩的区分，逐渐具有了道德和政治的含义，乃至这种含义最终掩盖了"华夷之辨"的本义。不过也正因为如此，使得"华夷之辨"带上了可变的、相对的色彩，成为一种关涉理想秩序的经典言说。

---

① 杨伯峻：《春秋左传注》，中华书局1981年版，第818页。

② 王维堤、唐书文两位先生在译注《公羊传》此条时，将"偏战"解释为各据一方的战争，将"诈战"解释为"突发之战"，固然难以说明战争的性质，但是从一个角度说明了吴国取得胜利的原因，就是各个击破。这也隐含了《春秋》作者对于中原诸国未能精诚合作对抗夷狄的批评。参见王维堤、唐书文撰：《春秋公羊传译注》，上海古籍出版社2006年版，第481页。

③ 黄铭、曾亦译注：《春秋公羊传·昭公第十》，中华书局2016年版，第663页。

二、华夷之变——入中国则中国之，入夷狄则夷狄之

由以上的分析，我们可知，夷夏之辨，远非单纯区别两种地域或者不同族类那么简单。诚如余治平先生所认为的那样：“‘华夷之辨’的核心并不是一个民族或种族的平等对待问题，也不是一个简单以地缘亲疏关系为界限的地域划分问题，毋宁是一个文明发展与礼教进步的问题，因此也才能够延伸出所谓的‘华夷之变’的问题。”[①]由此，“夷夏之辨”自然而然向“华夷之变”进行转化。

夷狄固然与华夏在诸多方面，如氏族、血缘、语言、地域、风俗、习惯等方面存在差别，但严格地讲，除了氏族根脉与血缘乃先天因素之外，其余一切，都是处在变动中的。而华夏引以为傲的礼乐文明，恰恰与氏族、血缘没有必然的联系。是以华夷的关系也不可能一成不变。即便“严夷夏之防”最有力的《公羊传》，也依旧关注华夷转变的问题，在秉持“内诸夏而外夷狄”的立场下，它赞许、褒扬夷狄之邦不断去恶向善的点滴进步。

同样是上述公元前519年吴国打败楚国和六国联军的鸡父之战，在申明“不与夷狄主中国”之义后，《公羊传》紧接着又提到“然则曷不使中国主之？中国亦新夷狄也”。作者此语无疑是沉痛的。他固然想以诸夏“中国”为本位，但是现实情形是作为“中国”的顿、胡、沈、陈、蔡、许之师，恰恰无力抵御吴军来袭，他们必得依附于同样被视为“夷狄”的楚国且得接受其指挥，方能与吴一战，即便如此，在此战中，依旧不堪一击。“中国”衰弱至此，令人情何以堪！这六国实力既不足，道义亦有亏（背王附楚），于是便有“中国亦新夷狄”之论。东汉何休同样是从纲常礼教角度来探讨华夷之变的，他说：“中国所以异乎夷狄者，以其能尊尊也。王室乱莫肯救，君臣上下坏败，亦新有夷狄之行。”[②]尽管《公羊传》为“中国”保留了一点面子，但是在事实面前，也不得不承认形势至此已经发生了变化，原来居于中国文明圈外围的吴国，居然恪守礼乐，蒸蒸日上；反观中原，各种不堪比比

① 余治平著：《春秋公羊夷夏论》，上海书店出版社2014年版，第3页。

② （清）阮元校刻：《十三经注疏·昭公二十三年》，中华书局1980年版，第2327页。

皆是，乃至就礼乐文明这一角度而言，两者已经倒了一个个儿。

由此可见，华夏并不永远是华夏，夷狄也不是永远为夷狄，判断华夷的标准，早就不是血缘和种族，而是看其是否能推行道义，是否恪守君臣父子这一套西周以来已经成为共识的“亲亲尊尊”的伦常秩序。所以吴国虽然在这次战争中依然被视为“夷狄”之邦，但在《春秋》中，仍能作为主语，且以主角的身份，出现在了这一条历史记录中，原因就在于“吴少进也”。所谓“少进”，即“稍微有所进步”（《公羊传》对“中国亦新夷狄”的局面必痛心万分，乃至于承认吴国进步，亦非常勉强，其实吴国乃是大幅度进步），就是说吴国比起野蛮的夷狄，已经稍有进步，它已经略懂君臣上下之分别，光明正大地宣战和媾和，趋善去恶，进于由夷向夏的转变过程中了。

其后的孔子，同样在礼乐教化这个层面上行来区分华夷。他哀叹于华夏诸国礼崩乐坏的局面，感慨道：“夷狄之有君，不如诸夏之亡也。”[①]这句话并不是说孔子很愤懑，认为夷狄就算有君主，设立了一整套制度，还不如华夏啥都没有。如果这样理解，又何谈“孔子欲居九夷”？正确的理解应该是，孔子认为连夷狄这样文化落后的国家还有个君君臣臣父父子子的样子，而中原诸国反而君不君臣不臣父不父子不子，没有一个规矩。实际上是对华夏文明“倒退”发出的忧愤之辞。而观“子欲居九夷……君子居之，何陋之有”[②]，我们可知，在孔子那里，“夷”已经不再是鄙陋野蛮之谓。该句中的“君子”，固然可以理解为夫子自道，但释为九夷之地有君子，也未尝不可。总之在道德层面上，夷狄是可以转化为中华的。当然，这句话最为根本的深意，在于孔子毫无狭隘的“夷狄之辨”的观念，并不认为华夏始终是华夏，夷狄始终是夷狄，而是认为两者是可以转变的。如果能够维持礼乐，促进道德，则夷狄也可以成为中华；反之，中华同样可以沦为夷狄。且孔子充满自信，“君子居之，何陋之有”，相信文明的力量可以改变野蛮的现实，这就是所谓的“文化”而非“武统”。事实证明，历史的主流，乃是文明最终战胜野蛮，这就是所谓的“用夏变夷”。中华民族共同体意识的演进，就是遵循这个方式而行的。

---

① 杨伯峻：《论语译注》，中华书局1980年版，第24页。

② 杨伯峻：《论语译注》，中华书局1980年版，第91页。

其后孟子接续了孔子“华夷之变”的观念，他说过一句名言：“吾闻用夏变夷者，未闻变于夷者也。”[①]它再清楚不过地表明，华夷之别终究为道德礼教和文明程度之别，而其发展的最终趋势，只能是文明战胜野蛮，道义战胜强力。孟子身处战国之际，他岂能不知多少文明国家沦丧于夷狄之手？而在春秋战国时代，后来居上且实力最强悍的秦、楚，不也长期被“中国”视为夷狄之邦？历史的吊诡之处，恰恰是这两个国家不断在蚕食、兼并原先的“中国”；而中国对于这种局面，几乎难有作为。最终，是东方人眼中的“虎狼之国”“夷狄之邦”的秦国统一了天下。所以孟子所论的“用夏变夷”，不是一个历史或者现实判断，而是一个价值判断，“夷”“夏”纯粹是从价值观上来说的，不带有部族或者地域的偏见。

因此，春秋战国之后，人们再谈到夷夏之辨，极少是从血缘与部族着眼的，且通常都持一种动态的眼光来对待。但凡以茹毛饮血、腥膻污秽等词言夷狄者，基本上都是因为在民族矛盾非常尖锐之际，服务于政治军事斗争之需，才祭起“严夷夏大防”之旗。而一旦形势缓和，“夷夏之辨”也就自然归于沉寂。有个典型的例子：伟大的革命先驱孙中山先生，在反清斗争中提出的“驱除鞑虏，恢复中华”革命口号，自然带有强烈的“夷夏之辨”色彩，乍一看充斥着狭隘的大汉民族主义。但是这只是暂时的策略，借以团结各种反清势力，包括各种会党和秘密结社。而一旦推翻清廷，就不再提“驱除鞑虏”了，转而提倡“五族共和”。可见，这个“鞑虏”与传统的“夷狄”根本不是同一回事，甚至都不包括普通满洲民众，而其通过革命所恢复的“中华”中，自始至终都有“夷狄”的存在。

所以本质上，夷夏之别构不成中华各民族内部的矛盾，其理论内涵早在秦始皇统一六国之前，即已经由地域或部族转向了文化，且夷夏总是在变化中存在的。唐代韩愈对此归纳得最为清晰，他说“夷狄入中国，则中国之，中国入夷狄，则夷狄之”[②]，这就再一次重申，华夷之辨绝非血统上的区别，而是文化上的差异。即便血缘上并非华夏一族者，若讲求礼义、践行文明，就能成为中华，反之亦然。

---

① 方勇译注：《孟子·滕文公上》，中华书局2015年版，第97页。

② （唐）韩愈：《原道》，（清）张伯行选评《唐宋八大家文钞》，中华书局2010年版，第30页。

三、天下一家——夷狄进至于爵

既然华夷的区分并不绝对化，且时刻处于变动当中，这就意味着华夷融合，乃是历史的必然。按照这样的发展逻辑，最后就是“著治大平，夷狄进至于爵，天下远近小大若一”[①]。所谓“进至于爵”，即夷狄和华夏一样，都平等共享文明的成果，华夷秩序晏然。而所谓“天下远近大小若一”，就是超越了一宗一族的界限，而成就民族大团结，天下一家。应当说，这是传统“公羊三世说”构建的理想秩序观，实际上表达了一个人类由野蛮进入文明的秩序构想。最初是“据乱世”，在这个时期，文明程度较低，各族群为生存而斗争，先进者为“华”，后进者为“夷”，此时是严守华夷之别；其后为“升平世”，此时文明有所进化，对于“华”而言，需要“用夏变夷”，将更多的“夷”划入“夏”的范畴之中，此时的“夷”多少带有被动的色彩，体现出对“华”同化的抗争与妥协；最后则是“太平世”，此时原先的“夷”也有了觉醒，对于文明的追求，由被动接受到主动行为，这就是“夷狄进至于爵”，从此此疆彼界逐渐消失，最终天下大同。虽然“公羊三世”理论并非历史实况，却深刻影响了中华民族共同体意识的形成。此后历朝历代治国理政者，对待华夷之辨，总体的倾向是搁置争辩而倡导“天下一家”，并且认为只有秉持此种观念者，方能彰显圣人之治。《礼记》有言：“故圣人耐以天下为一家，以中国为一人者，非意之也。”[②]《礼记》各篇并非作于一时，其中文章也较为驳杂，但是至晚不会晚于西汉，且整体上，它是中国传统礼法思想的绝对正统。由此可知，至晚在西汉时期，“天下一家”“王者无外”的思想，已经成为正统思想主流，此后再以夷狄之辨强分彼此，并不能成为具有说服力和鼓动性的说辞。“血统论”或“出身论”，在某些历史时期可能甚嚣尘上，但很快就归于烟消云散。重视文化与文明，较之于血统出身，更能成为普通民众的共识。陈寅恪先生在《唐代政治史述

① （汉）何休注、（唐）徐彦注：《春秋公羊传注疏·隐公元年》，上海古籍出版社1990年版，第18页。

② 杨天宇撰：《礼记译注》，上海古籍出版社2004年版，第275页。

论稿》中开篇即云：“唐源于夷狄，故闺门失礼之事不为异也。”[①]追根溯源，唐统治者有着胡人血统确定无疑，社会中的“胡风”盛行也是事实。但是古往今来，从未有人将唐王朝视为夷狄王朝，即便是对于夷夏之辨非常挑剔的南宋理学家，也没有指摘唐朝的“胡化”情形。而唐统治者，更是不以夷夏之辨为意，相反，他们在努力消弭民族的畛域。本来古往今来，善于治国理政者，皆能善用“夷夏之辨”，担任好夷夏共主的角色，唐朝堪称楷模。如唐太宗即宣称：“自古皆贵中华，贱夷、狄，朕独爱之如一。”[②]正是在这种天下一家的夷夏观的指引之下，唐朝实行了颇为开明的民族政策与法制，唐太宗本人也不仅仅被华夏之人奉为天子，同样为四夷藩部奉为“天可汗”。更有甚者，唐朝的“夷狄进至于爵”，已经突破了传统上“化内”的范畴，而扩展至“化外”。“化外”这已经不是传统“夷夏”范畴可以囊括的了。最典型者，如当时朝鲜半岛的新罗人崔志远、日本的阿倍仲麻吕等，皆是以化外人（外国人）的身份，而仕宦于唐王朝，这真正是“天下一家”的典型体现。此后的辽金元等少数民族建立的政权，其天子同样注意平衡所谓“华夷”，即便未必能够取得成功，但是从未停止在这方向上的努力。

至明清，治国理政者更是将“天下一家”“王者无外”这种精神意识发挥到极致，统治者不仅仅要担任本部族的首领，还要当天下人的“共主”。明朝建立的东亚朝贡体系，即是这种意识的产物。而满洲人，虽以居于一隅的地方部落取代明朝入主中华，但同样继承了明代的天下观。当有些汉人以狭隘的“华夷之辨”来质疑清廷统治的合法性时，清朝皇帝不惜对整个历史上的“华夷之辨”进行细致检讨来反驳之，这在雍正皇帝的《大义觉迷录》一书中表现得最为明显。针对汉人提出的“夷狄为禽兽，满洲为夷狄，明亡清兴乃夷狄篡窃”等一系列论点，《大义觉迷录》一一明辨，其主要结论就是：夷狄只是地理籍贯，版图决定了华夷分野；华夷之别最根本在于人伦、在君臣大义，而不在于种姓部族；华夷同秉阴阳之气，皆得应运而兴；为政之本在德，不在华夷之别，得民心者得天下，明亡清兴，在于明之失民心，并非夷狄篡窃，相反清作为夷狄，得华夏之民心，方能得天下。应该说，雍

---

① 陈寅恪：《唐代政治史述论稿》，上海古籍出版社1997年版，第1页。

② （宋）司马光编著、（元）胡三省音注：《资治通鉴》卷198，中华书局1956年版，第6247页。

正皇帝在《大义觉迷录》中对论者针对其私德和私生活的指摘，往往有强词夺理欲盖弥彰之嫌，但是就“华夷之辨”这个问题，回答得可谓有理有据，晓畅明白。事实上，雍正皇帝的这些结论，都不是他自己的创造，而是“华夷之辨”在历史长河的发展过程中，形成的为广大人民普遍接受的主流观念，雍正皇帝只不过是将这些观念集中表达出来，并无新意。正因为雍正皇帝关于“夷夏之辨”的看法不过是些常识，且《大义觉迷录》一书暴露了皇室许多隐私，故而当乾隆皇帝上台后，立刻禁绝此书，亦未见有任何的波动。这一切充分证明，那种以一族一姓为区分标准的“华夷之辨”，在普通人的“夷夏观”这个领域，早就没有了市场。

相反，“华夷之辨”甚至已经突破一国势力所及领域，不仅出现“华夷之变”，甚至带有了“国际化”的色彩。譬如明亡清兴之后，原为明朝藩国的朝鲜，虽然迫于武力表面上奉清朝为正朔，但在其国内，依然从祀明朝，且以“小中华”自居。而同时期的江户日本，也称明亡清兴乃“华夷变态”，继而认为自己才有资格成为“中华”“神州”。越南阮朝时期，其治国理政，也一仿清朝，在与中国的关系上，奉中华为宗主；在其法度的治理上，颁行《皇越律例》，基本可看成是《大清律例》的翻版；而在处理其他对外关系上，同样也有“华夷之辨”，只是在这种情形中，越南是“华”，而现在位于老挝、柬埔寨内的其他小国，则被其视为“夷”。这些都说明，此时的“华夷”，乃是一个纯粹的文化概念，与血缘、族群殊无关联。

清朝统治者自然深谙此点，论血缘、民族他们自然属于所谓“夷狄”，唯有诉诸伦理道德、文化因素，方能消弭狭隘的“华夷之辨”给他们带来的困扰，故而他们有意识地用夏变夷，最终成为天下的共主。也正因为如此，清代在开疆拓土、团结部族，塑造中华民族共同体意识上，继续做出了历史性的贡献。

四、结论

正所谓除却历史，无从谈文化。中华民族共同体意识，不是从来就有的，它经历过一个非常曲折漫长的历史发展过程，它是不同的族群、地域、文化、民族等斗争、同化、分裂、融合的产物。最初表现为部落斗争和联合，形成华夏部落联盟，为中华文明的定型打下了一个良好的基础。为了维护这个部落联盟的生存，华夏部族最初以严辨夷夏作为工具。最初的夷夏之辨，带有区分族类、血缘和地理区域的色彩。

但是这种夷夏之辨，终究难以抵挡人类文化进步的一般规律。这个一般规律，就是不同形态和发达程度的文化之间，天然存在着交流的倾向。表现为文化形态和程度较高的一方，会自觉不自觉地吸收或者同化形态和程度较低的一方；而后者，则同样会主动吸收或者被动接受前者的影响。这个过程肯定不是一帆风顺，当中自然也会出现后进者顽固抵制先进文明的影响，或者因为种种情势先进者文明发生倒退的情形。但是总的趋势，则是“用夏变夷”，人类逐渐向着更高文明形态的共同体迈进。

“用夷变夏”，同样是一个漫长且充满艰难曲折的过程。“夷”越趋近于“夏”，“夷夏之辨”就会越发衰微，就越容易结成共同体。“多元”诚然依旧会保留，但是“一体”却是不可避免的归宿。“多元”可以视为“夷”“夏”发展过程中传统现象的保留，而“一体”则是它们发展过程中本质上的进步。因此，从“华夷之辨”到“天下一家”，再到中华民族共同体的历史演进，乃是历史的归宿和必然。

中国共产党建构中华民族“多元一体”格局新面貌

周竞红*

中华民族“多元一体”格局是历史中国“五方之民”之裔共天下现代转型的结果，也是老一代民族学家对历史中国和现实国情的理论创新。中华民族“多元一体”格局由于中国共产党的诞生，并在其率领各民族人民浴血革命、奋力建设、探索改革、创新发展中面貌一新。

一、中华民族“多元一体”格局理论与凝聚新核心

依据费孝通先生中华民族“多元一体”格局理论，中华民族有一个从自在到自觉的历史过程。费先生提出“中华民族作为一个自觉的民族实体，是近百年来中国和西方列强对抗中出现的，但作为一个自在的民族实体则是几千年的历史过程所形成的。

中华民族多元一体格局的形成过程，是由许许多多分散孤立存在的民族单位，经过接触、混杂、联结和融合，同时也有分裂和消亡，形成一个你来我去、我来你去，我中有你、你中有我，而又各具个性的多元统一体。这也许是世界各地民族形成的共同过程。中华民族这个多元一体格局的形成还有它的特色：“在相当早的时期，距今3000年前，在黄河中游出现了一个由若干民族集团汇集和逐步融合的核心，被称为华夏，像滚雪球一般地越滚越

---

* 周竞红，中国社会科学院民族学与人类学研究所研究员，中国民族理论学会第十一届理事会副会长兼秘书长，主要研究领域：中国民族问题、马克思主义民族理论民族政策。主持完成国家社科基金3项、中国社会科学院重点学科扶持项目1项、B类项目1项、国情调研项目2项、创新工程项目1项。作为课题组成员参与中央“马工程”项目1项、国家社科基金项目重大委托项目3项。目前在研项目国家社科基金项目1项、中国社会科学院创新工程项目1项。独立完成学术著作3部，合作编著学术著作8部，其中3部著作获国家民委民族问题研究成果奖，独立发表期刊研究论文和理论文章130余篇。

大，把周围的异族吸收进入了这个核心。”[①]依此说，从政治生活角度来看，在王朝国家数千年漫长“大一统”政治运行中，先秦的分布于古老中华大地的“五方之民”之裔不断互动演化，终以华夏为核心出现秦汉统一，此后以各有具体称谓的“夷狄”之属，与华夏之裔共为臣民自在自存于统一的王朝社会政治生活中。中原地区则为王朝中央政治中心，依据“夷狄”之属与政治中心关系密切程度，王朝中央施行各具针对性的政治统治。差异族体间和平相处之时，便是各族经济社会生活互补交融之际；发现权争冲突直至开启战争之时，便会导致生灵涂炭，经济社会发展受损之局面发生。

在2000多年大一统王朝兴替迭代过程中，差异族体间相互关系形成“华夷”之论的王朝系统观念框架。此外，依费先生之说，自在的中华民族日益凝聚缘于中原华夏——汉族这个核心。“从新石器时期发展到青铜器时期，已经在黄河中游形成它的前身华夏族团，在夏商周三代从东方和西方吸收新的成分，经春秋战国的逐步融合，到秦统一了黄河和长江两大流域的平原地带。汉继秦业，在多元的基础上统一成为汉族。汉族的名称一般认为到其后的南北朝时期才流行。经过两千多年的时间向四方扩展，融合了众多其他民族的人”[②]。也就是说，在“五方之民”之裔共天下的基础上，随着“一统天下”的中央王朝政权社会事务管理机制的生成，在维护中央皇权的过程中，古代社会“五方之民”之裔间的联系日趋密切，中原中央王朝和农业社会相对稳定的经济支撑使其社会更为发展，并成为一个发展中心。不论“夷狄”入中原，还是中原人口的外溢，都大大扩展了以农耕为业的汉人社会经济文化影响力，从而使之如费孝通先生所称“如滚雪球般”得以壮大。在千年的历史长河中，这个壮大的过程不论就人口还是文化方面来说，都是一个在吸纳中发展的历史过程，使之发挥了凝聚自在的中华民族“多元一体”格局核心的作用。

随着西方列强以坚船利炮打开末代王朝中国的大门，最早开眼看世界的仁人志士日益认识到，“西夷”实力和诉求难以再用传统的“华夷”观解释和应对，西来“民族”思想与传统的“华夷”思想相结合，在保国保种保教

① 费孝通著：《费孝通民族研究文集》下，中央民族大学出版社2006年，第244页。

② 费孝通主编：《中华民族多元一体格局》，中央民族大学出版社1999年，第31页。

的社会诉求中，种族民族思想日益流行，自在的中华民族意识得以启发。从中华民族自觉，到中华民族自决，实现中华民族解放，同样需要有一个核心，这个核心的形成过程正如习近平总书记在庆祝中国共产党成立100周年大会上的讲话中指出的："为了拯救民族危亡，中国人民奋起反抗，仁人志士奔走呐喊，太平天国运动、戊戌变法、义和团运动、辛亥革命接连而起，各种救国方案轮番出台，但都以失败而告终。中国迫切需要新的思想引领救亡运动，迫切需要新的组织凝聚革命力量。""十月革命一声炮响，给中国送来了马克思列宁主义。在中国人民和中华民族的伟大觉醒中，在马克思列宁主义同中国工人运动的紧密结合中，中国共产党应运而生。中国产生了共产党，这是开天辟地的大事变，深刻改变了近代以后中华民族发展的方向和进程，深刻改变了中国人民和中华民族的前途和命运，深刻改变了世界发展的趋势和格局。"①正是在这些深刻的历史性改变中，中国共产党从50余人的信仰马克思主义小组织，历经两次国内革命战争、抗日战争和解放战争，团结一切可以团结的力量，在领导各民族工农革命中将自己锻造成为中国工人阶级的先锋队，中国人民和中华民族的先锋队，由此成为中华民族"多元一体"格局不断凝聚的核心。

在一百余年的革命、建设、改革和发展进程中，中国共产党在马克思列宁主义、民族和国家理论指导下，结合中国国情实际，"团结各民族于一体"，率领"多元一体"格局的中华民族在觉醒中浴血奋战，国共两度合作反抗封建主义和帝国主义，特别是国共结成统一战线共同抗战，取得抗日战争的伟大胜利，使中华民族终于从帝国主义压迫中解放出来。抗日战争胜利后，中华民族面临着两条道路、两种抉择和两种命运。在这关键历史时刻，中国共产党充分发挥自身优势，以维护人民根本利益为核心使命，以人民大众的关切为核心关切，以人民民主政治为追求目标，继续率领中华各民族团结一体，进行了伟大的解放战争。最终在革命斗争中，各民族人民选择了中国共产党，也就选择了人民民主专政之路，终结了帝国主义、封建主义和官僚资本主义在中国的统治时代，为中华民族"多元一体"格局开启了新纪

---

① 习近平：《在庆祝中国共产党成立100周年大会上的讲话》，《人民日报》2021年7月1日，第2版。

元。依费先生之说，历史上中华民族“多元一体”的凝聚核心是汉族，但是，自在的“多元一体”格局不具有现代意义的平等和团结，不同族体的交往交流交融大多出于生存之需，或忠于皇权，或为皇权政治所驱使。特别需要指出的是，古代中国各族统治阶级上层之间结成统治联盟，迫使各族人民效忠于王朝中央皇权及本民族统治上层而共“天下”是历史中国“大一统”的阶级本质，由此，客观上为统一的多民族国家创造了历史条件。正是从这个意义上说“各民族多元一体，是老祖宗留给我们的一笔重要财富，也是我们国家的重要优势。我国各族人民共同缔造了中华人民共和国，都为中华民族形成和发展作出了卓越贡献。”[①]但是，中国共产党以民族平等立国，终结了“人民五亿不团圆”的历史，使民族平等团结的中华民族“多元一体”格局呈现出新面貌，有着伟大理想的中国共产党组织在革命实践中成为中华民族“多元一体”凝聚核心力量，中国共产党的领导、人民民主、民族平等团结成为中华民族“多元一体”新旧格局的分水岭。

二、建设中华民族“多元一体”格局新社会新国家

中华人民共和国成立后，中国共产党作为中华民族“多元一体”格局的凝聚核心，对中华民族的新社会新国家不断进行伟大历史性影响建设、不断为实现中华民族伟大复兴创造有利的社会条件。中国共产党领导各民族人民，在中华民族“多元一体”格局的历史基础上，积极致力于建设人民民主的中华民族“多元一体”格局新政治制度和新社会生活。1949年第一届中国人民政治协商会议通过的《共同纲领》规定“中华人民共和国为新民主主义即人民民主主义的国家，实行工人阶级领导的、以工农联盟为基础的、团结各民主阶级和国内各民族的人民民主专政，反对帝国主义、封建主义和官僚资本主义，为中国的独立、民主、和平、统一和富强而奋斗”。[②]“中华人民共和国境内各民族，均有平等的权利和义务”，[③]确立了“中华人民共和国中央人民政府必须负责将人民解放战争进行到底，解放中国全部领土，完成统

① 中共中央文献研究室编：《习近平论社会主义政治建设摘编》，中央文献出版社2017年，第166页。

②③ 中共中央文献研究室编：《建国以来重要文献选编》第1册，中央文献出版社2011年，第2页。

一中国的事业”[①]的中华民族伟大复兴的目标。历经土地改革、民主建政和民主改革和社会主义改造等一系列革命性的社会变革，中华民族“多元一体”格局呈现全新的面貌。此后，封建压迫制度被消除，中华民族“多元一体”格局新的政治、经济、文化、社会生活体制得以构建，人民民主政治制度服务于各族人民的经济社会文化发展。单一制国体与民族区域自治制度相结合，成为构建中华民族“多元一体”格局新面貌的政治保障，民族区域自治制度成为保障构成中华民族各民族单元平等、团结、互助、合作的基本政治制度，构成中华民族多元一体格局的各民族单元的关系得到空前有效调整，新型人民国家政治保障了各民族生活于团结友爱的多民族大家庭。中华民族从此终结了“人民五亿不团圆”之面貌。

随着新民主主义革命任务的完成，人民民主国家政治、经济、文化、教育、卫生事业不断发展进步，社会主义基本制度确立，中华民族“多元一体”格局以新面貌过渡到社会主义革命和建设阶段。中国共产党领导各民族人民不断探索建设社会主义路径并取得初步成就。在此进程中，由于受到“左”的错误思潮干扰，社会主义建设历经曲折和政策失误的经验教训，中华各民族为此付出沉重代价，人民大众最为关切的社会经济生活改善步伐日益缓慢，社会经济发展不断在波动中受损。据相关研究，从1953年中国社会转入大规模经济建设并向社会主义过渡，到1978年改革开放前，社会经济发展先后出现过6次波动，其间国民经济出现3次负增长。其中前两次波动较小，即1953—1955年、1956—1957年期间，随后的4次波动皆属大波动。1960—1962年连续3年的负增长中，1961年经济增长率达至谷底，呈-27.3%。经济增长率的峰顶与谷底之间的落差为48.6个百分点。这次经济过热导致随后国民收入绝对量下降，直到1964年，才恢复到1957年的水平。1976年，国民经济再次受到严重的冲击，经济增长迅速下滑，1976年的GDP增长呈-1.6%，中国国民经济出现第三次负增长。[②]尽管这一时期中华民族经济社会发展受到巨大挑战，但是，中华民族“多元一体”格局的凝聚仍然得到党和政府的重视并不断推进。毛泽东1957年指出：“人民所厌恶的国家分裂和混乱的局

---

① 中共中央文献研究室编：《建国以来重要文献选编》第1册，中央文献出版社2011年，第3页。

② 王丁宏主编：《当代中国经济》，东北大学出版社2017年，第222—223页。

面，已经一去不复返了。我国的六亿人民正在工人阶级和共产党的领导下，团结一致地进行着伟大的社会主义建设。国家的统一，人民的团结，国内各民族的团结，这是我们的事业必定要胜利的基本保证。”[①]当时，毛主席还指出“中国少数民族有三千多万人，虽然只占全国总人口的百分之六，但是居住地区广大，约占全国总面积的百分之五十至百分之六十。所以汉族和少数民族的关系一定要搞好。这个问题的关键是克服大汉族主义。在存在有地方民族主义的少数民族中间，则应当同时克服地方民族主义。无论是大汉族主义或者地方民族主义，都不利于各族人民的团结，这是应当克服的一种人民内部的矛盾。在这方面，我们已经做了一些工作，在大多数民族地区民族关系比较从前大有改进，但是仍然存在着一些尚待解决的问题。在一部分地区，大汉族主义和地方民族主义都还严重地存在，必须给予足够的注意。经过各族人民几年来的努力，我国民族地区绝大部分都已经基本上完成了民主改革和社会主义改造”[②]。就是说在不断探索人民民主发展和社会主义革命建设进程中，中国共产党十分重视中华民族“多元一体”格局内部的团结和凝聚的问题。中国共产党第一代领导集体在推进社会主义事业发展进程中不仅在理论上强调中华民族大团结的基础性，在实践方面也积极探索，切实消除历史上遗留下来的不利于中华民族大团结的因素，促进各民族间的相互支持与合作，同时也明确指出不利于中华民族大团结的关键问题，即“两种民族主义”的克服问题、克服这些问题的正确方式，以及如何判断这些问题的性质。惜者在此时期，由于受到“左”的错误思潮的影响，相关制度建设迟滞，中华民族“多元一体”格局的社会主义关系建设受到相当程度的破坏。中国共产党的十一届三中全会，扭转了中华民族探索社会主义道路的错误方向。中华民族在中国共产党的领导下开启改革开放新的历史进程，中华民族“多元一体”格局呈现新时期的新风貌。

① 毛泽东：《关于正确处理人民内部矛盾的问题》，人民出版社1957年，第1页。
② 毛泽东：《关于正确处理人民内部矛盾的问题》，人民出版社1957年，第23页。

三、深化改革开放谋求中华民族“多元一体”格局新凝聚

中国共产党作为中华民族的凝聚核心，十一届三中全会后不断推动其工作重心向社会经济建设转移，党和政府探索经济体制改革，千方百计寻求发展生产力的途径，不断推出解放生产力的举措，积极协调生产关系，不论是农村的家庭联产承包责任制、国有企业改革和城市经济体制改革等日益取得实效，社会思想领域重新回归实践是检验真理的唯一标准。中华民族在思想解放中团结起来向前看，集中力量谋发展。改革开放使城市和农村经济体制日益充满活力，各族人民的生产积极性被充分调动起来，社会主义事业和社会主义建设不断取得成就，人民经济社会生活得以不断改善。在深化改革和创新中，中华民族走出一条中国特色社会主义道路。党中央在思想解放中对新时期中国社会主义所处历史阶段有了全新的判断，中国共产党的十三大报告指出：“正确认识我国社会现在所处的历史阶段，是建设有中国特色的社会主义的首要问题，是我们制定和执行正确的路线和政策的根本依据。”①“对这个问题，我们党已经有了明确的回答：我国正处在社会主义的初级阶段。这个论断，包括两层含义：第一，我国社会已经是社会主义社会。我们必须坚持而不能离开社会主义。第二，我国的社会主义社会还处在初级阶段。”②中华人民共和国历经30余年的革命、建设探索，中国共产党认识到不经过生产力的巨大发展就越过社会主义初级阶段，是革命发展问题上的空想论，是“左”倾错误的重要认识根源。③正是由于认识到中国社会所处的历史阶段，党中央在改革创新实践中探索进行社会主义市场经济体制的改革，促成中华民族经济活动日益活跃，生产力发展水平不断提高，经济体制在改革探索中日益符合和回应人民对经济文化生活水平不断提升的需求。在改革开放中，社会主义市场经济不断取得经验，特别是全国各地基础设施和公共服务的不断改善，以及全国统一大市场的形成并日益规范化，为各民族

① 中共中央文献研究室编：《十三大以来重要文献选编》上，中央文献出版社1993年，第8页。
② 中共中央文献研究室编：《十三大以来重要文献选编》上，中央文献出版社1993年，第8—9页。
③ 中共中央文献研究室编：《十三大以来重要文献选编》上，中央文献出版社1993年，第9页。

交往交流交融的深化和广泛性提供了基础性条件。中华民族"多元一体"格局在新时期呈现出凝聚力空前增强的态势。

中国共产党几代领导人在马克思、列宁主义指导下，不断总结革命、建设、改革和发展进程中的经验与教训，马克思列宁主义在同中国实际结合中不断与时俱进地中国化，在不断探索中确立和完善中国特色社会主义制度，由此，中国特色解决民族问题的正确道路也日益明晰且与时俱进。面对经济全球化所带来的世界百年未来之大变局，中国共产党人基于道路自信、理论自信、制度自信、文化自信，在推进中国特色社会现代化进程中解决民族问题的道路抉择、制度设计、法律保障、政策理念和发展目标更加具有新时代的特征。坚持中国共产党的领导和中国特色社会主义道路，坚持和完善民族区域自治制度以维护国家统一和各民族一律平等。各民族共同团结奋斗推进中国社会经济全面发展，中华民族建设获得坚实的物质基础。新时代，中国共产党作为中华民族凝聚的核心，不仅关注到凝聚中华民族的物质基础，同时也关注凝聚中华民族的思想基础——铸牢中华民族共同体意识得以提出，并产生了广泛而深入的社会影响。

深化改革的总目标引领中华民族的新建设，即"完善和发展中国特色社会主义制度，推进国家治理体系和治理能力现代化"。"更加注重改革的系统性、整体性、协同性，加快发展社会主义市场经济、民主政治、先进文化、和谐社会、生态文明，让一切劳动、知识、技术、管理、资本的活力竞相迸发，让一切创造社会财富的源泉充分涌流，让发展成果更多更公平惠及全体人民。"[①]市场经济繁荣发展，强化了中华民族"多元一体"各民族单元间交往交流交融的深度和广度，各民族和睦相处、和衷共济、和谐发展成为社会主义民族关系不断巩固和发展的主流态势。平等、团结、互助、和谐的社会主义民族关系的巩固发展为实现中华民族伟大复兴提供了保障。

在改革开放中，中国共产党带领中华民族"实现了从高度集中的计划经济体制到充满活力的社会主义市场经济体制、从封闭半封闭到全方位开放的历史性转变，实现了从生产力相对落后的状况到经济总量跃居世界第二的历

① 《中共中央关于全面深化改革的若干重大问题的决定》（2013年11月12日），《〈中共中央关于全面深化改革若干重大问题的决定〉辅导读本》，人民出版社2013年，第3页。

史性突破，实现了人民生活从温饱不足到总体小康、奔向全面小康的历史性跨越……”[①]历史性转变、历史性突破、历史性跨越奠定了中华民族伟大复兴的可靠的物质基础和经济社会发展的体制保障。新中国成立70余年来，中华民族“多元一体”格局新面貌以各民族共同团结奋斗共同繁荣发展态势进入新时代。党中央认识到“改革开放最主要的成果是开创和发展了中国特色社会主义，为社会主义现代化建设提供了强大动力和有力保障。事实证明，改革开放是决定当代中国命运的关键抉择，是党和人民事业大踏步赶上时代的重要法宝”[②]。

在习近平新时代中国特色社会主义的建设迈出新步伐，中国特色社会主义进入新时代之时，中华民族建设进入了全新时代，中华民族“多元一体”格局面临全新发展态势和面貌。中国共产党领导中华民族团结奋斗的第一个百年目标得以实现，中华民族摆脱了绝对贫困的羁绊，历史性地解决了绝对贫困问题，实现了全面建成小康社会目标并确立了中国共产党第二个百年奋斗目标。中华民族“多元一体”各民族单元的人民对美好生活的共同追求，促成中华民族“多元一体”格局具有了新时代的新特征。党的十八大以来，中国特色社会主义市场经济繁荣，进一步为中华民族“多元一体”各民族深度交往交流交融拓展出新领域和新平台，国家经济社会的全面发展和民生的不断改善，以及各民族地区基础设施的不断升级改造，在党和政府的推动下，各民族在经济活动、社会活动和文化活动中交往交流交融范围、深度和广度空前发展。城市化和城镇化的发展，为各民族人口大流动、大交流和大融居提供了更为宽阔的场域和新的形态。

在新时代推进深化改革进程中，中国共产党以实现人民对美好生活向往为核心目标，追求国家治理体系治理能力现代化并强化中华民族建设，团结凝聚中华民族“多元一体”为推动中国特色社会主义建设强有力的共同体，在“四个全面”战略目标“五位一体”总体布局引领下，坚持和完善中国特色解决民族问题的正确道路。在2021年8月召开的中央民族工作会议上，党

---

① 习近平：《在庆祝中国共产党成立100周年大会上的讲话》，《人民日报》2021年7月1日，第2版。

② 《中共中央关于全面深化改革的若干重大问题的决定》（2013年11月12日），《〈中共中央关于全面深化改革若干重大问题的决定〉辅导读本》，人民出版社2013年，第2页。

中央进一步部署了面向深化改革开放和世界百年未有之大变局形势下的民族工作。党中央部署民族工作确立的核心目标紧紧围绕中华民族富强、民主、文明的现代化建设展开。习近平总书记提出：“要准确把握和全面贯彻我们党关于加强和改进民族工作的重要思想，以铸牢中华民族共同体意识为主线，坚定不移走中国特色解决民族问题的正确道路，构筑中华民族共有精神家园，促进各民族交往交流交融，推动民族地区加快现代化建设步伐，提升民族事务治理法治化水平，防范化解民族领域风险隐患，推动新时代党的民族工作高质量发展，动员全党全国各族人民为实现全面建成社会主义现代化强国的第二个百年奋斗目标而团结奋斗。”同时指出：“必须从中华民族伟大复兴战略高度把握新时代党的民族工作的历史方位，以实现中华民族伟大复兴为出发点和落脚点，统筹谋划和推进新时代党的民族工作”以及“要赋予所有改革发展以彰显中华民族共同体意识的意义，以维护统一、反对分裂的意义，以改善民生、凝聚人心的意义，让中华民族共同体牢不可破。”铸牢中华民族共同体意识成为新时代党的民族工作主线和纲，在此主线和纲的指导下，在民族事务治理体系治理能力现代化及党和政府民族工作高质量发展中要处理好中华民族“多元一体”格局中的“四对关系”，即把握好共同性和差异性的关系、中华民族共同体意识和各民族意识的关系、实现好中华民族共同体整体利益进程中各民族具体利益以及中华文化和各民族文化的关系。正确把握共同性和差异性的关系，按着增进共同性、尊重和包容差异性为原则，做好做细做扎实新时代党的民族工作。在新时代中华民族建设中，中华民族“多元一体”格局表现出新面貌：“多元”与“一体”间关系更加紧密，“多元”为“一体”的壮大不断提供经济文化支撑，“一体”则为“多元”政治、经济、文化、社会发展注入科学发展和多方面的精神物质保障。中华民族“多元一体”格局在中国共产党的领导下，高举民族团结的伟大旗帜，在中国政治、经济、文化、社会生活各领域，你中有我、我中有你，谁也离不开谁的关系得以全面深化，在依法依规解决具体的矛盾和问题中不断创建中华民族大团结的新形式和新境界。在推进中国特色社会主义建设和构建中国特色、解决民族问题道路进程中，中国共产党人依据统一的多民族中国国情实际，不断创新马克思列宁主义民族理论实践，取得了现代化中国建设进程中马克思主义民族理论中国化的最新成果，这些成果为充分认识和理解并推进中华民族“多元一体”格局走向现代化，提供了重要的理论引领。

总之，自从有了共产党，中华民族“多元一体”格局便在中华民族自觉之路上找到了全新的凝聚核心。随着中国共产党组织的壮大，中国共产党在领导新民主主义革命中就高举中华民族大团结的伟大旗帜，在革命实践中推进马克思主义民族理论中国化，同资产阶级的民族观和民族主义进行不懈的斗争，创新构建以民族平等团结为基础的中华民族“多元一体”格局新面貌，“多元一体”的中华民族由于有了中国共产党全面领导，各民族人民在追求解放、富强、美好生活和共同现代化过程中日益凝聚成命运共同体。这个命运共同体百年来的凝聚为中华民族伟大复兴开辟了道路，提供了坚实的社会保障。以中国共产党领导为“多元一体”的中华民族凝聚核心，在从站起来、富起来和日益走向强起来的征程上，中华民族“多元一体”格局呈现全新的面貌。在新时代的伟大征程中，中华民族必将呈现为共同团结奋斗、共同繁荣发展之大趋势。中华民族“多元一体”格局新面貌必将促使各民族继续守望相助，休戚与共、荣辱与共、生死与共、命运与共，形成认同度更高、凝聚力更强、更具包容性和更加密不可分的共同体。“多元一体”的中华民族共同体必将以认同度更高、凝聚力更强、更具包容性和更加密不可分的新面貌直面百年未有之大变局和大疫世界流行的挑战，共同团结奋斗实现中国共产党第二个一百年的奋斗目标，实现中华民族伟大复兴的中国梦。

轴心时代、中华文明与未来人类文明构建

陈　思*

2014年10月15日，习近平在北京主持召开文艺工作座谈会时发表讲话指出："德国哲学家雅斯贝尔斯[①]在《历史的起源与目标》[②]一书中写道，公元前800年至公元前200年是人类文明的'轴心时代'，是人类文明精神的重大突破时期，当时古代希腊、古代中国、古代印度等文明都产生了伟大的思想家，他们提出的思想原则塑造了不同文化传统，并一直影响着人类生活。这段话讲得很深刻，很有洞察力。"[③]

在"一战"结束后盛行的存在主义思潮中，德国哲学家雅斯贝尔斯一直生活在尼采与海德格尔投射的漫长阴影之中，在中国传统经典的阅读中度过了黑暗年代。当"第三帝国"轰然崩塌时，雅斯贝尔斯的"世界历史轴心"概念才得以浮出水面，引起西方哲学与社会学家长期而广泛的讨论，为唤醒德意志民族的文化反思做出了重要贡献。1949年，雅斯贝尔斯的《历史的起源与目标》进一步完整、系统地提出"轴心时代"概念，集中体现了他的历史哲学思想。雅斯贝尔斯试图从文化形态的角度和哲学的高度整体把握人类历史的本质，探索人类发展的奥秘。

---

*　陈思简介见本书243页注。

①　雅斯贝尔斯（Karl Jaspers，1883—1969），德国哲学家，存在主义的主要代表之一。曾任海德堡大学、巴塞尔大学教授。倡导存在哲学（后又称新人道主义），是20世纪具有世界性影响的重要哲学家。主要著作有《论历史的起源与目标》《我们时代的理性与反理性》《世界观的心理学》《罪责论》《生存哲学》《海德格尔札记》《哲学自传》等。

②　《历史的起源与目标》出版于1949年，书中突破长期以来的西方中心论，创造性地提出轴心期理论。他宏观对历史进行分期，认为人类发展经历了四个阶段，即史前、古代文明、轴心期、科学技术时代。其中史前和古代文明为间歇期，公元前800年到公元前200年为轴心期，而他强调轴心期的重要性，提出每一次人类历史的飞跃都要回顾轴心期即复兴。

③　《习近平：在文艺工作座谈会上的讲话》，引自中国政府网。

一、轴心时代位于何处

《历史的起源与目标》把人类历史分为四个时代。

史前时代，指公元前5000年以前人类所经历的漫长演进过程，也称为“普罗米修斯”[①]时代。星星之火在荒原的洞穴中亮起，人类实现了从动物到人的转变，开始聚集成大的部落，彼此合作，制造石器，丰富语言、创造文字，并尝试用神话故事来表达自己对这个未知世界的理解。

古文明时代，指公元前5000年至公元前3000年间，尼罗河、幼发拉底河与底格里斯河、印度河、黄河流域形成了庞大的集权国家。人们为了向世人宣告自己站上巅峰，兴建了雄伟、不朽、令人惊叹的建筑物。然而这些文明因各种条件的聚合而诞生，也会因条件的离散而湮灭。

经过2000多年的“间歇期”，人类随之进入轴心时代。公元前800年至公元前200年间，欧亚大陆沿着北纬25度至35度区间，古代希腊、古代中国、古代印度三大文明圈的人类思维率先开始突飞猛进地转化，人们开始以道德的方式面对这个世界，用理智的方法处理遇到的问题。“终极关怀觉醒”[②]之火如燎原之势，虽远隔千山万水，却此起彼伏，交相呼应。开山立派的智者们在这一阶段同时出现，人类文明进入群星闪耀的时刻——古代希腊出现了苏格拉底、柏拉图和亚里士多德；古代中国出现了老子、孔子、孟子、庄子、墨子、荀子、韩非子等；古代印度出现释迦牟尼。这些精神导师相继走上历史舞台，几乎把旧有的格局彻底打破，使东西方几大文明奇迹般地同时产生了中心式爆发，形成了人类思想史的重大突破，共同进入一个创造性思维意识集体进取的时代。轴心时代的先贤们提出了人类面对自然和社会的共同问

---

① 普罗米修斯（古希腊语：Προμηθεύς、英语：Prometheus，名字的含义是“先见之明”），是古希腊神话中泰坦一族的神明之一，他是地母盖亚与乌拉诺斯的儿子伊阿珀托斯与克吕墨涅所生，和厄庇墨透斯是兄弟。普罗米修斯曾与智慧女神雅典娜共同创造了人类，普罗米修斯负责用泥土雕塑出人的形状，雅典娜则为泥人灌注灵魂，并教会了人类很多知识。普罗米修斯还反抗宙斯，将火种带到人间。

② 终极关怀概念由中国哲学家张岱年提出。终极关怀源于人之存在的有限性，源于人之企盼生命存在的无限性，它是人类超越有限、追求无限以达到永恒的一种精神渴望。对生命本源和死亡价值的探索构成人生的终极性思考。这是万物灵长——人类独具的哲学智慧，寻求人类精神生活的最高寄托以化解生存和死亡尖锐对立的紧张状态，这是人类超越性的生死价值追求。

题以及自身文明的独特问题，他们所阐述的思想基本框定了人类此后各种精神坐标的理论与实践体系，奠定了各种文化的形态，描绘了各种文明的精神底色。

轴心时代之后，人类在16世纪迎来了西方主导的科学和技术时代。科技推动历史发生突变，人类开始了真正意义上的全球史。但科技在改造自然、社会和人的过程中，也产生了巨大的负面影响，造成生态灾难、人的自由消失、人的生存困境等问题。有鉴于此，雅斯贝尔斯又将目光投向东方。他认为，中国文化可以促进欧洲的自我反省能力，通过阐释孔子等先贤的思想，可以克服当代西方人的心灵危机。

二、重大突破从何而来

轴心时代的三大文明圈在时间与空间上具有一致方位，这不是历史的巧合，其中深藏着至关重要的共同因素。进入铁器时代后，三大文明圈处于相似的内忧外患局面，急需人才的门阀望族开始允许任何阶层的智者参与社会治理及道德文化构建，以期在乱世中占有更多的资源。而智者们在不同阶层和各种政治势力间纵横捭阖，他们有着更充分的条件来思考人与庞大外界的关联，从而实现人对本我、自我和超我的认知。这个庞大的群体在轴心时代涌现出一批先哲，他们具备了超越现实生活的眼界，产生了对理想世界的追求，并以此来审视世俗秩序的合理性。《历史的起源与目标》讲述着先哲们认为要尊重一切生命的神圣权利的呼唤，认为同情、尊重和普遍的终极关怀是超越时空和地域的，是全人类共同的伦理规范。从这时起，人类的意识开始觉醒，神话开始让位于理性，人类的思想范式逐渐成形。

关于终极关怀的内容，三大文明圈客观上形成了分工：古代希腊哲学通过理性或者经验对外在的自然或本体进行研究，苏格拉底把目光从宇宙本源回归到人类本身，研究伦理问题——正义与非正义、勇敢与怯懦、诚实与虚伪、“爱智慧”与“有智慧”、国家与治理；古代印度哲学探究世界的形式和人的本质，释迦牟尼在菩提树下静坐，参悟到人类痛苦的根源在于自身的渺小与欲望牵制，提出众生平等的普遍观念，试图让古印度人摆脱精神与制度的双重桎梏；古代中国哲学既有《道德经》中老子对宇宙本源的思考，也有儒家主张天不是一个超验的本体，而是内化于心的思想，孔子通过理想化人格的规范教育让人们获得自我觉醒的智慧和承担使命的勇气，这样的人被称为——君子。

苏格拉底殉道后，远古的阳光照亮了雅典城外的林间空地，柏拉图在这里建立了学园，带着弟子在自然中探索知识的秘境。同一时代万里之外的东方，齐威王创办的稷下学宫①人潮如织，这所高等学府容纳了儒家、法家、道家、墨家、阴阳家、纵横家等各派学者。他们不局限于坐而论道，也致力于退而瞻远。诸子百家的各种思想交错碰撞，既彼此博弈，又相互交融，从而使稷下学宫成为战国时代百家争鸣的中心。他们在治学与思辨中接续完成中华民族的精神构建，丰富了中国文化和中国人的性情。

尽管山海相隔，但伟大的思想生生不息。柏拉图学园存在了近千年，理性的光辉延绵至今；稷下学宫所承载的中华文明在漫长的时光里开枝散叶，源远流长。先哲们为发现现实世界之外的终极真实而努力，将它凌驾于其他领域价值之上，成为社会价值的基础。根据这种最高价值，一个人即使在茫茫的夜色中，他仍然敢于面对黑暗而独立思考：我是谁？我应该做什么？山高水长，人行天地，什么才是生命的终极意义？

三、文化传统向何处去

《历史的起源与目标》诞生于西方主导全球的时代，却以“轴心时代”这一创造性概念颠覆了西方中心论。西方既然不是先验的，因此也不优越。雅斯贝尔斯认为，人类是同时在“轴心时代”获得了一种有意识的总体哲学视野。借此穿越轴心时代的三大文明是幸运的，它们的文化传统一直延续到

---

① 稷下学宫，是世界上最早的官办高等学府，也是中国最早的社会科学院、政府智库。始建于齐桓公田午时期，位于齐国国都临淄（今山东省淄博市临淄区）稷门附近。“稷”是齐国国都临淄城（今山东省淄博市）一处城门的名称。“稷下”即齐都临淄城的稷门附近，齐国君主在此设立学宫。因学宫地处稷门附近而得名“稷下学宫”。稷下学宫在其兴盛时期，汇集了天下贤士多达千人，其中著名的学者如孟子（孟轲）、淳于髡、邹子（邹衍）、田骈、慎子（慎到）、申子（申不害）、接子、季真、涓子（环渊）、彭蒙、尹文子（尹文）、田巴、儿说、鲁连子（鲁仲连）、驺子（驺奭）、荀子（荀况）等。

今天，而且以自己为圆心辐射影响着四周。这些文化传统形成了我们今天所有的感受——道德伦理、春秋大义、爱恨情仇的起点。这些地域的人民，至今仍有着与古人共情的宝贵体验。每当人类社会面临危与机并存的转折时刻，总是可以回过头去，看看轴心时代的先哲们是如何泰然处之的，让远古的火焰重新照亮自己文明的本色，并从中汲取智慧与力量。

尽管轴心时代在被雅斯贝尔斯提出的时候早已逝去了，但他相信它还会在未来以某种形式回归，并以新的面貌出现。如果会，它是什么样子的？

它一定有中国气派。作为三大古典文明之一极，雅斯贝尔斯生前曾经愉悦地徜徉在中国人的精神世界中，感到“在那儿存在着一种与我自己周围的野蛮状态相反的人性存在的共同本原。我对中国的人道精神产生了热爱和赞美之情”。[①]他进而指出：“在中国，孔子乃是理性在其范围与可能性之中首次闪烁出看得见耀眼光芒，并且这些都表现在一位来自百姓的男子汉身上，正是这样的一个‘平常人’实现了轴心时代的突破。”这种表述，与朱熹“天不生仲尼，万古如长夜”是一致的。雅斯贝尔斯在给汉娜·阿伦特[②]的信中也谈到了孔子，他写道：“孔子给我的印象极深。我并不是想捍卫他什么，因为由于大多数汉学家的缘故使他变得平庸乏味，实实在在他对我们来讲是取之不尽的。”[③]他热爱和赞美中国人的精神，对中国的未来充满希望。

同时，雅斯贝尔斯对科学技术时代所造成的传统价值解体后的中国未来也充满了忧虑。在《历史的起源与目标》第二篇“现在与未来”第二章“当前世界形势”中，雅斯贝尔斯引用了1918年他所读到的哥罗特《天下大同说》中的一段话：“天下大同的体系是中国精神文化所能发展的最高境界。唯一能够削弱并使其衰落的力量是有效的科学。只要在中国认真促进科学的时代来临，无疑将会在中国的精神生活中发生彻底的变革，科学会或者必然使中国的内在联系彻底崩溃，或者经历一次再生。在此之后，中国将不再是中国，中国人也将不再是中国人了。中国自身并没有第二套替代旧体制

① ［德］雅斯贝斯（即雅斯贝尔斯）：《雅斯贝斯哲学自传》，上海译文出版社1989年版，第91页。

② 汉娜·阿伦特（Hannah Arendt，1906年10月14日—1975年12月4日），德国思想家、政治理论家，1950年归化为美国公民。

③ ［德］雅斯贝斯（即雅斯贝尔斯）：《雅斯贝斯哲学自传》，上海译文出版社1989年版，第93页。

的新体系，因此旧的体系不可避免地造成解体和混乱。简短地讲，如果人类丧失了‘道’，在他们彻底地实践自己的圣典的律条之时，灾难和灭亡是必然要降临的。……如果它在世界的秩序中是一定数，那么这一残忍的、中断传统的事业就将继续发展，这样，古老中国天下大同学说的文化就屈指可数了——不过，至少不会让数以百万计的民众随着传统文化末日的到来而遭毁灭，因为这些人早已被外国势力置于不幸之中了。”[①]雅斯贝尔斯就此指出：“在这个意义上，欧洲也将不是欧洲，欧洲人也将不是欧洲人，正如他们在哥罗特时代的感受一样。但新的中国人和新的欧洲人会出现，只不过他们的形象我们今天无法预见而已。”[②]

雅斯贝尔斯于“冷战”期间与世长辞，没能目睹古老的中华文明在马克思主义中国化的进程中再度迸发出惊人的活力，没能看到今天的中国经过百年的奋起直追已置身于实现伟大复兴的战略全局当中。

在2014年10月15日的文艺工作座谈会上，习近平在提到雅斯贝尔斯《历史的起源与目标》一书后，继续指出：“古往今来，中华民族之所以在世界有地位、有影响，不是靠穷兵黩武，不是靠对外扩张，而是靠中华文化的强大感召力和吸引力。我们的先人早就认识到‘远人不服，则修文德以来之’的道理。阐释中华民族禀赋、中华民族特点、中华民族精神，以德服人、以文化人是其中很重要的一个方面。”[③]

势不可当的中华民族伟大复兴意味着中华文明不会缺席未来的人类文明构建。“一个国家、一个民族的强盛，总是以文化兴盛为支撑的，中华民族伟大复兴需要以中华文化发展繁荣为条件。”[④]今天，整个世界正经历着百年未有之大变局。大变局不仅涉及力量对比的变化，也包括文明的演进。今天的中国人终于可以站在新时代的高度，以充分的文化自信回望轴心时代本身了。

① ［德］卡尔·雅斯贝斯：《历史的起源与目标》，漓江出版社2019年，第177页。
② ［德］卡尔·雅斯贝斯：《历史的起源与目标》，漓江出版社2019年，第178页。
③ 《习近平：在文艺工作座谈会上的讲话》，引自中国政府网。
④ 《习近平谈建设社会主义文化强国》，引自中国共产党新闻网。

然而，未来的世界绝不会在“文明冲突”[①]和“历史终结”[②]的假想中沉沦为文化单边主义。因为文明永远不会再像公元前那样彼此隔绝，相对孤立。习近平指出：“文明因交流而多彩，文明因互鉴而丰富。文明交流互鉴，是推动人类文明进步和世界和平发展的重要动力。”[③]这个重要论述蕴含着人类文明实现决定性超越的基本规律，为未来描绘出更加光辉的前景。

当今世界与2000多年前轴心时代的根本差别是，人类命运共同体意识已经超越民族、文化、国家与意识形态的界限，成为广泛的共识。在历史不断演进的过程中，中华优秀传统文化的创造性转化、创新性发展将会得到持续的推动。未来，中华文明将“同世界各国人民创造的丰富多彩的文明一道，为人类提供正确的精神指引和强大的精神动力”[④]。从这个意义上来说，历史的起源就是它的目标，历史永远不会终结。

---

① 文明冲突论是由美国政治学家塞缪尔·亨廷顿（Samuel P.Huntington）创建的理论。在“冷战”刚结束、苏联解体不久，塞缪尔·亨廷顿于20世纪90年代早期提出了后来一直在许多国家的政界和学术界争论不休的“文明冲突”理论（Clash of Civilizations）。该理论的观点集中体现在其著作《文明冲突与重建世界秩序》当中。

② 1989年，美国政治学者弗朗西斯·福山（Francis Fukuyama）在《历史的终结》中提出了历史终结论。他认为，“冷战”的结束标志着共产主义的终结，人类政治历史发展已经到达终点，历史的发展只有一条路，即西方的市场经济和民主政治。

③ 《习近平在联合国教科文组织总部的演讲》（2014年3月27日，巴黎），引自中国政府网。

④ 《习近平在联合国教科文组织总部的演讲》（全文；2014年3月27日，巴黎），引自中国政府网。

可爱的骨头（代后记）*

陈　思

这本书有幸汇聚了相关学科领域颇有建树的专家学者，他们共同努力完成了这一成果，并构建了一个相对完整的体系。读者会从中有所收获，得到启发；但因为专业性比较强，历史相关学科本身又相当厚重，所以阅读感受未必是轻松的。那么在“啃”完这本书以后，我们不妨放松一下，说一个有关骨头的话题。

我们这个地球上生活过一千多亿人，他们如今大多变成了骨头，骨头又变成了粉末，回归自然，难寻踪迹。那么，怎样追溯人类是如何成其为人的呢？中学课本说，能直立行走是人类形成的标志；恩格斯认为，能够制造工具的人可以称作“完全形成的人”。这让人想到了骨头做的鱼钩和矛头。从这个时候开始，人类在漫长的时间里形成了部落，发明了文字，出现了道德礼仪，脱离了动物与生俱来的野蛮，用智慧建立了城市……中华文明与其他文明都是从远古这样走过来的。

课本与革命导师所教授的知识，会在我们的头脑中形成类似这样的画面：人类在某个时刻霍然站起，手里拿着刚打造好的工具，顶天立地；为了渲染这个场景，一道“人”字形的闪电从天而降……因为人们总是喜欢具象的东西，喜欢“哗啦”一下拉开时代帷幕的爽快感，所以库布里克在他的影片《2001：太空漫游》中就玩了这么一手：影片开始，古猿为抢夺水源，第一次用粗壮的骨头作为武器，猎杀野兽，攻击同类，解决纷争，取得胜利。当古猿将骨头抛向空中欢呼的瞬间，镜头突然切换，骨头变成了大气层外的空间站，人类文明就这样一瞬万年。

---

* 本后记前半部分内容，包括“痊愈的类人猿腿骨是人类文明起点”论点，均来源于陈思2020年所作文章（未竟稿）。该稿于2022年6月与后半部分合并成《可爱的骨头（代后记）》，并于2022年7月11日呈研究出版社审阅。特此注释。

这个镜头为人们所津津乐道，其中的意象也相当直白。可是，这根骨头太暴力了，它一点也不可爱。确实人类历史上一直有大规模的、经久不息的暴力贯穿其中，但我们并不是依靠自相残杀走到今天的，反而多少族群的湮灭却是拜它所赐。灭亡的阴影始终笼罩着人类，然而人类一旦消失，甚至没有谁会为我们遗憾，毕竟在这颗蓝色星球之外，或许再也没有其他文明了。我们孤独地飘浮在无垠的宇宙当中，应当彼此珍惜。人类的出现经历了无数次巧合：气候的变化，基因的突变，蹒跚着登上陆地，不断进化……几乎每一步都走在相对“正确”的道路之上，才成为今天的人类，用光了宇宙所有的概率。从今往后，稍有不慎，人类文明就会终结。就像“超级答题闯关秀”，做错一道，满盘皆输。

我们没法在这根暴力的骨头上找到答案。不过幸运的是，我们还有另一根骨头，它是这样的：

众所周知，类人猿早期生活在危机四伏的环境中，不可避免地会负伤，而严重的骨折更是一件特别危险的事，几乎就意味着被族群抛弃，面临死亡，因为伤者无法逃离危险，随时会被野兽吃掉。即使侥幸存活，也无法狩猎和采集，甚至到河边去喝一口水都非常难，结局是饥渴而死。不过，考古学家发现了一根在那个严酷的时代愈合的类人猿大腿骨。这表明，腿骨的主人有着一群在乎他的同伴，他们花了三四个月的时间来守护他，照顾他，为他处理创伤，使他继续生存下来，慢慢康复。

这件事是其他动物做不到的，能做到的只有类人猿。他们从本我的基础上产生了自我和他我的意识，能与他人共情，知道自己对他人的重要性，也知道他人对自己的重要性。岁月流逝，他们的子孙后代成为了人类，带着这根腿骨的记忆和传统，繁衍生息，血脉延绵。在登高望远、跋山涉水时，他们见到更广袤的异域和大相径庭的同类。尽管生于蛮荒的人们有着“他人即地狱”的心理基因，但是因冲突付出巨大代价之后，大家发现：仇恨和自相残杀无法让人产生愉悦，而相互理解、彼此交融能带来几何级数的迅速壮大和久远的福祉；他们发现和衷共济是宝贵的，甚至能拥有抵御洪水、刻画山川的洪荒之力。由此，人类个体间的共情发展为群体间的共情，宗族意识同化为民族意识，文化圈势力融合为文明。直至今天，尘埃落定，人们意识到——所有人类的命运都彼此相连。

人类达成这种共识耗费了漫长的岁月，其间也有延绵不绝的暴力掺杂其中发挥着作用。泥沙俱下的历史洪流中，金子往往难寻踪迹，所以人类或许忘了——今天所有的这一切都是从那根痊愈的类人猿腿骨而来，这根骨头不仅是人类文明的起点，也是我们今天所有格局的支点。

真是一根可爱的骨头！

首先要向尊敬的读者致谢，您的意见和建议请发送至电子邮箱84847076@QQ.COM，我会在修订版中广泛采纳，使本书更臻完善；

本书的最初构思来自国家清史编纂委员会副主任顾春，他曾光临寒舍，与我畅饮畅谈，始有此书的初步框架与策划；

中央民族大学历史文化学院院长彭勇为本书组织了多位优秀的作者，并为全书的结构设置提供了优化和补充；

中央民族大学法学院副院长宋玲与我多次会面洽谈，充分交流，并同样在组织作者、结构细化、稿件把关等方面做了大量工作；

中国社会科学院民族学与人类学研究所原党委书记、副所长揣振宇提供了帮助和建议，为本书做出了贡献；

四川省图书馆的侯浩为本书做了大量编辑优化、文献考证、注释核对工作，提供了专业支持；

研究出版社总编辑张高里始终关注和支持本书的策划、组稿和编写，提供宝贵的指导和帮助；

研究出版社编辑二部副主任寇颖丹严谨细致，精益求精，付出辛劳；

各位作者牢笼天地，博极古今，妙笔生花。在此一并致谢。

2022年7月11日

于中央党校